科学出版社"十四五"普通高等教育研究生规划教材

SAS 统计软件应用

主　　编　王炳顺　刘红波
副 主 编　郭海强　伍亚舟　侯　艳
编　　委　（按姓氏笔画排序）

王玉鹏	哈尔滨医科大学	张　涛	天津医科大学
王学梅	内蒙古医科大学	陈炳为	东南大学
王炳顺	上海交通大学	罗　潇	中国医科大学
王筱金	上海交通大学	罗剑锋	复旦大学
伍亚舟	陆军军医大学	周立业	山西医科大学
刘丹萍	四川大学	侯　艳	北京大学
刘红波	中国医科大学	侯瑞丽	包头医学院
李长平	天津医科大学	高菲菲	锦州医科大学
李济宾	中山大学	郭海强	中国医科大学
杨　芳	中南大学	陶育纯	吉林大学
吴　骋	海军军医大学	曹明芹	新疆医科大学
宋桂荣	大连医科大学	彭　斌	重庆医科大学
沈月平	苏州大学	蒋红卫	华中科技大学

编写秘书　徐雪滢　中国医科大学　　　张莉娜　上海交通大学

科 学 出 版 社
北　京

内 容 简 介

SAS 是全球领先的统计分析和数据可视化软件之一，广泛应用于医学研究及其他多个领域。本书以由浅入深的方式，系统介绍了 SAS 的实际应用。内容既涵盖了从软件的基本介绍和操作，到初级和高级统计分析的全过程，也涵盖了医学研究领域数据分析的常见应用范畴。本书共 20 章，依据内容可以概括为 4 部分。第 1 部分是 SAS 软件入门篇，涵盖 SAS 概述和 SAS 程序基础；第 2 部分是 SAS 数据整理篇，涵盖 SAS 数据集的建立、SAS 数据的整理及 SAS 宏语言的使用；第 3 部分是 SAS 数据分析初阶篇，涵盖统计描述、t 检验、多个样本均数比较的方差分析、非参数统计方法、χ^2 检验、双变量相关与回归、多重线性回归、Logistic 回归、生存分析及多元统计分析；第 4 部分是 SAS 数据分析高阶篇，涵盖线性混合效应模型、广义线性混合效应模型、广义估计方程、轨迹分析以及时间序列分析。另外，根据医学研究实际需要，高阶篇还简介了样本量估算、随机抽样和随机分组以及 SAS 统计图表制作的相关内容。

本书可作为高等院校相关专业的参考教材。适合于需要运用 SAS 实现数据整理和统计分析的各专业医学生、临床医生和科研管理工作者等人群学习和使用。

图书在版编目（CIP）数据

SAS 统计软件应用 / 王炳顺，刘红波主编. -- 北京：科学出版社，2025. 6. --（科学出版社"十四五"普通高等教育研究生规划教材）.
ISBN 978-7-03-081902-4

I. C819

中国国家版本馆 CIP 数据核字第 2025YP1564 号

责任编辑：胡治国 / 责任校对：周思梦
责任印制：张 伟 / 封面设计：陈 敬

科学出版社 出版
北京东黄城根北街 16 号
邮政编码：100717
http://www.sciencep.com

三河市骏杰印刷有限公司印刷
科学出版社发行 各地新华书店经销

*

2025 年 6 月第 一 版　开本：787×1092　1/16
2025 年 6 月第一次印刷　印张：20 1/2
字数：606 000
定价：128.00 元
（如有印装质量问题，我社负责调换）

前　言

　　数据向信息转化时常常需要仰仗自成体系的统计学理论与方法，同时统计软件提供的相应计算系统是高效贯彻分析策略的必备工具，而 SAS 是其中的佼佼者，在医学及相关领域的数据处理和统计分析工作中得到广泛应用。SAS 语言是一个专用的数据管理与分析语言，通过数据步和过程步的组合实现数据管理、统计分析、报表输出和图形展示等功能。SAS 语言在数据处理和分析方面具有很高的效率和灵活性，对初学者来说相对友好。然而，对于没有程序编写基础的学员而言，想要在短时间内学会使用 SAS 软件并非易事。如何借助 SAS 强大的数据处理和分析功能，结合实际需求正确整理数据、分析数据、输出呈现以及结果解读，仍然面临挑战。

　　本书以问题为导向安排内容，采用案例式教学模式提出问题、分析问题、利用 SAS 解决统计计算问题，根据软件输出的分析结果给出合理的分析结论。为了初学者快速入门，提高随后的 SAS 软件操作和编程技能，按照读者的不同层次需要，本书分为 SAS 软件入门、SAS 数据整理、SAS 数据分析初阶以及 SAS 数据分析高阶 4 大部分 20 章内容。编排上由浅入深，循序渐进，几乎包括了医学研究领域常用的统计分析方法。无论是对初学者还是有一定基础的 SAS 使用者，都具有相应参考价值。

　　本书内容及体系划分如下。

第 1 部分：SAS 软件入门

　　本部分主要内容包括 SAS 概述和 SAS 程序基础。通过本部分学习，读者可以掌握 SAS 软件的概况，SAS 基本语法特点、编写程序的基本逻辑和框架，为完成后期的数据整理和统计分析工作奠定基础。具体见第一、二章。

第 2 部分：SAS 数据整理

　　本部分主要内容包括数据集建立和数据整理：永久数据库与临时数据库创建；数据输入、导入、导出；变量创建和重定义；数据集转置、合并和拆分等；异常值的查找和处理；缺失值的查找和填补。另外，宏语言可提高编程和运行效率，该部分专门章节介绍了宏语言的使用，供有精力和需求的读者自行学习。通过学习，读者可以自行对数据集进行预处理，使整理后的数据更适合统计分析过程对数据格式的要求。具体见第三、四、五章。

第 3 部分：SAS 数据分析初阶

　　本部分主要内容包括常见医学资料的统计描述、t 检验、多个样本均数比较的方差分析、非参数统计方法、χ^2 检验、双变量相关与回归、多重线性回归、Logistic 回归、生存分析及多元统计分析。通过该部分学习与课后练习，读者可具备一定数据统计分析的能力，掌握处理常见医学研究问题的统计分析方法。具体见第六章至第十五章。

第 4 部分：SAS 数据分析高阶

　　本部分主要内容包括线性混合效应模型、广义线性混合效应模型、广义估计方程、轨迹分析、时间序列分析、样本量估计、随机抽样和随机分组方法以及 SAS 统计图表的制作。通过该部分学习和练习，读者具备能够掌握高级统计模型和结果呈现的能力。具体见第十六章到第二十章。

　　本书尽可能介绍了生物医学研究中常用统计方法的 SAS 实现，因篇幅原因暂未介绍某些统计模型的详细内容，只是在结语和拓展部分概要列出。有需求的读者可以根据相关网站或参考文献，进一步深入学习。

编写本书极具挑战性，参编的各医学院校教学科研一线教师及相关领域同行付出了大量的时间和精力。然而，兢兢业业，仍会百密一疏，书中仍会存在不足和疏漏，敬请广大读者不吝赐教，我们定会虚心接受，再版时将予以修正。

王炳顺
2025 年 2 月

目 录

第一章　SAS 概述 ⋯⋯⋯⋯⋯⋯⋯⋯⋯⋯ 1
 第一节　SAS 软件简介 ⋯⋯⋯⋯⋯⋯⋯ 1
 第二节　SAS 的启动及视窗管理界面 ⋯ 3
 第三节　SAS 帮助文档 ⋯⋯⋯⋯⋯⋯⋯ 6
第二章　SAS 程序基础 ⋯⋯⋯⋯⋯⋯⋯⋯ 9
 第一节　SAS 程序结构 ⋯⋯⋯⋯⋯⋯⋯ 9
 第二节　SAS 编程基础 ⋯⋯⋯⋯⋯⋯⋯ 13
第三章　SAS 数据集的建立 ⋯⋯⋯⋯⋯⋯ 29
 第一节　数据库与数据集 ⋯⋯⋯⋯⋯⋯ 29
 第二节　读取与存储各类外部文件 ⋯⋯ 30
第四章　SAS 数据的整理 ⋯⋯⋯⋯⋯⋯⋯ 40
 第一节　变量的整理 ⋯⋯⋯⋯⋯⋯⋯⋯ 40
 第二节　数据集的整理 ⋯⋯⋯⋯⋯⋯⋯ 49
 第三节　异常值处理 ⋯⋯⋯⋯⋯⋯⋯⋯ 55
 第四节　缺失值处理 ⋯⋯⋯⋯⋯⋯⋯⋯ 61
第五章　SAS 宏语言的使用 ⋯⋯⋯⋯⋯⋯ 66
 第一节　SAS 宏语言的概述 ⋯⋯⋯⋯⋯ 66
 第二节　SAS 宏变量 ⋯⋯⋯⋯⋯⋯⋯⋯ 67
 第三节　宏函数 ⋯⋯⋯⋯⋯⋯⋯⋯⋯⋯ 71
 第四节　宏程序 ⋯⋯⋯⋯⋯⋯⋯⋯⋯⋯ 73
 第五节　DATA 步中的宏语言 ⋯⋯⋯⋯ 77
 第六节　SQL 过程中的宏语言 ⋯⋯⋯⋯ 78
第六章　统计描述 ⋯⋯⋯⋯⋯⋯⋯⋯⋯⋯ 79
 第一节　定量资料的统计描述 ⋯⋯⋯⋯ 79
 第二节　定性资料的统计描述 ⋯⋯⋯⋯ 83
第七章　t 检验 ⋯⋯⋯⋯⋯⋯⋯⋯⋯⋯⋯ 88
 第一节　单样本 t 检验 ⋯⋯⋯⋯⋯⋯⋯ 88
 第二节　配对样本 t 检验 ⋯⋯⋯⋯⋯⋯ 90
 第三节　两独立样本 t 检验 ⋯⋯⋯⋯⋯ 91
第八章　多个样本均数比较的方差分析 ⋯ 96
 第一节　完全随机设计的方差分析 ⋯⋯ 96
 第二节　随机区组设计的方差分析 ⋯⋯ 100
 第三节　交叉设计的方差分析 ⋯⋯⋯⋯ 104

 第四节　多因素试验资料的方差分析 ⋯ 105
 第五节　重复测量资料的方差分析 ⋯⋯ 110
 第六节　协方差分析 ⋯⋯⋯⋯⋯⋯⋯⋯ 114
第九章　非参数统计方法 ⋯⋯⋯⋯⋯⋯⋯ 119
 第一节　单样本资料的符号秩和检验 ⋯ 119
 第二节　配对设计资料的符号秩和检验 ⋯ 122
 第三节　两样本成组设计资料的 Wilcoxon
    秩和检验 ⋯⋯⋯⋯⋯⋯⋯⋯⋯ 123
 第四节　多样本成组设计资料的
    Kruskal-Wallis H 检验 ⋯⋯⋯⋯ 127
 第五节　随机区组设计资料的 Friedman
    检验 ⋯⋯⋯⋯⋯⋯⋯⋯⋯⋯⋯ 130
第十章　卡方检验 ⋯⋯⋯⋯⋯⋯⋯⋯⋯⋯ 132
 第一节　两个独立样本率比较的 χ^2
    检验 ⋯⋯⋯⋯⋯⋯⋯⋯⋯⋯⋯ 132
 第二节　配对四格表资料的 χ^2 检验 ⋯⋯ 135
 第三节　行×列表资料的 χ^2 检验 ⋯⋯⋯ 138
 第四节　多个样本率间的多重比较 ⋯⋯ 143
 第五节　频数分布拟合优度的 χ^2 检验 ⋯ 146
 第六节　分层资料的 χ^2 检验 ⋯⋯⋯⋯⋯ 149
第十一章　双变量相关与回归 ⋯⋯⋯⋯⋯ 152
 第一节　相关分析 ⋯⋯⋯⋯⋯⋯⋯⋯⋯ 152
 第二节　直线回归 ⋯⋯⋯⋯⋯⋯⋯⋯⋯ 157
 第三节　曲线拟合 ⋯⋯⋯⋯⋯⋯⋯⋯⋯ 160
第十二章　多重线性回归 ⋯⋯⋯⋯⋯⋯⋯ 162
 第一节　多重线性回归概述 ⋯⋯⋯⋯⋯ 162
 第二节　哑变量设置 ⋯⋯⋯⋯⋯⋯⋯⋯ 164
 第三节　最优模型选择 ⋯⋯⋯⋯⋯⋯⋯ 166
 第四节　回归诊断 ⋯⋯⋯⋯⋯⋯⋯⋯⋯ 169
 第五节　广义线性模型 ⋯⋯⋯⋯⋯⋯⋯ 175
第十三章　Logistic 回归 ⋯⋯⋯⋯⋯⋯⋯⋯ 179
 第一节　二分类 Logistic 回归 ⋯⋯⋯⋯⋯ 179
 第二节　有序多分类资料的 Logistic
    回归 ⋯⋯⋯⋯⋯⋯⋯⋯⋯⋯⋯ 184

第三节	无序多分类资料的 Logistic 回归	186
第四节	条件 Logistic 回归	189
第十四章	**生存分析**	**193**
第一节	生存率的计算	193
第二节	生存率比较的 Log-rank 检验	197
第三节	Cox 回归模型	199
第十五章	**多元统计分析**	**206**
第一节	判别分析	206
第二节	聚类分析	213
第三节	主成分分析	218
第四节	因子分析	222
第五节	典型相关分析	225
第六节	中介分析	228
第七节	结构方程模型	235
第十六章	**非独立数据统计模型**	**242**
第一节	线性混合效应模型	242
第二节	广义线性混合效应模型	245
第三节	广义估计方程	249
第四节	轨迹分析	253
第十七章	**时间序列分析**	**262**
第一节	平稳时间序列 ARMA 模型	262
第二节	非季节性 ARIMA 模型	267
第三节	季节性 ARIMA 模型	272
第十八章	**样本量估算**	**278**
第一节	两总体比较时样本量的估计	278
第二节	多个总体比较时样本量的估计	283
第三节	基于多重线性回归的样本量估计	284
第四节	基于 Logistic 回归的样本量估计	285
第十九章	**随机抽样与随机分组**	**286**
第一节	随机抽样	286
第二节	随机分组	289
第三节	倾向评分匹配法	295
第二十章	**SAS 统计图表制作**	**299**
第一节	SAS 制表	299
第二节	SAS 绘图	302
第三节	ODS 输出	316
参考文献		**321**

上机练习扫码

第一章　SAS 概述

20 世纪 60 年代末期，面对海量农业数据的统计分析需求，美国农业部迫切需要一种通用统计软件解决方案。为此，由北卡罗来纳州立大学主导，联合美国南部八所政府资助高校启动了这一攻关项目。统计分析系统（Statistical Analysis System，SAS），即大家熟知的 SAS 软件在此背景下应运而生。1976 年，参与研发的核心成员注册成立 SAS 软件研究所，正式开启商业化进程。当年就发布了首款软件产品，是由 30 万行代码组成的 Base SAS®。SAS 的早期版本在大型机上运行，1985 年推出基于 PC DOS 系统的版本，并于 1987 年完成了用 C 语言重写的 SAS 6.03 版。作为一个跨平台架构系统，SAS 可以在 AIX、Linux 以及 Windows 等操作系统上运行。SAS 不断迭代更新，本教材所采用的是 SAS 9.4 版本，它集成了完善的数据访问、管理、分析和呈现功能。经过数十年的发展，SAS 从既往主要专注开发统计分析工具逐渐壮大成为一个大型集成应用系统，可以提供商业智能、预测分析及风险管控等解决方案，在金融服务、制造实体、医药卫生、教育科研以及行政管理等领域得到广泛运用。

第一节　SAS 软件简介

一、SAS 基本模块

类似于计算机的高级语言，SAS 用户只需要熟悉其命令、语句及简单的语法规则就可以开展数据管理和分析处理工作。SAS 旗下产品众多，包含 30 多个常用模块，其中 Base、STAT 以及 GRAPH 等模块是初学者数据分析入门常用模块。

基本模块中的 SAS/Base 是 SAS 系统的核心，承担主要的数据管理任务，管理交互应用环境，进行用户语言处理，调用其他 SAS 模块和产品。Base 模块常用功能包括：对 SAS 系统的数据库提供丰富的数据管理功能，支持采用标准 SQL 语言对数据进行操作；"宏"（Macro）编程功能在 SAS 语言中体现一个"过程代换""功能模块"的作用，使用户得以避免重复的代码段，并在需要时一次又一次地使用它们，甚至根据不同情境提交不同语句，实现"动态编程"；SAS/Base 也提供了单变量描述性统计、列联表统计及相关性等基本统计分析功能；通过 SAS 的输出传递系统（output delivery system，ODS）子系统，可以制作从简单列表到较为复杂的统计报表和用户自定义样式的报表。

SAS/STAT 模块是 SAS 系统实现常用统计分析方法的主要工具，提供了近百个统计分析过程，并通过版本持续更新以实现新颖统计功能，是统计分析领域国际公认的标准软件。SAS/STAT 为多种试验设计类型提供了多样性的分析工具，可以完成分类数据分析、非参数分析、样本量计算和把握度分析、缺失数据的多重插补、生存分析及调查研究资料统计分析等等；提供了处理一般线性模型、广义线性模型、广义相加模型、线性混合模型及非线性模型等统计专用过程；在多变量的统计分析方面也提供了主成分分析、聚类分析、判别分析以及因子分析等过程以满足用户需求。

SAS/GRAPH 模块在 SAS 9.2 版本之前，是 SAS 绘图的主要工具，承担数据可视化的职责，通过全屏幕编辑器的形式将数据以图形的形式加以呈现，既能够输出常见的统计图形如散点图、直方图、线图及箱式图等，又能输出小提琴图、地理图以及等高线图等信息呈现更为丰富的图形。从 SAS 9.2 开始 ODS Graphic System（后集成于 SAS/Base 模块中）使得 SAS 在统计绘图方面的美观性和便捷性大有改观。

随着大数据、云计算和人工智能的迅速发展，SAS 将计算引擎向高性能分布式分析转型，推出 SAS Viya 分析平台，拥抱开源，支持几乎所有的语言，可以快速整合各个应用领域的分析模型，促使高级分析的需求在开放的分析平台能够变得普及化。与此同时，SAS Viya 和 SAS 9 又一脉相承，其中绝大多数的程序代码都无须变动。表 1-1 汇总了 SAS 9.4 常用模块。篇幅所限，关于 SAS 的各个模块及新的分析生态的更多介绍，可以进一步检索 SAS 官网（www.sas.com）或参考相关专业书籍及技术文档。

表 1-1　SAS 9.4 常用模块一览

SAS 模块名称	主要功能
SAS/Base	系统核心，处理数据及分析描述
SAS/STAT	统计分析模块，包含常见统计方法
SAS/GRAPH	图形绘制模块
SAS/EG(Enterprise Guide)	通过菜单点选形式进行数据处理及分析
SAS/EM(Enterprise Miner)	数据挖掘模块
SAS/IML(Interactive Matrix Language)	矩阵运算模块，可实现 SAS 与 R 语言的交互

二、在线免费学习平台 SAS ODA

　　SAS 9.4 版本的安装包容量已超过 20GB，并且由于系统环境配置、本身模块众多，SAS 的安装较一般统计分析软件更为烦琐冗长。作为一款采取年度"订阅制"销售模式的商业性软件，SAS 昂贵的收费推高了学习及使用成本。为了方便用户随时随地都可使用 SAS 进行学习，SAS 官方提供了基于 SAS 私有云的 SAS Studio 应用服务，即在线免费使用的"SAS® OnDemand for Academics"（SAS ODA）。运用 SAS Studio 编写的程序代码以及数据均可存储于 SAS 私有云上，以便在不同环境或地点随时进行调用,这就使得用户即使在一台完全陌生的设备上也可以通过 SAS Studio 进行个人的编程操作。

　　在线使用 SAS ODA 前，需要在 SAS 官网注册个人账户（SAS Profile），网址为 https://www.sas.com/profile/ui/auth.html。注册的必要信息为姓名、邮箱、工作单位或组织以及国家等。随后，SAS 将向注册邮箱发送账户激活邮件，按邮件指引激活账户即注册完成后，用户可通过网址 https://welcome.oda.sas.com/登录 SAS 个人账户（图 1-1），单击第一个选择项即 SAS Studio，等待服务器响应加载。

图 1-1　在线免费学习平台 SAS ODA 登录完成界面

　　若以上操作顺利，加载完 SAS Studio 即可进入 SAS 在线版使用界面（图 1-2）。在此界面左上角，用户可将存于 SAS Studio 的数据下载到本地设备，也可将本地的 SAS 数据集或其他允许的格式文件上传到 SAS Studio 的数据库中。需要注意的是，若本地设备为中文环境的 Windows 操作系统，生成的文件一般编码格式为 GB/T 2312—1980，文件导入过程中会自动被 SAS 转码成 UTF-8 格式，此时文件内容将会出现乱码，用户需通过记事本或其他转码工具将原始文件转码后再进行上载操作。

图 1-2 登录 SAS ODA、加载 SAS Studio 后的 SAS 在线版使用界面

界面（图 1-2）右侧，即为工作窗口，用户可在"代码"窗口编辑 SAS 程序，在"日志"窗口对提交的程序进行检查核对；在"结果"窗口观察代码运行的结果。当工作完成，用户可单击右上角"注销"按钮进行退出，此时 SAS 会保存 WORK 临时逻辑库以外的内容，以便后续再次操作时进行调用。

第二节 SAS 的启动及视窗管理界面

SAS 9.4 安装过程中，用户如果在语言选择界面勾选了简体中文，并且配置 Unicode 支持的情况下，安装完成后的"开始"界面会出现以下四种快捷启动方式（图 1-3），第一种"English with DBCS"版本可以支持中文字符，但操作语言环境为英文；第二种"Unicode 支持"版本编码格式为 UTF-8，此版本打开 GB/T 2312—1980 格式的数据集可能会出现中文字符乱码现象；第三种"英语"版本为英文操作环境 SAS 的快捷打开方式；第四种则为中文操作环境的 SAS 快捷打开方式。在个人学习环境下推荐"English with DBCS"版本，这便于处理中文格式的数据，并且各种窗口操作环境提示信息为英文，遇到编程问题时便于程序问题的核查，以及便于根据英文关键词查询 SAS 帮助文档或在 SAS 相关论坛咨询交流。

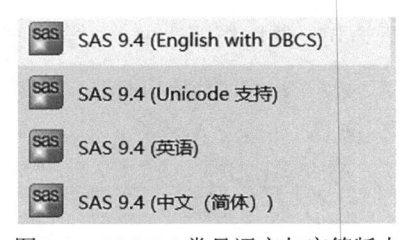

图 1-3 SAS 9.4 常见语言与字符版本的启动快捷方式

SAS 系统的设计充分考虑了易用性，它为完成所有基本 SAS 任务提供了窗口环境。当用户启动 SAS 时，将进入 SAS 视窗管理系统（display management system，DMS），视窗界面如图 1-4。以下将逐一介绍该 DMS 界面下各选项的用途。

图 1-4 中①即 SAS 9.4 启动后界面的最上一行是菜单栏，主要负责 SAS 全局设置或界面跳转。其中"文件"栏主要功能为调用、新建和保存编程文件或是打开及导出外部数据等；"编辑"栏则主要对于编辑器、日志和结果等窗口的内容进行剪切、复制或清除等常见编程操作；"视图"栏主要功能为切换或新增各个窗口；"工具"栏则提供表格（Table）查询器和编辑器、图形编辑器、报表编辑器以及③中各窗口的显示设置（如设置编辑器中显示的文本的字体类型、大小等）；"运

行"栏主要对于编辑器窗口中创建的程序提交运行,相较于②中的"运行"功能更多,可提交上一次运行的程序或提交某几行程序;"解决方案"栏则提供 SAS 常见模块的快捷跳转方式;"窗口"栏主要用于③中窗口展示方式的设置,如窗口最小化、叠加显示以及大小的调整;"帮助"栏则可快捷跳转至 SAS 的帮助文档以及各种资源链接和新手指引指南。

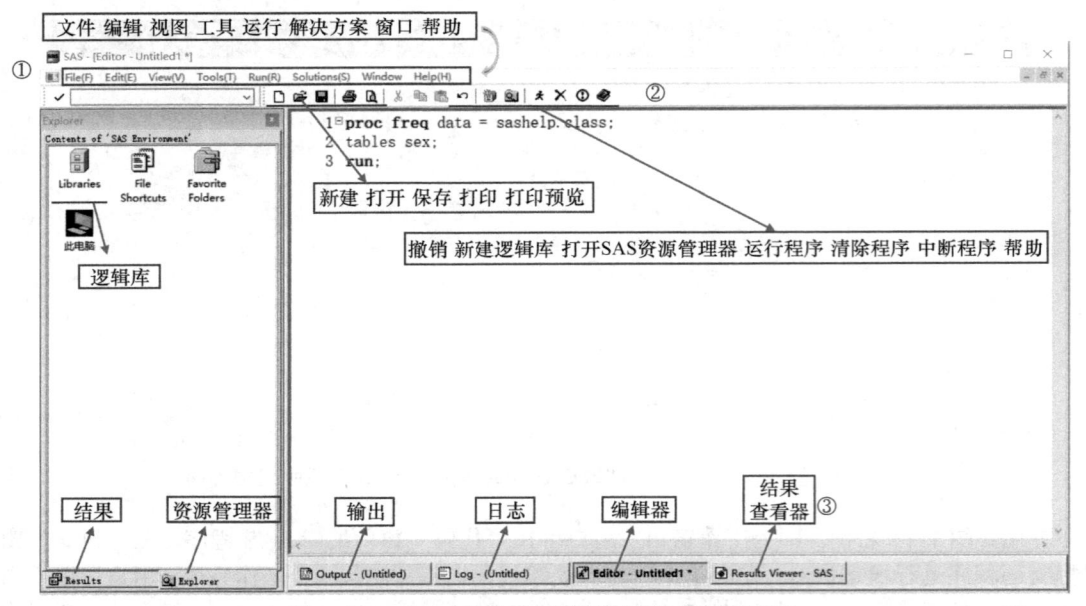

图 1-4 SAS 9.4 启动后显示管理系统的视窗界面

图 1-4 中②位置即位于菜单栏之下是工具栏。以编辑器窗口为例,高亮显示的左侧 5 个按钮从左至右功能分别为新建、打开、保存、打印和打印预览编程文件,右侧 7 个按钮功能分别为撤销程序(单击一次,撤销一步操作)、新建逻辑库和打开 SAS 资源管理器、运行编辑器窗口的编程语句(小人按钮,即图 1-5 中①所示的 Submit 提交键)、清除窗口中的所有编程语句(即 Clear 键)、中断程序按钮(主要用于中止提交的语句以及退出 SAS,即 Break 键)和 SAS 帮助文档(即 Help 键)。而中间低亮度显示的三个按钮功能分别为剪切、复制以及粘贴,此三个按钮只有当编辑器窗口有编程语句,并用指针选中,才会高亮显示为可用状态。

图 1-5 SAS 9.4 的 Editor 窗口及提交 SAS 程序的三种方法

图 1-4 中③即 SAS 启动后界面最下方是 6 个 SAS 主窗口:右侧的"结果查看器"(Results Viewer)窗口、"编辑器"(Editor)窗口、"日志"(Log)窗口和"输出"(Output)窗口,左侧的"资源管理器"(Explorer)窗口和"结果"(Results)窗口。

Editor（"编辑器"窗口）：提供一个编写 SAS 程序的文本编辑器，主要用于编写、修改或调用程序及其他文件。在编写 SAS 语句时，会出现不同颜色字体用于辅助编写，如红色字体显示语句有误，需要进行修正；深蓝色字体表示数据步或过程步的起始；浅蓝色字体表示出现数据步或过程步内置关键语句；黄色底纹则出现于数据录入时；粗斜体表示宏程序等。SAS 允许用户多"编辑器"窗口进行编程工作。程序编写完毕，可以在 Editor 窗口单击工具栏 Submit 按钮键，运行程序。图 1-5 显示了"编辑器"窗口提交 SAS 程序的三种方法。

Log（"日志"窗口）：显示有关程序运行的信息，如数据集包含的观测及变量数，以及执行了何种程序及所用时间。程序语句无误并运行，上述信息会以蓝色字体显示。若运行的编程语句出错，SAS 系统默认以红色字体 ERROR 标注错误语句方位，并列出错误原因，在内置关键语句出错时，SAS 也会罗列可能正确的语句，以便使用者核查及修正语句；若运行过程出现某些错误但不影响提交的编程语句运行时，Log 窗口会以绿色字体的 WARNING 开头，罗列错误之处，并指出 SAS 对于此处错误进行了怎样的处理以保证程序的正常运行。在此也建议读者在使用 SAS 时勤用 Log 窗口，尽量避免编程过程中 Log 窗口出现 ERROR 以及 WARNING。尤其是从事医药创新研发的统计编程人员，在创新医药产品申报尤其是需要以 CDISC 标准进行申报材料递交时，编程代码运行过程出现 ERROR 以及 WARNING 是绝对禁止的。

在图 1-5 中 Editor 窗口展示了一段编程代码：目的是运用 SAS 的 FREQ 过程步列表汇总 sashelp 逻辑库下 class 数据集中 19 人的性别分布情况。

如果在 Editor 窗口单击 Submit 按钮键，根据提交语句的不同，程序运行后将会在 Log 窗口看到不同内容（图 1-6）：第一段程序（图 1-6 中①）为正常运行的程序，也是图 1-5 中代码提交运行后 Log 窗口显示的结果，运行该语句后 SAS 提示从 class 数据集成功读取了 19 个观测，执行 FREQ 过程步，并展示了运行该过程步的耗时；第二段程序（图 1-6 中②）则出现了绿色字体 WARNING，表示程序语句使用错误（tables 被写成了 tabl），而 SAS 系统根据情景自动将错误语句进行了更正（需要注意的是，此处的更正并不是每次都能出现期望的结果），而后提交运行，此时结果窗口会同步输出统计结果；第三段（图 1-6 中③）则因为变量名输入错误而出现红色字体 ERROR（Sex 写成了 Se），SAS 不能从数据集中找到 Se 变量，此种情况 SAS 则无法自行更正，程序中止，结果窗口无任何输出内容。

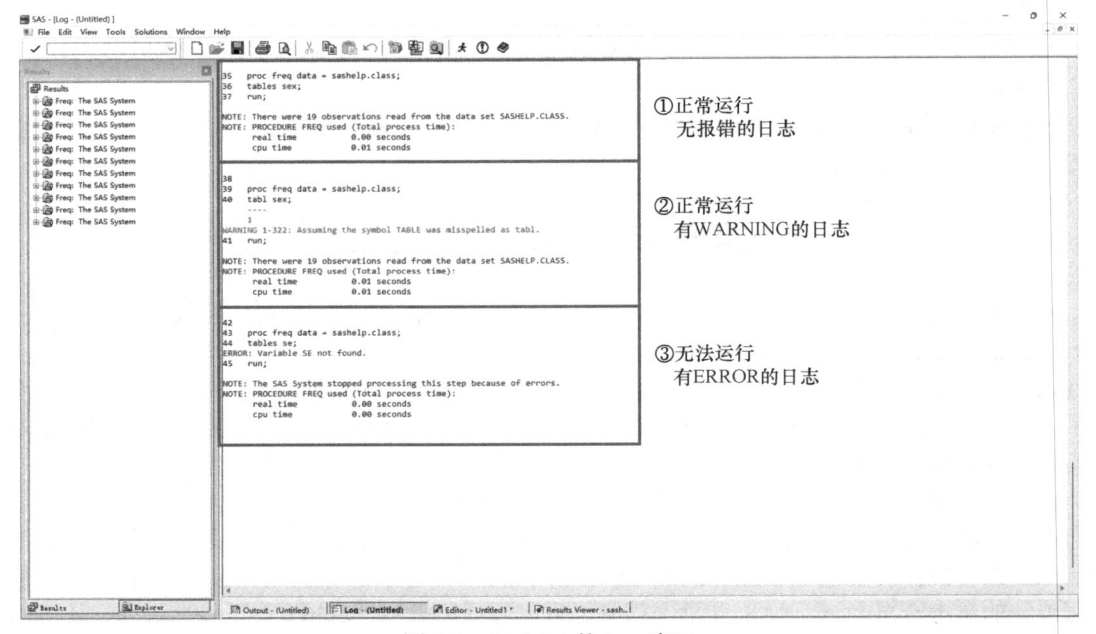

图 1-6　SAS 9.4 的 Log 窗口

Output（输出窗口）：Editor 窗口中的 SAS 程序提交后，会在 Output 窗口显示文本输出结果（传统 Listing 输出）。假如 SAS 9.4 的结果输出默认为 HTML 格式时，相应的输出默认显示在"Results"窗口中；此时若没有文本输出，为创建传统文本型的 Listing 输出，可以按照图 1-7 操作：第①步是依次单击菜单栏"Tools"——"Options"——"Preferences"——"Results"；第②步是 Results 选项中，若默认只是勾选了"Create HTML"，可加勾选"Create listing"，从而创建传统文本输出，创建 Listing 输出时，正确运行程序后，Output 窗口将自动打开或移至显示的前端展现输出结果。

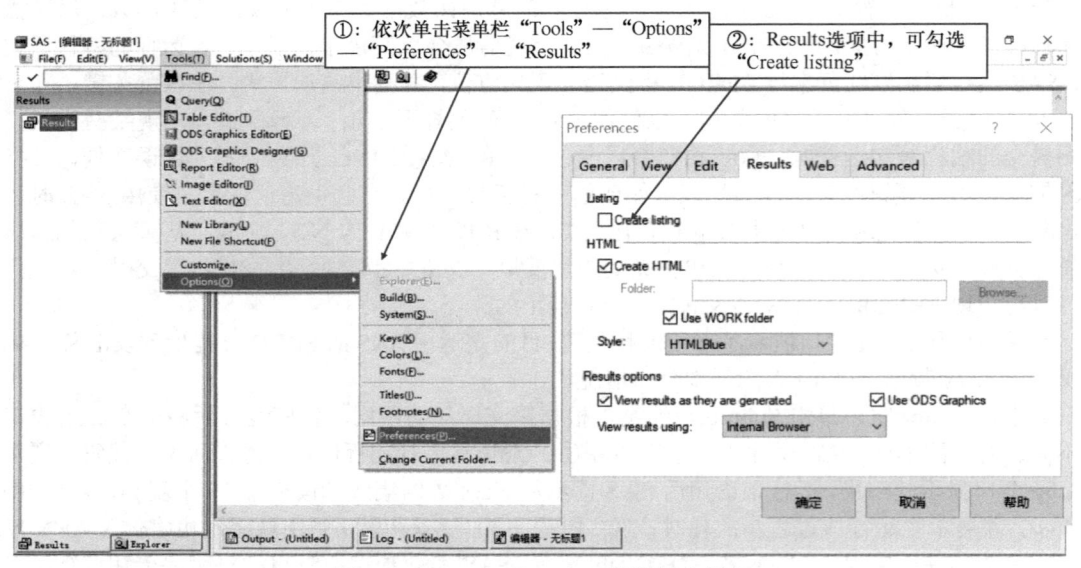

图 1-7　SAS 9.4 的 Output 结果输出设置

Results（结果窗口）：可帮助 SAS 用户浏览并管理提交的 SAS 程序所生成的文本或 HTML 结果输出。Results（结果窗口）与前述 Output（输出窗口）的输出内容相对应。Results 窗口的树状结构更方便用户查看、保存、打印或删除输出中的各项结果。Results 窗口在提交可创建输出的 SAS 程序之前一直是空白状态，此后该窗口可打开或移动到显示前端。另外在 Windows 操作环境下，Results 窗口在 SAS 创建输出时将位于"SAS Explorer"的前端，可单击窗口底部的选项卡在两个窗口之间切换。

Explorer（资源管理器窗口）：类似 Windows 操作系统的资源管理器，主要功能是查看并管理 SAS 文件以及创建非 SAS 格式文件的快捷方式。

第三节　SAS 帮助文档

对于从未接触过 SAS 的初学者，建议点选 SAS 帮助文档，即图 1-8 中 Help 工具栏下"Getting Started with SAS Software"子菜单，在弹出页面点选"SAS 编程新手（快速入门指南）"就可进入快速入门指南页面。在此页面，SAS 为初学者提供了极为丰富的教学内容，包括认识工作界面、使用 SAS 数据集和创建 SAS 程序等初级知识。此外，指南也介绍了如何创建、定义和筛选变量以及制图制表等基础知识。

在 SAS 学习过程中，SAS 帮助文档是最为实用且经典的材料。通过 SAS 帮助文档，用户可快速对不熟悉的语句或函数等内容进行查找，SAS 会提供查找内容的详细解释，并提供多个示例对语句或函数等内容的实际运用进行示范。无论用户处于 SAS 学习的哪一阶段，SAS 帮助文档都是不可或缺的参考资料之一。SAS 帮助文档除了可以通过菜单栏"Help"栏下点选进入，还可以通过 SAS 公司官网（https://support.sas.com/en/documentation.html）获取电子版帮助文档；也可以通过工具栏最后一个书本样式的 Help 按钮快捷进入查找页面（图 1-9）。在此可使用不同的搜索策略，限定搜索范围进行精确检索，也可以在左上角进行快速检索。

图 1-8　SAS 帮助文档中 SAS 编程快速入门指南页面

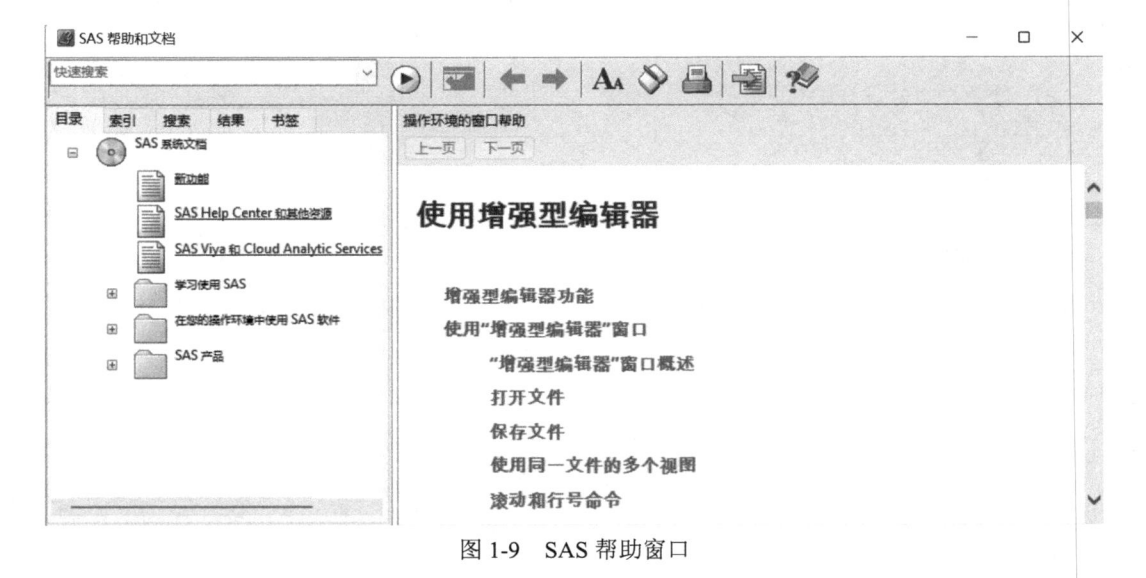

图 1-9　SAS 帮助窗口

以"proc freq"的查找为例，搜索框内输入"proc freq"，在结果列表中选定"PROC FREQ Statement"即出现右侧详细教程页面（图 1-10）。SAS 对于语句的交接包括五个方面（图 1-10），首先是"Overview"，此界面对于所查询语句功能进行简要介绍；"Getting Started"对于此语句所涉及的理论知识进行简要介绍，以便读者更好地理解所查询语句的功能；"Syntax"则主要对该过程步可以选择的下位语句进行介绍；"Details"则对于该语句使用时的注意事项进行介绍；"Examples"则是相关示例，展示该语句在不同目的和场景下的应用，并对于输出的结果进行解释。熟练运用 SAS 帮助文档，可助力初学者快速了解 SAS 语句特点，熟练掌握 SAS 编程工具进行数据管理与统计分析，从而提升工作效率。

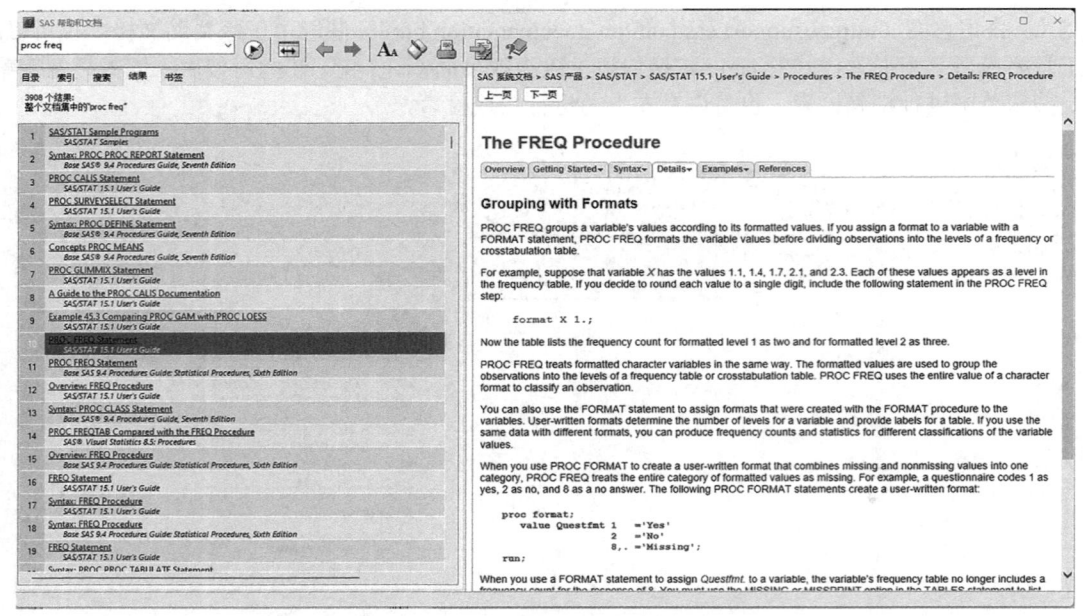

图 1-10　以 proc freq 为例检索帮助文档内容

（王炳顺）

第二章　SAS 程序基础

作为大型集成应用软件系统，SAS 系统庞大、内容丰富、提供了丰富的人机交互界面，尽管通过手动调用各个菜单即可方便地完成许多任务，但通过程序代码灵活地调用各个功能模块，可大幅度提升工作效率。SAS 提供了完善的编程语言，SAS 用户只需熟悉其命令、语句及语法规则就可以进行外部数据访问、数据管理、统计分析以及结果列表的输出或可视化展示。当然，SAS 语言也是一个庞杂体系，首先需要了解其基本术语和概念、理解其运行过程和机制，才能领会他人编写的 SAS 参考代码，才会有助于自己尽快越过陡峭的 SAS 编程学习曲线。前一章对 SAS 软件进行了简要介绍，本章将继续介绍 SAS 程序基础知识和基本概念，包括数据步和过程步、基本运算符和函数、数据处理、文本处理以及借助结构化编程语句对数据进行筛选等基础内容。

第一节　SAS 程序结构

SAS 语言包含语句（statements）、表达式（expressions）、函数（function）和 CALL 例程（call routine）、选项（options）、输出格式及输入格式（format）等众多编程语言所共有的元素。一系列 SAS 语句组成可执行的 SAS 程序，提供 SAS 系统信息或要求 SAS 系统执行一种操作。SAS 程序中的常见语句可分为两大步：数据步与过程步，它们是构成 SAS 程序的基本模块。

一、SAS 基本语法特点

在 SAS 系统中无论是建立新数据或者调用已有数据，还是对于数据进行统计描述或可视化展示，都需要调用 SAS 内置的一系列指令向 SAS 发布命令，这些命令语句构成了 SAS 程序。SAS 程序中的语句有两个基本的特征：一个是 SAS 语句以 SAS 内置的关键词作为开头；另一个是每个 SAS 语句在结束的时候必须加上英文分号";"。简言之，一个 SAS 语句由 SAS 关键词、SAS 名字及特殊字符串等组成，并以分号";"结尾。

SAS 语句除了赋值、累加、注释及空语句以外都以 SAS 关键词开头，例如 data、input、proc 和 infile 等。这些用于 SAS 语句开头的特殊单词可用以识别不同的 SAS 内容，例如数据集、变量、数据库等。在视窗管理系统（display management system，DMS）的编辑器中 SAS 会自动将关键词显示为深蓝色或蓝色。

SAS 语句中经常出现各种名字，例如变量名、数据集名、格式名、过程名及作为文件名和库标记的特殊名字。SAS 名字的命名是以字母或下划线开头，后续字符可以是字母、数字或下划线，依据其使用的场合有一定字符长度限制，最长不超过 8 字节或 32 字节（逻辑库、文件引用名以及引擎名的字符数最多不超过 8 字节；变量名，宏变量名以及数据集名的字符数最多不超过 32 字节）。另外，SAS 保留了一些具有特定意义的自动变量名及变量列表、SAS 数据集名和逻辑库引用名，有些是以下划线开头和结尾的，例如 WORK、SASHELP、_ERROR_、_N_ 等。

SAS 中对于语句格式的限制很少，在编写 SAS 语句时，可以在编辑器中的任意一行的任意位置开始，一个语句只要没用";"结束，就可延续多行；在同一行允许多个语句同时存在，中间可以用";"进行分隔。

SAS 语句以空格分隔语句中的单词，并不会区分大小写，例如变量名 SEX、SeX 或 sex 在 SAS 中都代表着同一个变量。但字符型变量的变量值有大小写的区分，例如 SEX 变量有"F"和"M"两种分类，但是如果 SEX 中有变量被记为"f"，SAS 则会认为这是一个新的分类项，会将 SEX 变量记为"F"、"f"和"M"三种分类。

在 SAS 编程过程中为了使代码更具有可读性，SAS 以"*"作为注释的标识符号。用户可以使用"*"加上"；"或者"/**/"的形式对于编辑的语句进行注释。在程序提交时不会运行被注释的语句（例 2-1）。尽管 SAS 语句限制不多，但实际编写语句时，仍建议使用者对于语句进行合适的缩进，并且加上合适的注释语句使得程序的可读性更强，以备核查和质量控制之用。

例 2-1 采用注释的标识符号对 SAS 语句进行注释示例。

程序	说明

`proc means data = sashelp.class nway;`
`/*调用 means 过程步进行统计描述，nway 选项用于限制 output 语句输出的_type_观测数*/`
`class Sex;*指定分组用的分类变量为 Sex;`
`var Age;*指定统计分析的变量为 Age;`
`run;`
	进行注释的两种方法：
	用"/*内容*/"块注释形式；
	用"*"加上"；"形式

二、数据步与过程步

SAS 程序中有两大基本的组成模块：数据步（data steps）与过程步（proc steps）。通常用数据步产生 SAS 数据集，而用过程步对 SAS 数据集内的数据进行分析处理并输出结果。亦即对采集到的研究资料通过数据步生成 SAS 系统能识别的数据集后，根据研究目的和需要采用的统计方法去调用 SAS 系统内置的相应过程步，通过执行该过程步完成统计计算并输出结果。

数据步或过程步由 data 或 proc 语句开始，默认结束于下一个 data/proc 步的开始。通常用"run；"语句来结束，另外有些过程步需要以 quit 语句来结束提交。

（一）数据步及主要功能

数据步通常以 data 作为开头，后接数据集的名称。关于数据集的建立及操作具体内容参见后续第三章。数据步主要包含下述功能：
1. 将数据输入 SAS 数据集；
2. 计算新的变量[例如根据身高和体重计算体重指数（body mass index，BMI）]；
3. 检查和修正数据中的错误；
4. 对于现有的数据集取子集或拼接、合并以及更新，从而生成新的数据集。

例 2-2 通过数据步在临时逻辑库 work 下创建一个名为"ch2_2"、含 5 个变量的简单数据集。

程序 ch2_2 创建一个名为"ch2_2"的数据集，在数据集中输入数据后就可在默认的 work 库中得到只有一个观测和 5 个变量的简单数据集。

程序	说明

`data ch2_2;`
`  length Name $8.;`
`  Name="Lily";`
`  Age=18;`
`  Height=1.62;`
`  Weight=52;`
`  BMI=Weight/Height**2;`
`run;`
	data 步建立数据集，若不指名逻辑库，SAS 默认在临时逻辑库 work 中建立数据集（即"data ch2_2；"相当于："data work.ch2_2；"）
	length 语句是数据步编译阶段中常见的声明语句之一，用来设置字符型变量 Name 的长度

程序 ch2_2 运行后，在 Log 窗口有提示"work.ch2_2 has 1 observations and 5 variables"。其中"work.ch2_2"是两级命名的 SAS 数据集，第一级"work"为 SAS 系统默认的临时逻辑库名，第二级"ch2_2"是数据集名，两层级名中间为英文句点"."。逻辑库的含义是一个或多个 SAS 文件的集合，方便用于组织、查找和管理 SAS 文件，可分为永久逻辑库与临时逻辑库。关于 SAS 逻

辑库及数据集相关内容具体介绍参见后续章节。

为显示已建立的 ch2_2 数据集内容，可以用 PROC PRINT 过程步在结果输出窗口显示，也可以按照如下 5 步依次单击 SAS 视窗管理系统的窗口：

①左下的"资源管理器"（Explorer）窗口；
②右上的工具栏切换"树状结构"（Toggle tree）；
③左侧"逻辑库"（Libraries）选择临时逻辑库"Work"；
④Work 临时库中选中 SAS 数据集"ch2_2"；
⑤双击 ch2_2 数据集，弹出表视图（Table View）后可见数据集内容。

简言之，在 Explorer（资源管理器窗口），SAS 系统自动生成的临时逻辑库"Work"下会产生 SAS 数据集文件 ch2_2，可以双击该文件查看数据集内容（图2-1）。

图 2-1 数据步提交后查阅所建 SAS 数据集内容的 5 步菜单操作

例 2-2 是通过数据步来创建含一个记录的 SAS 数据集。此外，也可使用 input 语句更为灵活地输入更多记录数据，还可通过 set 语句复制一个已有的 SAS 数据集或是纵向拼接两个同类型的数据集。数据集建立及操作的详细内容将在后续章节进行介绍。以下简要介绍数据步在读入数据时的两个阶段，即编译阶段（compilation phase）和执行阶段（execution phase），以及在编译阶段涉及的程序数据向量（program data vector，PDV），以便理解 SAS 数据步在提交语句后的运行机制。

在 data 步提交代码后，SAS 会进行编译阶段和执行阶段这两个阶段的处理。在编译阶段，主要检查代码的语法，并将它们翻译成机器语言。在此阶段，SAS 还为数据集设置描述信息并创建程序数据向量即 PDV。如果在此阶段发现代码存在无法自行更正的语法错误，则不会进入执行阶段，并会将发现的语法错误记录在 Log 窗口中。反之，如果在此阶段 SAS 未发现程序错误，则会进入执行阶段，读取数据并执行后续的编程语句。

SAS 从外部读入原始数据（raw data）时，会在编译阶段开始时创建一个输入缓存区（input buffer）来存储原始数据。PDV 是内存中 SAS 读取原始数据创建数据集的一块临时逻辑区域，包含了 data 步涉及的所有变量。当程序执行时，一次只处理一个观测，SAS 从输入缓存区中读入数值或通过执行 SAS 语句创建数值，数值赋给 PDV 中一个合适的变量，如此通过 PDV 将原始数据的每一条数据变成 SAS 数据集中的每一条观测。而如果 SAS 是从外部读入如".sas7bdat"类型的 SAS 数据集，例如后续章节将会学习通过 set 或 merge 语句直接复制或合并原始 SAS 数据集，此时 SAS

会把数据直接传送到 PDV，直接从原始 SAS 数据集获得数据集描述信息。

以 ch2_2 为例，在编译阶段，SAS 读取程序代码，标志要建立名为 ch2_2 的数据集，并建立数据集的描述部分，数据集包含 5 个变量，分别为 Name（字符型）、Age、Height、Weight 和 BMI。相应地 SAS 会建立如下所示的 PDV，其中_N_、_ERROR_为系统生成的两个自动变量。_N_为从 1 开始的整数，作为记录观测数之用；_ERROR_默认为 0，在创建当前观测发现输入数据错误、转换错误等错误情况时则变为 1。如果程序中没有累加语句（如 sum+1）或使用 retain 指定初始值，则其他所有变量在编译阶段会被设置为默认的缺失值，累加语句初始值会设置为 0，retain 语句则会设置为指定的初始值。并且 PDV 中变量出现的顺序会以程序语句中该变量第一次出现的顺序排列，即有先来后到之分。

Name	Age	Height	Weight	BMI	_ERROR_	_N_

在执行阶段，SAS 会根据程序语句的赋值，从左到右依次给变量赋值（自动变量_N_会被初始化为 1，自动变量_ERROR_被初始化为 0），直至最后一个变量赋值完毕，如果没有出现错误，则自动变量_N_累加，_ERROR_赋值不变。以下结果为 ch2_2 程序执行变量赋值完毕后，SAS 结束本轮执行过程，进而将 PDV 中的数据输出到数据集中的观测（系统自动变量并不会输出到数据集 ch2_2 中）。

一轮执行结束后的 PDV 内容	Name	Age	Height	Weight	BMI	_ERROR_	_N_
	Lily	18	1.62	52	19.8141	0	1

在 DATA 步中编译阶段起作用的 length 及 format 这类对数据格式定义的语句在顺序上可以灵活处理，而"执行语句"的先后顺序很重要。例如下述程序 ch2_2b 与程序 ch2_2 仅仅是在变量赋值时的出现顺序上有所不同，即把 BMI 的计算提至 Height 与 Weight 之前，最后两个数据集变量顺序和 BMI 数值有所不同。

程序	说明
| ```
data ch2_2b;
  length Name $8.;
  Name="Lily";
  Age=18;
  BMI=Weight/Height**2;
  Height=1.62;
  Weight=52;
run;
``` | 本例 BMI 变量赋值语句出现顺序变化后，最终输出的数据集 ch2_2b 与 ch2_2 的结果有所不同 |

程序 ch2_2 与 ch2_2b 生成的数据集内容对比如下：

	Name	Age	Height	Weight	BMI
ch2_2 数据集	Lily	18	1.62	52	19.8141
	Name	Age	BMI	Height	Weight
ch2_2b 数据集	Lily	18	.	1.62	52

可以发现两个数据集变量顺序有所不同，BMI 在 ch2_2b 数据集中缺省。在运行程序 ch2_2b 后会在 log 窗口显示以下内容："Missing values were generated as a result of performing an operation on missing values." 这是因为在编译阶段，BMI 先于 Height 和 Weight 变量出现，所以 PDV 中 BMI 顺序在前。而在执行阶段，由于 BMI 顺位在前，赋值 BMI 时，PDV 中 Height 和 Weight 还是默认的缺失值，无从计算 BMI，最终输出的 ch2_2b 数据集中 BMI 是缺失值。
```

因为 SAS 封装了一些过程，SAS 数据步编译和执行过程中往往非明示可见，对于 SAS 入门学习者来说很难立刻领会 data 步的各个环节，可以先通过学习案例及相应参考程序逐步加以理解。要想成为一名优秀的 SAS 程序员，很有必要深刻理解数据步流程，尤其是 PDV 贯穿 SAS 的编译和执行两个阶段，这决定了信息在数据步中的存储及变化，感兴趣者可以进一步学习参考专业工具书和教程。

（二）过程步及主要功能

过程步通常以 proc 作为开头，是执行特定任务的 SAS 语句的集合，常被用于分析和处理 SAS 数据集中的数据，某些过程步运行过程还可创建包含结果的 SAS 数据集。过程步常用功能包括：

1. 对于数据集进行汇总、排序等操作；
2. 调用各种统计方法，计算生成统计量；
3. 创建交叉表式的报表；
4. 生成可视化的图形；
5. 打印报表。

例 2-1 就是一个简单的计算均值的过程步，对于 sashelp 逻辑库下自带的 class 数据集，通过提交 means 过程相应语句可计算出不同性别的平均年龄等统计描述指标。提交 ch2_1 程序后，结果显示为

			Analysis Variable: Age			
Sex	N Obs	N	Mean	Std Dev	Minimum	Maximum
F	9	9	13.2222	1.3944	11.0000	15.0000
M	10	10	13.4000	1.6465	11.0000	16.0000

在一个 SAS 程序中，通常先建立数据步，生成需要分析的数据集，再调用过程步实施需要的分析。通常当程序遇到 data/proc 等标志着新程序开始的语句时，表示上一个程序执行结束。例如当 proc 出现时，意味着前面的 data 步程序执行结束。数据步和过程步也可单独出现在程序中。单独使用某一模块时，一般在程序结尾使用"run;"代表语句的结束。run 语句告诉 SAS 去执行之前的所有程序行。另外，如果在 proc 过程步中并未使用"data ="语句指定需分析的数据集，proc 过程步则会自动对此前最后生成的数据集进行分析。

第二节　SAS 编程基础

各种编程语言在介绍基础知识和基本概念时，都会涵盖运算符、函数及程序逻辑结构等基础内容。本节将介绍在 SAS 编程语言中是采用哪些符号及组件来实现相应功能。

一、SAS 运算符

SAS 中的运算符是在数学、逻辑或比较表达式中使用的符号。这些符号内置于 SAS 语言中，并且许多运算符可以组合在单个表达式中以给出最终输出。在新建变量或是根据某一条件进行筛选创建子集时，运算符的使用必不可少。SAS 提供了丰富的运算符，有的运算符有多种表示方法，可以根据个人习惯选择使用。常用的运算符包括以下三种：算术运算符、比较运算符和逻辑运算符。

（一）算术运算符

算术运算符表示执行一种算术运算，如表 2-1 所示。值得注意的是，当表达式中有一个运算对象是缺失值时，输出结果也是缺失值。

表 2-1　SAS 的算术运算符及用法

运算符	描述	使用	输出
+	加法运算符	X = a + b	a 与 b 的和
−	减法运算符	X = a − b	a 与 b 的差
*	乘法运算符	X = a * b	a 与 b 的乘积
/	除法运算符	X = a / b	a 与 b 的商
**	求幂运算符	X = a ** b	a 的 b 次方

例 2-3　通过算术运算生成包含运算结果的数据集。

程序	说明

``data ch2_3;
  a = 10;b = 5;
  add_rult = a + b;
  red_rult = a - b;
  mul_rult = a * b;
  div_rult = a / b;
  pov_rult = a ** b;
run;
proc print;
run;```
	data 步进行算术运算并生成包含运算结果的数据集 ch2_3
	
	输出数据集 ch2_3 中的内容至结果窗口

提交 ch2_3 程序后，结果显示为

Obs	a	b	add_rult	red_rult	mul_rult	div_rult	pov_rult
1	10	5	15	5	50	2	100000

（二）比较运算符

比较运算符用于根据相等性比较常量、变量的值大小。比较运算符的结果也可以是布尔值，即 1 或 0。表 2-2 描述了比较运算符及其操作。

表 2-2　SAS 的比较运算符及用法

运算符	描述	使用	输出
=、EQ	等于运算符（EQ：Equal）	X =（a = 1） X =（a EQ 1）	a = 1 时，X 值为 1，否则 X 值为 0
^=、~=、NE	不等于运算符（NE：Not Equal）	X =（a ^= 1） X =（a NE 1）	a 不等于 1 时，X 值为 1，否则 X 值为 0
>、GT	大于运算符（GT：Greater Than）	X =（a > 1） X =（a GT 1）	a 大于 1 时，X 值为 1，否则 X 值为 0
<、LT	小于运算符（LT：Less Than）	X =（a < 1） X =（a LT 1）	a 小于 1 时，X 值为 1，否则 X 值为 0
>=、GE	大于等于运算符（GE：Greater Than or Equal）	X =（a >= 1） X =（a GE 1）	a 大于等于 1 时，X 值为 1，否则 X 值为 0
<=、LE	小于等于运算符（LE：Less Than or Equal）	X =（a <= 1） X =（a LE 1）	a 小于等于 1 时，X 值为 1，否则 X 值为 0
in	在…中运算符（是 SAS 特有的比较运算符，值必须用逗号或空格分隔）	X =（a in（1 3 5））	a 为 1，3，5 中的任意值时，X 值为 1，否则 X 值为 0

SAS 系统的比较准则：①数值和字符都可以比较；②结果为真，赋值 1；结果为假，赋值 0；

③字符值从左到右逐个按 ASCII 码排列序列进行比较;④缺失值参加比较时,它比任何有效值都小。

例 2-4 通过比较运算生成包含比较运算结果的数据集。

程序	说明
| ```
data ch2_4;
  a=5;
  EQ_rult=(a=1);
  NE_rult=(a^=1);
  GT_rult=(a>1);
  LT_rult=(a<1);
  GE_rult=(a>=1);
  LE_rult=(a<=1);
  IN_rult=(a in (1 3 5));
run;
proc print;
run;
``` | data 步进行比较运算并生成包含比较运算结果的数据集 ch2_4<br><br><br><br><br><br><br><br><br><br>输出数据集 ch2_4 中的比较运算结果至结果窗口 |

提交 ch2_4 程序后,结果显示为

Obs	a	EQ_rult	NE_rult	GT_rult	LT_rult	GE_rult	LE_rult	IN_rult
1	5	0	1	1	0	1	0	1

(三)逻辑运算符

在数据筛选过程中,逻辑运算符通常用来连接一系列比较式。表 2-3 描述了 SAS 提供的三种逻辑运算符及其运算说明。

表 2-3 SAS 的逻辑运算符及用法

运算符	描述	使用	输出
&、and	AND 运算符(并且)	X =(a>1 & b<5) X =(a>1 and b<5)	a>1 并且 b<5 两个条件都成立时,X 值为 1,否则 X 值为 0
|、or	OR 运算符(或者)	X =(a>1 | b<5) X =(a>1 or b<5)	a>1 和 b<5 两个条件任意一个成立时,X 值为 1,否则 X 值为 0
~、^、not	NOT 运算符(非)	X = ~(a>1) X =^(a>1) X = not (a>1)	a>1 成立时,X 值为 0,否则 X 值为 1

例 2-5 通过逻辑运算生成包含逻辑运算结果的数据集。

程序	说明
| ```
data ch2_5;
  a=5;b=10;
  and1_rult=(a>1 & b<5);
  and2_rult=(a>1 and b<5);
  or1_rult=(a>1 | b<5);
  or2_rult=(a>1 or b<5);
  not1_rult=~(a>1);
  not2_rult=^(a>1);
  not3_rult=not (a>1);
run;
proc print;
run;
``` | data 步进行逻辑运算并生成包含逻辑运算结果的数据集 ch2_5<br><br><br><br><br><br><br><br><br><br>输出数据集 ch2_5 中的逻辑运算结果至结果窗口 |

提交 ch2_5 程序后，结果显示为

Obs	a	b	and1_rult	and2_rult	or1_rult	or2_rult	not1_rult	not2_rult	not3_rult
1	5	10	0	0	1	1	0	0	0

二、SAS 常用函数

在日常的数据处理及分析过程中，使用运算符可以很方便地进行逻辑判断和简单的数学运算。但是在一些更为复杂的操作时，例如计算一组数据的变异系数或是从一组杂乱的字符串中提取出自己想要的信息，假若仅仅使用以上常规运算符显然难以实现。因而，SAS 编程语言提供了另一个组件即函数（Function），SAS 通过内置的大量函数可以助力高效地处理数据。

在 SAS 9.4 的帮助文档中，输入"Function"关键词，选择"Function Categories"链接即可查找所有函数信息。目前，SAS 9.4 版本的帮助文档提供了从数值、字符到日期、概率、随机数字以及变量信息等约 20 个大类的函数。所有的 SAS 函数都是一个子程序，可对自变量的处理返回一个结果值，在数据步中可直接用于赋值语句或表达式。SAS 函数的常见形式为：函数名（X1，X2，…）。SAS 函数的主要功能可归纳为：①组合表达式；②处理多变量。以下对于常用的三大类函数：数值型函数、日期型函数以及字符型函数进行简要介绍，更详细的内容请参见 SAS 帮助文档或其他技术资料。

（一）数值型函数

数值型函数通常用来计算数据和描述数据特征。常用数值型函数介绍见表 2-4。

表 2-4 SAS 的数值型函数及其用法

函数名	描述	使用
abs	求 x 的绝对值	abs(x)
mean	求 col1, col2, col3, col4, col5 五个变量的算术均数（也可以直接将 col1-col5 替换为 5 个数值，mean 函数会自动忽略缺失值）	mean(col1,col2,col3,col4,col5) mean(of col1-col5)
std	求 a, b, c, d, e 五个值或数值型变量的标准差	std(a,b,c,d,e)
median	求 a, b, c, d, e 五个值或数值型变量的中位数	median(a,b,c,d,e)
round	将 x 变量进行四舍五入，并保留两位小数（0.01 换成 0.1 则保留 1 位小数）	round(x,0.01)
nmiss/cmiss	nmiss 返回一串数值中缺失值的个数（须注意的是如果有字符型变量会自动转化为数值型，对于无法转化的字符型变量会在 Log 中标注无效的数值型变量，并将此变量作为缺失值进行计数，而 cmiss 函数则不会转换，直接对于数值型与字符型变量缺失值进行计数）	nmiss(1,·,·,3,6)/ cmiss(1,·,·,'','2')
sum	求和函数	sum(a,b,c,d,e) sum(of col1 - col5)
log/log10	log 返回自然对数值； log10 返回底数为 10 的对数值	log(4) log10(100)
exp	返回常数 e 的指数值	exp(x)等价于 e^x
sqrt	求 x 的算术平方根	sqrt(x)等价于 $\sqrt{x}$
ceil	返回≥x 的最小整数值	ceil(x)
floor	返回≤x 的最大整数值	floor(x)
int	返回 x 的整数部分的值	int(x)

例 2-6 在数据步中运用数值型函数生成新变量（仅展示表 2-4 中部分函数）。

程序	说明
| ```
data ch2_6;
  a=1;b=2;c=3;d=4;e=5;
  f=3.1415926;g = -2;
  abs=abs(g);
  mean=mean(a,b,c,d,e);
  median=median(a,b,c,d,e);
  std=std(a,b,c,d,e);
  round=round(f,0.01);
run;
proc print;
  var abs mean median std round;
run;
``` | data 步生成数据集 ch2_6，数据集包含输入的数值变量和运用数值型函数生成新变量<br><br><br><br><br><br><br><br>输出数据集 ch2_6 中内容，包括运用数值型函数生成的新变量至结果窗口 |

提交 ch2_6 程序后，结果显示为

Obs	abs	mean	median	std	round
1	2	3	3	1.5811	3.14

（二）日期型函数

SAS 系统的日期和时间存储标准是以 1960 年 1 月 1 日 0 时 0 分 0 秒为起点，然后以相应的间隔计时，如 1960 年 1 月 1 日 9 时 0 分，按日计的数值就是 0，按小时计的数值就是 9。1960 年 1 月 2 日 0 时 0 分，按日计的数值就是 1，按小时计就是 24 等，而在 1960 年 1 月 1 日之前的日期以负数形式进行记录。

日期函数是一类非常重要的函数，可以极大提高日期变量的处理效率。日期时间函数如表 2-5 所示。

表 2-5　SAS 的日期型函数及用法

函数名	描述	使用
mdy	生成 yyyy 年 mm 月 dd 日的日期	mdy(mm, dd, yyyy)
hms	生成 hh 时 mm 分 ss 秒的时点	hms(hh, mm, ss)
today	返回运行函数当天的日期	today()
year	返回日期 date 的年份	year(date)
qtr	返回日期 date 的季度	qtr(date)
month	返回日期 date 的月份	month(date)
week	返回日期 date 的周数	week(date)
weekday	返回日期 date 所属周几（其中周日为 1，周六为 7）	weekday(date)
day	返回日期 date 的日	day(date)
datepart	返回日期的年月日部分	datepart(date)
timepart	返回日期的时分秒部分	timepart(date)
intck	计算从开始日期 sta_dat 到结束日期 END_DAT 中间经过的 interval 间隔的个数，其中 interval 可取 'YEAR'、'MONTH'、'DAY' 等	intck(interval, sta_dat, end_dat)
intnx	计算从开始日期 sta_dat 经过 increment 个 interval 间隔后的日期。'parameter' 可对返回的日期进行控制，以输出特殊的时点，如 'beginning'、'middle'、'end' 分别代表期初、期中及期末；'same' 代表相同时间点，并且可以分别用首字母 b、m、e、s 代替	intnx(interval, sta_dat, increment, 'parameter') 例：intnx('month', today(), 3, 'e')；将输出距今天 3 个月后的月末日期
```

例 2-7　数据步中完成日期数据输入并生成包含日期函数结果的数据集（仅展示表 2-5 中部分函数）。

程序	说明

`data ch2_7;`
　`a=2022;b = 12;c = 24;`
　`sta_dat="01Jan1960"d;`
　`end_dat=mdy(b,c,a);`
　`year=year(sta_dat);`
　`month=month(sta_dat);`
　`day=day(sta_dat);`
　`inter_y=intck("YEAR",sta_dat,end_dat);`
`run;`
`proc print;`
`run;`
	data 步进行日期数据输入并生成包含日期函数结果的数据集 ch2_7
	
	输出数据集 ch2_7 至结果窗口

提交 ch2_7 程序后，结果显示为

Obs	a	b	c	sta_dat	end_dat	year	month	day	inter_y
1	2022	12	24	0	23003	1960	1	1	62

sta_dat 与 end_dat 两个日期以数值呈现，而常见的日期是以年月日形式输出。如需要以年月日形式呈现，可在 proc print 语句中使用 format 语句指定这两个变量输出格式为"yymmdd10."即可，此时，输出语句如下。

程序	说明

`proc print;`
　`format sta_dat yymmdd10.`
　　`end_dat yymmdd10.;`
`run;`
	将 sta_dat 与 end_dat 两个日期变量的输出格式由数值格式转换成"年月日"格式

此时，结果窗口输出为

Obs	a	b	c	sta_dat	end_dat	year	month	day	inter_y
1	2022	12	24	1960-01-01	2022-12-24	1960	1	1	62

（三）字符型函数

字符型函数是对字符型变量进行提取、删除、替换等处理的一大类函数，表 2-6 介绍了常用的字符型函数。

表 2-6　SAS 的字符型函数及用法

函数名	描述	使用
upcase	将字符串 s1 中的所有字母转换为大写	upcase(s1)
lowcase	将字符串 s1 中的所有字母转换为小写	lowcase(s1)
propcase	将字符串 s1 中的由指定的分隔符分隔的字母转换为合适的大小写（首字母大写，其他小写）	propcase(s1, <delimeter>)
substr	1. 取值作用：当 substr 函数置于等号右边时，x 的值为从字符串 s1 中的第 p 个字符开始抽取 n 个字符长的子字符串； 2. 替换作用：当 substr 函数置于等号左边时，表示将字符串 s1 从第 p 个字符开始使用字符串 s2 替换 n 个字符；若 n 缺失，则从开始位置以后的所有字符串都将被替换为等号右侧字符串	1.取值作用： x = substr(s1, p, n) 2.替换作用： substr(s1, p, n) = 's2'

续表

函数名	描述	使用
cat	连接字符串 s1 和字符串 s2，但会保留首尾的全部空格	cat(s1, s2)
cats	连接字符串 s1 和字符串 s2，并移除首尾的全部空格	cats(s1, s2)
catx	连接字符串 s1、字符串 s2、字符串 s3……并移除首尾全部空格，在各字符串间使用"–"连接（如果某一字符串缺失，会自动忽略，不会使用"–"连接缺失值）	catx('–', s1, s2, s3, …)
catt	连接字符串 s1、字符串 s2、字符串 s3……并移除各字符串尾部空格	catt(s1, s2, s3, …)
tranwrd	从字符串 s 中把所有字符串 s1 使用字符串 s2 进行替换	tranwrd(s, s1, s2)
strip	从字符串 s1 中移除首尾空格	strip(s1)
compress	从字符串 s 中移除字符串 s1（不指定 s1 和 modifiers 时，默认移除字符串 s 中的所有空格；modifiers 为 k 时，表示从字符串 s 中保留字符串 s1；modifiers 为 i 时，命令 SAS 移除字符串时忽略大小写[更多 modifiers 的使用信息详见 SAS 帮助文档]）	compress(s, s1, 'modifiers')
scan	从字符串 s1 中以 s2 字符串为分割点提取第 n 位的字符串	scan(s1, n, s2)
count	对于字符串 s1 中出现的特殊字符串 s2 出现的次数进行计数。modifiers 为 i 时指定在计数期时忽略字符大小写。如果未指定此修饰符，则 count 仅计算与子字符串中的字符大小写相同的字符串。modifiers 为 t 时，移除 s1 与 s2 的尾部空格	count(s1, s2, 'modifiers')
find	检索字符串 s1 中是否包含字符串 s2，如包含则返回 1，不包含则返回 0。modifiers 取值和作用与 count 函数类似，startpos 参数一般为整数，指明检索的方向，如不设置：从字符串开始从左往右检索；startpos＞0 时从 startpos 绝对值位置开始向右检索。如果 startpos 绝对值大于字符串的长度，则 find 返回值 0。startpos＜0 时从末尾开始向左从 startpos 绝对值位置开始检索。当 startpos=0 时，find 返回 0	find(s1, s2, 'modifiers', 'startpos')
index	检索字符串 s1 中特殊字符串 s2 中第一个字符出现的位置	index(s1, s2)
length	返回字符串 s1 的长度，不包括尾部空格，对于空字符串返回 1	length(s1)
coalescec/coalesce	coalescec 返回字符串 s1 到 sn 的第一个非缺失字符；coalesce 则返回数值 x1 到 xn 的第一个非缺失数值	coalescec(of s1-sn) coalesce(of x1-xn)

例 2-8 字符型数据输入并生成包含字符型函数结果的数据集。

程序	说明

``data ch2_8;
  Length a $50.;
  a="Jiaoda,Shanghai,200025";
  substr = substr(a,1,6);
  trans = tranwrd(a,"Jiaoda","Fudan");
  compr = compress(a,"0123456789","k");
  scan = scan(a,1,",");
run;
proc print;
run;```
	data 步进行字符型数据输入并生成包含字符函数结果的数据集 ch2_8
	
	输出数据集 ch2_8 内容至结果窗口

提交 ch2_8 程序后，结果显示为

Obs	a	substr	trans	compr	scan
1	Jiaoda, Shanghai, 200025	Jiaoda	Fudan, Shanghai, 200025	200025	Jiaoda

在 SAS 进行字符处理时需要注意的是，SAS 为了解决中国、日本及韩国等东南亚国家象形文字与 ASCII 的兼容性问题，使用的是双字节字符集（double-byte character set，DBCS）。这表明英

文与中文字符在 SAS 中字符位数并不一致，在中文字符串中若使用上述需指定字符位数的函数如 substr 函数，则可能会出现意料之外的错误结果。为避免这类错误的出现，SAS 提供了相对应的函数来处理象形文字，一般在原函数前加"k"，如 ksubstr 函数。以下示例可更为清晰地展示两组函数的不同。

程序	说明

`data ch2_8b;`
  `length a $50.;`
  `a="上海交通大学,上海,200025";`
  `scan_rlt = substr(a,1,2);`
  `ksca_rlt = ksubstr(a,1,2);`
`run;`
	data 步进行字符型数据输入并生成包含字符型函数结果的数据集 ch2_8b

`proc print;` `run;`	输出数据集 ch2_8b 内容至结果窗口

提交 ch2_8b 程序后，结果显示为

Obs	a	scan_rlt	ksca_rlt
1	上海交通大学,上海,200025	上	上海

在程序 ch2_8b 中同样是提取 a 变量的前两个字符，substr 函数由于以 ASCII 编码方式区分字符位数，而汉字"上"占用两个字符，因此 SAS 认为这是两个字符，所以使用 substr 函数提取出的结果仅为一个汉字"上"，而 ksubstr 函数兼容 DBCS，在本例中使用 ksubstr 函数提取两个字符即命令 SAS 提取两个汉字，因此提取结果为"上海"。总而言之，为避免出现错误的结果，在进行中文的字符串操作时，建议用户根据所处理字符串的类型，选择相应的函数类进行操作。

（四）变量类型自动转换与转换函数

在日常的工作环境中，有时需要某些变量能够以数值型存在，以便能够自由运算，如计算患者的住院天数，需要以出院日期和入院日期相减。但在病例数据里为了录入的便捷，往往会将日期存储为字符型变量。相反，其他环境下，需要以字符型存在的变量却被记录为数值型。例如在进行多中心临床研究时，需要予以患者唯一的标识符，往往会以前两位数字作为中心编号，后几位数字作为患者编号，如 1 中心 12 号患者唯一标识符会被记录为"01012"，由于全为数字，导出为其他格式的文件后可能会自动将以上标识符识别为"1012"（此时可能会与 10 中心 12 号混淆），如此可能会使后续工作出错，因此需要在 SAS 中将标识符变量作为字符进行储存。在进行某些计算或操作时，SAS 会自动进行变量类型的转换以适应实际需求。

1. 字符型变量会转换为数值型变量的情况

（1）字符型变量和数值型变量做算术运算或比较运算时；

（2）将字符型变量赋值给数值型变量时；

（3）对于字符型变量调用处理数值型变量的函数时，如 mean 函数、sum 函数或是 round 函数等。

SAS 自动转换后会将数值型变量设置为 BEST12.格式，于 Log 窗口会出现以下提示表明完成转换：

`NOTE: Character values have been converted to numeric values at the places given by:（Line）:（Column）.`

对于不能转换的字符如记录为"2022-UK-UK"，SAS 会于 Log 窗口提示：Invalid numeric data，从而将转化后的值设为缺失。

2. 数值型变量会转换为字符型变量的情况

（1）与处理字符型变量的操作符一起使用时，如使用"||"连接变量时；

（2）将数值型变量赋值给字符型变量时；

（3）对于数值型变量使用字符型变量才能使用的函数时，如 substr 函数、catx 函数或是 scan 函数等。

SAS 自动转换后于 Log 窗口会出现以下提示表明完成转换：

NOTE: Numeric values have been converted to character values at the places given by: (Line): (Column).

SAS 的自动转化在数据记录较为规范时，能够帮助用户提升数据处理和分析效率；但在来源多样或记录方式管控不严的数据中，自动转换并不能总是出现预期的结果，尤其是字符型变量转换为数值型变量时，例如体温的记录可能有"36.9℃"、"36.9 度"或是"36.9"多种原始值记录方式，在进行自动转化时这三种记录方式对应转换后的数值型变量为"."、"."、"36.9"（即前两种记录会被判定为缺失）。因此一种较好的处理方式是在进行运算或其他操作时将变量提前进行数据清洗，转换为适合的类型，再进行相应变量类型的计算。在 SAS 里，可以借助 put 及 input 两个函数进行数据类型的转换。

（1）put（x，format）：put 函数可将 x 变量（数值型或字符型）转换为字符型，"format"为转换后希望呈现的数据格式。

例 2-9 数值型变量转换为字符型变量。

程序	说明

data ch2_9;
  a = 0.65;
  percent = put(a,percent8.2);
run;
proc print;
run;
	通过 put 函数将变量 a 以百分比的格式存储为字符型变量
	
	输出数据集 ch2_9 中 a 的值及其百分比格式至结果窗口

提交 ch2_9 程序后，结果显示为

Obs	a	percent
1	0.65	65.00%

（2）input（x，<?|??> informat）：input 函数可将 x 变量（字符型）转换为数值型变量，informat 为需要转化数据的输入格式。单个问号修饰符阻止 SAS 在转化不成功时 Log 窗口弹出冗长的无效数据的信息，但系统错误标识符 _ERROR_ 仍会记录为 1。双问号修饰符则在单问号的基础上进一步去除错误信息，_ERROR_ 不会记录为 1。

例 2-10 字符形式存储的日期通过 input 函数转换为数值型变量。

程序	说明

data ch2_10;
  a = "2022-07-15";
  daten = input(a, yymmdd10.);
  date = daten;
run;
proc print;
  format date yymmdd10.;
run;
	将变量 a 中字符形式存储的日期通过 input 函数转换为数值型变量 daten 及内容相同的变量 date（注意此处 yymmdd10.是定义 a 输入格式）
	
	输出数据集 ch2_10 至结果窗口，其中 daten 显示为数值，date 显示为日期格式

提交 ch2_10 程序后，结果显示为

Obs	a	daten	date
1	2022-07-15	22841	2022-07-15

三、SAS 结构化编程语句

几乎所有的编程语言都会设计程序逻辑结构。程序执行时通常就按照代码出现的顺序依次执行，有时需要在是否满足某条件的情况下选择执行相应操作或循环重复进行某些操作。SAS 里提供了丰富的筛选语句，常见的选择结构语句是 if-else/then 语句、select-when 语句，函数 ifc/ifn 也有相似的筛选作用。而常见的循环语句有三种：分别是 do 循环语句、do-while 语句以及 do-until 语句。

（一）条件判断语句

1. if-then 选择语句

在日常的工作中，经常会遇到根据某一条件筛选子集，或者根据某一条件生成新变量的情形，例如筛选数据集中性别为"男"或"女"的观测，或是将定量类型的变量年龄变为分类变量，即年龄组。在 SAS 中可通过条件筛选语句 if-then 来实现以上操作。

if-then 语句基本句式为

if "*条件语句*" then "*动作语句*";

以上语句含义为，如果"*条件语句*"为真，那么就执行"*动作语句*"。

例 2-11 筛选 sashelp 逻辑库下 class 数据集里的所有性别为"M"的观测，程序 ch2_11 中使用 if-then 语句进行筛选。

程序	说明

```data ch2_11;```
 ``` set sashelp.class;```
 ``` if sex = "F" then delete;```
 ```run;```
	如果变量 sex = "F"，那么就将它删除

```proc print;``` ```run;```	输出筛选后的数据集 ch2_11 至结果窗口

提交 ch2_11 程序后，结果显示为

Obs	Name	Sex	Age	Height	Weight
1	Alfred	M	14	69.0	112.5
2	Henry	M	14	63.5	102.5
3	James	M	12	57.3	83.0
4	Jeffrey	M	13	62.5	84.0
5	John	M	12	59.0	99.5
6	Philip	M	16	72.0	150.0
7	Robert	M	12	64.8	128.0
8	Ronald	M	15	67.0	133.0
9	Thomas	M	11	57.5	85.0
10	William	M	15	66.5	112.0

"if sex = "F" then delete；"此语句等同于"if sex = "M"；"。后者可理解为：如果 sex = "M"，那么就将其保留（其他情况予以删除）。在以上句式中 if 发挥的是筛选功能，可单独使用 if 语句。

当遇到需要根据不同的条件执行不同动作的情况时，if-then 语句可以结合 else 语句进行使用，基本句式为

```
if "条件语句1" then "动作语句1";
  else if "条件语句2" then "动作语句2";
    else if "条件语句3" then "动作语句3";
      ……
        else "动作语句n";
```

以上语句可以理解为：如果符合条件1，那么就执行动作1；如果符合条件2，那么就执行动作2……如果都不符合以上条件，就执行动作n。

例 2-12　在上述 class 数据集中，根据年龄所处区间段，新生成分类变量年龄组 age_grp，即使用 if-then 语句将定量的数值变量转变为分类变量。

程序	说明

`data ch2_12;`
`  set sashelp.class;`
`  if  0 <age <12 then age_grp = 1;`
`  else if  12 <= age <= 15 then age_grp = 2;`
`  else age_grp = 3;`
`run;`
	将变量 age 进行分类，并生成新变量 age_grp

`proc freq;`
`  table age_grp;`
`run;`
	展示新生成的分类变量 age_grp 的频数分布情况

提交 ch2_12 程序后，结果显示为

age_grp	Frequency	Percent	Cumulative Frequency	Cumulative Percent
1	2	10.53	2	10.53
2	16	84.21	18	94.74
3	1	5.26	19	100.00

可以发现，分组后大部分观测年龄集中于 12—15 岁组。在此例中，if 作为条件语句与 then 和 else 搭配进行使用。

在筛选观测的功能上，where 语句与 if 语句有类似的功能，在例 2-11 中，还可使用语句 "where sex = "M";" 进行替换，结果相同。但是 where 语句与 if 语句在使用场合及执行效率方面存在差异，大致有以下不同：

（1）where 语句会在数据读取进入 PDV 前就对条件语句进行判断，而 if 则要等数据全部读入 PDV 后才进行语句的筛选，可见 where 语句条件筛选速度快于 if 语句；

（2）if 对于已有的 SAS 数据集和 input 语句创建的观测都有效，where 则只能从现有的 SAS 数据集中选择观测；

（3）where 既可用于 data 步，也可用于 proc 步，if 则只能用于 data 步；

（4）在数据集选项里，只能用 where，而不能用 if；

（5）当存在 by 语句时，SAS 执行 by 语句会在 if 之前，而在 where 之后；

（6）在 if-then 条件语句中可使用 if 筛选变量，但不可使用 where；

（7）if 语句在 SAS 读入多个数据集时无法对每个数据集独立筛选，但 where 可以。

2. 其他条件判断语句

（1）select-when 结构

data 步语句下的 select-when 结构与 if-then 语句功能较为相似，也有条件筛选的功能，一般而言，select-when 有两种用法，一种为

```
select (变量名);
```

```
when （值列表）动作语句1;
when （值列表）动作语句2;
……
otherwise 动作语句n;
end;
```

在这种结构中，一般会在 select 后选择表达式中添加相应变量名，when 语句后的括号中添加对应值，当变量值满足 when 语句时，执行 when 语句后的动作语句，如果未满足任意一个 when 语句，则执行 otherwise 语句后的动作语句。需要注意的是，如果 when 语句不能穷举变量的值，则必须加 otherwise 语句，否则 SAS 会无法运行程序而报错。以程序 ch2_13 为例，select-when 语句实际意义可以理解为：选择 Sex 变量进行判断，当 Sex 的值为"F"时，将新建变量 GENDER 赋值为"Female"；当 Sex 的值为"M"时，将新建变量 GENDER 赋值为"Male"；除此以外，将 GENDER 赋值为空。

程序	说明

`data ch2_13;`
  `length GENDER $10.;`
  `set sashelp.class;`
  `select(Sex);`
  `when("F") GENDER = "Female";`
  `when("M") GENDER = "Male";`
  `otherwise GENDER = "";`
  `end;`
`run;`
	运用 select-when 语句根据 Sex 的值新建变量 GENDER，输出到新数据集 ch2_13

`options obs =5;`
`proc print;`
  `var Name Sex GENDER;`
`run;`
	输出修改后的数据集中的 Name、Sex、GENDER 三个变量至结果窗口，并只保留前 5 条观测

提交 ch2_13 程序后，结果显示为

Obs	Name	Sex	GENDER
1	Alfred	M	Male
2	Alice	F	Female
3	Barbara	F	Female
4	Carol	F	Female
5	Henry	M	Male

可以发现，经过 select-when 语句的筛选，数据集 ch2_13 新增了一列变量 GENDER。

除以上使用方法外，select-when 语句的第二种用法与 if-then 语句更为相似，其基本结构为

```
select;
when （条件语句1） 动作语句1;
when （条件语句2） 动作语句2;
……
otherwise 动作语句n;
end;
```

在这种结构中，select 语句后不再加变量名，而作为条件筛选语句的开始，when 语句后的括号中为筛选条件，满足此条件则执行相应 when 语句后的动作语句，如不能满足任何 when 语句的条

件，则执行 otherwise 语句后的动作语句。程序 ch2_12 如使用此结构进行编程，则对应的语句可编写为以下程序 ch2_14：

程序	说明

``
data ch2_14;
  set sashelp.class;
  select;
    when(0 <age <12) age_grp = 1;
    when(12 <= age <= 15) age_grp = 2;
    otherwise age_grp = 3;
  end;
run;
proc freq;
  table age_grp;
run;
``
	将变量 age 进行分类，并生成新变量 age_grp
	
	展示新生成的分类变量 age_grp 的频数分布情况

提交程序 ch2_14 后，结果显示为

age_grp	Frequency	Percent	Cumulative Frequency	Cumulative Percent
1	2	10.53	2	10.53
2	16	84.21	18	94.74
3	1	5.26	19	100.00

可以发现，提交程序 ch2_14 运行的结果与 ch2_12 程序所运行的结果完全一致。但需要注意的是，在 select-when 语句的最后，需添加 end 语句作为结尾，提示 SAS select 在此结束。否则 select 语句无法闭合，SAS 也不会执行相关语句，并在 Log 窗口输出以下 ERROR 信息：

```
ERROR: There was 1 unclosed SELECT block.
```

（2）ifc/ifn

在函数中，ifc/ifn 也是被经常使用的一对条件判断函数，其基本形式为：

ifc（*条件语句，条件为真输出的字符，条件为假输出的字符，<缺失值时输出的字符>*）；

ifn（*条件语句，条件为真输出的数值，条件为假输出的数值，<缺失值时输出的数值>*）；

由以上两个函数的基本使用形式可以发现，ifc/ifn 的输出类型有所区别，ifc 主要的输出结果为字符型，而 ifn 的输出结果为数值型。使用 ifc/ifn 函数较之使用 if-then 或 select-when 语句在某些情况下可以减少编程的工作量，使程序语言更为简洁易懂。但需要注意的是，如果将 ifc 函数的输出字符写成了数值，即 ifc（*条件*，1，2）这种形式，SAS 会自动将输出的 1 或 2 自动转换为字符型；相对地如果 IFC 函数的输出数值写成了字符，即 ifc（*条件*，a，b）这种形式，SAS 不能将 a 或 b 自动转换为数值，因此会将输出结果设置为数值型的缺失值。

以下程序示例将演示使用 ifc/ifn 根据性别分别生成数值型变量 Sex_n 和字符型变量 Sex_c，则对应的语句可编写为

程序	说明

``
data ch2_15;
  length Sex_c $4. Sex_n 8.;
  set sashelp.class;
  Sex_c = ifc(sex = "M","男","女");
  Sex_n = ifn(sex = "M",1,2);
run;
``
	运用函数 ifc/ifn 根据 Sex 的值新建变量 Sex_c 和 Sex_n，输出到新数据集 ch2_15

程序	说明

`options obs =5;`
`proc print;`
`  var Name Sex Sex_c Sex_n;`
`run;`
	输出修改后的数据集中的 Name、Sex、Sex-c 和 Sex-n 四个变量至结果窗口，并只保留前 5 条观测

提交 ch2_15 程序后，结果显示为

Obs	Name	Sex	Sex_c	Sex_n
1	Alfred	M	男	1
2	Alice	F	女	2
3	Barbara	F	女	2
4	Carol	F	女	2
5	Henry	M	男	1

（二）do 循环语句

在上文中，可以了解到 if-then 语句根据条件语句执行特定的动作语句，但仅用 if-then 语句 then 之后仅能执行一个动作，如需执行多个动作，这时候需要使用 do-end 语句。do-end 语句基本句式为

if "条件语句" then do;
　"动作语句 1";
　"动作语句 2";
　……
　"动作语句 n";
　end;

以上语句可以理解为：如果符合条件，那么就去执行以下动作：动作 1、动作 2、…、动作 n，end 语句告诉 SAS 以上一系列动作语句在此结束。

例 2-13 假设在上述 class 数据集中，发现了学生姓名为 Alice 的身高和体重数据都录入错误，现在需要对两个数值都进行更正，以下程序 ch2_16 使用 do-end 语句执行了更改身高和体重数值的两个动作。

程序	说明

`data ch2_16;`
`  set sashelp.class;`
`  if name = "Alice" then do;`
`    height = 66.5;`
`    weight = 94;`
`  end;`
`run;`
`proc print;`
`run;`
	运用 if-then do 语句更新学生姓名为 Alice 的身高、体重两个数据，输出到新数据集 ch2_16
	
	输出修改后的数据至结果窗口

提交 ch2_16 程序后，结果显示为

Obs	Name	Sex	Age	Height	Weight
1	Alfred	M	14	69.0	112.5
2	Alice	F	13	66.5	94.0
3	Barbara	F	13	65.3	98.0
4	Carol	F	14	62.8	102.5
5	Henry	M	14	63.5	102.5
⋮					

可以发现，"ch2_16"数据集中姓名为 Alice 的学生身高及体重数据已经更正。需要强调的是，实际工作中不建议直接在原 SAS 数据集中修改原始数据，需要从原始数据来源查明错误原因，经核实后加以改正（留存相应程序代码），另存为新数据集（或者通过有修改痕迹或修改记录的数据管理系统进行更新）。

除了应用在 if-then 语句中，do 语句另一个极为重要的作用就是进行迭代循环。常见的迭代循环语句有两种，一种是与 to、by 语句联用，形成 do-to-by 结构；另一种是与 until 或 while 联用，形成 do-until/while 结构。

在第一种结构中，do-to 语句的作用为指定循环的开始与结束，by 语句指定单次循环的步长，如例 2-14。

例 2-14　利用 do-to-by 结构进行简单的累加。

程序	说明

`data ch2_17;`
`  a=0;`
`  do i=1 to 10 by 2;`
`    a=a + i;`
`    output;`
`  end;`
`run;`
`proc print;`
`run;`
	do-to 语句指定 i 从 1 循环到 10，并循环以 2 为单位进行（即循环 5 次）
	语句 a=a+i 作用为实现 i 的累加
	输出每次循环的结果，如果无 output 语句，则只会输出最后一次循环的结果
	
	输出变量 a 循环后的结果至结果窗口

提交 ch2_17 程序后，结果显示为

Obs	a	i
1	1	1
2	4	3
3	9	5
4	16	7
5	25	9

在第二种循环语句中，实质上是使用 until/while 语句对于循环的条件进行控制，do-until 可以理解为：进行某种循环，直到某一条件被满足，则循环停止。do-while 可以理解为：当某一条件被满足时，进行某种循环，否则循环停止。区别在于 until 语句后的条件未被满足时，循环一直进行，一旦条件被满足则循环停止；while 语句则是条件被满足时才进行循环，一旦条件不满足，则循环停止。除此之外，until 语句在每次循环后进行条件判断，而 while 语句则是先进行条件判断，再进行循环。以下将通过例 2-15 来进行两者的辨析。

例 2-15　do-until 与 do-while 的区别。

程序	说明

`data ch2_18a;`
`  a=0;`
`  do i=1 to 3 until (i>2);`
`    a=a + I;`
`    output;`
`  end;`
`run;`
`proc print;run;`
	do-until 语句的作用是当出现第一个 i 的值大于 2 时，循环语句停止，循环结果保留至 i 大于 2 时的最后一个观测值

程序	说明
| ```
data ch2_18b;
  a=0;
  do i=1 to 3 while (i<2);
    a=a + i;
    output;
  end;
run;
proc print;run;
``` | do-while 语句的作用是当 i 小于 2 时，循环语句停止，循环结果只保留至 i 小于 2 时的最后一个观测值 |

提交 ch2_18 程序后，结果显示为

ch2_18a 数据集			ch2_18b 数据集		
Obs	a	i	Obs	a	i
1	1	1	1	1	1
2	3	2			
3	6	3			

　　可以发现，until 语句是先进行循环再进行判断，当进入第 1 轮循环，i 为 1，循环完成后判断 1＞1 不成立，所以进入第二轮循环，此时 i 为 2，循环完成后判断 2＞2 不成立，所以进入第三轮循环，此时 i 为 3，循环完成后进行判断 3＞2 成立，循环停止，所以输出了 3 轮循环的结果。而 while 语句在进行每轮循环前进行判断，在第二轮循环时 i=2，2＜2 不成立，所以第二轮循环在开始之初就停止，SAS 不会运行循环，所以输出了前 1 轮循环的结果。从这两个相似的语句循环后的结果来看，含 until 的语句较之含 while 的语句多循环了两轮。

（王炳顺）
```

第三章 SAS 数据集的建立

使用 SAS 统计分析系统时,会碰到许多不同类型的文件。其中,最为常见的 SAS 文件就是 SAS 数据集。它为各种 SAS 统计过程提供数据,以便进行统计处理,最后将分析结果以适当的形式展现出来。因此,首要工作是将原始资料转换成 SAS 数据集,这是 SAS 进行统计分析的基础。本章介绍一些关于 SAS 数据集(SAS datasets)的基本知识。

第一节 数据库与数据集

一、永久数据库与临时数据库

SAS 数据库(SAS library),是一个或多个 SAS 文件的集合,用于组织、查找和管理 SAS 文件。它管理的 SAS 文件包括:SAS 数据集、SAS 目录、SAS 宏编译程序和多维数据库文件。SAS 数据库是一个逻辑概念,并非物理实体。它对应着 Windows 操作系统下的一个文件夹。除了 SAS 数据集之外,SAS 数据库还可以存放其他类型的 SAS 文件,例如 SAS 目录 CATALOG 文件。SAS 数据库使得 SAS 系统能够在 SAS 程序中调用指定的文件。

为了使用 SAS 数据库,需要为每个数据库指定一个库标记来识别。库标记又称为库逻辑名或库关联名,是 SAS 文件的物理位置在 SAS 中的一个逻辑标识,来自不同文件夹的文件可以被分别指定为不同的库标记,也可以用一个库标记指定多个不同的文件夹。一个文件夹也可以被指定为不同的库标记。SAS 库标记必须满足如下四条 SAS 命名规则:

(1)名称必须以英文字母、下划线或数字组成;
(2)首字符必须为英文字母或下划线;
(3)逻辑库名称最大长度不得超过 8 个字符;
(4)名称所有字符不区分大小写。

SAS 数据库可分为永久型和临时型两种。临时型数据库的库标记为 Work,在 SAS 启动后自动生成。其物理位置为 SAS 运行时临时指定的某个文件夹。一旦退出 SAS 系统,该临时文件夹及其所有文件将被删除。永久型数据库与临时型数据库的差别在于:关闭 SAS 后,永久型数据库不会被删除。在安装 SAS 时,通常会要求用户指定某特定文件夹,作为用户使用的永久型数据库,采用如 Sasuser 等,作为库标记。永久型数据库的库标记也可以在 SAS 运行时,由用户使用 libname 语句自行定义,libname 语句的一般形式为

    `libname 库标记 '路径';`

例如,硬盘上已经存在一个文件夹为"D:\SAS",可以用如下的语句将该文件夹指定为库标记是 data 的永久型数据库:

    `libname data 'D:\SAS ';`

运行该语句后,形成图 3-1。此图显示了建立 SAS 数据库"data"前后 SAS 文件"管理器"(Explorer)窗口的变化。

图 3-1 中,左侧图为 libname 语句运行前,不存在

图 3-1 运行 libname 语句前后 SAS 文件"管理器"(Explorer)窗口变化

名为"data"的 SAS 数据库，而右侧图为语句运行后，多了一个名为"data"的 SAS 数据库。

启动 SAS 后，除了 Sasuser 数据库外，还会自动生成另外两个永久型数据库，它们的库标记分别为 Sashelp 和 Maps，其中 Sashelp 库对应的是安装 SAS 的文件夹中的多个文件夹，Maps 库对应的文件夹是安装 SAS 的文件夹中的 Maps 文件夹。另外，根据用户安装的模块，在启动 SAS 后，还会自动生成一些特殊的永久型数据库，如 Gismaps 库。

二、SAS 数据集与变量类型

SAS 数据集是存放数据及其属性的实体，对应着硬盘上的某个文件。SAS 数据集是关系型结构，通常分成两个部分：描述部分和数据部分。描述部分用于存放关于数据的属性信息，如变量名称、类型和长度等；数据部分用于存放数据值。SAS 数据值在数据集中的安排类似一个行×列的矩形表格。表格中的列称为变量（variable），相当于其他数据文件（如 dBase 的数据表）的域或字段（field）；表格中的行称为观测（observation），相当于其他数据文件（如 dBase 的数据表）的记录（record）或事件（case）。

SAS 数据集有两种类型：SAS 数据文件（SAS data files）和 SAS 数据视窗（SAS data views）。SAS 的数据文件不仅包括描述部分，也包括数据部分。SAS 的数据视窗只有描述部分，没有数据部分。其描述部分所包含的信息，可以使用 SAS 过程访问到实际上并不包含在数据视窗内部的数据值。一般情况下所说的 SAS 数据集指的是 SAS 数据文件。

每个 SAS 数据集都有一个两级文件名，第一级是库标记，第二级是文件名，两者之间用"."分隔。在建立 SAS 数据集时，可以通过指定两级文件名定义 SAS 数据集，便于以后用 SAS 过程来识别和处理。如数据集名 Work.DS1_1，表示该数据集为临时数据集，临时数据集的第一级库标记应为 Work，第二级文件名为 DS1_1。值得注意的是，若省略库标记，直接写为 DS1_1，文件将被默认存入 Work 临时逻辑库，关闭 SAS 后该文件也会被删除。如果将该数据集存放在硬盘的另一个目录中如 Sasuser，则数据集名为 Sasuser.DS1_1，其物理位置就是 Sasuser 这个库标记所指定的文件夹，该数据集将永久保留在硬盘上。

SAS 数据集中的变量有两种基本类型：数值型和字符型。

数值型变量只允许变量值为数字，SAS 过程可以对这些数字进行统计运算，如计算变量的均数、标准差等。一般情况下，SAS 默认数值型变量小数点后保留两位有效数值，而小数点前的位数就是该变量值所有数值中最大位数。用户也可以使用 length 语句或 attrib 语句，来自行定义变量长度。若数值型变量出现数据缺失时，SAS 采用"."来表示。

字符型变量允许变量值为中文字母、英文字母、各种符号和数字，此时的数字被当作字符处理，无法进行统计运算。字符型变量的默认长度为 8 字节。然而，SAS 规定字符型变量的最大长度不能超过 200 字节。字符型变量数据缺失时，SAS 采用空格来表示。

SAS 系统中，其他变量类型，如日期型、货币型等，均源自这两种基本变量类型。

第二节 读取与存储各类外部文件

一、数 据 输 入

创建 SAS 数据集一般在数据步中完成，常用的数据输入方式有两种：直接录入数据和导入其他格式数据文件中的数据。现介绍几种建立数据集的语句。

（一）input 和 datalines 语句

1.1 研究实例

例 3-1 现有 12 名糖尿病患者的资料，如表 3-1 所示。使用 input 和 datalines 语句将这些资料转换成 SAS 数据集。

表 3-1　12 名糖尿病患者的部分资料

病例号	性别	年龄（岁）	病型	住院天数（天）
1	F	69	Ⅰ型	14
2	M	53	Ⅱ型	5
3	M	33	Ⅱ型	8
4	M	68	Ⅰ型	5
5	M	62	Ⅰ型	12
6	F	47	Ⅱ型	8
7	F	32	Ⅱ型	14
8	M	45	Ⅰ型	10
9	F	45	Ⅱ型	4
10	F	56	Ⅰ型	9
11	F	42	Ⅱ型	8
12	M	51	Ⅱ型	11

1.2　SAS 主要程序及说明

程序	说明
| ```
data ch3_1;
  input no sex $ age type $ hospitalday;
datalines;
1  F  69  Ⅰ型  14
2  M  53  Ⅱ型  5
3  M  33  Ⅱ型  8
4  M  68  Ⅰ型  5
5  M  62  Ⅰ型  12
6  F  47  Ⅱ型  8
7  F  32  Ⅱ型  14
8  M  45  Ⅰ型  10
9  F  45  Ⅱ型  4
10 F  56  Ⅰ型  9
11 F  42  Ⅱ型  8
12 M  51  Ⅱ型  11
;
run;

proc print data = ch3_1;
run;
``` | data 建立一个文件名为 ch3_1 的数据集，该数据集是一个临时数据集，系统会自动将其存放在 Work 数据库中，文件的后缀名为 sas7bdat，所以从 Windows 资源管理器中查看该文件，文件名为 ch3_1.sas7bdat；如果需建立永久型数据集，可在 ch3_1 前面加上库标记，如 Sasuser.ch3_1，则该数据集将保存 Sasuser 数据库中，退出 SAS 也不会将该数据集删除<br><br>input 语句指定在 ch3_1 数据集中建立 5 个变量，它们的变量名分别为 no、sex、age、type 和 hospitalday，其中 sex 和 type 变量名后面加上了一个符号"$"，表示这些变量为字符型变量，其他未加"$"的变量则默认为数值型变量<br><br>datalines 表明开始对变量进行赋值，它向 SAS 指示下一行开始是数据行，直到分号出现，数据行赋值结束，而该分号必须出现在所有数据的下一行，才表示结束数据行，数据行中不同变量的数据之间可用一个或多个空格分开<br><br>run 表示 data 步的结束，当后面还有其他数据步或过程步语句，该语句可省略<br><br>调用 print 过程将数据集中的数据显示在输出窗口中，该语句用于显示数据集 ch3_1 的内容 |

1.3　主要分析结果与解释

Obs	no	sex	age	type	hospitalday	
1	1	F	69	Ⅰ型	14	①
2	2	M	53	Ⅱ型	5	
3	3	M	33	Ⅱ型	8	
```

4	4	M	68	Ⅰ型	5
5	5	M	62	Ⅰ型	12
6	6	F	47	Ⅱ型	8
7	7	F	32	Ⅱ型	14
8	8	M	45	Ⅰ型	10
9	9	F	45	Ⅱ型	4
10	10	F	56	Ⅰ型	9
11	11	F	42	Ⅱ型	8
12	12	M	51	Ⅱ型	11

输出结果说明：

①数据情况概述表，Obs 表示的是观测号，no、sex、age、type、hospitalday 为数据集中各变量及其观测值等。

1.4 其他情形说明

如果数据集中的变量比较少，而观测值比较多，可以采用连续读取方式，具体方法是在 input 语句中的变量名后加上两个@，即在数据行中的数据可实现在当前行进行连续读取，每个数值之间用空格分隔。例 3-1，用 12 名糖尿病患者的年龄数据创建数据集，可用如下程序。

```
data ch3_2;
  input x @@;
datalines;
69 53 33 68 62 47 32 45 45 56 42 51
;
run;
```

@@指定对当前数值进行连续读取，无须换行。

（二）drop/keep 语句

这两个语句允许用户根据原有数据集的内容，保留部分变量在新数据集中。drop 语句规定在新数据集中将不保留哪些变量，keep 语句规定在新数据集中保留哪些变量。

2.1 研究实例

例 3-2（续例 3-1） 采用 drop/keep 语句，完成以下任务：新数据集 ch3_1n 中将保留原数据集 ch3_1 中的 no、sex 和 hospitalday 变量，删除 age 和 type 这两个变量。

2.2 例 3-2 的 SAS 主要程序及说明

程序	说明

`data ch3_1n;`
`  set ch3_1;`
`  drop age type;`
`run;`
	data 建立一个新的数据集，其文件名为 ch3_1n
	set 语句指定从数据集 ch3_1 中读取数据
	drop 语句指定删除 age 和 type 这两个变量，保留其他变量，即 no、sex 和 hospitalday 等 3 个变量

`data ch3_1n1;`
`  set ch3_1;`
`  keep no sex hospitalday;`
`run;`
	data 将建立一个新的数据集，其文件名为 ch3_1n1；set 语句指定从数据集 ch3_1 中读取数据
	keep 指定保留 no、sex 和 hospitalday 等 3 个变量，删除其他变量，即 age 和 type 这两个变量

需要注意的是，以上两段程序所产生的数据集是完全相同的。

二、数 据 导 入

（一）文本文件转换成 SAS 数据集

若原始数据是文本文件，需要转换成 SAS 数据集后才可进行后续分析。编辑纯文本文件可以用任何文字处理软件，如 Word、WPS 和记事本等，只要在保存文件时，将其保存为纯文本文件即可。infile 和 input 语句将文本文件格式的数据转换成 SAS 数据集的基本语句。

1.1 研究实例

例 3-3　将存放在 D:\SAS\文件夹内的纯文本文件 abc.txt 转换成 SAS 数据集。该文本文件的内容如下：

```
1    F    69    Ⅰ型    14
2    M    53    Ⅱ型    5
3    M    33    Ⅱ型    8
4    M    68    Ⅰ型    5
5    M    62    Ⅰ型    12
6    F    47    Ⅱ型    8
7    F    32    Ⅱ型    14
8    M    45    Ⅰ型    10
9    F    45    Ⅱ型    4
10   F    56    Ⅰ型    9
11   F    42    Ⅱ型    8
12   M    51    Ⅱ型    11
```

注意：文件中不允许有变量名，每个变量的类型需要由用户来指定。

1.2 例 3-3 的 SAS 主要程序及说明

程序	说明

`data ch3_3;`
`  infile 'D:\SAS\abc.txt ';`
`  input no sex $ age type $ hospitalday;`
`run;`
	data 建立一个新的数据集，其文件名为 ch3_3；infile 语句指定调用 D:\SAS\文件夹中的 abc.txt 文件，注意路径和文件名必须用单引号括起来，而且文件名的后缀名不能省略，infile 语句必须在 data 语句的后面，在 input 语句的前面
	由于纯文本文件中没有变量名称，所以第三行的语句 input no sex $ age type $ hospitalday，即定义数据集中的变量名，而且变量名的次序必须和纯文本文件中所对应的数据值的顺序相同

（二）XLS 格式文件转换成 SAS 数据集

Excel 作为一种电子表格软件，常用于保存数据，一种常用的数据文件后缀名为.xls。SAS 系统能将 XLS 格式文件转换为 SAS 数据集，具体方法有以下两种。

（1）Import Data 菜单选项：使用 File 菜单下的 Import Data 选项，可将 XLS 格式文件转换成 SAS 数据集。以例 3-1 的数据为例，假设 abc.xls 在"D:\SAS\"中。具体操作如下。

首先单击 File 菜单，选中 Import Data 选项（图 3-2）。

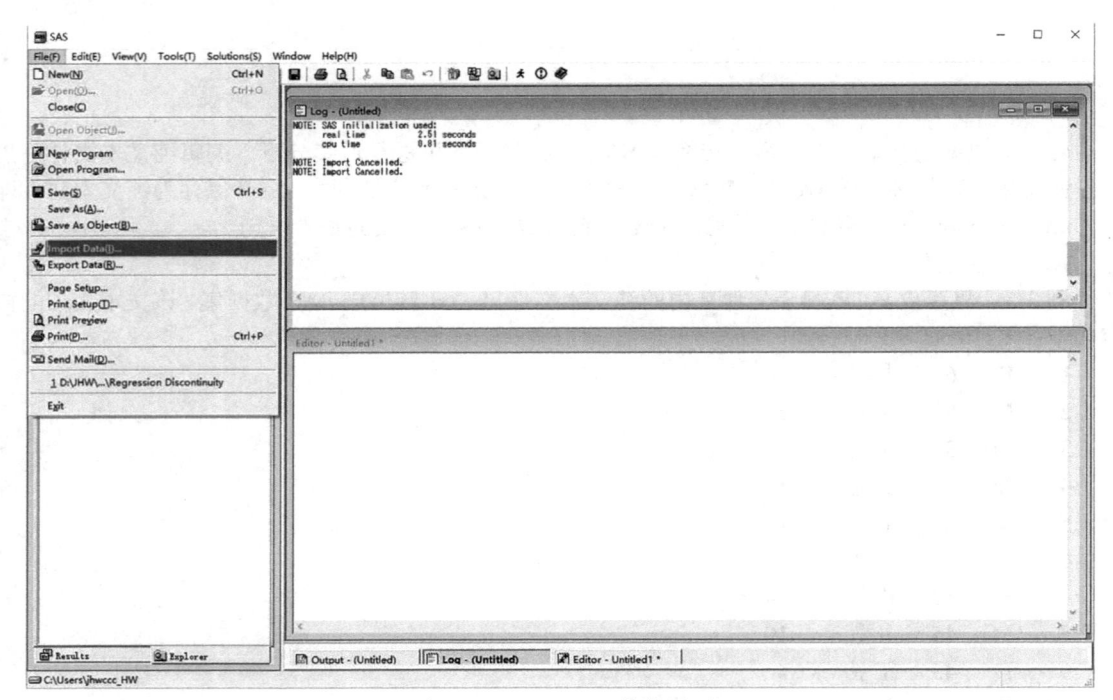

图 3-2　Import Data 菜单界面

进入如图 3-3 所示的对话框，该对话框用于选择其他数据文件的格式类型。

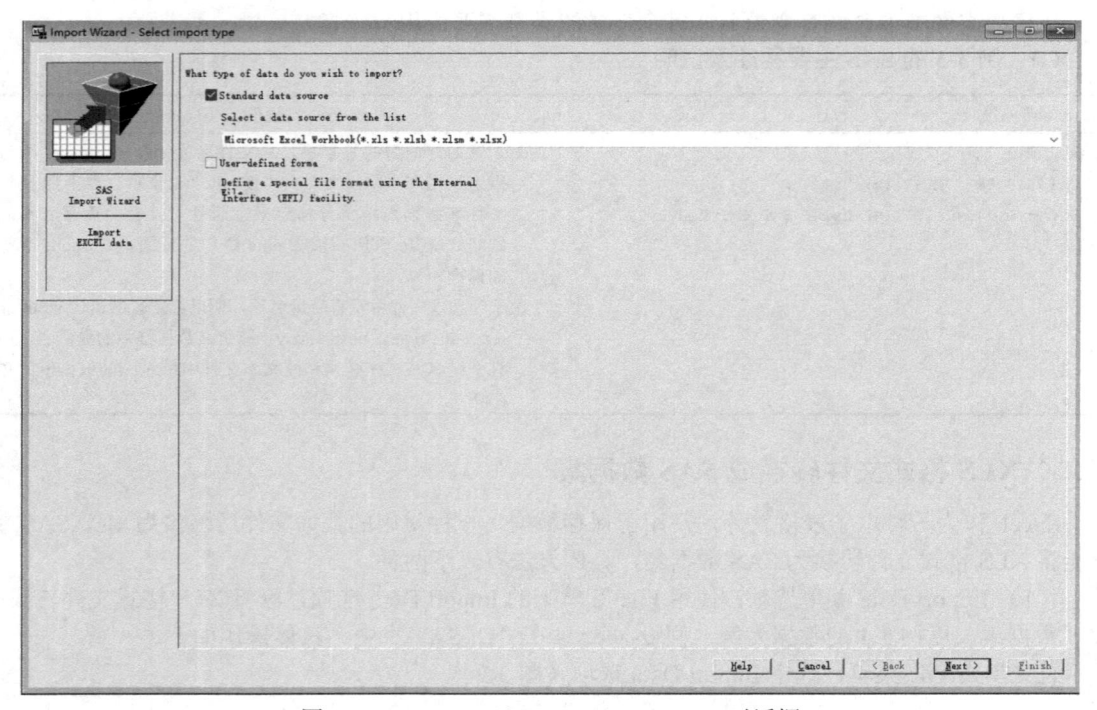

图 3-3　Import Wizard - Select import type 对话框

在下拉式菜单中默认出现 Microsoft Excel Workbook（*.xls *xlsb *xlsm *.xlsx）选项，单击 Next 按钮表示选择 Excel 文件格式，就会出现如图 3-4 所示的对话框。

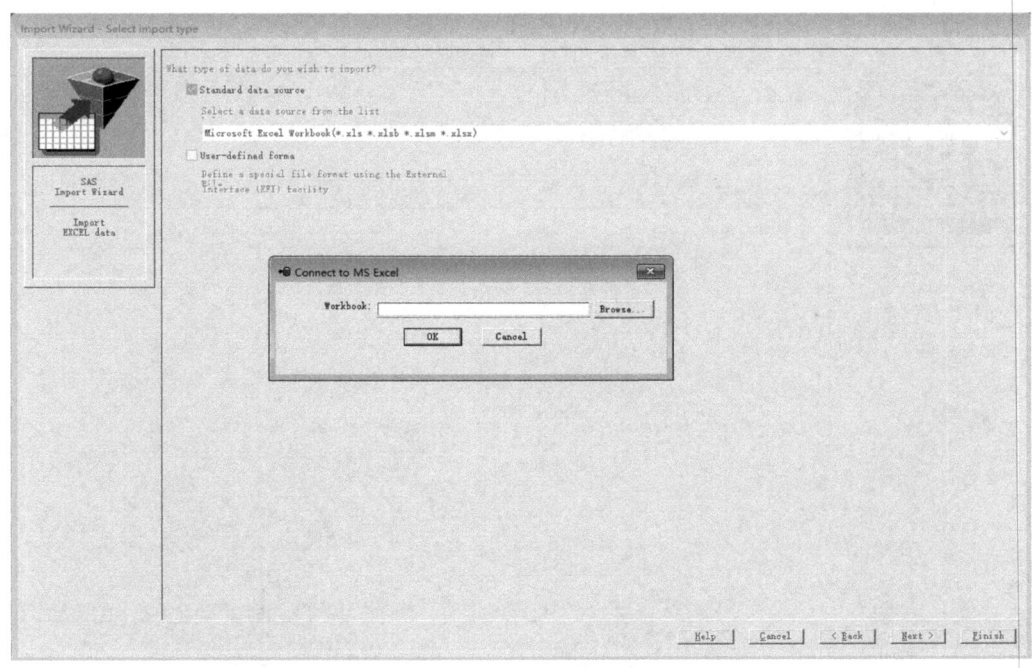

图 3-4 Connect to MS Excel 对话框

选择*.xls 文件的方法有两种：一种是在文本框中输入*.xls 文件的位置（绝对路径），另一种是单击 Browse 按钮找到*.xls 文件的位置。本例该文本框中应为"D:\SAS\abc.xls"，选中后单击 OK 按钮就会出现如图 3-5 所示的对话框。

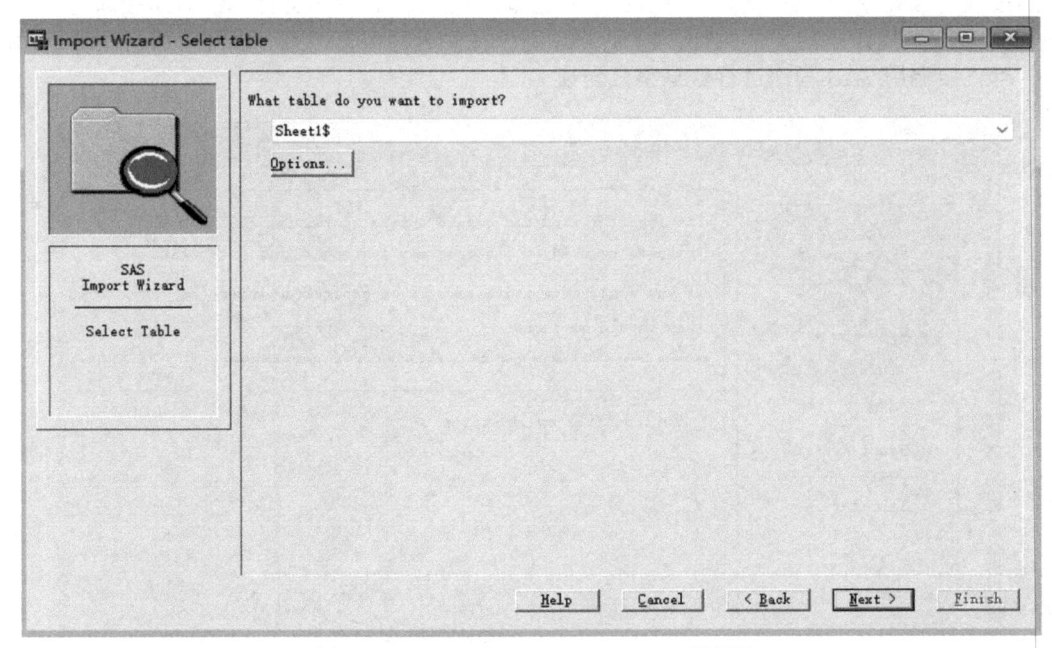

图 3-5 Import Wizard - Select table 对话框

该对话框用于选择*.xls 文件中的工作表（Sheet1），然后单击 Next 按钮就会出现图 3-6 所示的对话框。

图 3-6 Import Wizard - Select library and member 对话框

在 Library 下面的下拉式菜单中选择一个库标记，本例可选择临时数据集，即选择 WORK，在 Member 下面的文本框中输入 SAS 数据集名，本例可输入"CH3_4"，单击 Finish 按钮则将建立一个 SAS 数据集 CH3_4。如果单击 Next 按钮则会出现图 3-7 所示的对话框。该对话框表示可将导入数据的过程用 SAS 程序保存下来，只需在该对话框中输入 SAS 程序文件的绝对路径即可，或通过 Browse 选项找到用户自定义的文件，输入 SAS 程序文件名称保存下来。以便以后再次导入相同数据时，可直接调用 SAS 程序进行数据格式转换。

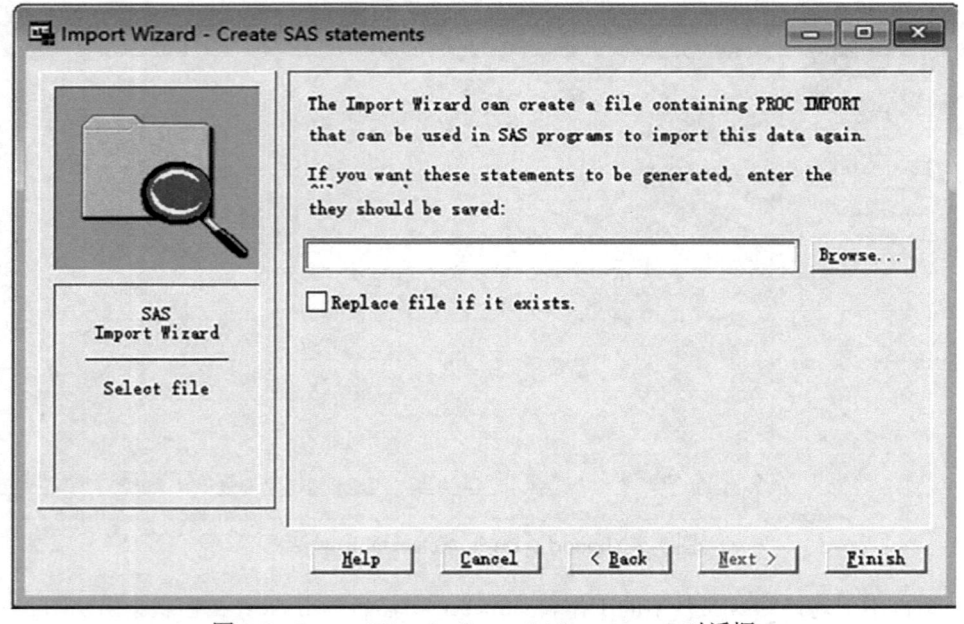

图 3-7 Import Wizard - Create SAS statements 对话框

（2） import 过程：SAS 系统提供的 import 过程可将多种格式数据文件（如 XLS 文件）转换成 SAS 数据集。

例 3-4 将存放在 D:\SAS\文件夹内的文件 abc.xls 转换成 SAS 数据集。

例 3-4 的 SAS 主要程序及说明：

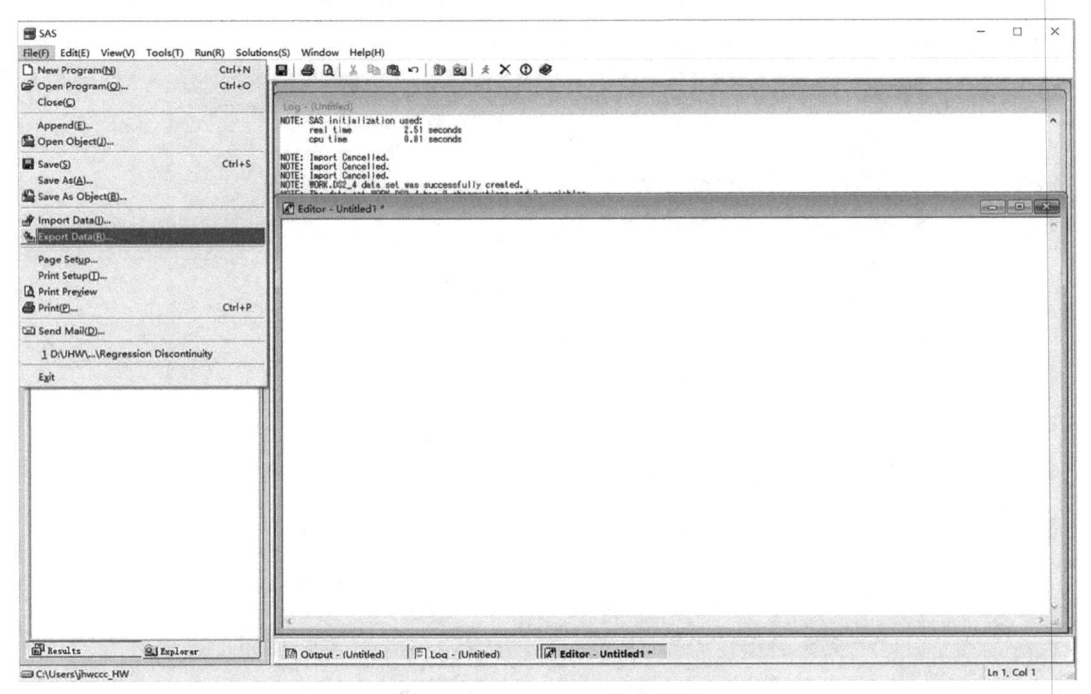

程序	说明
| ```
proc import
  datafile = 'D:\SAS\abc.xls'
  out = work. ch3_4
  dbms = excel replace;
  sheet = "sheet1$";
run;
``` | proc 是过程步开始的关键词，import 是过程步中的过程名称，该过程中 datafile='D:\SAS\abc.xls' 表示将文件 D:\SAS\abc.xls 中的数据转换为 SAS 数据集格式的数据，out=work.ch3_4 表示建立一个名称为 ch3_4 的临时数据集，dbms=excel 表示原文件格式为 Excel 文件格式，replace 表示如果该数据集文件已经存在，则该文件中原来的数据将被新的数据替代。以上四个选项都是 import 语句的选项，彼此之间必须用空格分隔，不能用";"隔开<br>sheet="sheet1$"语句表示将 D:\SAS\abc.xls 文件工作表 1（Sheet1）中的数据导入到 SAS 数据集中 |

三、数 据 导 出

SAS 可以将 SAS 数据集转换成其他格式的数据文件，如*.dbf、*.xls、*.csv、*.txt 等，供其他软件使用。具体实施方法有以下两种。

（1） Export Data 菜单选项：使用 File 菜单的 Export Data 选项，可将 SAS 数据集转换成 CSV 格式文件。以例 3-1 所创建的 SAS 数据集 ch3_1 为例，具体操作如下。

首先单击 File 菜单，选中 Export Data 选项，见图 3-8。

图 3-8　Export Data 菜单界面

进入如图 3-9 所示的对话框，该对话框用于选择需导出的 SAS 数据集。
```

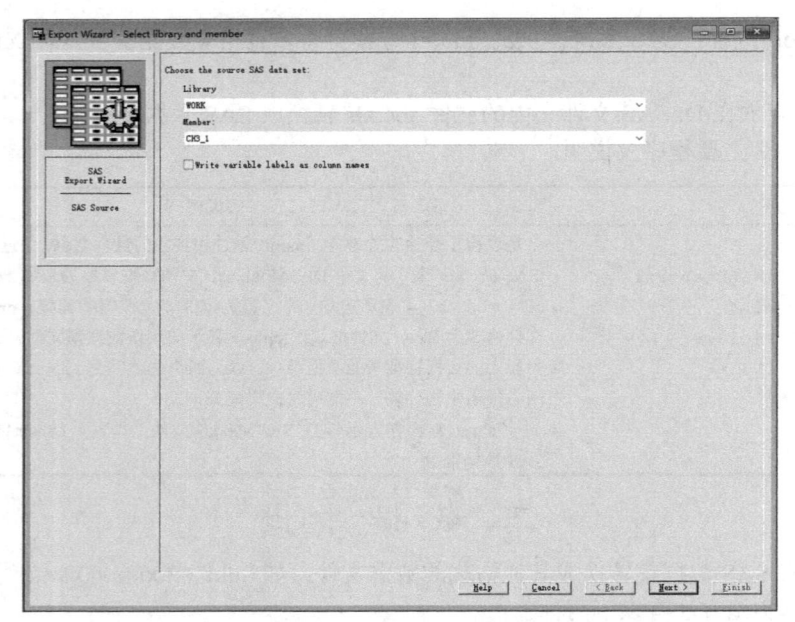

图 3-9　Export Wizard - Select library and member 对话框

在 Library 下面的选择框中，选择需转换的数据集。本例在 Library 下选择 WORK，在 Member 下面的选择框中，选择需转换的数据集，本例选择 CH3_1，单击 Next 按钮，将出现如图 3-10 所示的对话框。

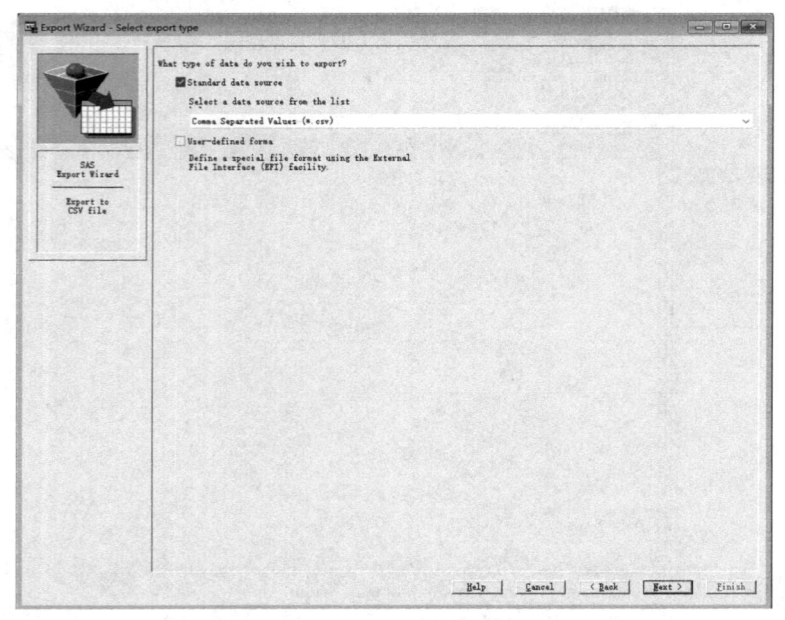

图 3-10　Export Wizard - Select export type 对话框

在 Select a data source from the list 下面的对话框中选择一种数据文件的类型，本例选择 Comma Separated Values （*.csv）。单击 Next 按钮将出现如图 3-11 所示的对话框。

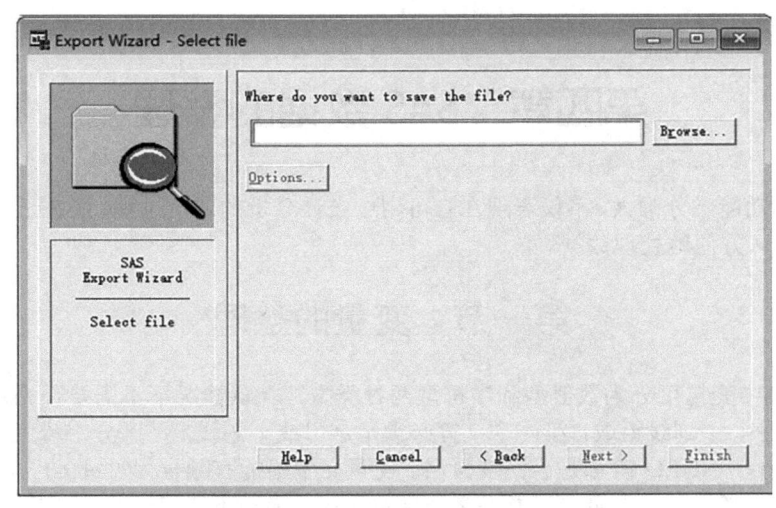

图 3-11 Export Wizard - Select file 对话框

在 Where do you want to save the file?下面的文本框中，输入转换后数据文件的路径和文件名，也可以通过 Browse 选项输入路径，并输入文件名，本例输入"C:\SAS\ch3_1.csv"，单击 Finish 按钮完成转换过程。

（2） export 过程：SAS 系统提供的 export 过程可将 SAS 数据集内的数据转换成多种其他格式的数据文件，如换成 CSV 文件。

例 3-5 将 SAS 数据集 work.ch3_1 转换成的 CSV 格式文件 abc.csv，存放到 D:\SAS\文件夹内。

例 3-5 的 SAS 主要程序及说明：

程序	说明

``proc export
  data = work. ch3_1
  outfile = 'D:\SAS\abc.csv'
  dbms = csv replace;
putnames = yes;
run;```
	proc 是过程步开始的关键词，export 是过程步中的过程名称，该过程中 data=work.ch3_1 表示将 ch3_1 的临时数据集予以导出，outfile = 'D:\SAS\abc.csv' 表示将数据集 ch3_1 转换为 D:\SAS\abc.csv 文件，dbms＝csv 表示导出文件格式为 CSV 文件格式，replace 表示如果该数据文件已经存在，则该文件中原来的数据将被新的数据替代。以上三个选项都是 export 语句的选项，彼此之间必须用空格分隔，不能用";"隔开
	putnames = yes 语句表示将数据集 ch3_1 中的变量名导出到 CSV 文件中

（蒋红卫）

第四章　SAS 数据的整理

SAS 软件的功能十分强大，不仅表现在它可用于统计分析的各个过程，还在于它有丰富的 SAS 语言，能够灵活、方便地处理数据。

第一节　变量的整理

SAS 数据集中变量可分为数值型和字符型两种类型，默认情况下不需要预先定义。变量名字由英文字母、数字、下划线组成，第一个字符必须是字母或下划线，不区分字母大小写，比如 sex、Sex、xyz1、ch9_1、_NULL_等都是合法变量名。变量名中不能有减号（如 ch9-1）、空格（如 count n）、特殊字符（如 No#），变量名通常在 8 个字符之内，最长不能超过 32 个字符，否则会被认定为非法变量名。值得注意的是，sex 和 Sex 是同一个变量名，在定义变量名时，尤其是从外部导入数据时，会导致变量名重复出现错误输出。

一、创建和重定义变量

数值型变量只允许变量取值为数字，SAS 过程可以对数值型变量进行统计运算，例如计算变量的均数、标准差等。一般情况下，SAS 默认数值型变量格式为 BESTW，宽度为 12，SAS 会在宽度允许范围内尽可能保留最多有效数字。用户也可以用 length 语句或 attribute 语句自定义变量长度。当数据缺失时，数值型变量在 SAS 数据库中显示为"."。

字符型变量允许变量值为中文字母、英文字母、各种符号、数字，此时的数字被当作字符而不具有数值大小。SAS 规定字符型变量的最大长度不超过 32767 字节。当字符型变量数据缺失时，SAS 数据库中表现为空格。

（一）创建变量

SAS 中常用赋值语句来创建新变量。等号左侧为变量名，可以是新变量或已有变量；等号右侧可能会出现常量、另一个变量或数学表达式。常用赋值语句示例如下：

```
newvar=5;
newvar='ten';
Newvar=oldvar;
Newvar=oldvar+5;
Newvar=oldvar-5;
Newvar=oldvar*5;
Newvar=oldvar/5;
Newvar=oldvar**5;
Newvar="5";
```

新变量 newvar 是数值型还是字符型取决于它的表达形式，SAS 遵循标准的数学运算优先级法则。新变量可以根据实际需要选择相应的表达式进行赋值。

1.1　研究实例

例 4-1　根据某校初中三年级 5 名学生数学、语文和外语期末考试成绩，建立数据集，并据此进一步分析学生的成绩。

1.2 SAS 主要程序及说明

程序	说明
| ```
data ch4_1;
  input firstname$ lastname$ math chinese english@@;
cards;
xiaohong  zhang     87  91  89
yangli    jiang     82  92  91
zhengming wen       90  84  83
jiangjuan yang      68  79  .
jingwei   huang     85  .   84
;
proc print data=ch4_1;
run;
``` | data 建立数据集 ch4_1<br>用 input 语句创建变量并录入数据<br>@@表示从第一行开始连续读取数据，直至完成<br><br>调用过程步 proc print 输出 ch4_1 数据集 |
| ```
data ch4_1n;
  set ch4_1;
  length name$ 20;
  name=trim(lastname)||','||firstname;
  number=3;
  time='endexam';
  english=english+1;
  sum=math+chinese+english;
  mean=sum/3;
  prop=(math/sum)*100;
  drop firstname lastname math chinese english;
proc print data=ch4_1n;
run;
``` | data 建立数据集 ch4_1n；set 语句指定来源于数据集 ch4_1；length 语句重定义字符型变量 name 长度为 20 个字符；name=指定将字符型变量 lastname 和 firstname 合并成新字符型变量 name；number=创建新变量 number，赋值为 3；time=创建新变量 time，赋值为 endexam；english=更新变量 english 为原有值+1；sum=创建新变量 sum，赋值为三科合计；mean=创建新变量 mean，赋值为三科平均值；prop=创建新变量 prop，赋值为数学成绩占比；drop 语句指定在新数据集中删除 firstname 等变量 |

1.3 主要分析结果与解释

Obs	firstname	lastname	math	chinese	english	
1	xiaohong	zhang	87	91	89	①
2	yangli	jiang	82	92	91	
3	zhengming	wen	90	84	83	
4	jiangjuan	yang	68	79	.	
5	jingwei	huang	85	.	84	

Obs	name	number	time	sum	mean	prop	
1	zhang, xiaohong	3	endexam	268	89.3333	32.4627	②
2	jiang, yangli	3	endexam	266	88.6667	30.8271	
3	wen, zhengming	3	endexam	258	86.0000	34.8837	
4	yang, jiangjuan	3	endexam	.	.	.	
5	huang, jingwei	3	endexam	.	.	.	

输出结果说明：

①输出 ch4_1 数据集，注意如果数据缺失，用 '.' 表示。

②输出 ch4_1n 数据集，该程序包含 7 个赋值语句，创建 6 个新变量和更新 1 个变量：新变量科目数 number 为数值常量 3，新变量姓名 name 为字符型变量，新变量考试时间 time 为字符型常量 endexam，新变量 sum、mean 和 prop 都为数值型变量，通过运算表达式进行赋值。请注意，变量 english 只出现一次，因为新值替换了旧值，其他 4 个语句创建了新变量。当变量是新变量时，SAS 将它添加到正在创建的数据集中。若变量已经存在，SAS 则使用新值替换原始值。变量 chinese 和 english 有缺失值。因此，由这些观测值计算的新变量的测量值也是缺失值。

（二）选择和重命名变量

在基于已有数据集生成新数据集时，可以指定在新数据集中不包含或包含的变量，或者对已有变量重新命名。该功能可以通过 data 步中的 set 语句和数据集选项 keep=、drop=和 rename=实现，也可以通过 keep、drop 和 rename 语句实现。

2.1 研究实例

例 4-2 请依据数据集 ch4_1 创建新数据集，要求新数据集保留 firstname、math 和 chinese 信息，同时把变量 chinese 重命名为 cn。

2.2 SAS 主要程序及说明

程序	说明

`data ch4_1a;`
`set ch4_1 (keep=firstname math chinese rename=(chinese=cn));`
`run;`
`proc print data=ch4_1a ;`
`run;`
	data 建立新数据集 ch4_1a
	set 语句指定来源于数据集 ch4_1，keep=指定保留变量 firstname、math、chinese，rename=指定将 chinese 更名为 cn，该部分也可以放在 data ch4_1a 后面，也可以在 proc print data=ch4_1a 后面

`data ch4_1b (drop=lastname english rename=(chinese=cn));`
`set ch4_1;`
`run;`
`proc print data=ch4_1b ;`
`run;`
	data 建立新数据集 ch4_1b
	set 语句导入 ch4_1 数据集，drop=指定删除 lastname、english，rename=将 chinese 更名为 cn

`data ch4_1c;`
`set ch4_1;`
`keep firstname math chinese;`
`rename chinese=cn;run;`
`proc print data=ch4_1c ;`
`run;`
	data 建立新数据集 ch4_1c
	set 语句导入 ch4_1 数据集
	keep 语句保留变量 firstname、math、chinese，若为 drop 语句，则选取除变量列表之外的其他所有变量
	rename 语句指定将 chinese 更名为 cn

2.3 主要分析结果与解释

Obs	firstname	math	cn	
1	xiaohong	87	91	①
2	yangli	82	92	
3	zhengming	90	84	
4	jiangjuan	68	79	
5	jingwei	85	.	

输出结果说明：

①数据集 ch4_1a、ch4_1b、ch4_1c 的输出结果。根据不同的选项和语句，三种程序生成的三个数据集一致。另外，keep=、drop=和 rename=选项还可以创建包含不同变量的多个数据集，但 keep、drop 和 rename 语句却不能实现该功能。

二、变量值的格式和标签

SAS 变量的主要格式有变量名称（name）、标签（label）、变量长度（length）、输出格式（format）、输入格式（informat）。这些都是 SAS 变量固有的属性，用户可以自行更改。

（一）变量值的格式

SAS 数据集中经常需要对变量值的输入格式进行定义，变量类型不同，其形式有所不同。

1.1 数值型变量格式

数值型变量的输入格式一般定义数值总位数或宽度（包括小数点）w 和小数部分位数 d，表示为 w.d。如 var 6.3，总位数是 6，小数点后面有 3 个小数位；var 4.，总位数是 4，没有小数。注意，没有小数也要把点号加上。

1.1.1 研究实例

例 4-3 创建数据库，变量为 x，宽度为 5，小数点保留 2 位，输入数值为 23、23.、4.84、12.1、215.68，并输出结果。

1.1.2 SAS 主要程序的说明

程序	说明
data ch4_3; input x 5.2; cards; 23 23. 4.84 12.1 215.68 ; proc print data=ch4_3; run;	data 建立数据集 input 语句指定录入数据，变量 x 5.2 代表宽度为 5，小数点 2 位

1.1.3 主要分析结果与解释

Obs	x	
1	0.23	①
2	23.00	
3	4.84	
4	12.10	
5	215.60	

输出结果说明：

①数据集 ch4_3 的结果。观测 1 的结果 0.23 与输入的实际数值 23 不同，其原因是按照 SAS 系统规则，定义了数值输入格式有 2 位小数，所以必须有 2 位小数，如果没有小数点就自动把整数降为小数读成 0.23；观测 2 加上小数点后，结果与输入的实际数值相同；观测 5 结果因为宽度超标，第五位没被读取，输入结果为 215.6，但在输出时自动补位 0。因此，实际应用中，如无特殊要求，不建议加输入格式。

数值型变量进行输出时，有时为了获得需要的表达形式，可以指定数据的输出格式。与输入格式不同的是，指定输出格式不会改变变量的值，只是改变显示的形式。输出格式用 format 语句定义，一般插在 input 与 cards（datalines）语句之间，也可以在 proc print 语句之后。常见三种格式：w.d、commaw.d 和 percentw.d。w.d 跟之前定义一样；commaw.d 将整数值自左向右每三位添加逗号隔开（像英语数字分开），当位数很多，用这种方法比较标准易读；percentw.d 将数值转为百分数值。

例 4-4 调查城市的医院数、平均人口数以及医护人员数，以 3 个城市为例计算人均医护人员占比，并输出结果。

例 4-4 的 SAS 主要程序及说明：

程序	说明
data ch4_4; input hospital people medicine; prop=medicine/people;	data 建立数据集 input 语句录入数据 prop=指定计算人均医护人员占比

续表

程序	说明

`format people comma20.1 prop percent9.2;`
`cards;`
`44 10560152 15396`
`32 82411503 11923`
`21 48729013 21672`
`;`
`proc print data=ch4_4;`
`run;`
	format 设置输出格式，people 设置宽度 20.1，考虑小数点，否则当指定宽度小于数值宽度就显示不出来","；prop 设置宽度 9.2，考虑"%"要占 3 字节

例 4-4 的主要分析结果与解释：

Obs	hospital	people	medicine	prop	
1	44	10，560，152.0	15396	0.15%	①
2	32	82，411，503.0	11923	0.01%	
3	21	48，729，013.0	21672	0.04%	

输出结果说明：

①数据集 ch4_4 的结果。变量 people 输出结果保留 1 位小数；变量 prop 以百分比输出，并保留 2 位小数。

1.2　字符型变量格式

字符型变量的输入格式主要定义字节数 w，表示为$w.，$符和小数点必须添加。需要注意的是，1 个中文字符占 2 字节。一般来说，在定义好变量输入格式，输出格式会原样输出，可以不用设置字符型输出格式。

1.2.1　研究实例

例 4-5　请定义字符型变量 x 和 y 的输入和输出格式。

1.2.2　SAS 主要程序及说明

程序	说明

`data ch4_5;`
`input x$ y$2.;`
`x1 = x+10;`
`y1 = y+1;`
`cards;`
`1200 1200`
`;`
`proc print data=ch4_5;`
`format x$3. ;`
`run;`
	data 建立数据集
	input 录入数据，定义变量 y 输入格式为 2 个字符；x1 =指定创建新变量 x1，此时 x=1200
	y1 =创建新变量 y1，此时 y=12
	
	format 定义变量 x 的输出格式为 3 个字符

1.2.3　主要分析结果与解释

Obs	x	y	x1	y1	
1	120	12	1210	13	①

输出结果说明：

①数据集 ch4_5 输出结果。x 定义了缺省输入格式为 8 个字符，其赋值为 1200，故 x1 本质还是 1200 +10 = 1210；y 定义了输入格式为 2 个字符，其赋值为 12，故 y1=12+1=13；输出时定义了 x 输出格式为 3 个字符，故在输出数据集中 x=120。

1.3 日期型变量的格式

在数据分析中，由于每月天数不固定以及闰年的存在，直接使用日期数据比较棘手。SAS 在运行中直接应用日期值简化了这个问题。SAS 日期值是将所有的日期数据以 1960 年 1 月 1 日为基准转化为天数值进行运算分析，但日期数据的输入和输出不受影响。下表列出了 4 个日期数据所对应的 SAS 日期值，同样，给出任意日期值即可转换成对应的日期数据。

日期	SAS 日期值	日期	SAS 日期值
January1，1959	−365	January1，1961	366
January1，1960	0	January1，2020	21915

SAS 中常用的日期变量格式如下。

输入格式	说明	宽度范围	默认宽度
ANYDTDTEw.	可读取各种的日期格式	5—32	9
DATEw.	可读取日期格式为 ddmmyy 或 ddmmmyyyy	7—32	7
DDMMYYw.	可读取日期格式为 ddmmyy 或 ddmmyyyy	6—32	6
JULIANw.	可读取日期格式为 yyddd 或 yyyyddd	5—32	5
MMDDYYw.	可读取日期格式为 mmddyy 或 mmddyyyy	6—32	6

举例：

输入格式	输入数据	INPUT 语句	结果
ANYDTDTEw.	1Jan1961 或 01/01/62	Input day anydtdte10.;	366 或 731
DATEw.	1Jan1961	Input day date10.;	366
DDMMYYw.	01.01.61 或 02/01/61	Input day ddmmyy8.;	366 或 367
JULIANw.	61001	Input day julian7.;	366
MMDDYYw.	01-01-61	Input day mmddyy8.;	366

在日期数据进行输出时，部分 SAS 日期格式末尾可加入字符来限制输出形式，其含义如下。
C：代表 Colon，连接符为 "："，表示为 YYMMC6.，如 2017：01；
D：代表 Dash，连接符为 "–"，表示为 YYMMD6.，如 2017-01；
P：代表 Period，连接符为 "."，表示为 YYMMP6.，如 2017.01；
S：代表 Slash，连接符为 "/"，默认情况下的输出，表示为 YYMMS6. 或 YYMM6.，如 2017/01；
B：代表 Blank，连接符为空格，表示为 YYMMB6.，如 2017 01；
N：代表 Null，无连接符，表示为 YYMMN6.，如 201701；

1.3.1 研究实例

例 4-6　举例说明 SAS 中日期数据常用输入和输出格式的应用。

1.3.2 SAS 主要程序及说明

程序	说明

`data ch4_6;`
`input name$ day date1 mmddyy10. date2 anydtdte8. date3 date10.`
`    dep$@@;`
`cards;`
	input 录入数据，利用日期变量定义不同的输入格式，具体意义见上

程序	说明
| ```
Xing  366 2 19 2004  9-15-12  19JUN12  ACCT
Bob   731 5 22 2004  2012024  5jul2012 MKTG
Jorge 235 3-14-2004 18jun12  12-MAR-12 EDUC
;
proc print data=ch4_6;
run;
``` | 输出数据集ch4_6，按照输入格式输出结果 |
`data ch4_6n;`	新建数据集
`set ch4_6;` `proc print data= ch4_6n;`	
`format day mmddyy10. date1 date9. date2 mmddyyd8. date3 ddmmyyn8.;` `run;`	format语句指定输出数据集ch4_6n中日期变量的输出格式

1.3.3 主要分析结果与解释

Obs	name	day	date1	date2	date3	dep	
1	Xing	366	16120	19251	19163	ACCT	①
2	Bob	731	16213	19016	19179	MKTG	
3	Jorge	235	16144	19162	19064	EDUC	
Obs	name	day	date1	date2	date3	dep	
1	Xing	01/01/1961	19FEB2004	09-15-12	19062012	ACCT	②
2	Bob	01/01/1962	22MAY2004	01-24-12	05072012	MKTG	
3	Jorge	08/23/1960	14MAR2004	06-18-12	12032012	EDUC	

输出结果说明：

①数据集ch4_6输出结果。日期变量输出的结果均为日期值，即与1960年1月1日相距的天数，并不是实际相应的日期。如：第一个观察单位的data1是2004年2月19日，与1960年1月1日相距的天数为16120天，以此类推。

②数据集ch4_6n输出结果，由于定义了日期变量的输出格式，故②中显示的结果为相应的实际日期而非日期值。

数据集中变量的输出格式可以在data数据步进行定义，也可以在proc过程步定义。区别在于前者所应用该数据集的输出均为定义格式，后者只是在此次输出为该格式，不影响该数据集的其他输出格式。

值得注意的是，SAS变量格式一旦指定了宽度，SAS默认会按照指定宽度w读入变量值，指定宽度也会忽略空格的作用。例如：在变量和输入格式之间加一个冒号"："，则表示遇到空格或变量宽度读完，就要读取下一个变量，而不是必须读满设定宽度。基本形式如input city：$30.，当city输入数据不够30个字符时，也终止读取数据，自动读取下一个数据。冒号的用法对数值型和字符型变量是一样的。另外，当输入数据包含空格而需要忽略空格作为一个数据输入时，我们可以在$前添加&符号，在想隔开的数据前输入2个或者2个以上空格，这样SAS把"2个或者2个以上空格"作为变量输入数据的分隔符，而不是把一个空格作为分隔符，基本形式如input city&：$30.，当city输入数据"沈阳市和平区 北二马路92号"时，输入的结果也是把它们都读取成一个数据，直到出现2个或者2个以上空格才读取下一个数据。

（二）变量和变量值的标签

在SAS的DATA数据步和PROC过程步都可以使用LABEL定义变量标签，二者的区别是前者的标签可以在任何使用该数据集的PROC过程步输出有效，而后者仅在当前PROC过程步输出有效。设置变量值标签，首先，要在PROC FORMAT过程步中用VALUE语句创建标签变量和标
```

签格式，定义的标签要用''号；其次，用 FORMAT 语句把创建的标签格式赋给相应的变量。字符型变量在定义变量值标签时，要在标签格式前面加$。

2.1 研究实例

例 4-7 调查某工厂青年突击队工人基本情况，先抽取小部分个体录入数据并设置变量标签。

2.2 SAS 主要程序及说明

程序	说明

```data ch4_7;```
```label year='birthday' edu='education level' ht='height_cm'```
```   wt='weight_kg';```
```input year gender edu$ ht wt@@;```
```cards;```
```1998 1 3 178 67```
```1999 2 4 165 47```
```1998 2 3 166 50```
```2000 1 2 185 72```
```;```
	label 语句指定变量标签，如年龄的标签为 birthday，其他类似
	input 语句指定输入数据

```proc freq data=ch4_7;```
```tables edu;```
```run;```
	调用过程步 proc freq 计算数据集 ch4_7 中变量 edu 的频数，输出结果显示 edu 标签

```proc format;```
```value sex 1='male'```
```   2='female';```
```value $edun '1'='high less'```
```   '2'='one college'```
```   '3'='three college'```
```   '4'='graduate degree';```
```run;```
```data ch4_7n;```
```set ch4_7;```
``` format gender sex. edu $edun.;```
```proc print data=ch4_7n;```
```run;```
```proc freq data=ch4_7n;```
```tables edu;```
```run;```
	调用过程步 proc format 定义变量值格式；value 语句设置标签变量 sex，等号左边为变量值，右边为标签格式；对于变量 edun，原数据集中 edu 为字符型变量，故变量前面加$号，变量值要加''号
	data 创建数据集 ch4_7n；set 语句指定数据来源于 ch4_7
	format 语句设置变量 gender，对应标签变量是 sex；变量 edu 对应标签变量$edun。
	proc print 输出数据集 ch4_7n
	proc freq 计算数据集 ch4_7n 中变量 edu 频数

2.3 主要分析结果与解释

		education level			
edu	Frequency	Percent	Cumulative Frequency	Cumulative Percent	①
2	1	25.00	1	25.00	
3	2	50.00	3	75.00	
4	1	25.00	4	100.00	

Obs	year	edu	ht	wt	gender	
1	1998	three college	178	67	male	②
2	1999	graduate degree	165	47	female	
3	1998	three college	166	50	female	
4	2000	one college	185	72	male	

edu	Frequency	education level Percent	Cumulative Frequency	Cumulative Percent
one college	1	25.00	1	25.00
three college	2	50.00	3	75.00
graduate degree	1	25.00	4	100.00

输出结果说明：

①数据集 ch4_7 中变量 edu 的频数表输出结果，edu 给出 education level 标签。

②数据集 ch4_7n 输出结果和变量 edu 的频数表输出结果。第一个结果表 edu 和 gender 的变量值按照设置的标签格式输出；第二个结果表输出 edu 的变量标签 education level，与 ch4_7 输出结果比较，变量 edu 的结果以标签显示。

（三）数值型变量与字符型变量互换

SAS 数据集中的数值型和字符型变量可以采用 put 和 input 函数进行转换。put 函数可将数字值转换为字符值，input 函数可将字符型转换为数值型。其基本形式分别为

```
put (variable, format.)
input (variable, format.)
```

其中，variable 是需要"重新读取"的常量、变量或表达式，"format."是指要应用在 variable 上的新格式，"format."的格式决定了 variable 转换后是字符型还是数值型。

除了应用 put 函数，SAS 也会用数字操作符（例如：加号+）将指定字符变量值转换为数值型变量。如果将字符变量值转换成数字时产生了无效的数字值，那么表达式的结果是缺失值，并且会在日志窗口打印错误消息，同时，会将自动变量_ERROR_设置为 1。

3.1 研究实例

例 4-8 利用数据集 ch4_7，将数值型变量 gender 转化为字符型，字符型变量 edu 转化为数值型。

3.2 SAS 主要程序及说明

程序	说明

`data ch4_8;`
`set ch4_7;`
`  gender1=put(gender, $2.);`
`edu1=input(edu, 8.);`
`  edu2=edu+0;`
	data 建立数据集 ch4_8
	
	gender1=put（gender，$2.）是调用 put 函数将变量 gender 转换为字符型，并命名为 gender1，输入格式为 2 字节；edu1=调用 input 函数将 edu 转换为数值型，并命名 edu1，输入宽度为 8 字节；edu2=调用运算符将 edu 转换成数值型，并命名 edu2

`proc contents data=ch4_8;` `run;`	调用过程步 proc contents 输出数据集 ch4_8 的变量特征

3.3 主要分析结果与解释

Alphabetic List of Variables and Attributes					
#	Variable	Type	Len	Label	①
2	edu	Char	8	education level	
7	edu1	Num	8		
8	edu2	Num	8		
5	gender	Num	8		
6	gender1	Char	2		
3	ht	Num	8	height_cm	
4	wt	Num	8	weight_kg	
1	year	Num	8	birthday	

输出结果说明：

①数据集 ch4_8 各变量的特征。原数据集中 edu 为字符型，两种转换方式后 edu1 和 edu2 均为数值型；原数据集中 gender 为数值型，转换后 gender1 为字符型。Label 列给出了变量的标签。

第二节 数据集的整理

SAS 数据集是关系型结构，包括描述部分和数据部分。描述部分包含变量名称、类型及次序等数据属性信息。数据部分是由描述部分需求所给定的数据表。SAS 数据集输出的是一个矩阵式表状结构，行列分别对应观测和变量，SAS 软件强大语言的功能可以灵活地加工处理数据集，为数据分析提供极大的方便。

一、观测排序和重复观测处理

SAS 中的数据集可以对其中存在的任何变量进行排序，这有助于数据分析和执行其他选项，如合并、拆分等。同时，核查和处理重复观测值也需要先对数据进行排序。

数据集可根据一个或多个变量的观测值大小进行排序，输出唯一的排序结果可存放在新的 SAS 数据集里，或者代替原始数据集。sort 过程能完成对数据集的排序，by 语句指定排序变量名列表，当多个变量进行排序时，SAS 首先按第 1 个变量对观测进行排序，然后在第 1 个变量的类别内再按第 2 个变量进行排序，依次类推。对于具有相同变量值的记录仍保持原来的顺序。默认对每个变量递增排序，如果需要递减排序，则需要在对应的变量名前加上关键词 descending。

1.1 研究实例

例 4-9 在某公司 2021 年新职员基本信息中选取部分观测按要求进行降序排序。

1.2 SAS 主要程序及说明

程序	说明

```data ch4_9;```
 ```input name$ year gender edu$ ht wt@@;```
 ```cards;```
 ```Xiaoli 1998 1 3 178 67```
 ```Wangxi 1999 2 4 165 47```
 ```Zhangli 1999 2 3 165 47```
 ```Tiandi 2000 1 2 185 72```
 ```Xiaoli 1998 1 3 178 67```
 ```;```
	data 建立数据集 ch4_9
	 input 语句输入数据

```proc sort data=ch4_9 out= ch4_9n1 ;```
 ```by descending gender edu;```
 ```proc print data= ch4_9n1;```
 ```run;```
	调用过程步 proc sort 对数据集 ch4_9 排序，输出到 ch4_9n1；by 语句指定 gender 按照降序、edu 按照升序进行排序

```proc sort data=ch4_9 out= ch4_9n2 noduplicates;```
 ```by year gender;```
 ```proc print data=ch4_9n2;```
 ```run;```
	调用过程步 proc sort 对数据集 ch4_9 排序，输出到 ch4_9n2，调用 noduplicates 选项，删除相同观测；by 语句定义按照 year、gender 排序

1.3 主要分析结果与解释

Obs	name	year	gender	edu	ht	wt	
1	Zhangli	1999	2	3	165	47	①
2	Wangxi	1999	2	4	165	47	
3	Tiandi	2000	1	2	185	72	
4	Xiaoli	1998	1	3	178	67	
5	Xiaoli	1998	1	3	178	67	

Obs	name	year	gender	edu	ht	wt	②
1	Xiaoli	1998	1	3	178	67	
2	Wangxi	1999	2	4	165	47	
3	Zhangli	1999	2	3	165	47	
4	Tiandi	2000	1	2	185	72	

输出结果说明：

①数据集 ch4_9n1 输出结果。表中先按照 gender 降序由 2 到 1 进行排序，然后按照 edu 升序进行排序，形成新的数据集 out=ch4_9n1。

②数据集 ch4_9n2 输出结果。表中先按照 year 升序进行排序，然后再按照 gender 升序进行排序。原数据集中有两个 Xiaoli，调用 noduplicates 删除了 1 个，在输出的数据集中保留第 1 个观测。

注意，SAS 数据集除了可以依据变量进行排序，还可以进行排名。排名与排序的概念不同，它是计算某个变量的观测值在整个数据集中的位置排名，每个数值变量都可以计算对应排名。

二、数据集的转置

将数据集的行和列进行交换称为数据转置。SAS 系统中使用 TRANSPOSE 过程进行数据集的转置，使原数据集中样本的观测值变换成新数据集中变量的观测值，而变量的观测值则变换成新数据集中样本的观测值。var 语句列出要被转置的变量名，如果省略该语句，则数据集中所有数值型变量都将被转置，而字符型变量必须在 var 语句中列出才能被转置。另外，我们还可以通过 ID 语句指定某变量各观测为转置后新数据集中的变量名。如果省略，SAS 将按内部程式给出变量名。如果 ID 语句指定多个变量，那么全部变量的值将连接起来形成新的变量名。注意，如果 ID 语句指定的第一个变量的观测为数值型，那么转置后的新变量名会有一个下划线作为前缀（_23 或 _4name），否则不符合 SAS 变量命名规则。

1.1 研究实例

例 4-10 抽取 4 个样本，分别计算均数、标准差等统计指标，原数据呈现形式是每个统计量的结果在一行，现需要将其转成一列，每个样本的统计量结果在一行，如表 4-1 所示。

表 4-1 4 个样本的统计量结果

统计量	样本 1	样本 2	样本 3	样本 4
mean	3.20	5.60	4.10	3.90
sd	0.12	1.34	1.18	0.97
median	2.50	4.30	5.90	4.70
min	0.80	1.60	1.40	0.70
max	5.10	9.40	7.40	7.10

1.2 SAS 主要程序及说明

程序	说明
| ```
data ch4_10;
input num$ y1-y4@@;
cards;
mean      3.20 5.60 4.10 3.90
 sd       0.12 1.34 1.18 0.97
 median   2.50 4.30 5.90 4.70
 min      0.80 1.60 1.40 0.70
 max      5.10 9.40 7.40 7.10
;
``` | data 建立数据集 ch4_10；input 语句输入变量 num$ 和 y1-y4 |
```

程序	说明

proc print data=ch4_10;
run;
proc transpose data=ch4_10 out=ch4_10n name=sample;
var y1-y4 ;
id num ;
proc print data=ch4_10n;
run;
	调用过程步 proc transpose 对数据集 ch4_10 进行转置，输出到 ch4_10n；name=选项指定列变量转置后的变量名为 sample，省略则按内部程式指定，一般为 _NAME_；var 语句指定变量 y1-y4 进行转置；id 语句指定变量 num 的观测值为转置后的变量名

1.3 主要分析结果与解释

Obs	num	y1	y2	y3	y4	
1	mean	3.20	5.60	4.10	3.90	①
2	sd	0.12	1.34	1.18	0.97	
3	median	2.50	4.30	5.90	4.70	
4	min	0.80	1.60	1.40	0.70	
5	max	5.10	9.40	7.40	7.10	

Obs	sample	mean	sd	median	min	max
1	y1	3.2	0.12	2.5	0.8	5.1
2	y2	5.6	1.34	4.3	1.6	9.4
3	y3	4.1	1.18	5.9	1.4	7.4
4	y4	3.9	0.97	4.7	0.7	7.1

输出结果说明：

①数据集 ch4_10 和 ch4_10n 输出结果。从两个数据集对比来看，转置后，变量 num 表示的统计指标成为列变量，原列变量 y1～y4 转置后在新数据集 ch4_10n 的变量名为 sample，是字符型。对于转置后新数据集中变量的名称，还可以通过"prefix=字母"指定一个前缀，在原有变量名的前面加上字母，构成新变量名。

例 4-11 研究者收集到临床患者多次住院的某指标的检测结果，每个患者检测的次数及时间点不同，表现出同一个个体有多行的结果，呈现为纵向数据，见表 4-2，此种数据形式不便进行分析，需将之整理成每个患者不同时间点检测的结果的横向数据集，可以借助 by 语句进行分组转置。

表 4-2　临床患者多次住院的某指标的检测结果

患者编号	时间点	x	患者编号	时间点	x
1	t1	0.12	3	t1	1.18
1	t2	2.50	3	t2	5.90
1	t3	0.80	3	t3	1.40
2	t2	1.34	4	t1	0.97
2	t3	4.30	4	t2	4.70
2	t4	1.60	4	t4	0.70

例 4-11 的 SAS 主要程序及说明：

程序	说明
| ```
data ch4_11;
input num$ time$ x@@;output;
cards;
1 t1 0.12 1 t2 2.5 1 t3 0.8
2 t2 1.34 2 t3 4.3 2 t4 1.6
3 t1 1.18 3 t2 5.9 3 t3 1.4
4 t1 0.97 4 t2 4.7 4 t4 0.7
;
proc sort data= ch4_11;
by num;
run;
``` | 建立数据集 ch4_11 |
| ```
proc transpose data= ch4_11 out= ch4_11n;
by num;
id time;
proc print data= ch4_11n;
run;
``` | 调用过程步 proc sort 按照 num 变量进行排序，分组转置要求先用 sort 语句进行排序<br>调用过程步 proc transpose 对数据集 ch4_11 进行转置，输出到 ch4_11n；by 语句指定按照 num 对数据集进行分组转置，分组变量保留在输出数据集中；id 语句指定变量 time 的观测值为转置后的变量名 |

例 4-11 的主要分析结果与解释：

Obs	num	_NAME_	t1	t2	t3	t4	
1	1	x	0.12	2.50	0.8	.	①
2	2	x	.	1.34	4.3	1.6	
3	3	x	1.18	5.90	1.4	.	
4	4	x	0.97	4.70	.	0.7	

输出结果说明：

①数据集 ch4_11n 输出结果。列变量 num 作为分组变量，不进行转置仍保留在输出数据集中，赋值仍为 1，2，3，4；另一个列变量 x 转置后，没有定义变量名，则 SAS 按内部程式指定为_NAME_，其变量赋值为 x；id 指定 time 的观测值为转置后的变量，故 t1～t4 为新数据集的列变量。由于患者检测时间点不同，以最多出现时间点为基准，没有检测的时间点观测值按照缺失值处理。

三、数据集的合并和拆分

（一）数据集的纵向合并

数据集纵向合并是指把几个数据集纵向连接起来，生成逐个尾部追加的合并数据集或按一个或多个变量排序的新数据集。SET 语句可以在 DATA 步进行数据集纵向合并。它从一个或几个已存在的 SAS 数据集中读取观测值。每一次 SET 语句被执行时，SAS 系统读取一个观测值存入程序数据向量。如果没有其他规定，SET 语句从输入数据集中读取所有变量和所有观测值。

1.1 研究实例

例 4-12 两个城市分别按人口比例抽取一定人群进行调查，分别在各自城市进行数据录入，现欲将其进行数据合并，截取部分数据示例。

1.2 SAS 主要程序及说明

程序	说明
| ```
data ch4_12a;
input num$ x y@@;
cards;
1 23 4 2 45 4 3 56 4
;
``` | 建立数据集 ch4_12a |
```

续表

程序	说明

`data ch4_12b;`
`input num$ x z@@;`
`cards;`
`4 32 5 5 78 5`
`;`
	建立数据集 ch4_12b

`data ch4_12;`
`set ch4_12a (in=Shenyang) ch4_12b (in=shanghai);`
`if shenyang=1 then city='sy';`
`if shanghai=1 then city='sh';`
`proc print data=ch4_12;`
`run;`
	建立数据集 ch4_12
	set 语句将两个数据集连接；in=选项指定合并数据集时加入一个临时变量来指示每一个观测来自哪个数据集；配合 in=选项，if-then 语句指定之前的临时变量命名为 city

1.3 主要分析结果与解释

Obs	num	x	y	z	city	
1	1	23	4	.	sy	①
2	2	45	4	.	sy	
3	3	56	4	.	sy	
4	4	32	.	5	sh	
5	5	78	.	5	sh	

输出结果说明：

①数据集 ch4_12 输出结果，由两个数据集首尾连接生成，连接后的数据集 ch4_12 包含全部的不重复变量，变量 x 在两个数据集都存在，故没有缺失；y 和 z 在不同数据集有赋值，故合并数据集中出现缺失。

（二）数据集的横向合并

将两个或多个 SAS 数据集按某些关键字或一一对应顺序横向合并成一个新数据集。merge 语句联合 by 语句完成左右横向合并。

2.1 研究实例

例 4-13 两个研究者分别对同一批样品的不同指标进行检测，各自将检测结果录入数据集，现需要将所有检测结果合并成一个数据集。

程序	说明

`data ch4_13a;`
`input num$ sex$ a b@@;`
`cards;`
`1 2 34 53`
`2 1 42 78`
`3 2 45 74`
`;`
	建立数据集 ch4_13a

`data ch4_13b;`
`input num$ age a1 b1@@;`
`cards;`
`2 23 89 78`
`3 18 92 88`
`;`
	建立数据集 ch4_13b

`data ch4_13;`
`merge ch4_13a ch4_13b;`
`proc print data=ch4_13;`
`run;`
	建立数据集 ch4_13
	merge 语句指定两个数据集，按照观测顺序一一对应横向合并

续表

程序	说明

`proc sort data= ch4_13a ch4_13b;`
`by num;`
`data ch4_13n;`
`merge ch4_13a ch4_13b;`
`by num;`
`proc print data=ch4_13n;`
`run;`
	调用过程步 proc sort 对数据集排序
	by 语句指定按变量 num 排列
	merge 语句指定横向合并；by 语句指定按照变量 num 进行合并，该语句要求被合并数据应先按照同一变量排序

2.2 SAS 主要程序及说明
略。

2.3 主要分析结果与解释

Obs	num	sex	a	b	age	a1	b1	
1	2	2	34	53	23	89	78	①
2	3	1	42	78	18	92	88	
3	3	2	45	74	.	.	.	

Obs	num	sex	a	b	age	a1	b1	
1	1	2	34	53	.	.	.	②
2	2	1	42	78	23	89	78	
3	3	2	45	74	18	92	88	

输出结果说明：

①数据集 ch4_13 输出结果，是两个数据集按照顺序一对一进行合并，故第二个数据集中的两个观测与第一个数据集的第一、二观测进行合并。由于两个数据集中都有变量 num，故后一个数据集中的 2 和 3 依次覆盖了前一个数据集中的 1 和 2。

②数据集 ch4_13n 输出结果，按照变量 num 匹配合并，第二个数据集的数据分别合并到第一个数据集 num 为 2 和 3 的观测个体。注意，如果各数据集的观测顺序不一致，按照一一对应进行横向合并就会把不同人的测量值合并到一起。所以横向合并一般应该采用按关键字合并的方式，即先把每个数据集按照相同的、能唯一区分各观测的一个或几个变量用 sort 和 by 语句排序，这样即使原有观测顺序不一致也可以保证横向合并的结果没有错。

（三）数据集的拆分

有时需要根据某一分类原则把已有数据分别存放到不同的数据集。在 data 数据步通过 output 语句可以输出多个数据集。

3.1 研究实例

例 4-14 把 ch4_12 数据集按照变量 x 和 city 生成多个不同的数据集。

3.2 SAS 主要程序及说明

程序	说明

`data z1 z2 z3 z4;`
`set ch4_12;`
`if x>50 then output z1;`
`else output z2;`
`if city="sh" then output z3;`
`if city="sy" then output z4;`
`proc print data=z1;`
`title "data of z1";`
`proc print data=z2;`
`title "data of z2";`
`proc print data=z3;`
	建立 4 个数据集 z1，z2，z3，z4
	if-then 语句指定把 x>50 的观测个体读入数据集 z1，其他读入数据集 z2
	if-then 语句指定把 city 为 sh 的观测读入数据集 z3；把 city 为 sy 的观测读入数据集 z4
	输出 4 个数据集，并通过 title 语句进行命名

续表

程序	说明

`title "data of z3";`
`proc print data=z4;`
`title "data of z4";`
`run;`	

3.3 主要分析结果与解释

data of z1						data of z2					
Obs	num	x	y	z	city	Obs	num	x	y	z	city
1	3	56	4	.	sy	1	1	23	4	.	sy
2	5	78	.	5	sh	2	2	45	4	.	sy
						3	4	32	.	5	sh

data of z3						data of z4					
Obs	num	x	y	z	city	Obs	num	x	y	z	city
1	4	32	.	5	sh	1	1	23	4	.	sy
2	5	78	.	5	sh	2	2	45	4	.	sy
						3	3	56	4	.	sy

输出结果说明：

按照数据拆分时设置条件，生成 4 个数据集：data of z1 为观测值 x 大于 50 的数据集；data of z2 为观测值 x 小于等于 50 的数据集；data of z3 为 city 赋值为 sh 的数据集；data of z4 为 city 赋值为 sy 的数据集。

第三节 异常值处理

异常值（outlier）是指样本中某变量的取值明显偏离其取值范围的数值，也称为离群值，异常值可能由多种原因引起，例如测量误差、数据录入错误、系统故障等。查找并处理异常值是数据清洗过程中的重要内容，直接影响统计分析结果的准确性。异常值可以通过可视化工具和统计分析方法进行初步检测。直方图、散点图和箱式图等可视化工具可用于观察异常值的分布和趋势。平均值、标准差、百分位数等统计指标可用于量化异常值。此外，可以通过核查原始数据、与领域专家讨论或与其他数据集进行比较等，进一步确认异常值的合理性。本节针对不同的数据类型，简要介绍采用 SAS 程序进行数据集异常值查找和处理的方法。

一、异常值查找

（一）数值型变量异常值查找

1.1 研究实例

例 4-15 某临床研究收集了 77 例肿瘤患者的临床数据，表 4-3 展现了此研究中部分患者的数据（完整数据库见 ch04_15.sav 或 ch04_15.xlsx），包含 9 个变量。变量列表及具体赋值见表 4-4。请查找该资料中年龄（age）、身高（ht）和体重（wt）的异常值。

表 4-3 某项临床研究的部分数据

Patid	Group	Gender	Age	Ht	Wt	Cstage	Enrdate	Surdate
0109	1	1	46	167.0	67.0	Ⅲ	05MAR2010	07JUN2010
0163	1	1	56	.	52.0	Ⅳ	20NOV2008	09FEB2009
0224	2	2	49	156.0	50.0	Ⅲ	11MAY2013	20MAY2013

续表

Patid	Group	Gender	Age	Ht	Wt	Cstage	Enrdate	Surdate
0272	1	1	50	158.0	.	Ⅳ	18FEB2009	22APR2009
0405	1	1	66	165.0	70.0	Ⅲ	15JAN2013	11APR2013
0561	2	1	61	154.0	60.0	Ⅳ	15SEP2009	18SEP2009
0657	1	1	61	167.0	68.0	1	26JAN2013	.
⋮	⋮	⋮	⋮	⋮	⋮	⋮	⋮	⋮
9975	1	.	60	164.0	52.0	Ⅳ	09OCT2014	25DEC2014

表 4-4 数据库 ch04_15.sav 变量列表

变量名称	变量标签	变量类型	长度	取值
patid	患者编号	字符	11	字符型变量
group	研究分组	数值	8	1=试验组、2=对照组
gender	性别	数值	8	1=男性、2=女性
age	年龄	数值	8	取值范围：18—70 岁
ht	身高	数值	8	连续取值，单位 cm
wt	体重	数值	8	连续取值，单位 kg
cstage	临床分期	字符	8	Ⅲ、Ⅳ
enrdate	入组日期	数值	8	日期取值
surdate	手术日期	数值	8	日期取值

1.2 SAS 主要程序及说明

程序	说明

`proc import out=work.ch4_15`
`  datafile= "F:\Data\ch04_15.sav"`
`  dbms=spss replace;`
`run;`
导入 Excel 格式数据集
`proc import out =work.ch4_15`
`  datafile= "F:\Data \ch04_15.xlsx"`
`  dbms=excel replace;`
`  range="Sheet1$";`
`  getnames=yes;`
`  mixed=no;`
`  scantext=yes;`
`  usedate=yes;`
`  scantime=yes;`
`run;`
	proc import 导入外部数据库进入 SAS；out=work.ch4_15 命名导入 SAS 后的数据库名称；datafile=指定外部数据的本地存储位置；dbms=指定外部数据库的格式

最小值和最大值探索异常值：
`proc means data=work.ch4_15 n nmiss min max;`
`  var age ht wt;`
`run;`
	调用过程步 proc means；n，nmiss，min 和 max 分别输出总样本数、缺失值个数、最小值和最大值，根据最小值和最大值初步判断异常值；var 指定分析变量为 age，ht，wt

IF 语句定位异常值：
`data _null_;`
`  file print;`
`  set work.ch4_15;`
`  if (age＜18 or age＞70) and not missing(age) then`
`    put patid= age=;`
`run;`
	data _null_ 调用数据步；file print 将结果输出到 output 窗口；set work.ch4_15 指定输入数据库；if-then 语句中指定异常值的范围，并输出患者编号及其对应的异常值，其中 not missing（age）函数排除 age 缺失值的个体，若不加上该函数，缺失值会被默认为小于 18

续表

程序	说明

绘制箱式图定位异常值：
`proc sgplot data= work.ch4_15;`
`  vbox ht;`
`run;`
	调用过程步 proc sgplot；data=ch4_15 指定分析数据库；vbox 指定变量 ht 绘制竖直箱式图

均方差法探索异常值：
`data _null_;`
`  file print;`
`  set work.ch4_15;`
`  if (ht＜(163.2-3*19.0) or ht＞(163.2+3*19.0) and not missing(ht)) then put patid= ht=;`
`run;`
	data _null_ 调用数据步；file print 将结果输出到 output 窗口；set work.ch4_15 指定输入数据库；if-then 语句中指定异常值的范围，此处将身高取值（ht）偏离均值 3 个标准差的值定义为异常值（身高 ht 的均数为 163.2cm，标准差为 19.0cm），输出异常值及对应的患者编号，其中 not missing (ht) 函数排除 ht 缺失的个体

1.3 主要分析结果与解释

The MEANS Procedure ①

Variable	Label	N	N Miss	Minimum	Maximum
age	Age	74	3	16.0000000	75.0000000
ht	Height	72	5	14.5000000	178.0000000
wt	Weight	71	6	4.1500000	171.0000000

```
patid=1585 age=16
patid=5228 age=75
```
②

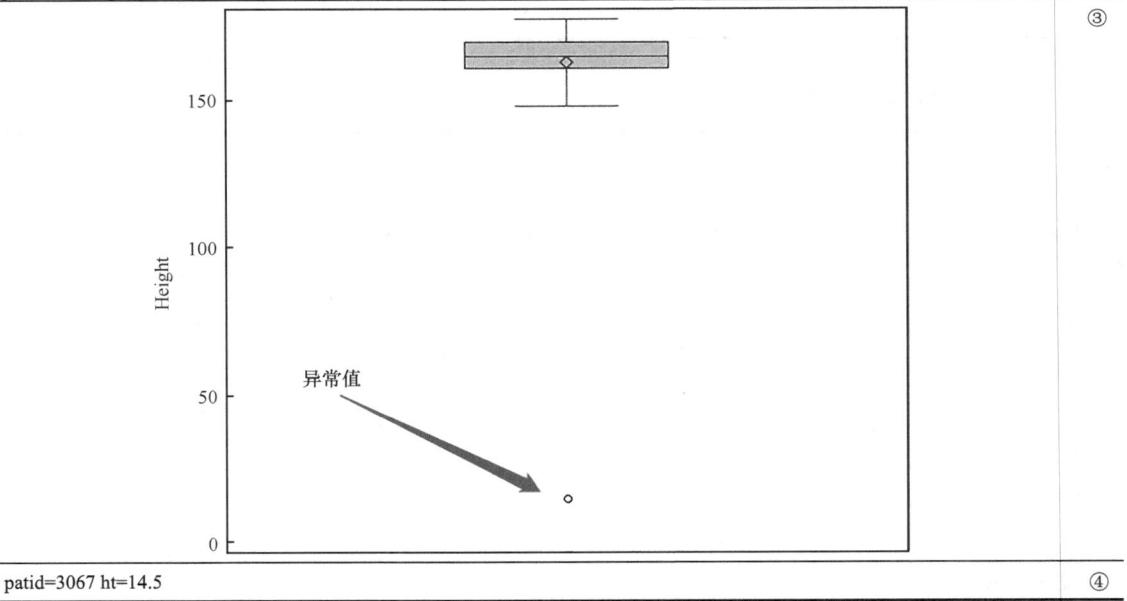

③

（身高箱式图，标注"异常值"，Height 轴最小值约 14.5）

```
patid=3067 ht=14.5
```
④

输出结果说明：

①最小值和最大值描述。年龄（age）的最小值和最大值均不在 18~70 岁范围内，提示数据库中年龄存在异常值；身高（ht）的最小值为 14.5，提示为异常值；体重（wt）的最小值为 4.15、最大值为 171，提示可能为异常值。

②IF 语句定位异常值的结果。年龄（age）小于 18 岁和大于 70 岁的个体有 2 个，编号分别为 1585 和 5228，不在 18~70 岁范围内，提示年龄存在异常值。

③身高的箱式图，提示身高（ht）存在异常值。

④均方差和 IF 语句探索异常值的结果。身高（ht）一般服从正态分布，根据身高的均值和标准差，按照均值加减 3 倍标准差的准则，发现在此范围外的值有 14.5cm，对应患者编号为 3067，提示该值为异常值。

（二）字符型变量异常值查找

2.1 研究实例

例 4-16 请查找例 4-15 中临床分期（cstage）变量的异常值。

2.2 SAS 主要程序及说明

程序	说明

频数表法：
`proc freq data= work.ch4_15;`
  `tables cstage;`
`run;`
	调用过程步 proc freq；data=work.ch4_15 指定分析数据库；tables 指定分析变量为 cstage

IF 语句定位异常值：
`data _null_;`
  `file print;`
  `set work.ch4_15;`
  `if cstage not in ('III','IV',' ') then put patid= cstage=;`
`run;`
	调用数据步 data _null_；file print 将结果输出到 output 窗口；if-then 语句指定变量异常值的范围，其中 cstage not in（'III'、'IV'、"）表示取值 III、IV 和缺失值（"表示缺失值）结果定义为异常值以外的其他取值定义为异常值；put 语句用于输出异常值及其对应的患者编号

WHERE 语句查找异常值：
`proc print data= work.ch4_15;`
  `ID patid;`
  `var cstage;`
  `where cstage not in ('III','IV',' ');`
`run;`
	调用数据步 proc print；ID patid 在结果中输出患者编号；var 指定分析变量；where 语句设定异常值范围，将 cstage 取值 III、IV 和缺失值（'III'、'IV'、"）以外的取值定义为异常值

2.3 主要分析结果与解释

The FREQ Procedure Clinical stage					
Cstage	Frequency	Percent	Cumulative Frequency	Cumulative Percent	①
1	3	4.05	3	4.05	
3	1	1.35	4	5.41	
4	1	1.35	5	6.76	
I	1	1.35	6	8.11	
II	2	2.70	8	10.81	
III	18	24.32	26	35.14	
IV	48	64.86	74	100.00	
Frequency Missing = 3					

patid=0657 cstage=1 patid=1380 cstage=II patid=5415 cstage=4 patid=6608 cstage=1 patid=6913 cstage=i patid=7558 cstage=3 patid=7767 cstage=1 patid=9801 cstage=II	②

Patid	Cstage	③
0657	1	
1380	II	
5415	4	
6608	1	
6913	I	
7558	3	
7767	1	
9801	II	

输出结果说明：
① 从频数表可以看出，临床分期（cstage）的正常取值为Ⅲ和Ⅳ，但频数表中有Ⅲ和Ⅳ缺失值以外的赋值，提示为异常值。
② IF 语句的结果输出：列出了临床分期（cstage）的所有异常值及其对应的患者编号。
③ WHERE 语句的结果输出：列表给出了临床分期的异常值及对应患者的编号。

二、异常值处理

处理异常值最好的方法是核对源数据，对异常值进行纠正。当无法核对源数据时，可以考虑下面的异常值处理方法。需要强调的是，在处理异常值时还需要考虑数据集的规模和特征。对于小规模的数据集，可视化和手动检测可能更适用。但对于大规模的数据集，自动化的数据清洗和异常值处理方法可能更高效和可靠。此外，在某些情况下，异常值可能承载着关键信息。在处理异常值之前，应全面分析和考虑异常值的来源、产生原因及潜在含义。特别是在金融和医疗等领域，异常值可能代表着重要的事件或状态，需要谨慎处理。

（一）删除异常值

确认异常值后，可以考虑从数据集中删除它们。删除异常值可以提高统计分析的准确性和可靠性，并减少异常值对后续分析的影响。在删除异常值时需要谨慎操作，避免过度删除导致数据失真或信息丢失。

1.1 研究实例

例 4-17 请删除例 4-15 中年龄（age）的异常值。

1.2 SAS 主要程序及说明

程序	说明

IF 语句删除 age 异常值：
 data work.ch4_15_1;
   set work.ch4_15;
   if not (age<18 or age>70) or missing (age);
 run;
 proc print data=work.ch4_15_1;
 run;
	调用 data 步，创建新数据集 work.ch4_15_1
	 set work.ch4_15 指定输入数据库
	 if not 语句从数据集中去除 age 异常值

1.3 主要分析结果与解释

```
NOTE:There were 77 observations read from the data set WORK.CH4_15.
NOTE:The data set WORK.CH4_15_1 has 75 observations and 9 variables.
NOTE:DATA statement used (Total process time):
     real time           0.00 seconds
     cpu time            0.00 seconds
```

输出结果说明：

从日志可以看到，age 变量取值异常的 2 个观测已被删除，生成新数据集 ch4_15_1。

（二）异常值视为缺失值

当异常值可能是错误的数据点，而不是真实的观测结果时，可以考虑将异常值视为缺失值。它的核心思想是将检测出的异常值视为数据集中的缺失值，以便进行后续的缺失值处理。对于被视为缺失值的异常值，可以应用常规的缺失值处理方法，包括删除观测记录、插补缺失值和模型预测。删除观测记录需要仔细评估其对于分析结果的影响，以避免数据集的偏差。插补方法可以使用均数、中位数、回归模型等来填补缺失值。模型预测则可以使用其他变量或模型来预测缺失值，最大程度地保留数据集的信息，并减少对数据集的影响。

将异常值视为缺失值主要有以下优点。①避免不合理的处理。异常值可能是由测量误差或系统故障引起的，而不是真实的观测结果。将异常值视为缺失值可以避免对其进行不合理处理，保持数据集的准确性。②保持数据集的完整性。删除异常值可能导致数据集规模减小，减少可用于分析的样本量。而将异常值视为缺失值可以保持数据集的完整性，使得后续数据分析过程更可靠和全面。③简化数据处理过程。异常值通常需要特定的处理方法，例如删除或替换。然而，将异常值视为缺失值可以简化数据处理过程。一般采用 if-then 语句设定变量的异常值范围，并将异常值替换为缺失值，例如 if 变量 ht＜（163.2−3*19.0）or ht＞（163.2+3*19.0） then ht =.;。在具体应用中，需要根据数据集和分析任务进行灵活的评估和选择，并注意合理设置异常值的阈值和选择合适的缺失值处理方法。

（三）平均值修正

平均值修正是一种常用的异常值处理方法，用于调整由异常值引起的整体数据集的平均值偏差。它的原理是通过调整异常值的数值，使其更接近整体数据集的平均值，从而减少异常值对整体趋势的影响。该方法基于平均值的定义，即将所有观测值之和除以观测值的数量。通过修正异常值，可以减小异常值对平均值的影响，使得平均值更能反映整体数据集的趋势。

平均值修正适用于数据集中存在少量异常值的情况，并且对于这些异常值，可以找到合理的修正值。它在处理轻微偏离的异常值时有很好的效果，但对于那些远离其他观测值的极端异常值，修正值可能无法准确反映整体数据集的趋势。此外，平均值修正仅修改异常值本身，并不影响其他观测值。因此，在某些情况下，可能需要结合其他异常值处理方法（如截断、Winsorizing 或使用更复杂的模型）来处理异常值。

3.1 研究实例

例 4-18　请用平均值修正法处理例 4-15 中变量年龄（age）的异常值及缺失值。

3.2 SAS 主要程序及说明

程序	说明
| ```
proc means data= work.ch4_15 mean;
  var age;
  output out=age_stats mean=age_mean;
run;

data work.ch4_15_3;
  set work.ch4_15;
  if _n_ = 1 then set age_stats;
  if age < 18 or age > 70 or missing(age) then
  age = age_mean;
run;
proc print data=work.ch4_15_3;
run;
``` | 调用过程步 proc means 计算年龄的平均值，data=work.ch4_15 指定分析数据集，mean 输出均值；var 指定分析变量为 age；output out=age_stats mean= age_mean 将结果保存到数据集 age_stats，并指定均值的变量名为 age_mean；<br>调用 data 创建新数据集 work.ch4_15_3；set work.ch4_15 指定输入数据库；if _n_ = 1 then set age_stats 读取数据集 age_stats 的第一行数据，以获取在 proc means 中计算的平均值；if-then 语句将 age 的异常值和缺失值替换为均值 |
```

3.3 主要分析结果与解释

	Patient ID	Group	Gender	Age	Height	Weight	Clinical stage	Enrollment date	Surgery date
1	0109	1	1	46	167.0	67.0	III	05MAR2010	07JUN2010
2	0163	1	1	56		52.0	IV	20NOV2008	09FEB2009
3	0224	2	2	49	156.0	50.0	III	11MAY2013	20MAY2013
4	0272	1	1	50	158.0	.	IV	18FEB2009	22APR2009
5	0405	1	1	66	165.0	70.0	III	15JAN2013	11APR2013
6	0561	2	2	61	154.0	60.0	IV	15SEP2009	18SEP2009
7	0657	1	1	61	167.0	68.0	1	26JAN2013	
8	0818	2	1	59	162.0	50.5		19MAR2010	25MAR2010
9	0930	2	2	60	150.0	54.0	IV	25SEP2010	26SEP2010
10	0938	2	1	64	166.0	72.0	IV	05JUN2010	09JUN2010
11	1250	1	1	55	162.0	68.0	III	07JAN2011	25MAR2011
12	1298	1	1	60	170.0	60.0	IV	21DEC2010	16MAR2011
13	1327	2	3	53	177.0	67.0	IV	01MAR2011	08MAR2011
14	1380	2	1	61	177.0	.	II	10APR2011	14APR2011
15	1490	2	1	56	163.0	60.0	IV	13JUN2011	14JUN2011
16	1506	1	1	52	159.0	45.0	IV	15JUN2011	08SEP2011
17	1514	2	2	55	151.0	48.0	III	26JUN2011	27JUN2011
18	1537	2	1	56	171.0	61.0	IV	10JUL2011	13JUL2011
19	1585	1	1	56	171.0	71.0	IV	05AUG2011	19OCT2011
20	1793	1	2	41	163.0	58.0	IV	18DEC2011	
21	1842	2	.	58	152.0	21.5		30JAN2012	06FEB2012
22	1904	2	.	56	174.0	73.5	IV	18MAY2011	19MAY2011
23	1921	1	1	60	168.0	.	IV	31MAR2012	
24	2258	2	1	57	158.0	60.0	III	02AUG2011	03AUG2011
25	2380	1	.	55	.	54.0	IV	19DEC2012	13MAR2013
26	2429	2	1	35	163.0	61.0	III	16SEP2011	19SEP2011
27	2476	1	1	46	163.0	51.5	IV	12SEP2011	07DEC2011
28	2663	2	1	55	165.0	55.0	IV	13JUN2013	20JUN2013
29	2792	1	1	61	169.0	60.5	IV	01SEP2013	14NOV2013
30	3010	2	2	66	154.0	50.0	IV	11JAN2012	12JAN2012

输出结果说明：

从 viewtable 可以看到，age 变量中的异常值和缺失值已被替换成了其平均值 56。

当数据集中存在较多潜在的异常值或数据分布表现为不服从正态分布时，采用平均值修正对异常值处理就不适合。这时，我们可以采用对异常值不敏感的稳健统计方法，比如中位数（median）或中位数绝对偏差（median absolute deviation，MAD）进行修正。稳健统计方法还包括 Huber 权重、双加权中值方差（biweight midvariance）、随机抽样一致性（random sample consensus，RANSAC）等。需要注意的是，稳健统计方法并非适用于所有情况。需要根据具体的分析目的，选择合适的异常值处理方法。

第四节 缺失值处理

缺失值是统计分析中不可避免的一个问题。最简单的处理方法是个案剔除法 （listwise deletion），如果一个变量含有缺失值的话，就把含缺失值的观测从分析中剔除，这种方法是很多统计分析软件（如 SPSS 和 SAS）默认的缺失值处理方法。但这种做法会导致信息的丢失，同时可能会引入偏倚，从而导致错误的结论。所以，在统计分析时会对缺失值进行填补处理。常用的填补方法有单值填补法（如均数、众数、中位数等）和多重填补法。需要强调的是，缺失值填补是一种事后弥补数据不完整的统计方法，需要谨慎为之，选择缺失值填补方法时需要综合考虑变量类型、缺失比例、缺失机制及选用的统计分析方法等，必要时进行敏感性分析。

一、缺失值查找

数据集中的缺失值可以通过 SAS 的 PROC MEANS（连续变量）和 PROC FREQ（分类变量）进行查找。本节仍然以例 4-15 中的数据为例，简述如何采用 SAS 程序查找缺失值。

（一）连续型变量

1.1 研究实例

例 4-19 请查找例 4-15 中体重（wt）变量的缺失值。

1.2 SAS 主要程序及说明

程序	说明

`proc means data=work.ch4_15 n nmiss;`
`  var wt;`
`run;`
`data _null_;`
`  file print;`
`  set work.ch4_15;`
`  if missing(wt) then put "missing weight for `
`  " Patid=;`
`run;`
	proc means 调用过程步；data= work.ch4_15 指定输入数据库；n 和 nmiss 分别输出总例数和缺失值的例数；var wt 指定进行分析的变量为体重（wt）
	data _null_ 调用数据步；file print 将结果输出到 output 窗口；set work.ch4_15 指定输入数据库；if-then 语句指定寻找缺失值的变量，并用 put 语句输出缺失值对应的患者编号

1.3 主要分析结果与解释

	Analysis	Variable: Wt Wt		①
	N	N Miss		
	71	6		
missing weight for patid=0272				②
missing weight for patid=1380				
missing weight for patid=1921				
missing weight for patid=3072				
missing weight for patid=4516				
missing weight for patid=7373				

输出结果说明：
① 77 例患者中，体重（wt）有 6 个缺失值。
② 体重（wt）缺失值对应的患者编号。

（二）字符型变量缺失值查找

2.1 研究实例

例 4-20 请查找例 4-15 中临床分期（cstage）变量的缺失值。

2.2 SAS 主要程序及说明

程序	说明

`proc format;`
`  value $Count_Missing ' ' = 'Missing'`
`    other = 'Nonmissing';`
`run;`
	调用过程步 proc format 进行格式化；value 对缺失值和非缺失值进行格式化

`proc freq data=work.ch4_15;`
`  tables Cstage / nocum missing;`
`  format Cstage $Count_Missing.;`
`run;`
	调用过程步 proc freq；data=work.ch4_15 指定分析数据库；tables 指定进行分析的变量，nocum 指定不输出列的百分比，missing 指定将缺失值作为一个类别进行统计分析

`if-then 语句查找缺失值：`
`data _null_;`
`  file print;`
`  set work.ch4_15;`
`  if missing(Cstage) then put "missing `
`  weight for " Patid=;`
`  run;`
	data _null_ 调用数据步；file print 将结果输出到 output 窗口；set work.ch4_15 指定输入数据库；if-then 语句指定查找 Cstage 缺失值，并用 put 语句输出缺失值对应的患者编号

2.3 主要分析结果与解释

Cstage			
Cstage	Frequency	Percent	①
Missing	3	3.90	
Nonmissing	74	96.10	

missing weight for patid=0818	②
missing weight for patid=1842	
missing weight for patid=5743	

输出结果说明:

① 缺失值统计。绘制频数表统计出临床分期(cstage)有 3 个缺失值,占全部病例数的 3.90%。

② if-then 语句查找缺失值的结果。临床分期(cstage)有 3 个缺失值,患者编号分别为 0818、1842 和 5743。

二、缺失值填补

(一)单值填补

单值填补即用同一个数值代替缺失值。对于连续型变量的缺失值,可以采用相应变量的均数、中位数等方法进行单值填补。

1.1 研究实例

例 4-21 请对例 4-15 中体重(wt)的缺失值进行均值填补。

1.2 SAS 主要程序及说明

程序	说明

`proc stdize data=work.ch4_15`
`  out= work.ch4_15_6 oprefix=orig_`
`  reponly missing=mean;`
`  var wt;`
`run;`
`proc print data= work.ch4_15_6;`
`run;`
	调用过程步 proc stdize 进行缺失值填补;out= work.ch4_15_6 指定填补后输出数据库名称;oprefix=orig_ 指定输出数据集中原始变量加上前缀为 orig_;reponly 指定只填补缺失值;missing=mean 采用均值填补缺失值,也可以选中位数(median)或者指定具体数值等其他方法。
	proc print 将填补后的数据库 work.ch4_15_6 输出到 output 窗口。

1.3 主要分析结果与解释

	Patid	Group	Gender	Age	Ht	Wt	Cstage	Enrdate	Surdate	Wt
1	0109	1	1	46	167	67	III	05MAR2010	07JUN2010	67
2	0163	1	1	56	.	52	IV	20NOV2008	09FEB2009	52
3	0224	2	2	49	156	50	III	11MAY2013	20MAY2013	50
4	0272	1	1	50	158	.	IV	18FEB2009	22APR2009	61.00985915
5	0405	1	1	66	165	70	III	15JAN2013	11APR2013	70
6	0561	2	1	61	154	60	IV	15SEP2009	18SEP2009	60
7	0657	1	1	61	167	68	1	26JAN2013	.	68
8	0818	2	1	59	162	50.5	.	19MAR2010	25MAR2010	50.5
9	0930	2	2	60	150	54	IV	25SEP2010	26SEP2010	54
10	0938	2	1	64	166	72	IV	05JUN2010	09JUN2010	72
11	1250	1	1	55	162	68	III	07JAN2011	25MAR2011	68
12	1298	1	1	60	170	60	IV	21DEC2010	16MAR2011	60
13	1327	2	3	53	177	67	IV	01MAR2011	08MAR2011	67
14	1380	2	1	61	177	.	II	10APR2011	14APR2011	61.00985915
15	1490	2	1	56	163	60	IV	13JUN2011	14JUN2011	60
16	1506	1	1	52	159	45	IV	15JUN2011	08SEP2011	45
17	1514	2	2	55	151	48	III	26JUN2011	27JUN2011	48
18	1537	2	1	.	171	61	IV	10JUL2011	13JUL2011	61
19	1585	1	1	16	171	71	IV	05AUG2011	19OCT2011	71
20	1793	1	1	41	163	58	IV	18DEC2011	.	58

限于篇幅,下面只列出填补后的部分数据集。原始变量名 Wt 前面加了 orig_,填补后的变量名为 wt。可以看到编号为 0272 和 1380 患者的 wt 为缺失值,采用均值填补后为 61.0kg(四舍五入)。

（二）多重填补

多重填补是对一个缺失值进行多次插补，形成多个完整数据集后再分析和综合的统计方法。与单值插补相比，多重填补唯一的缺点是需要做大量的工作来创建插补数据集并进行结果分析。虽然数据分析的工作量大，但 SAS 执行 m 次相同任务是没有问题的。

2.1 研究实例

例 4-22 请对数据集 ch4_15 中身高（ht）和体重（wt）的缺失值进行多重填补。

2.2 SAS 主要程序及说明

程序	说明

`proc mi data=work.ch4_15 out= work.ch4_15_7`
　`nimpute=5;`
　`mcmc;`
　`var wt ht;`
`run;`
`proc print data=ch4_15_7;`
`run;`
	调用过程步 proc mi 进行多重填补；data= work.ch4_15 指定分析数据库；out= work.ch4_15_7 指定填补后输出数据库；nimpute=5 指定每个缺失值填补的次数；mcmc 指定采用马尔可夫链蒙特卡罗法估计缺失值；var 指定对变量 wt 和 ht 进行缺失值填补
	proc print 将多重填补后的数据库输出到 output 窗口

以下为对 wt 和 ht 进行 5 次多重填补后的数据集，其中_Imputation_表示填补的次数，取值为 1—5，取值为 1 表示第一次填补，以此类推。例如，编号为 0163 患者的 Ht 为缺失值，5 次多重填补的数值分别为 193.0（Obs=2）、203.9（Obs=79）、160.0（Obs=156）、165.0（Obs=233）和 128.4（Obs=310）。

Obs	_Imputation_	Patid	Group	Gender	Age	Ht	Wt	Cstage	Enrdate	Surdate
1	1	0109	1	1	46	167.0	67.0	Ⅲ	05MAR2010	07JUN2010
2	1	0163	1	1	56	193.0	52.0	Ⅳ	20NOV2008	09FEB2009
3	1	0224	2	2	49	156.0	50.0	Ⅲ	11MAY2013	20MAY2013
4	1	0272	1	1	50	158.0	56.9	Ⅳ	18FEB2009	22APR2009
5	1	0405	1	1	66	165.0	70.0	Ⅲ	15JAN2013	11APR2013
⋮	⋮	⋮	⋮	⋮	⋮	⋮	⋮	⋮	⋮	⋮
78	2	0109	1	1	46	167.0	67.0	Ⅲ	05MAR2010	07JUN2010
79	2	0163	1	1	56	203.9	52.0	Ⅳ	20NOV2008	09FEB2009
80	2	0224	2	2	49	156.0	50.0	Ⅲ	11MAY2013	20MAY2013
81	2	0272	1	1	50	158.0	96.9	Ⅳ	18FEB2009	22APR2009
82	2	0405	1	1	66	165.0	70.0	Ⅲ	15JAN2013	11APR2013
⋮	⋮	⋮	⋮	⋮	⋮	⋮	⋮	⋮	⋮	⋮
155	3	0109	1	1	46	167.0	67.0	Ⅲ	05MAR2010	07JUN2010
156	3	0163	1	1	56	160.0	52.0	Ⅳ	20NOV2008	09FEB2009
157	3	0224	2	2	49	156.0	50.0	Ⅲ	11MAY2013	20MAY2013
158	3	0272	1	1	50	158.0	37.3	Ⅳ	18FEB2009	22APR2009
159	3	0405	1	1	66	165.0	70.0	Ⅲ	15JAN2013	11APR2013
⋮	⋮	⋮	⋮	⋮	⋮	⋮	⋮	⋮	⋮	⋮
232	4	0109	1	1	46	167.0	67.0	Ⅲ	05MAR2010	07JUN2010
233	4	0163	1	1	56	165.0	52.0	Ⅳ	20NOV2008	09FEB2009
234	4	0224	2	2	49	156.0	50.0	Ⅲ	11MAY2013	20MAY2013
235	4	0272	1	1	50	158.0	73.7	Ⅳ	18FEB2009	22APR2009

236	4	0405	1	1	66	165.0	70.0	Ⅲ	15JAN2013	11APR201
⋮	⋮	⋮	⋮	⋮	⋮	⋮	⋮	⋮	⋮	⋮
309	5	0109	1	1	46	167.0	67.0	Ⅲ	05MAR2010	07JUN2010
310	5	0163	1	1	56	128.4	52.0	Ⅳ	20NOV2008	09FEB2009
311	5	0224	2	2	49	156.0	50.0	Ⅲ	11MAY2013	20MAY2013
312	5	0272	1	1	50	158.0	64.1	Ⅳ	18FEB2009	22APR2009
313	5	0405	1	1	66	165.0	70.0	Ⅲ	15JAN2013	11APR2013
⋮	⋮	⋮	⋮	⋮	⋮	⋮	⋮	⋮	⋮	⋮

（三）其他常用选项的说明

proc mi 过程步中，其他常用选项：

Seed	指定用于产生模拟分布的随机种子
minimum	指定填补值的最小值
maximum	指定填补值的最大值
EM	期望最大化算法

（刘红波　李济宾）

第五章　SAS 宏语言的使用

第一节　SAS 宏语言的概述

　　SAS 宏语言是 SAS 语言的扩展，有其独特的命令、语句、语法、选项和编译器等宏元素。利用 SAS 宏语言可在以下几方面发挥作用：SAS 宏语言将会使程序在编写灵活性、数据处理效率等方面得到显著提升，从而能编写出重复使用的通用性程序。SAS 宏语言

- 开发执行重复任务的 SAS 程序；
- 在数据步或过程步之间传递信息；
- 动态产生 SAS 程序代码；
- 条件执行数据步或过程步。

　　SAS 宏语言从本质上可简单理解为是一个主要用于产生普通 SAS 程序代码（数据步、过程步）的源代码生成器。宏语言中所有的输入和输出都被视为文本（text）。在宏程序执行的过程中，实现文本替换和 SAS 程序代码生成。从这个意义上看，宏语言承担编程人员的角色，通过它可产生出我们所需的 SAS 程序的部分或全部代码。

　　SAS 宏语言主要由宏变量、宏语句、宏函数构成。%和&是宏语言中两个特别的符号，被称为宏语言触发器，以&开头是宏变量，以%开头是宏语句、宏函数或宏程序。SAS 宏语言执行权优于普通 SAS 语言，即当 SAS 程序中含有宏代码时，先执行宏代码，后执行生成的普通 SAS 代码。

　　例如：我们想要根据给定的变量类型（数值型或字符型），条件地选择调用 MEANS 过程或 FREQ 过程产生描述性分析结果，则通过下面这段宏代码可以实现：

```
/* 宏参数含义说明：                        */
/* INDSN=，指定分析数据集                  */
/* VAR=，  指定分析变量名                  */
/* TYPE=，指定分析变量的类型：C / N        */
%MACRO VarDesc(INDSN=,VAR=,TYPE=);
 %IF %UPCASE(&TYPE)=C %THEN %DO;
    PROC FREQ DATA=&INDSN;
      TABLE &VAR;
    RUN;
 %END;
%ELSE %IF %UPCASE(&TYPE)=N %THEN %DO;
    PROC MEANS DATA=&INDSN;
      VAR &VAR;
    RUN;
 %END;
%MEND;
```

　　上述代码定义了一个宏程序 VarDesc，包含三个参数：INDSN，VAR，TYPE，其功能为：对指定数据集（INDSN）中的变量（VAR）进行描述性分析，根据指定的变量类型（TYPE）调用不同的 SAS 过程步，若为字符型（TYPE=C）则调用 FREQ 过程，若为数值型（TYPE=N）则调用 MEANS 过程，从而实现条件执行 SAS 过程步。

　　运行上述程序代码，对宏程序 VarDesc 完成编译，编译后可通过指定三个参数来调用该宏程序，以数据库 SASHELP.CLASS 为例，例如

%VarDesc（INDSN=SASHELP.CLASS，VAR=HEIGHT，TYPE=N）

SAS 系统在执行该宏程序时，首先根据宏条件语句%IF - %THEN - %ELSE（与数据步中条件语句作用类似）判断指定的变量类型（&TYPE，&表示获取宏变量的值），其值为 N，则产生出如下 SAS 程序代码：

  PROC MEANS DATA= <u>SASHELP.CLASS</u>;
   VAR <u>HEIGHT</u>;
  RUN;

需要注意，此时宏变量&INDSN，&VAR 所在位置已经被其取值替换（下划线部分），实现了文本替换。至此，宏程序中宏语言部分执行完毕，SAS 系统将继续执行宏语言所产生出的上述三行 SAS 普通程序代码，输出分析结果：

		Analysis Variable : Height		
N	Mean	Std Dev	Minimum	Maximum
19	62.3368	5.1271	51.3000	72.0000

若调用下列宏程序：
%VarDesc（INDSN=SASHELP.CLASS，VAR=SEX，TYPE=C）
则宏程序产生出 SAS 普通程序代码为

  PROC FREQ DATA= <u>SASHELP.CLASS</u>;
   TABLE <u>SEX</u>;
  RUN;

宏程序执行完成后，将产生如下结果：

Sex	Frequency	Percent	Cumulative Frequency	Cumulative Percent
F	9	47.3784	9	47.3784
M	10	52.6316	19	100.0000

从上述示例可以看出，SAS 宏语言可以实现文本替换，动态生成和执行 SAS 代码，拥有更灵活更强大的功能。

第二节 SAS 宏变量

SAS 宏变量与数据步中变量类似，均用于存储 SAS 程序运行过程中变量的取值。与数据步中变量不同的是，宏变量存储的任何值都被视为文本（text），可理解为字符串。因此，宏变量的主要作用是进行文本传递或文本替换。当在程序中某个位置引用宏变量时，其实质是将该宏变量的值传递到该位置。宏变量命名要求与数据步变量要求相同，即只能由数字、字母、下划线三种符号构成，且不能以数字开头，名字长度不超过 32 个字符。

一、宏变量的定义

宏变量分为自动宏变量与自定义宏变量两类。自动宏变量是 SAS 系统在启动或程序运行过程中自动产生的宏变量，可供用户调用，如 SYSDATE 存储 SAS 系统启动时的日期。创建自定义宏变量时，最简单且常用的方式是使用%LET 语句。宏变量的取值可以是文本、数字、表达式或一段程序代码。需要注意的是，宏语言中的语句均以%开头。例如：

`%LET STR=My first SAS program;`	①
`%LET EXP=23+45;`	②
`%LET VARLST=HEIGHT;`	③
`%LET PRINTDSN=%STR(Proc print data=sashelp.class;run;);`	④

在上述定义的 4 个宏变量中，

①表示定义宏变量 STR，取值为 My first SAS program，包含其间的空格，不需要用引号括起来。若添加引号，则引号将作为宏变量取值的一部分。

②表示定义宏变量 EXP，取值数学表达式 23+45，该表达式作为文本存在，不会自动计算。若期望将表达式计算结果赋给宏变量，则可使用宏函数%EVAL（）。若%LET EXP=%EVAL（23+45），则宏变量 EXP 的取值为 68。

③表示创建一个宏变量 VARLST，取值为 HEIGHT。

④表示创建一个宏变量 PRINTDSN，取值为一段 SAS 程序，由于分号（；）作为取值的一部分，因此采用宏函数%STR（）以掩蔽（masking）其作为语句结束的特殊含义。

除了采用%LET 语句创建宏变量外，还可采用数据步的 CALL SYMPUT 子过程（见第五节）及 SQL 过程的 INTO 子句（见第六节）创建宏变量。

二、宏变量的直接引用与间接引用

对于定义的宏变量，若需要引用其存储的值，最简单的方式是在待引用的宏变量名前加&符号，即&宏变量名。根据宏变量名的提供方式，宏变量的引用可分为直接引用和间接引用。SAS 提取宏变量取值的过程称为宏变量的解析（resolving）。若欲解析的宏变量不存在，则 SAS 会在 LOG 窗口输出警告（WARNING：Apparent symbolic reference XXX not resolved. 其中 XXX 为未定义的宏变量名）。

（一）宏变量的直接引用

若宏变量名是一次性直接完整提供，即在&后面直接给出完整的宏变量名，此时为直接引用。例如：

显示宏变量 STR 的值	`%PUT &STR;`	①
在数据步中引用宏变量	`TITLE "宏变量的引用：&STR";`	②
	`DATA EX1;`	
	`X1="&VARLST";`	③
	`X2="&EXP";`	④
	`X3=&EXP;`	⑤
	`RUN;`	

①%PUT 宏语句的功能为显示所列宏变量的值，其结果输出到 LOG 窗口中；

②~⑤为在数据步中引用宏变量。由于宏程序的执行优先于数据步，因此 SAS 系统在执行此程序时，首先解析宏变量，即用宏变量的值替换到宏变量所在位置，生成不含有宏元素的普通 SAS 程序代码，再运行此代码。生成的代码如下：

```
TITLE "宏变量的引用：My first SAS program";
DATA EX1;
  X1="HEIGHT";
  X2="23+45";
  X3=23+45;
RUN;
```

由此可见，宏变量起到的作用就是传递文本或文本替换，以动态产生 SAS 程序代码。

注意：以双引号括起来的宏变量引用会被解析，而以单引号括起来的宏变量引用不会被解析，此时宏变量引用被视为普通文本。

（二）宏变量的间接引用

若宏变量名不是通过一次性直接完整提供，而是通过其他宏变量解析后"组合"产生，则此时需要采用间接引用方式。间接引用最明显的特征是使用多个&符号。SAS 在解析时，会将两个连续的&符号解析为一个&符号，以此循环，直到&被全部解析。例如：

```
%LET MACRO001=SAS Macro Program;
%LET DATA002=SAS Data Step Program;
%LET PreSTR=DATA;
%LET IDNo=002;
%PUT &PreSTR&IDNo;                                ①
%PUT &&PreSTR&IDNo;                               ②
%PUT &&&PreSTR&IDNo;                              ③
```

运行上述代码，在 LOG 窗口中会得到如下结果：

```
%LET MACRO001=SAS Macro Program;
%LET DATA002=SAS Data Step Program;
%LET PreSTR=DATA;
%LET IDNo=002;
%PUT &PreSTR&IDNo;
DATA002
%PUT &&PreSTR&IDNo;
WARNING: Apparent symbolic reference PRESTR002 not resolved.
&PreSTR002
%PUT &&&PreSTR&IDNo;
SAS Data Step Program
```

语句①为两个宏变量直接引用，即&PreSTR 和&IDNo，分别解析其值组合生成文本 DATA002。

语句②含有连续的&符号，根据宏解析规则，从左向右扫描字符串，首先将扫描到两个连续的&符号解析为一个&符号，后续文本 PreSTR 保持不变，再继续扫描到&IDNo，对其进行解析为 002；将此三部分合并形成第一次扫描解析结果：&PreSTR002；由于结果中仍含有宏元素&，将继续对此结果进行解析，此时 PreSTR002 被视为宏变量，由于此前并未定义该宏变量，解析失败，此时将在 LOG 窗口中输出警告"WARNING：Apparent symbolic reference PRESTR002 not resolved."。

语句③含有三个连续的&符号，则可以解决②中的引用错误问题。其解析过程如图 5-1 所示。

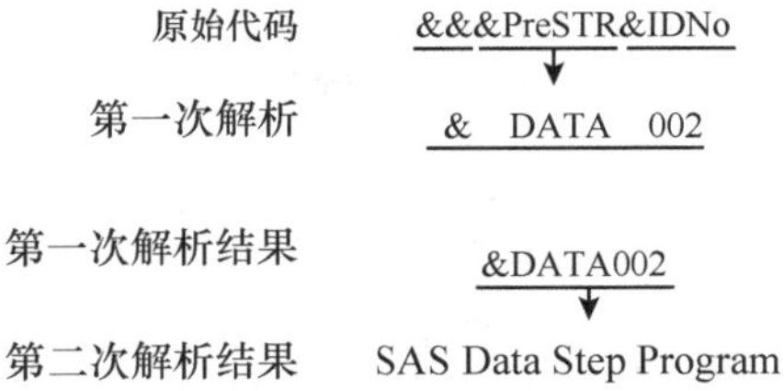

原始代码	&&&PreSTR&IDNo
第一次解析	& DATA 002
第一次解析结果	&DATA002
第二次解析结果	SAS Data Step Program

图 5-1 宏变量间接引用时解析过程示意

（三）宏变量结束符

在宏变量与后续文本混用的情况下，为了标识宏变量名的结束位置，在宏变量名后面添加一个小圆点（.）作为结束符，表示宏变量结束。所有宏变量都可以用小圆点（.）作为结束符。例如：

```
%PUT &PreSTR.002;                                                          ①
%PUT &PreSTR002;                                                           ②
```

语句①将解析宏变量 PreSTR，生成文本 DATA002；而语句②将把 PreSTR002 作为宏变量，由于该宏变量未定义而出现解析失败。

三、查看宏变量取值

为了调试宏代码，跟踪宏变量的取值，最简单的方式是在需要查看宏变量取值的地方添加%PUT 语句。此外，也可以通过设置 SYMBOLGEN 系统选项自动显示宏变量解析情况。

（一）%PUT 语句

不仅可以单独显示宏变量的取值，还可以添加说明文字以帮助理解和辨识。与_ALL_（所有宏变量）、_AUTOMATIC_（自动宏变量）、_USER_（自定义宏变量）、_GLOBAL_（全局宏变量）、_LOCAL_（局部宏变量）等关键字联用，可以查看相应宏变量及其取值。例如，下面三条语句分别查看 PreSTR 宏变量、所有宏变量和自定义宏变量的值。

```
%PUT 宏变量 PreSTR 的取值为：&PreSTR;
%PUT _ALL_;
%PUT _USER_;
```

（二）SYMBOLGEN 系统选项

当 SYMBOLGEN 系统选项开启，进行宏变量解析时，会在 LOG 窗口输出一条解析信息，并在开头出现"SYMBOLGEN："提示符。该选项在跟踪宏变量间接引用时非常有用，可显示宏变量解析过程。通过在系统选项语句 OPTIONS 中设定 SYMBOLGEN 或 NOSYMBOLGEN，可以开启和关闭该选项。

```
OPTIONS SYMBOLGEN;    /*开启 SYMBOLGEN 选项*/
%PUT 宏变量 PreSTR 的取值为：&PreSTR;
%PUT &&&PreSTR&IDNo;

运行后 LOG 窗口显示信息：
   PTIONS SYMBOLGEN;    /*开启 SYMBOLGEN 选项*/
   %PUT 宏变量 PreSTR 的取值为：&PreSTR;
   SYMBOLGEN: Macro variable PRESTR resolves to DATA
   宏变量 PreSTR 的取值为：DATA
   %PUT &&&PreSTR&IDNo;
   SYMBOLGEN: && resolves to &.
   SYMBOLGEN: Macro variable PRESTR resolves to DATA
   SYMBOLGEN: Macro variable IDNO resolves to 002
   SYMBOLGEN: Macro variable DATA002 resolves to SAS Data Step Program
   SAS Data Step Program
```

四、常用的系统宏变量

通过%PUT _AUTOMATIC_ 语句可以显示由系统定义的全部自动宏变量。自动宏变量的值由系统自动更新，虽然我们可以修改部分自动宏变量的值，但是仍然建议谨慎处理，防止出现错误设置。常用自动宏变量见表 5-1。

表 5-1　常用自动宏变量及其含义和示例解析结果

自动宏变量	含义	示例解析结果
SYSDATE	SAS 系统开始运行时的日期，DATE7.格式	03AUG22
SYSDATE9	SAS 系统开始运行时的日期，DATE9.格式	03AUG2022
SYSDAY	SAS 系统开始运行时的星期	Wednesday
SYSTIME	SAS 系统开始运行时的时间，TIME8.格式	21：01
SYSDSN	最近创建的数据集名，包含逻辑库名及数据集名，中间以空格分隔	WORK　EX1
SYSLAST	最近创建的数据集名，包含逻辑库名及数据集名，中间以小圆点分隔	WORK.EX1
SYSSCP	主机操作系统环境	WIN
SYSVER	SAS 版本号	9.4
SYSERR	存储数据步或过程步运行后的返回代码，若成功运行且无警告信息，赋值为 0	0

五、全局宏变量与局部宏变量

由于宏语句先于数据步执行或解析，因此宏变量不会存储于 SAS 数据集中，而是保存在宏符号表（macro symbol table）中，保存的信息包括宏变量名及其取值。宏符号表分全局符号表和局部符号表，分别用于存储全局宏变量和局部宏变量。全局宏变量的特点是在 SAS 会话期间，在程序任何地方均可调用；而局部宏变量的特点是只能在定义该宏变量的宏程序内部调用，不能在该宏程序外部使用。

在宏程序外（SAS 称为 open code）用%LET 语句定义的宏变量以及在宏程序内用%GLOBAL 声明的宏变量均为全局宏变量。在宏程序中用%LET 语句创建及%LOCAL 语句声明的宏变量为局部宏变量。

可通过以下方式查看和判断全局宏变量和局部宏变量：
（1）通过%PUT 语句和_USER_、_LOCAL_、_GLOBAL_查看。
（2）通过宏函数%SYMLOCAL、%SYMGLOBL 判断是全局还是局部宏变量。

第三节　宏　函　数

宏函数与数据步中函数类似，通过调用函数，实现特定功能。所有宏函数均以%符号作为起始符号，如%UPCASE、%LENGTH 等。宏函数的参数可以是文本、宏变量、宏函数等，但宏函数的返回结果总是文本（text）。

宏函数大致可分为字符宏函数、计算宏函数、引用宏函数、宏变量属性宏函数和其他宏函数。

一、字符宏函数

常用字符宏函数见表 5-2。

表 5-2　常用字符宏函数及使用说明

字符宏函数	使用说明
%INDEX(so，str)	返回字符串 str 第一次出现在源字符串 so 中的位置
%LENGTH(str)	返回字符串 str 的长度
%SCAN(so, i<, dlm>)	以 dlm 字符作为分隔符对 so 字符串进行分段，返回第 i 段。dlm 缺省时，以默认分隔符进行分段，如空格、*、%、$等。当需要掩蔽特殊字符时，需使用%QSCAN 函数
%SUBSTR(so, pos, len)	从源字符串 so 第 pos 个字符开始取 len 长度的子串。当需要掩蔽特殊字符时，需使用%QSUBSTR 函数
%UPCASE(str)	将字符串 str 转换为大写字符。当需要掩蔽特殊字符时，需使用%QUPCASE 函数

仅以%SCAN 为例，说明字符宏函数的使用。运行下列宏语句：

```
%LET VARLST=AGE SEX HEIGHT WEIGHT BMI;
%LET I=3;
%PUT 变量列表 VARLST 中第&I.个变量为:%SCAN(&VARLST,&I).;
```

LOG 窗口显示结果：
变量列表 VARLST 中第 3 个变量为：HEIGHT。

二、计算宏函数

计算宏函数有两个：%EVAL、%SYSEVALF，可用于计算算术表达式和逻辑表达式。该函数首先将表达式中文本数字转换为数值，再进行计算，并将结果以文本形式返回。

%EVAL 函数只能用于整数表达式的计算，返回结果为整数，表达式中不能出现小数点。%SYSEVALF 函数使用浮点运算计算表达式结果，表达式中可出现小数点。

例句	结果
%PUT %EVAL(12+23);	35
%PUT %EVAL(12＜23);	1
%PUT 12.0+73.5=%SYSEVALF(12.0+73.5);	12.0+73.5=85.5
%PUT 73.5/5=%SYSEVALF(73.5/5);	73.5/5=14.7

三、引用宏函数

引用宏函数的作用是掩蔽特殊符号及助记符本身的含义，将其作为普通文本符号进行处理。为了方便说明，此处将特殊符号记为四类：

A 类：+ − * / ＜ ＞ =¬ ^ ~；，# blank AND OR NOT EQ NE LE LT GE GT IN
B 类：' "
C 类：（ ）
D 类：& %

常用引用宏函数及其使用说明见表 5-3。

表 5-3 常用引用宏函数及使用说明

引用宏函数	使用说明
%STR(str)	编译时掩蔽特殊字符及助记符：A 类及成对的 B 类和 C 类； %NRSTR 可进一步掩蔽 D 类； 当掩蔽未成对的 B 类和 C 类符号时，其前需加%
%QUOTE(str)	执行时掩蔽特殊字符及助记符：A 类及成对的 B 类； %NRQUOTE 可进一步掩蔽 D 类； 当掩蔽未成对的 B 类符号时，其前需加%
%BQUOTE(str)	执行时掩蔽特殊字符及助记符：A 类、B 类及 C 类； %NRBQUOTE 可进一步掩蔽 D 类
%SUPERQ(mvar)	执行时掩蔽所有特殊字符及助记符：A 类、B 类、C 类及 D 类，且不解析其中的任何宏元素； 参数 mvar 为不加&的宏变量名
%UNQUOTE(str)	执行时去掉对所有特殊字符及助记符的掩蔽

例如，将下面这段程序赋给宏变量：
```
PROC PRINT DATA=&SYSLAST; RUN;
```

若采用%STR 和%NRSTR 引用宏函数分别建立宏变量：
%LET MYPRT1=%STR（PROC PRINT DATA=&SYSLAST；RUN；）；
%LET MYPRT2=%NRSTR（PROC PRINT DATA=&SYSLAST；RUN；）；
则宏变量 MYPRT1 和 MYPRT2 的取值分别为
PROC PRINT DATA=WORK.A；RUN；
PROC PRINT DATA=&SYSLAST；RUN；
可见%NRSTR 引用宏函数掩盖了&的特殊含义，被当作普通文本处理，未解析其后的宏变量。

四、宏变量属性宏函数

宏变量属性宏函数有三个：
（1）%SYMEXIST（mvar），参数 mvar 为宏变量名，用于判断宏变量是否存在，存在返回 1，否则返回 0。
（2）%SYMGLOBL（mvar），参数 mvar 为宏变量名，用于判断宏变量是否为全局宏变量，是全局宏变量则返回 1，否则返回 0。
（3）%SYMLOCAL（mvar），参数 mvar 为宏变量名，用于判断宏变量是否为局部宏变量，是局部宏变量则返回 1，否则返回 0。

五、其他宏函数

其他宏函数仅介绍%SYSFUNC 和%QSYSFUNC，其可调用绝大多数数据步函数，极大地拓展了在宏语言中使用函数的范围。二者的区别仅在于%QSYSFUNC 宏函数具有掩蔽特殊符号和助记符的功能。使用格式为

%SYSFUNC（function（arg））、%QSYSFUNC（function（arg））

下面的例子，通过调用数据步函数 MAX（）获得三个宏变量的最大值：

```
%LET X1=23;
%LET X2=36;
%LET X3=39.9;
%LET MAXX=%SYSFUNC(MAX(&X1,&X2,&X3));
%PUT X1,X2,X3 的最大值是：&MAXX.。;
```

LOG 窗口输出如下。
X1，X2，X3 的最大值是：39.9。

第四节 宏 程 序

宏变量可以实现简单的文本替换功能，而宏程序则实现更强大的文本替换功能，如通过%IF 宏条件语句、%DO 宏循环语句等实现条件替换、动态替换，产生出满足实际需要的 SAS 程序。因此，掌握宏程序编写，将会显著提高数据处理的效率。

一、宏程序的定义与调用

（一）宏程序的定义

宏程序定义语法如下：
%MACRO 宏程序名＜（参数）＞＜/选项＞；
　＜宏程序文本＞
%MEND＜宏程序名＞；

其中，尖括号< >中的要求是可以省略的。可见，定义宏程序的起始语句为%MACRO 语句，结束语句为%MEND 语句，处于这两条语句之间的是为实现某特定功能的宏程序文本，是宏程序的最主要部分。在定义宏程序时，必须给定宏程序名，命名时需要符合 SAS 命名规范，不能使用 SAS 保留名，以免出现非预期结果。宏程序的参数及选项可以省略。若提供宏参数，则宏程序可以实现在不同参数条件下的重复利用。

我们分析本章第一节定义的宏程序：

```
%MACRO VarDesc(INDSN=,VAR=,TYPE=);
  %IF %UPCASE(&TYPE)=C %THEN %DO;
    PROC FREQ DATA=&INDSN;
      TABLE &VAR;
    RUN;
  %END;
  %ELSE %IF %UPCASE(&TYPE)=N %THEN %DO;
    PROC MEANS DATA=&INDSN;
      VAR &VAR;
    RUN;
  %END;
%MEND;
```

显然，定义的宏程序名为 VarDesc，并且在圆括号内定义了三个宏参数 INDSN、VAR、TYPE，宏参数之间用逗号分隔，第一个宏参数 INDSN 指定分析的数据集名，第二个宏参数 VAR 指定分析的变量名，第三个宏参数 TYPE 指定该变量名的类型（数值型用 N，字符型用 C）。宏参数实质上是局部宏变量，起传递文本信息的作用，在宏程序内部按宏变量的方式引用。在%MACRO 语句与%MEND 语句之间为宏程序的主体部分。我们注意到，宏程序中使用了%IF-%THEN/%ELSE、%DO-%END 等宏语句来控制程序流程，这些宏语句与数据步中的 IF-THEN/ELSE、DO-END 等语句作用完全类似。

此外，用于控制程序流程的宏语句还有%DO 循环语句、%DO-%WHILE 语句、%DO-%UNTIL 语句等，其用法与数据步中对应语句类似。需要注意的是，在宏程序中所有符号都被视为文本，因此普通字符串不需要用引号括起来。

宏程序编写完成后，需要提交系统编译，即运行宏程序，编译成功的宏程序就可以调用执行了。

（二）宏程序的调用

在程序中调用宏程序的方式为

%宏程序名<（参数）>

调用宏程序时，需根据实际情况和定义方式确定是否提供参数值。

例如，欲了解 SASHELP 逻辑库中 CLASS 数据集中性别（SEX，字符型）的频数分布，可提交如下宏程序：

%VarDesc（INDSN=SASHELP.CLASS, VAR= SEX, TYPE=C）

产生如下输出：

Sex	Frequency	Percent	Cumulative Frequency	Cumulative Percent
F	9	47.3784	9	47.3784
M	10	52.6316	19	100.0000

如果想了解 SASHELP 逻辑库中 CLASS 数据集中身高（Height，数值型）情况，输出其描述性统计量，可提交如下宏程序：

%VarDesc（INDSN=SASHELP.CLASS, VAR= Height, TYPE=N）

输出结果如下：

		Analysis Variable：Height		
N	Mean	Std Dev	Minimum	Maximum
19	62.3368	5.1271	51.3000	72.0000

二、宏程序的参数

宏程序的参数是可选的，当指定参数时，宏程序具有更好的通用性和灵活性。有两种类型的宏参数：位置参数和关键字参数。

（一）位置参数

位置参数指按参数的先后顺序依次定义宏参数，对应识别，即
%MACRO 宏程序名（位置参数1，位置参数2，…，位置参数k）；
　　宏程序文本
%MEND；

例如：若需要通过宏程序导入 D：\Mydata 文件夹中的 10 个文件分别建立数据集，文件名为 dat1.txt，dat2.txt，…，dat10.txt，10 个文件结构相同，均为空格分隔的三列数据（年龄、身高、体重）。可编写如下的宏程序：

```
%MACRO IMPDAT(iStart,iStop,NamePre);
  %DO I=&iStart %TO &iStop;
    DATA &NamePre&I;
      INFILE "D:\Mydata\&NamePre&I..txt";
      INPUT AGE HEIGHT WEIGHT;
    RUN;
  %END;
%MEND;
```

调用宏程序的语句：
%IMPDAT（1，10，dat）

此例定义的宏参数为位置参数，调用宏时，三个位置的值将分别赋给三个宏参数，即 iStart 的值为 1，iStop 的值为 10，NamePre 的值为 dat。需要注意的是，在宏程序中，INFILE 语句中宏变量 I 之后为两个小圆点，第一个表示宏变量结束符，第二个表示文件名中的小圆点。

（二）关键字参数

关键字参数指定义参数时给定参数名并在其后附加一个等号（=）。在宏调用时指明相应的参数名，此时参数的顺序和位置不重要。

例如上例的宏 IMPDAT 若采用关键字参数，只需要将%MACRO 语句修改为：
%MACRO IMPDAT（iStart=，iStop=，NamePre=）；
在调用时，参数不受顺序的限制，下面两种调用方式等价：
%IMPDAT（iStart=1, iStop=10, NamePre=dat）
%IMPDAT（NamePre=dat, iStart=1, iStop=10）

定义关键字参数的另外一个优点是可以为参数指定初始值，例如给参数 iStart 指定初始值 1，则宏参数定义如下：
%MACRO IMPDAT（iStart=1, iStop=, NamePre=）；
在调用指定了参数初始值的宏程序时，如果不对初始值进行重置，则该参数可以省略，即下面

两种调用方式等价：

%IMPDAT（iStop=10，NamePre=dat）

%IMPDAT（iStart=1，iStop=10，NamePre=dat）

位置参数与关键字参数可以混合定义，此时位置参数必须放在关键字参数之前，在调用时也需要按其相应的规则指定参数值。

三、宏程序的存储

宏程序最大的优势是可以重复利用。如何更方便高效地供不同程序调用，在不同人员之间共享，同时实现对源代码的保护，这就涉及宏程序的存储问题。SAS 系统提供两种宏程序存储方式：自动调用宏库和存储编译宏库。

（一）自动调用宏库

自动调用宏库存储方式是将宏程序源代码以 SAS 程序文件的格式（*.SAS）保存在文件夹中，或以纯文本形式保存在 SAS 目录（catalog）中，宏程序不进行加密处理，要求保存的文件名与宏程序名相同。通过 SAS 选项指定自动调用宏的位置，在调用宏时，SAS 系统会在指定位置搜索与调用宏名字相同的宏程序，打开、编译并执行。编译后的宏保存在 WORK 逻辑库的 SASMACR 目录中。

在 SAS 系统 OPTIONS 中指定 MAUTOSOURCE 和 SASAUTOS=两个选项来说明宏程序存储位置和搜索方式。MAUTOSOURCE 选项的作用是使 SAS 系统在调用宏时搜索自动调用宏库。为了提高运行效率，可以通过 NOMAUTOSOURCE 关闭该选项。SASAUTOS=选项用于指定宏程序保存的位置，位置可以是逻辑文件名（fileref），也可以是引号括起来的文件夹路径。注意，在指定位置时，建议总是将 SAS 系统提供的宏库位置"SASAUTOS"包含在指定位置中，例如：

FILENAME MCFILE 'D：\MYMACFILE\'；

OPTIONS MAUTOSOURCE

  SASAUTOS=（SASAUTOS，MCFILE，'D：\MYMAC\'）；

需要提醒的是，MCFILE 是采用 FILENAME 语句定义的逻辑文件名，其指向保存宏程序的文件夹（不能采用 LIBNAME 语句定义！）；"D：\MYMAC\"为通过路径方式指定保存宏程序的文件夹。

（二）存储编译宏库

存储编译宏库是指将宏程序编译之后保存到 SAS 宏目录中。这种方式的优点是在调用宏时不需要再次编译，可以提高运行效率；还可以对宏程序源代码进行保护处理，编译后的宏无法重现其源代码。缺点是，编译后的宏在不同操作系统之间、不同版本 SAS 系统之间可能无法通用。

在存储编译宏之前，需要设置两个 SAS 系统选项 MSTORED 和 SASMSTORE=。MSTORED 选项的作用是打开存储编译宏开关。SASMSTORE=选项指定编译宏存储的逻辑库。编译后的宏保存在指定逻辑库的 SASMACR 目录中。例如，将编译后的宏保存在 D：\MYMAC\文件夹中，可设置如下选项：

LIBNAME MYMAC "D：\MYMAC\"；

OPTIONS MSTORED SASMSTORE=MYMAC；

选项设置后，在定义宏程序时添加 STORE、SECURE 等选项即可，

%MACRO 宏程序名＜（参数）＞/STORE SECURE；

＜宏程序文本＞

%MEND＜宏程序名＞；

其中 STORE 是必需的，SECURE 选项为可选项，其作用为加密保护宏程序源代码。

第五节 DATA 步中的宏语言

SAS 系统提供了几个数据步函数和 CALL 子过程允许在数据步中使用宏语言,实现宏程序/宏变量、数据步、过程步之间的信息交换和信息传递。此类函数和 CALL 子过程主要有:SYMGET、RESOLVE、CALL SYMPUT、CALL EXECUTE 等。下面主要介绍 SYMGET 函数和 CALL SYMPUT 子过程。

一、SYMGET 函数

SYMGET 函数的作用是在数据步执行过程中获取指定宏变量的值,返回结果为字符;与其功能用法相同的函数 SYMGETN 返回结果为数值。语法为

SYMGET(参数)

其中,参数可以是以下三种形式:

(1) 宏变量名,用引号括起来。例如,SYMGET('STR'),STR 为已经定义的宏变量名,前面不加&符号;

(2) 数据步字符变量,要求该字符变量的值为宏变量名;

(3) 数据步字符表达式,要求表达式的计算结果为宏变量名。

下面通过例子解释上述三种参数形式的用法。

```
%LET MACRO001=SAS Macro Program;
%LET DATA002=SAS Data Step Program;
%LET PreSTR=DATA;
DATA EX;
  XMNAME="MACRO001";
  X1=SYMGET('PRESTR');                                    ①
  X2=SYMGET(XMNAME);                                      ②
  X3=SYMGET(CATS("DATA","002"));                          ③
RUN;
```

程序中语句①、②、③分别对应上述三种参数形式,都可以实现将宏变量的值赋给数据集变量。

二、CALL SYMPUT 子过程

CALL SYMPUT 子过程的作用是在数据步执行过程中创建宏变量并赋值,如果宏变量已经存在,则更新其值。CALL SYMPUT 子过程语法为

CALL SYMPUT(宏变量名,文本);

其中,宏变量名和文本两个参数均可以为以下三种形式:字符串、字符变量和字符表达式,对于第一个参数其三种形式的结果满足宏变量的命名规则即可。

```
%LET PRESTR=DATA;
DATA EX;
  INPUT NAME$ SEX$ AGE;
  IF NAME="ZHANG" THEN CALL SYMPUT('PRESTR',SEX);         ①
  CALL SYMPUT(NAME,SEX);                                  ②
  CALL SYMPUT('NAME','MALE');                             ③
  CARDS;
  ZHANG FEMALE 22
  WANG MALE 23
  ;
RUN;
```

程序执行后,将产生 4 个宏变量,其中语句①将使用变量 SEX 的取值 FEMALE 更新宏变量

PRESTR 的原始值 DATA；语句②使用变量 NAME 的值作为宏变量名，因此会产生两个宏变量：ZHANG 和 WANG，其取值为对应的变量 SEX 的值，即 FEMALE 和 MALE；语句③产生一个宏变量 NAME，其取值为 MALE。

上面例子显示，通过 CALL SYMPUT 子过程、SYMGET 函数等可以非常方便地在数据步间传递信息，有助于编写出功能复杂的 SAS 程序。

第六节　SQL 过程中的宏语言

SQL 即结构化查询语言，是一种广泛使用、功能强大的数据库标准处理语言。SAS 系统提供 PROC SQL 过程实现其相关功能。其中 INTO 子句可将查询结果保存到创建的宏变量中，实现信息传递功能。

INTO 子句使用语法：

　　INTO :宏变量1 <,:宏变量2 …>

可以指定一个或多个宏变量，每个宏变量前添加冒号（:）作为标识，如果宏变量已经存在，则其值会被更新。指定宏变量时可采用以下三种形式之一，或混合使用。

（1）:宏变量名　指定一个或多个宏变量，宏变量之间以逗号（,）分隔，例如

```
PROC SQL;
  SELECT SEX,AGE
  INTO :MSEX,:MAGE
  FROM SASHELP.CLASS
  WHERE AGE>14;
```

程序运行后将产生两个宏变量 MSEX、MAGE，其值为 SEX、AGE 查询结果的第一行。

（2）:宏变量名1-:宏变量名n　指定宏变量序列，起始宏变量中间以短线（-）连接，例如

```
PROC SQL;
  SELECT SEX,AGE
  INTO :MSEX1-:MSEX5,:MAGE1-:MAGE5
  FROM SASHELP.CLASS
  WHERE AGE>14;
```

程序运行后将产生 10 个宏变量，其中 :MSEX1-:MSEX5 宏变量依次存储 SEX 变量查询结果的前 5 行，:MAGE1-:MAGE5 宏变量依次存储 AGE 变量查询结果的前 5 行。如果指定的宏变量数少于查询结果行数，那么只依次存储前面的与宏变量数相对应的结果。

（3）:宏变量名 SEPARATED BY '分隔符'　指定一个宏变量，用于存储对应查询列的全部值，值与值之间以指定的分隔符分隔，最常用分隔符为逗号（,）和空格，例如

```
PROC SQL;
  SELECT SEX,AGE
  INTO :MSEX SEPARATED BY ',',
    :MAGE SEPARATED BY ' '
  FROM SASHELP.CLASS
  WHERE AGE>14;
%PUT 宏变量 MSEX 的取值为: &MSEX;
%PUT 宏变量 MAGE 的取值为: &MAGE;
```

程序运行后将产生 2 个宏变量 MSEX 和 MAGE。LOG 窗口输出：

宏变量 MSEX 的取值为 F，F，M，M，M。

宏变量 MAGE 的取值为 15 15 16 15 15。

（彭　斌）

第六章 统计描述

数据分析通常是一个分步骤有序递进的过程,统计描述往往是第一个步骤,即首先对数据进行描述和汇总。统计描述可以快速地提供数据特征及主要趋势,并提示后续应注意的数据分析内容和选用恰当的分析方法。

第一节 定量资料的统计描述

用定量的方法测定每个观察单位某项指标大小所得的资料为定量资料,一般具有度量衡单位。定量资料根据其变量取值的特点,可分为离散型定量资料和连续型定量资料。离散型定量资料的变量取值可以一一列举。例如:家庭成员人数、育龄妇女孕次数等。连续型定量资料的变量取值不能一一列举,其变量取值为一定范围内的任何数值。例如:调查某地某年 10 岁男童的身体发育情况,每个男童的身高(cm)、体重(kg)、血压(kPa)等。定量资料的统计描述通常可以采用表格、图形和统计指标等来进行。

一、频数分布表与频数分布图

频数分布表简称频数表,通常用于样本含量较大资料的统计描述,可清晰展示数据分布的形态和范围。频数分布图是用图示的方法来描述频数分布的特点,它比频数分布表更直观形象。离散型定量资料的变量取值是非连续性的,其频数分布可绘制直条形图;对于连续型定量资料,其频数分布可绘制直方图。

1.1 研究实例

例 6-1 某市抽样调查了 120 名 4 岁男童的身高(cm),见表 6-1,制作频数分布表并绘制直方图,已知该频数分布表的最低下限值为 95cm,组距为 2cm。

表 6-1　120 名 4 岁男童身高数据　　　　　　　单位:cm

108.0	97.6	103.4	101.6	104.4	98.5	110.5	103.8	109.7	109.8
104.5	99.5	104.0	103.9	97.2	106.3	106.2	107.6	108.3	97.6
102.7	103.7	107.6	103.2	103.6	103.3	102.8	102.3	102.2	103.3
101.2	107.5	106.3	109.7	99.5	107.4	103.4	106.6	105.7	107.4
103.0	109.6	106.4	107.3	100.6	112.3	100.5	101.9	98.8	99.7
104.3	110.2	105.3	95.2	105.8	105.2	106.1	103.6	106.6	105.1
105.5	113.5	107.7	106.8	106.2	109.8	99.7	107.9	104.8	103.9
106.8	106.4	108.3	106.5	103.3	107.7	106.2	100.4	102.6	102.1
110.6	112.2	110.2	103.7	102.3	112.1	105.4	104.2	105.7	104.4
102.8	107.8	102.5	102.3	105.8	103.7	103.1	101.6	106.5	100.0
103.2	109.3	105.8	106.1	104.9	105.9	105.3	103.7	99.6	106.2
102.5	108.1	106.1	108.3	99.8	108.3	104.0	100.6	112.6	103.7

1.2 SAS 主要程序及说明

程序	说明
| ```
data ch6_1;
  input height @@;
  low=95;
  dis=2;
  trans_height=height-mod(height-low,dis);
cards;
108.0  97.6 103.4 101.6 104.4  98.5 110.5 103.8 109.7 109.8
104.5  99.5 104.0 103.9  97.2 106.3 106.2 107.6 108.3  97.6
102.7 103.7 107.6 103.2 103.6 103.3 102.8 102.3 102.2 103.3
101.2 107.5 106.3 109.7  99.5 107.4 103.4 106.6 105.7 107.4
103.0 109.6 106.4 107.3 100.6 112.3 100.5 101.9  98.8  99.7
104.3 110.2 105.3  95.2 105.8 105.2 106.1 103.6 106.6 105.1
105.5 113.5 107.7 106.8 106.2 109.8  99.7 107.9 104.8 103.9
106.8 106.4 108.3 106.5 103.3 107.7 106.2 100.4 102.6 102.1
110.6 112.2 110.2 103.7 102.3 112.1 105.4 104.2 105.7 104.4
102.8 107.8 102.5 102.3 105.8 103.7 103.1 101.6 106.5 100.0
103.2 109.3 105.8 106.1 104.9 105.9 105.3 103.7  99.6 106.2
102.5 108.1 106.1 108.3  99.8 108.3 104.0 100.6 112.6 103.7
;
proc freq data=ch6_1;
  table trans_height;
run;
proc sgplot data=ch6_1;
histogram height/binstart=96 binwidth=2 scale=count showbins;
run;
``` | 建立数据集<br>input 录入数据，height 为身高；low 指定最低下限值；dis 指定组距<br><br>用 mod 函数建立新变量 trans_height，将原始数据转化成其所在组段的下限值<br><br><br><br><br><br><br><br><br><br><br><br>调用过程步 proc freq，data=指定分析数据集；table 指定分析变量，得到各组段频数分布表<br><br>调用过程步 proc sgplot，data=指定分析数据集<br>histogram 指定绘制直方图，指定图形变量为 height，binstart=指定第一个矩形中点的位置，binwidth=指定矩形的宽度，scale=count 指定纵轴的刻度为频数，showbins 指定刻度标记标在每个矩形的中点位置 |

1.3 主要分析结果与解释

The FREQ Procedure ①

trans_height	Frequency	Percent	Cumulative Frequency	Cumulative Percent
95	1	0.8333	1	0.8333
97	5	4.1667	6	5.0000
99	11	9.1667	17	14.1667
101	15	12.5000	32	26.6667
103	28	23.3333	60	50.0000
105	29	24.1667	89	74.1667
107	16	13.3333	105	87.5000
109	10	8.3333	115	95.8333
111	4	3.3333	119	99.1667
113	1	0.8333	120	100.0000
```

②

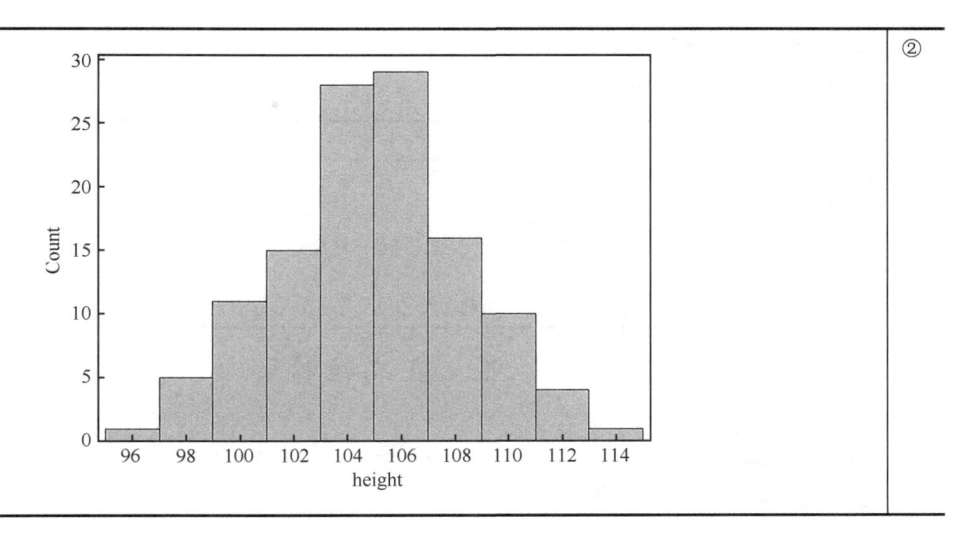

输出结果说明：
① 频数分布表。Frequency 为频数，Percent 为百分比，Cumulative Frequency 为累积频数，Cumulative Percent 为累积百分比。
② 频数分布直方图。本例直方图区间等长，纵轴为频数。

二、描述指标

常用于描述定量资料集中趋势的数值指标体系是平均数（average），其计算和应用前提是资料必须具有同质性。常用的平均数包括算术均数、几何均数、中位数等。描述定量资料离散程度的常用指标包括极差、四分位数间距、方差、标准差和变异系数等。

2.1 研究实例

例6-2 计算例6-1中120名4岁男童身高（cm）的均数、标准差、中位数、变异系数、最小值和最大值、下四分位数和上四分位数、四分位数间距。

2.2 SAS主要程序及说明

程序	说明

`proc means data=ch6_1 n mean std median cv min max q1 q3 qrange maxdec=4;`
`  var height;`
`run;`
	调用过程步 proc means；data=指定分析数据集；n mean std median cv min max q1 q3 qrange 指定计算和输出样本量、均数、标准差、中位数、变异系数、最小值、最大值、下四分位数、上四分位数、四分位数间距；maxdec 指定小数点后有效位数，本例保留4位小数；var 指定分析变量

2.3 主要分析结果与解释

Analysis Variable：height				
N	Mean	Std Dev	Median	Coeff of Variation
120	104.8858	3.5363	105.0000	3.3716
Minimum	Maximum	Lower Quartile	Upper Quartile	Quartile Range
95.2000	113.5000	102.7500	107.3500	4.6000

输出结果说明：上述输出结果中 N 为样本量，Mean 为均值，Std Dev 为标准差，Median 为中位数，Coeff of Variation 为变异系数，Minimum 为最小值，Maximum 为最大值，Lower Quartile 为下四分位数，Upper Quartile 为上四分位数，Quartile Range 为四分位数间距。本例中位数为105.0000，与均数104.8858相近，提示近似对称分布。

2.4 其他选项说明

proc means 过程步常用的选项还包括：

其他常用选项	说明
alpha	确定均数置信区间的置信水平
missing	proc means 中可通过 class 命令实现分类描述。class 指定分类变量，若搭配 missing 命令，则将缺失值视为分类变量的一个类别，并输出结果；否则，proc means 过程会将分类变量为缺失值的观测删除
noprint	该选项仅在建立新的数据集时才使用，表示在 output 视窗中不显示任何分析结果

三、正态性检验

3.1 研究实例

例 6-3 对例 6-1 某市 120 名 4 岁男童的身高（cm），输出数据图和身高值的正态性检验结果。

3.2 SAS 主要程序及说明

程序	说明

`proc univariate data=ch6_1 plot normal;`
`    var height;`
`run;`
	调用过程步 proc univariate；data=指定分析数据集；plot 指定输出平行条形图、箱线图和正态概率图三种数据图；normal 指定输出正态性检验结果；var 指定分析变量

3.3 主要分析结果与解释

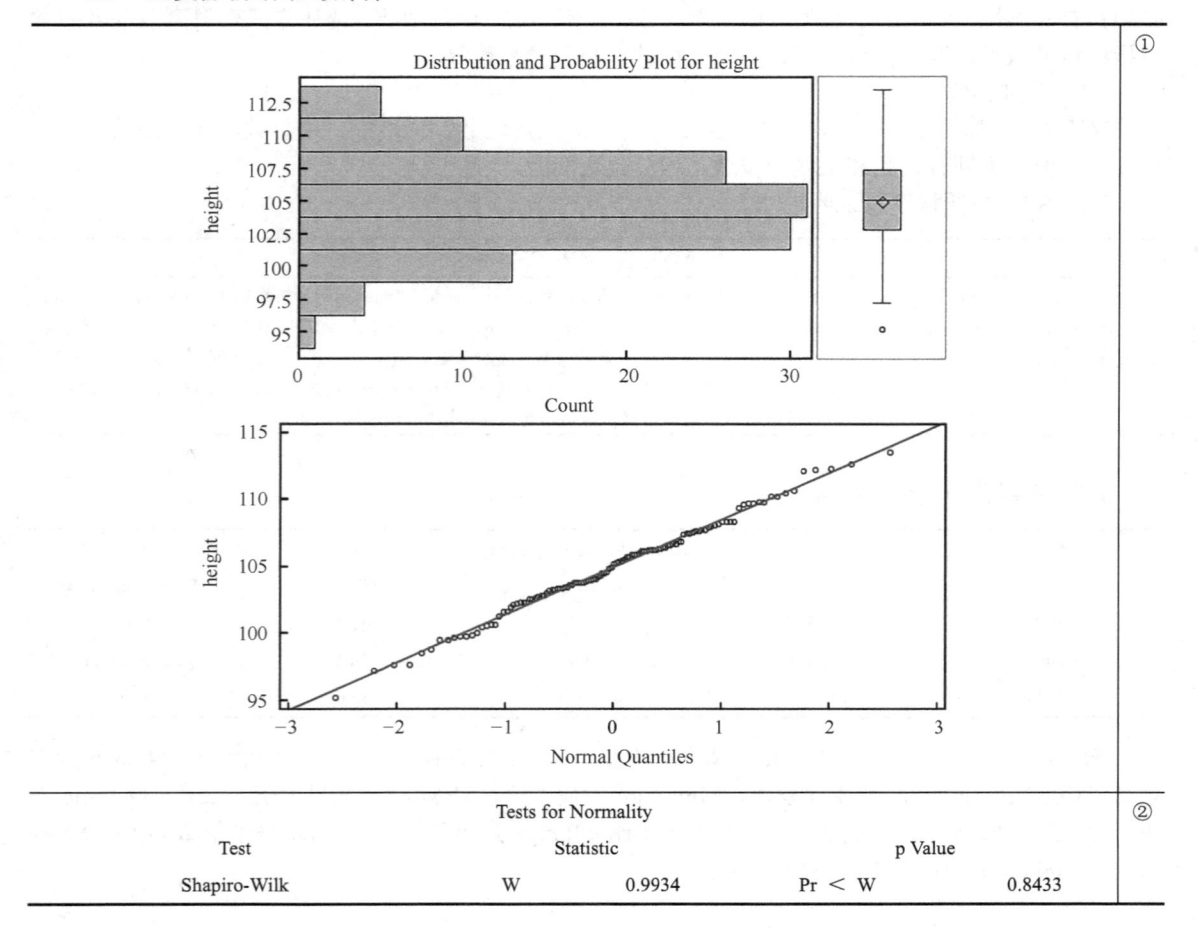

① Distribution and Probability Plot for height

② Tests for Normality

Test	Statistic		p Value	
Shapiro-Wilk	W	0.9934	Pr < W	0.8433

Kolmogorov-Smirnov	D	0.0422	Pr > D	>0.1500
Cramer-von Mises	W-Sq	0.0455	Pr > W-Sq	>0.2500
Anderson-Darling	A-Sq	0.2807	Pr > A-Sq	>0.2500

输出结果说明：

①三种数据图：平行条形图、箱线图、正态概率图。平行条形图可看作卧式直方图，横坐标为频数。箱线图通过图形展示数据描述统计量，盒子上边界和下边界分别为上四分位数和下四分位数，盒子中间线位置为中位数，菱形位置为均值。两端横线位置为上离群值边界和下离群值边界，分别与盒子上边界和下边界的距离为 1.5 倍的四分位数间距，圆圈位置表示离群值。正态概率图中，变量值均分布在直线附近，说明数据近似服从正态分布。

②正态性检验结果。四种正态性检验的零假设均为变量服从正态分布。夏皮洛-威尔克（Shapiro-Wilk）检验适用于样本量≤2000 情况下，Pr=0.8433，按检验水准 α=0.05，不拒绝零假设，变量服从正态分布。样本量＞2000 情况下可采用科尔莫戈罗夫-斯米尔诺夫检验（Kolmogorov-Smirnov 检验）的 D 统计量进行判断。克拉默-冯·米泽斯检验（Cramer-von Mises 检验）和安德森-达令检验（Anderson-Darling 检验）同样也是比较样本经验累积分布和正态累积分布的非参数检验方法，结果也可作为参考。

3.4 其他选项说明

UNIVARIATE 过程除 data 选项外，常用的选项包括：

常用选项	说明
freq	给出频数表
cibasic	以正态分布为基础，计算置信区间
cipctldf	基于非参数法计算置信区间
alpha	确定置信水平

第二节　定性资料的统计描述

将观察单位按某种属性或特征分组后，计算得到各组观察单位数的资料称为定性资料。与定量资料的统计描述类似，定性资料的统计描述同样可以采用表格、图形和统计指标等来进行。如：频率分布表、频率分布图和相对数指标。频率分布图有百分条形图、饼图等。相对数是两个有联系的指标之比，按用途和性质可分为率、构成比、相对比等。

一、频率分布表

1.1 研究实例

例 6-4　2019 年在某地抽样调查社区居民，得到居民年龄和两周患病情况，如表 6-2，制作不同年龄组居民两周患病频率分布表。原始数据为 ch6_4.xlsx。

表 6-2　社区居民年龄及两周患病情况

年龄（岁）	是否患病（1=是，2=否）	年龄（岁）	是否患病（1=是，2=否）
67	2	67	2
70	2	66	2
68	1	75	2
77	1	95	2
69	1	84	2
77	2	76	2
67	2	⋮	⋮

1.2 SAS 主要程序及说明

程序	说明

`proc import out=ch6_4 dbms=xlsx replace`
`  datafile='1~:\~\example 6-4.xlsx';`
`run;`
	调用过程步 proc import 导入数据文件 example 6-4.xlsx

`data ch6_4_1;set ch6_4;`
`  if age<7 then age_group=1;`
`  else if age<18 then age_group=2;`
`  else if age<35 then age_group=3;`
`  else if age<55 then age_group=4;`
`  else if age<65 then age_group=5;`
`  else age_group=6;`
`  run;`
	if 语句对年龄进行分组,形成年龄组变量 age_group

`proc format;`
`  value age_group 1='0~' 2='7~' 3='18~' 4='35~' 5='55~' 6='65~';`
`run;`
	调用过程步 proc format 设置年龄组变量值标签

`proc freq data=ch6_4_1;`
`  table age_group*prevalence/ outpct out=out(drop=percent pct_col);`
`  format age_group age_group.;`
`run;`
	调用过程步 proc freq;table 指定作 age_group 和 prevalence 交叉表,age_group 为年龄组,prevalence 为两周患病情况,outpct 指定输出百分比;out 指定输出数据集为 out,drop 指定不输出总百分比和列百分比;format 调用变量值标签

`proc sort data=out;`
`  by age_group descending prevalence;`
`run;`
`data out;`
`  set out;`
`  by age_group;`
`  if first.age_group then n_total=0;`
`  n_total+count;`
`  if last.age_group;`
`run;`
	by 指定分组;first.和 last.为自动变量查找第一个值和最后一个值;n_total+count 为累加语句计算不同年龄组总人数,只保留患病频率

`proc print data=out noobs;` `run;`	调用过程步 proc print 输出患病频率

1.3 主要分析结果与解释

age_group	prevalence	COUNT	PERCENT	n_total	
0~	1	18	4.4010	409	①
7~	1	6	2.4896	241	
18~	1	27	3.1142	867	
35~	1	104	10.5691	984	
55~	1	95	20.4301	465	
65~	1	239	40.4399	591	

输出结果说明:①为不同年龄组居民两周患病频率分布表。age_group 为年龄组。prevalence 两周患病情况:1 为患病,2 为不患病;COUNT 为频数;PERCENT(%)为两周患病频率;n_total 为该年龄组总人数。

二、相　对　数

2.1　研究实例
例 6-5　对例 6-4 某地抽样调查社区居民不同年龄组的两周患病人数，计算两周患病率、两周患病人数构成比和不同年龄组患病率相对比（各年龄组两周患病率/0 岁～组两周患病率）。

2.2　SAS 主要程序及说明

程序	说明

`proc freq data=ch6_4_1;`
　`table prevalence;`
`run;`
	调用过程步 proc freq
	table 指定分析变量为 prevalence

`proc freq data=ch6_4_1;`
　`table age_group/ out=out6_5;`
　`where prevalence=1;`
　`format age_group age_group.;`
`run;`
	调用过程步 proc freq
	table 指定分析变量为 age_group；out 指定输出数据集 out6_5
	where 指定在患病人群中分析
	format 调用变量值标签

`data out6_5;`
　`set out6_5;`
　`rename percent=constituent_ratio;`
`run;`
	新建数据集 out6_5，来自原数据集 out6_5；rename 重命名，将构成比重命名为 constituent_ratio

`data out;`
　`set out;`
　`by prevalence;`
　`if first.prevalence then rate1= PCT_ROW;`
　`retain rate1;`
　`rateratio=PCT_ROW/rate1;`
`run;`
	新建数据集 out，来自原数据集 out；生成新列 rate1 为 0 岁～组患病率，rateratio 为计算患病率相对比

`data out6_5_out;`
　`merge out out6_5;`
　`by age_group;`
　`attrib _all_ label='';`
　`drop rate1 prevalence;`
`run;`
	汇总不同年龄组的患病率、患病人数构成比以及患病率相对比至数据集 out6_5_out 中

`proc print data=out6_5_out noobs;` `run;`	调用过程步 proc print 输出汇总结果

2.3　主要分析结果与解释

age_group	COUNT	PCT_ROW	n_total	rateratio	constituent_ratio	
0～	18	4.4010	409	1.0000	3.6810	①
7～	6	2.4896	241	0.5657	1.2270	
18～	27	3.1142	867	0.7076	5.5215	
35～	104	10.5691	984	2.4015	21.2679	
55～	95	20.4301	465	4.6422	19.4274	
65～	239	40.4399	591	9.1889	48.8753	

输出结果说明：
①调查居民不同年龄组两周患病率、患病人数构成比以及患病率相对比。age_group 为年龄组；COUNT 为患病人数；PCT_ROW 为患病率；n_total 为该年龄组总人数；rateratio 为患病率相对比；constituent_ratio 为患病人数构成比。

三、率的标准化

标准化率又称为调整率，简称标化率。对于内部构成不同的率进行比较时，按选定的标准进行调整，使得内部构成统一后再计算标化率。计算方法包括直接法与间接法。直接法计算简便，容易理解，因此更为常用。

3.1 研究实例

例 6-6 两家医院某传染病的治愈情况如表 6-3。比较这两家医院某传染病的治愈率（%）。

表 6-3 A、B 两医院某传染病治愈率

类型	A 医院			B 医院		
	患者数	治愈数	治愈率（%）	患者数	治愈数	治愈率（%）
普通型	414	248	59.9	138	90	65.2
重型	138	55	39.9	414	186	44.9
暴发型	126	25	19.8	126	32	25.4
合计	678	328	48.4	678	308	45.4

表 6-3 中，就任一种类型看，A 医院某传染病治愈率均低于 B 医院，但从总治愈率看，A 医院治愈率高于 B 医院，这种偏差是因内部构成不同所致，A 医院的普通型多，B 医院的重型多。A 医院的总治愈人数因病情相对轻而增多。为了正确比较两家医院的治愈率，需计算标准化率来消除内部构成的影响。标准构成的选取方法包括：①选取有代表性、较稳定、数量较大的人群构成为标准构成，如全国、全省的数据作为标准构成；②选择用于比较的各组例数合计为标准构成；③从比较的各组中任选其一的构成作为标准构成。

3.2 SAS 主要程序及说明

程序	说明

`data ch6_6;`
`input hospital$ type$ n_patient n_cured@@;`
`cards;`
`   A    Common    414   248`
`   A    Severe    138    55`
`   A    Outbreak  126    25`
`   B    Common    138    90`
`   B    Severe    414   186`
`   B    Outbreak  126    32`
`;`
`proc sort data=ch6_6 out=out6_6;`
`  by type;`
`run;`
`data pop;`
`  set out6_6;`
`  by type;`
`  if first.type then n=0;`
`  n+n_patient;`
`  if last.type;`
`  keep type n;`
`  rename n=n_patient;`
`run;`
	建立数据集
	input 语句录入数据，hospital（字符型变量）为医院，type（字符型变量）为传染病类型，n_patient 为患者数，n_cured 为治愈数
	
	data pop 建立标准人群数据集 pop（两组各层例数合计为标准组）
	by 指定分组；n+n_patient 指按分组计算的合计患者数；keep 指定保留变量 type（字符型变量）和 n；rename 将 n 重命名为 n_patient，指患者数

续表

程序	说明
| ```
proc stdrate data=ch6_6 refdata=pop method=direct stat=rate
    (mult=100) effect;
    population group=hospital event=n_cured total=n_patient;
    reference total=n_patient;
    strata type;
run;
``` | 调用过程步 proc stdrate；data=指定研究人群数据集；refdata=确定标准人群数据集 method=direct 指定直接标化法；stat=rate（mult=100）指定计算标准化率（百分数）；effect 指定计算不同组标准化治愈率的率比<br>调用 population 确定研究人群信息。group=指定分组变量；event=指定治愈数变量；total=指定患者数变量<br>调用 reference 确定标准人群信息。total=指定合计患者数变量<br>调用 strata 确定分层变量 |

3.3 主要分析结果与解释

Directly Standardized Rate Estimates
Rate Multiplier = 100   ①

hospital	Study Population			Reference Population		Standardized Rate		
	Observed Events	Population-Time	Crude Rate	Expected Events	Population-Time	Estimate	Standard Error	95% Normal Confidence Limits
A	328	678.0000	48.3776	600.6667	1356	44.2970	2.7798	38.8486　49.7453
B	308	678.0000	45.4277	672.0000	1356	49.5575	3.2134	43.2594　55.8557

Rate Effect Estimates （Rate Multiplier = 100）   ②

hospital		Rate Ratio	95% Lognormal Confidence Limits		Log Rate Ratio	Standard Error	Z	Pr > |Z|
A	B							
44.2970	49.5575	0.8938	0.7490	1.0668	−0.1122	0.0902	−1.2439	0.2136

输出结果说明：

①直接法计算的标准化率结果：Crude Rate 为不同医院的粗治愈率，Expected Events 为不同医院在标化人群情况下的期望治愈数，Standardized Rate 为不同医院的标准化治愈率、标准误及置信区间。

②标准化率的率比及显著性检验结果：Rate Ratio 为不同医院的标准化治愈率的率比，$P = 0.2136$，按检验水准 $\alpha = 0.05$，不同医院的标准化治愈率无统计学差异。

（刘丹萍）
```

第七章 t检验

t 检验（t-test）是一类常用的定量资料假设检验方法，可用于样本均数与总体均数或两样本均数之间的比较，目的在于推断样本均数所代表的未知总体均数与已知的总体均数或两个样本均数所代表的两个未知总体均数是否相等。t 检验常用于单样本设计、配对设计及两独立样本设计的定量资料均数的统计推断。t 检验的应用条件：样本来自正态分布总体，两独立样本均数比较时还要求两样本的总体方差相等，即方差齐性。

第一节 单样本 t 检验

单样本 t 检验用于一组定量资料的样本均数 $\bar{x}$（代表未知的总体均数 μ）和已知的总体均数 μ_0（一般为理论值、标准值或经大量观察所得的稳定值）进行比较。

1.1 研究实例

例 7-1 某医生随机调查某地区 20 名新生男婴，测量其出生体重（kg），数据分别为：3.46，3.66，3.29，3.25，3.61，3.62，3.35，3.23，3.86，3.47，3.26，3.43，3.15，2.87，3.46，3.55，3.27，3.33，3.24，3.48。已知一般新生男婴出生体重均数为 3.30kg。问该地区的新生男婴出生体重是否不同于一般水平？

体重为定量资料，已知一般新生男婴出生体重总体均数 μ_0=3.30kg，若样本满足正态性，可用单样本 t 检验进行分析，否则需采用非参数检验（见后续相应章节）。

1.2 SAS 主要程序及说明

程序	说明

`data ch7_1;`
`  input wt @@;`
`cards;`
`3.46 3.66 3.29 3.25 3.61 3.62 3.35 3.23 3.86 3.47`
`3.26 3.43 3.15 2.87 3.46 3.55 3.27 3.33 3.24 3.48`
`;`
`proc univariate normal;`
`  var wt;`
`run;`
`proc ttest h0=3.3;`
`  var wt;`
`run;`
	data 建立数据集 ch7_1
	input 语句建立 wt 体重变量
	
	调用过程步 proc univariate，选择 normal 选项用于检验变量 wt 的正态性
	调用过程步 proc ttest，输入 h0=3.3 选项对样本变量 wt 进行总体均数 μ_0=3.30kg 的单样本 t 检验

1.3 主要分析结果与解释

Tests for Normality					
Test	------Statistic------		------p Value------		①
Shapiro-Wilk	W	0.9701	Pr < W	0.7572	
Kolmogorov-Smirnov	D	0.1269	Pr > D	>0.1500	
Cramer-von Mises	W-Sq	0.0441	Pr > W-Sq	>0.2500	
Anderson-Darling	A-Sq	0.3048	Pr > A-Sq	>0.2500	

		The TTEST Procedure				②
		Variable: wt				
N	Mean	Std Dev		Std Err	Minimum	Maximum
20	3.3920	0.2163		0.0484	2.8700	3.8600
Mean		95% CL Mean		Std Dev	95% CL Std Dev	
3.3920	3.2908	3.4932		0.2163	0.1645	0.3159
	DF		t Value		Pr > |t|	
	19		1.9008		0.0724	

输出结果说明如下：

①正态性检验结果：SAS 提供了四种正态性检验方法的结果，由于本例属于小样本（$n=20$），建议选择 Shapiro-Wilk 检验，$P=0.7572$，数据满足正态性。

②单样本 t 检验结果：首先给出了单样本的描述统计结果，分别是样本例数（N=20）、样本均数（Mean = 3.3920）、样本标准差（Std Dev = 0.2163）、样本标准误（Std Err = 0.0484）、样本最小值（Minimum = 2.8700）及样本最大值（Maximum = 3.8600）；其次给出了总体均数的 95%置信区间（95% CL Mean: 3.2908～3.4932）和总体标准差的 95%置信区间（95% CL Std Dev: 0.1645～0.3159）；最后给出检验结果，$t=1.9008$，$P=0.0724$，按检验水准 $\alpha=0.05$，认为该地区的新生男婴出生体重与一般水平之间差别无统计学意义，还不能认为该地区的新生男婴出生体重不同于一般水平。

1.4 其他常用选项的说明

TTEST 过程步除 data 选项外，常用的选项还包括：

其他常用选项	说明
alpha	定义检验水准（也是置信区间的 1−可信度），默认为 0.05
sides	输入 2 代表双侧检验 H_1：$\mu \neq \mu_0$；输入 L 代表单侧检验 H_1：$\mu < \mu_0$；输入 U 代表单侧检验 H_1：$\mu > \mu_0$。默认为 2

对于例 7-1 的样本数据，假设该地区为经济发达地区，我们可以选择单侧检验（H_1：$\mu > \mu_0$），推断该地区的新生男婴出生体重是否高于一般水平，则只需在 TTEST 过程步中增加 sides=u 选项，具体如下：

程序	说明

`proc ttest data=ch7_1 h0=3.3 sides=u;`
`var wt;`
`run;`
	设置 sides=u 进行 H_1：$\mu > 3.30$ 的单侧检验

上述程序运行结果如下：

		The TTEST Procedure				①
		Variable: wt				
N	Mean	Std Dev		Std Err	Minimum	Maximum
20	3.3920	0.2163		0.0484	2.8700	3.8600
Mean		95% CL Mean		Std Dev	95% CL Std Dev	
3.3920	3.3084	Infty		0.2163	0.1645	0.3159
	DF		t Value		Pr > t	
	19		1.9008		0.0362	

输出结果说明如下：

①单样本单侧 t 检验结果。样本的描述统计结果同前例；由于是单侧检验，总体均数的 95% 置信区间：3.3084～∞，总体标准差的 95% 置信区间结果同前例；检验结果为 $t=1.9008$，$P=0.0362$，按检验水准 $\alpha=0.05$，认为该经济发达地区的新生男婴出生体重与一般水平之间差别有统计学意义，可认为该地区的新生男婴出生体重高于一般水平。

第二节　配对样本 t 检验

配对样本 t 检验用于推断配对设计的定量资料两种处理或处理前后的结果有无差别,通过对两种处理或处理前后的数据差值 d 的样本均数 $\bar{d}$ 所代表的未知总体均数 μ_d 与已知的总体均数 $\mu_0=0$ 进行比较。

1.1　研究实例

例 7-2　某研究者在某大学随机抽取 12 名健康女大学生,在午饭后休息 1 小时,测试口腔温度(℃),体温计分别在口腔中放置 3 分钟和 7 分钟,测试结果见表 7-1。问两种放置时间的测试结果是否相同?

表 7-1　12 名健康女大学生的口腔温度测试结果　　　　　　　　　单位:℃

编号	1	2	3	4	5	6	7	8	9	10	11	12
3 分钟	36.7	36.7	36.9	36.9	36.8	36.7	37.1	36.6	36.8	36.4	36.8	36.5
7 分钟	37.1	36.9	37.2	36.8	37.1	36.8	37.4	37.1	37.2	36.9	36.6	36.8

该资料为定量资料,由于每一名测试对象都分别进行两种不同的处理(放置 3 分钟和 7 分钟),即每一个对子中的两个数据来自同一个个体,属于配对设计,若两种处理的数据差值满足正态性,应采用配对样本 t 检验进行分析,否则需采用非参数检验(见后续相应章节)。

1.2　SAS 主要程序的说明

程序	说明
`data ch7_2;`	建立数据集
`  input m3 m7 @@;`	建立配对变量,m3 和 m7
`  d=m3-m7;`	d=求配对变量的差值,变量名为 d
`cards;`	
`36.7 37.1 36.7 36.9 36.9 37.2 36.9 36.8`	
`36.8 37.1 36.7 36.8 37.1 37.4 36.6 37.1`	
`36.8 37.2 36.4 36.9 36.8 36.6 36.5 36.8`	
`;`	
`proc univariate normal;`	调用过程步 proc univariate,选择 normal 选项对差值 d 进行正态性检验
`  var d;`	
`run;`	
`proc ttest h0=0;`	利用差值 d 和 $\mu_0=0$ 的比较进行单样本 t 检验达到配对样本 t 检验的目的
`  var d;`	
`run;`	
`proc ttest;`	调用 paired 语句对配对变量 m3 和 m7 进行配对样本 t 检验。paired 语句仅在配对样本 t 检验时使用,且不能与 class 语句和 var 语句一同使用
`  paired m3*m7;`	
`run;`	

1.3　主要分析结果与解释

①

Tests for Normality

Test	------Statistic------		------p Value------	
Shapiro-Wilk	W	0.8850	Pr < W	0.1017
Kolmogorov-Smirnov	D	0.2568	Pr > D	0.0271
Cramer-von Mises	W-Sq	0.1058	Pr > W-Sq	0.0860
Anderson-Darling	A-Sq	0.5998	Pr > A-Sq	0.0935

			The TTEST Procedure Variable: d			②
N	Mean		Std Dev	Std Err	Minimum	Maximum
12	−0.2500		0.2195	0.0634	−0.5000	0.2000
Mean		95% CL Mean		Std Dev	95% CL Std Dev	
−0.2500	−0.3895		−0.1105	0.2195	0.1555	0.3727
	DF			t Value	Pr > |t|	
	11			−3.9454	0.0023	
			The TTEST Procedure Difference: m3 − m7			③
N	Mean		Std Dev	Std Err	Minimum	Maximum
12	−0.2500		0.2195	0.0634	−0.5000	0.2000
Mean		95% CL Mean		Std Dev	95% CL Std Dev	
−0.2500	−0.3895		−0.1105	0.2195	0.1555	0.3727
	DF			t Value	Pr > |t|	
	11			−3.9454	0.0023	

输出结果说明如下：

①差值 d 的正态性检验结果：由于本例属于小样本（$n=12$），建议选择 Shapiro-Wilk 检验，$P=0.1017$，差值满足正态性。

②差值均数 $\bar{d}$ 和 $\mu_0=0$ 比较的单样本 t 检验结果：首先给出了配对样本差值的描述统计结果，分别是样本例数（$N=12$）、样本均数（Mean=−0.2500）、样本标准差（Std Dev=0.2195）、样本标准误（Std Err=0.0634）、样本最小值（Minimum=−0.5000）及样本最大值（Maximum=0.20000）；其次给出了配对样本差值总体均数的 95%置信区间（95% CL Mean：−0.3895~−0.1105）和配对样本差值总体标准差的 95%置信区间（95% CL Std Dev：0.1555~0.3727）；最后给出检验结果，$t=−3.9454$，$P=0.0023$，按检验水准 $\alpha=0.05$，认为放置 3 分钟和 7 分钟的口腔温度存在统计学差异，可认为两种放置时间的测试结果不相同。

③配对变量 m3 和 m7 的配对样本 t 检验结果：配对样本差值的描述统计、配对样本差值总体均数的 95%置信区间、配对样本差值总体标准差的 95%置信区间的结果和检验结果和②完全相同。

1.4 其他选项说明

TTEST 过程步关于配对样本 t 检验的 paired 语句的表达方式如下：

paired 语句的表达方式	配对变量（X-Y）的实际含义
paired A*B;	A-B
paired A*B C*D;	A-B，C-D
paired （A B）*（C D）;	A-C，A-D，B-C，B-D
paired （A B）*（C B）;	A-C，A-B，B-C
paired （A1-A2）*（B1-B2）;	A1-B1，A1-B2，A2-B1，A2-B2
paired （A1-A2）:（B1-B2）;	A1-B1，A2-B2

第三节　两独立样本 t 检验

两独立样本 t 检验用于推断完全随机设计的两组独立样本定量资料总体均数有无差别，通过对两独立样本均数（$\bar{X}_1$ 和 $\bar{X}_2$）各自所代表的总体均数 μ_1 和 μ_2 进行比较。

一、原始数据的两独立样本 t 检验

1.1　研究实例

例 7-3　某医生在 15：00~16：00 随机抽取 14 名健康成年人和 14 名成年甲亢患者，分别测量每个人的口腔温度（℃），测量结果见表 7-2。问甲亢患者的口腔温度是否与健康人不同？

表 7-2　健康成年人和成年甲亢患者的口腔温度测量结果

编号	健康成人	编号	甲亢患者
1	36.9	15	37.6
2	36.8	16	37.2
3	36.9	17	37.5
4	36.8	18	37.7
5	37.1	19	37.4
6	36.6	20	37.8
7	37.3	21	37.1
8	37.2	22	37.5
9	36.8	23	37.3
10	37.3	24	37.8
11	36.7	25	37.6
12	37.0	26	37.6
13	36.9	27	37.7
14	36.6	28	37.6

口腔温度为定量资料，14 名健康成年人和 14 名成年甲亢患者属于完全随机设计的两组独立样本，若两组独立样本的数据均满足正态性、方差齐性，应采用两独立样本 t 检验，否则需采用非参数检验（见后续相应章节）。

1.2　SAS 主要程序及说明

程序	说明

`data ch7_3;`
　`input temp group @@;`
`cards;`
36.9 1 36.8 1 36.9 1 36.8 1 37.1 1 36.6 1 37.3 1 37.2
　1 36.8 1 37.3 1 36.7 1 37.0 1 36.9 1 36.6 1
37.6 2 37.2 2 37.5 2 37.7 2 37.4 2 37.8 2 37.1 2 37.5
　2 37.3 2 37.8 2 37.6 2 37.6 2 37.7 2 37.6 2
`;`
	建立数据集 ch7_3
	建立口腔温度变量 temp，分组变量 group：1 代表健康成年人，2 代表甲亢患者

`proc univariate normal;`
　`class group;`
　`var temp;`
`run;`
	调用过程步 proc univariate，选择 normal 选项对变量 temp 按分组变量 group 进行分组正态性检验

`proc ttest;`
　`class group;`
　`var temp;`
`run;`
	调用过程步 proc ttest 进行两独立样本 t 检验；调用 class 语句确定分组变量 group；class 语句是必需语句，指定数值型变量或字符型变量，均必须包含两个水平，多于或少于两个水平时都将出错；调用 var 语句确定检验变量 temp

1.3　主要分析结果与解释

The UNIVARIATE Procedure
Variable：temp
group = 1
Tests for Normality

Test	------Statistic------	------p Value------	
Shapiro-Wilk	W　　0.9300	Pr < W	0.3056

①

Kolmogorov-Smirnov	D	0.1796	Pr > D	>0.1500		①
Cramer-von Mises	W-Sq	0.0565	Pr > W-Sq	>0.2500		
Anderson-Darling	A-Sq	0.3627	Pr > A-Sq	>0.2500		

The UNIVARIATE Procedure
Variable: temp
group = 2
Tests for Normality

Test	------Statistic------		------p Value------	
Shapiro-Wilk	W	0.9272	Pr < W	0.2790
Kolmogorov-Smirnov	D	0.2029	Pr > D	0.1180
Cramer-von Mises	W-Sq	0.0755	Pr > W-Sq	0.2252
Anderson-Darling	A-Sq	0.4293	Pr > A-Sq	>0.2500

The TTEST Procedure
Variable: temp

group	N	Mean	Std Dev	Std Err	Minimum	Maximum		②
1	14	36.9214	0.2326	0.0622	36.6000	37.3000		
2	14	37.5286	0.2128	0.0569	37.1000	37.8000		
Diff (1-2)		−0.6071	0.2229	0.0843				

group	Method	Mean	95% CL Mean		Std Dev	95% CL Std Dev	
1		36.9214	36.7871	37.0558	0.2326	0.1687	0.3748
2		37.5286	37.4057	37.6514	0.2128	0.1543	0.3428
Diff (1-2)	Pooled	−0.6071	−0.7803	−0.4339	0.2229	0.1756	0.3055
Diff (1-2)	Satterthwaite	−0.6071	−0.7804	−0.4339			

Method	Variances	DF	t Value	Pr > |t|		③
Pooled	Equal	26	−7.21	<.0001		
Satterthwaite	Unequal	25.796	−7.21	<.0001		

Equality of Variances

Method	Num DF	Den DF	F Value	Pr > F
Folded F	13	13	1.1947	0.7524

输出结果说明如下。

①分组正态性检验结果：健康成年人组数据（group=1），选择 Shapiro-Wilk 检验，$P=0.3056$，数据满足正态性；成年甲亢患者组数据（group=2），选择 Shapiro-Wilk 检验，$P=0.2790$，数据满足正态性。两组样本数据均满足正态性，故可以采用两独立样本 t 检验。

②分组描述统计和参数估计结果：第一部分列出每组的描述统计结果，包括样本例数、均数、标准差、标准误、最小值和最大值；第二部分列出每组的参数估计结果，包括均数、均数95%置信区间、标准差、标准差95%置信区间，等方差假设下的合并方差法（Pooled）和不等方差假设下的 Satterthwaite 法计算两组数据差值[Diff（1-2）]的均数及其95%置信区间的结果。

③独立样本 t 检验和方差齐性检验结果：欲了解两组样本是否满足方差齐性假设，需先判读最下面 SAS 给出的方差齐性检验结果（Equality of Variances），双侧 F 检验，$F=1.1947$，$P=0.7524$，满足两组数据总体方差相等的假设。应选此部分中合并方差法的 t 检验结果，$t=-7.21$，$P<0.0001$，按检验水准 $\alpha=0.05$，认为甲亢患者和健康成年人的口腔温度存在统计学差异，可认为甲亢患者的口腔温度与健康成年人不同。

如果第①部分结果显示两组样本均不满足正态性的条件，则后面的②和③结果已不可靠，需采用非参数检验（见后续相应章节）；如果第①部分结果显示两组样本均满足正态性的条件，但第③部分的方差齐性检验结果显示两组数据总体方差不等，应选此部分中 Satterthwaite 法的 t 检验结果，即近似 t 检验（t-test）的结果。

1.4 其他选项说明

TTEST 过程步常用的选项还包括：

其他常用选项	说明
cochran	使用科克伦-考克斯（Cochran-Cox）近似法计算近似 t 检验的 P 值

对于上述数据库，我们可以增加选项，具体如下：

程序	说明

`proc ttest data=ch7_3 cochran ci=none;`
`  class group;`
`  var temp;`
`run;`
	调用 data=ch7_3 进行两独立样本 t 检验，cochran 选项增加 Cochran-Cox 近似法计算近似 t 检验的结果，ci=none 选项指定结果中不输出标准差的置信区间

上述程序运行主要结果如下：

Method	Variances	DF	t Value	Pr > |t|	
Pooled	Equal	26	−7.21	<.0001	①
Satterthwaite	Unequal	25.796	−7.21	<.0001	
Cochran	Unequal	13	−7.21	<.0001	

①输出结果增加了 Cochran-Cox 近似法计算近似 t 检验的结果。

二、已知统计量的两独立样本 t 检验

2.1 研究实例

例 7-4 某护师使用书写表达积极情绪的心理干预方法对卵巢癌化疗患者进行心理干预，利用随机对照试验实施，干预组干预 6 周后测定患者的创伤后成长评定量表（PTGI）总分，对照组的患者也同时在 6 周后测定 PTGI 总分，最终得到描述统计结果见表 7-3。请评价此干预方法是否对卵巢癌化疗患者的心理影响有积极作用？

表 7-3 两组卵巢癌化疗患者 6 周后 PTGI 总分（$\bar{X} \pm S$）

组别	例数	PTGI 总分
干预组	12	73.5±7.6
对照组	15	61.2±14.2

PTGI 总分为定量资料，随机对照试验的干预组和对照组属于完全随机设计的两组独立样本，由于无原始数据，只有每组的统计量（样本均数和样本标准差），无法进行正态性检验，但用均数和标准差表达每组数据的描述统计结果就已说明两组独立样本的数据均基本满足正态性，因此可以采用两独立样本 t 检验进行分析。

2.2 SAS 主要程序及说明

程序	说明

`data ch7_4;`
`  input group _stat_ $ ptgi;`
`cards;`
`1 n 12`
`1 mean 73.5`
`1 std 7.6`
`2 n 15`
`2 mean 61.2`
`2 std 14.2`
`;`
	建立数据集
	建立分组变量 group：1 代表干预组，2 代表对照组；用字符型变量 _stat_ 代表已知统计量的名称（n，mean，std），必须建立一个字符型变量且变量名只能用 _type_ 或 _stat_，这个变量里也必须包含已知统计量最关键的三个名称：n、mean 和 std，分别代表样本例数、样本均数和样本标准差，若三者任一缺少，SAS 将出错；建立变量 ptgi 代表已知统计量的数值

`proc ttest cochran;`
`  class group;`
`  var ptgi;`
`run;`
	调用过程步 proc ttest 进行两独立样本 t 检验；调用 class 语句确定分组变量 group；调用 var 语句确定检验变量 ptgi

2.3 主要分析结果与解释

			The TTEST Procedure Variable: ptgi					①
group	N	Mean		Std Dev	Std Err	Minimum	Maximum	
1	12	73.5000		7.6000	2.1939	.	.	
2	15	61.2000		14.2000	3.6664	.	.	
Diff（1-2）		12.3000		11.7615	4.5552			
group	Method	Mean	95% CL	Mean	Std Dev	95%CL	Std Dev	
1		73.5000	68.6712	78.3288	7.6000	5.3838	12.9039	
2		61.2000	53.3363	69.0637	14.2000	10.3962	22.3948	
Diff（1-2）	Pooled	12.3000	2.9184	21.6816	11.7615	9.2240	16.2357	
Diff（1-2）	Satterthwaite	12.3000	3.4435	21.1565				
Method	Variances		DF		t Value		Pr>|t|	②
Pooled	Equal		25		2.70		0.0123	
Satterthwaite	Unequal		22.198		2.88		0.0087	
Cochran	Unequal		.		2.88		0.0129	
			Equality of Variances					
Method	Num DF		Den DF		F Value		Pr>F	
Folded F	14		11		3.49		0.0435	

输出结果说明如下。

①分组描述统计和参数估计结果：由于输入数据为每组已知统计量的数值，因此除了无法获取每组的最小值、最大值和标准差的 95% 置信区间结果外，其余输出结果的含义参考例 7-3 的第②部分。

②两独立样本 t 检验和方差齐性检验结果：根据方差齐性检验结果，F=3.49，P=0.0435，提示不满足方差齐性的条件，故选择不等方差假设下的 Satterthwaite 法或 Cochran-Cox 法的检验结果，t=2.88，P=0.0087 或 t=2.88，P=0.0129，可认为干预组和对照组之间的 PTGI 总分差别有统计学意义，可认为此干预方法对卵巢癌化疗患者的心理影响有积极作用（干预组的 PTGI 总分均数 73.5000 高于对照组的 PTGI 总分均数 61.2000）。

注意：利用已知统计量进行两独立样本 t 检验，由于缺乏原始数据，无法通过正态性检验来判断每组数据的正态性。因此，此种方式的两独立样本 t 检验只能通过假设每组数据的正态性已满足来获得统计结果，不建议在实际应用中使用。

（陶育纯）

第八章 多个样本均数比较的方差分析

科研工作中,比较多个均数(组数大于2)是否相等时,常用的参数检验方法是方差分析(analysis of variance,ANOVA)。它由英国统计学家费希尔(R.A. Fisher)提出,其基本思想是根据研究目的和设计类型,将全部观察值的总变异分解为几个部分,除随机误差外,其余各部分的变异可由某因素的作用来解释,通过将不同变异来源的均方与随机误差的均方进行比较,借助 F 分布作出统计推断,判断该因素对观测指标是否存在影响。进行方差分析的数据应满足3个基本假设:①独立性,各样本是相互独立的随机样本,个体观测值间相互独立;②正态性,各样本均来自正态分布总体;③方差齐性,各样本所对应的总体方差相等。方差不齐或者严重偏离正态分布总体时,建议采用相应设计的非参数检验进行统计分析。

第一节 完全随机设计的方差分析

完全随机设计的方差分析是指将研究对象通过完全随机化方法分配至多个处理组,比较多组效应指标的总体均数是否存在差别,亦称为单因素方差分析(one-way ANOVA)。当方差分析结果发现各总体均数不全相等时,需进一步进行各均数间的两两比较(多重比较)。多个均数间的两两比较,常用的方法有 SNK(Student-Newman-Keuls)法、最小显著性差异(least significant difference,LSD)法、Dunnett-t 检验和 Bonferroni 法等。其中,进行多组间的两两多重比较可采用 SNK 法或 LSD 法;仅关心各实验组与对照组的比较可采用 Dunnett-t 检验;Bonferroni 法也可进行各组间的两两比较,其基本思想是:通过调整检验水准 α' 使整体犯错误的概率不超过 0.05,调整的检验水准 $\alpha'=0.05/m$,m 为两两比较的次数。

SAS 软件系统中,PROC ANOVA 和 PROC GLM 均可进行方差分析。二者的区别在于:PROC ANOVA 专门用于处理均衡数据(balanced data,即每个因素及水平的组合下的样本量相等)。PROC GLM 不仅可以处理均衡数据,还能处理非均衡数据。对于均衡数据,PROC ANOVA 比 PROC GLM 的处理速度更快,占用存储空间更小。

1.1 研究实例

例 8-1 为探讨脱氧雪腐镰刀菌烯醇(DON)在大骨节病发病中的作用机制,将 24 只健康幼鼠完全随机地分配至生理盐水(DON 零剂量)、DON 低剂量和高剂量组,每组 8 只,灌胃染毒 80 天后,免疫组化法检测小鼠软骨内 Ⅱ 型胶原相对含量,数据见表 8-1,试比较不同的 DON 剂量小鼠软骨内的 Ⅱ 型胶原含量是否存在差异?

表 8-1 不同剂量 DON 染毒后小鼠软骨内的 Ⅱ 型胶原含量

分组	1	2	3	4	5	6	7	8
生理盐水	6.82	5.73	7.19	5.93	7.62	7.77	6.90	6.89
低剂量 DON	5.66	4.82	5.53	4.98	4.40	4.18	4.07	4.11
高剂量 DON	2.13	2.71	2.50	2.67	3.60	3.36	2.33	2.85

此案例中,效应变量 Ⅱ 型胶原含量为定量变量,处理因素为 DON 染毒,共 3 个水平,该研究为单因素 3 水平完全随机设计。比较三组 Ⅱ 型胶原含量的平均水平是否有差别,在满足独立性、正态性、方差齐性前提下,用完全随机设计方差分析进行组间均数的比较,否则需采用非参数检验(见后续相应章节)。

1.2 SAS 主要程序及说明

程序	说明
| ```
data ch8_1;
  do group=1 to 3;
  do i=1 to 8;
input x@@;output;
  end;end;
cards;
6.82  5.73  7.19  5.93  7.62  7.77  6.90  6.89
5.66  4.82  5.53  4.98  4.40  4.18  4.07  4.11
2.13  2.71  2.50  2.67  3.60  3.36  2.33  2.85
;
``` | 建立数据集 ch8_1；采用 do 循环语句录入数据，group 为染毒分组（1 为生理盐水，2 为低剂量 DON 组，3 为高剂量 DON 组）；x 为 II 型胶原含量 |
| ```
proc univariate normal;
  by group;
  var x;
run;
``` | 调用过程步 proc univariate；指定按 group 分组；对每组数据 x 进行统计描述及正态性检验 |
| ```
proc anova;
  class group;
  model x=group;
  means group/ hovtest;
  means group/ lsd snk dunnett("1");
run;
``` | 调用过程步 proc anova 进行方差分析；class 定义分组变量为 group；model x=group 为构建模型，x 代表结果变量，即 II 型胶原含量，group 为分组变量<br>means group/ hovtest 指组间进行方差齐性检验；means group/ lsd snk dunnett（"1"）指组间的两两比较的方法分别为 lsd、snk 以及 dunnett 法，dunnett 法为各试验组均与对照组进行比较，"1" 指定对照组为第 1 组，即生理盐水组 |

1.3 主要分析结果与解释

①

The UNIVARIATE Procedure
Variable: x
group=1

Basic Statistical Measures

Location		Variability	
Mean	6.8563	Std Deviation	0.7231
Median	6.8950	Variance	0.5230
Mode	.	Range	2.0400
		Interquartile Range	1.0300

Tests for Normality

Test		Statistic		p Value	
Shapiro-Wilk	W	0.9191	Pr < W	0.4229
Kolmogorov-Smirnov	D	0.2300	Pr > D	>0.1500
Cramer-von Mises	W-Sq	0.0577	Pr > W-Sq	>0.2500
Anderson-Darling	A-Sq	0.3427	Pr > A-Sq	>0.2500
```

②

Distribution of x

②

③

Levene's Test for Homogeneity of x Variance
ANOVA of Squared Deviations from Group Means

Source	DF	Sum of Squares	Mean Square	F Value	Pr > F
group	2	0.2331	0.1166	0.8741	0.4319
Error	21	2.8008	0.1334		

④

The ANOVA Procedure
Dependent Variable: x

Source	DF	Sum of Squares	Mean Square	F Value	Pr > F
Model	2	66.8775	33.4388	85.6424	<.0001
Error	21	8.1994	0.3904		
Corrected Total	23	75.0769			

⑤

t Tests (LSD) for x

Comparisons significant at the 0.05 level are indicated by ***.

Group Comparison	Difference Between Means	95% Confidence Limits		
1 - 2	2.1375	1.4878	2.7872	***
1 - 3	4.0875	3.4378	4.7372	***
2 - 1	−2.1375	−2.7872	−1.4878	***
2 - 3	1.9500	1.3003	2.5997	***
3 - 1	−4.0875	−4.7372	−3.4378	***
3 - 2	−1.9500	−2.5997	−1.3003	***

⑥

Dunnett's t Tests for x

Note: This test controls the Type I experimentwise error for comparisons of all treatments against a control

Alpha	0.05
Error Degrees of Freedom	21
Error Mean Square	0.3904
Critical Value of Dunnett's t	2.3704
Minimum Significant Difference	0.7406

Comparisons significant at the 0.05 level are indicated by ***.

Group Comparison	Difference Between Means	Simultaneous 95% Confidence Limits		
2 - 1	−2.1375	−2.8781	−1.3969	***
3 - 1	−4.0875	−4.8281	−3.3469	***

	Student-Newman-Keuls Test for x			⑦
Alpha		0.05		
Error Degrees of Freedom		21		
Error Mean Square		0.3904		
Number of Means		2	3	
Critical Range		0.6497	0.7875	
	Means with the same letter are not significantly different.			
SNK Grouping	Mean	N	group	
A	6.8563	8	1	
B	4.7188	8	2	
C	2.7688	8	3	

输出结果说明如下：

①基本统计量和正态性检验：给出各组基本统计量（Basic Statistical Measures），包括均数、中位数等统计量。正态性检验结果（Tests for Normality）中给出 Shapiro-Wilk 和 Kolmogorov-Smirnov 两个结果。在两种结果的选择上，Shapiro-Wilk 法对于小样本的正态性检验较为敏感，因此，当样本量≤50 时，倾向于以 Shapiro-Wilk 检验结果为准。Kolmogorov-Smirnov 法对于大样本较为敏感，当样本量>50 时，倾向于以 Kolmogorov-Smirnov 检验结果为准。该案例中，三组Ⅱ型胶原含量均满足正态性（$P>0.05$）。限于篇幅，2 组和 3 组的正态性检验结果没有列出。

②各处理组的Ⅱ型胶原含量的箱式图：随着 DON 染毒剂量的增加，Ⅱ型胶原含量的平均水平随着 DON 染毒剂量的增加呈现下降趋势。其中，各组的中位数用箱体中间的"横线"表示，均数用箱体内的"菱形"表示。

③方差齐性检验：$F=0.8741$，$P=0.4319$，提示三组总体方差相等。结合正态性检验结果可知，该案例的数据满足完全随机设计方差分析的假设条件。

④单因素方差分析：总变异划分表以及线性模型拟合结果：$F=85.6424$，$P<0.0001$，即不同 DON 染毒组，Ⅱ型胶原含量总体均数不全相等。下一步需要进行 3 个总体均数间的多重比较。

⑤两两比较的 LSD 检验：结果给出案例第 1、2、3 组均数两两间比较的差值、95%置信区间以及差异有无统计学意义。

⑥两两比较的 Dunnett's t 检验：低剂量 DON 组与生理盐水组相比，差值的均数为-2.1375，95%的置信区间为（-2.8781，-1.3969）不包含 0，因此低剂量 DON 组的Ⅱ型胶原含量低于生理盐水组，差异有统计学意义；高剂量 DON 组与生理盐水组相比，差值的均数-4.0875，95%的置信区间也不包含 0，高剂量 DON 组的Ⅱ型胶原含量也低于生理盐水组，差异有统计学意义。

⑦两两比较的 SNK 检验：以 A、B、C 英文字母表示各组比较的结果，如果两两比较各组的对应字母相同，则差异无统计学意义。本例第 1、2、3 组对应的字母均不相同，提示三组均数两两间比较的差异均有统计学意义。生理盐水组的Ⅱ型胶原含量均数>低剂量 DON 组>高剂量 DON 组。随着 DON 染毒剂量的增加，Ⅱ型胶原含量呈下降的趋势。

1.4 其他常用选项的说明

两两比较的方法除 LSD、SNK、Dunnett's t 外，PROC ANOVA 中还有 Bonferroni（调整 α 水平，$\alpha'=0.05/$两两比较的次数）、Tukey、Scheffe 法等，读者可自行尝试。

另外，方差分析也可通过 PROC GLM 过程实现。

对于例 8-1 数据分析，可以采用 PROC GLM 过程步实现：

程序	说明

```proc glm data=ch8_1;```
 ``` class group;```
 ``` model x=group;```
 ``` lsmeans group/tdiff adjust=bon;```
 ```run;```
	调用过程步 proc glm
	 lsmeans group 指定分组变量，tdiff 指定输出两两比较的 t 值和 P 值，adjust=bon 指定 Bonferroni 法调整检验水准

上述程序运行结果如下：

The GLM Procedure			①
Least Squares Means，Adjustment for Multiple Comparisons：Bonferroni			
group	x LSMEAN	LSMEAN Number	
1	6.8563	1	
2	4.7188	2	
3	2.7688	3	

	Least Squares Means for Effect group t for H0: LSMean (i) =LSMean (j) / Pr > |t| Dependent Variable: x			②
i/j	1	2	3	
1		6.8416 <0.0001	13.083 <0.0001	
2	−6.8416 <0.0001		6.2414 <0.0001	
3	−13.083 <0.0001	−6.2414 <0.0001		

输出结果说明如下。

①输出各组最小二乘均数以及排序。

②两两比较的 t 值与 P 值：第 1 组（生理盐水）与第 2 组（DON 低剂量）比较，$t=6.8416$，$P<0.0001$，差异有统计学意义，其余任意两组比较差异均有统计学意义。

第二节 随机区组设计的方差分析

随机区组设计是将受试对象按影响实验效应的混杂因素特征（如：动物的种属、性别、体重等）相同或相近组成若干个区组（配伍组 b），将每个区组中的个体完全随机分配至不同的处理组（k 组），以保证混杂因素的影响在不同组间均衡可比，进一步比较不同处理组效应的差异。处理组与区组的各水平交叉组合没有重复例数，总例数等于 kb。因此，随机区组设计的方差分析也称为无重复数据的双向方差分析（two-way ANOVA）。

随机区组设计不仅应用于实验研究，也可应用于观察研究。例如：比较不同卫生服务人员（社区医生、社区护士以及公共卫生人员）的期望收入指数是否存在差别？将三类人群按社区中心、性别以及年龄先匹配为一个区组，再调查其期望收入指数情况，可控制地域、性别、年龄对收入期望不同的影响，按照随机区组设计的方差分析进行比较。

1.1 研究实例

例 8-2 研究者将 36 只大白鼠分为 12 个区组，每个区组内 3 只大鼠是窝别相同、性别相同、体重相近。区组内在每只大白鼠背部相同位置上，烫伤同样大小的一块面积，随机分至甲、乙、丙三种外用烫伤药膏组。治疗一周后观测其创面治愈的百分比（%），数据见表 8-2。试比较不同烫伤药膏的治疗效果是否存在差异？

表 8-2 三种烫伤药膏对大白鼠创面治愈的百分比   单位：%

区组	甲药	乙药	丙药
1	58.02	71.90	66.27
2	52.70	56.35	60.59
3	60.22	70.08	66.12
4	44.49	56.60	55.36
5	59.31	68.25	53.39
6	56.23	63.36	52.34
7	55.16	66.12	55.16
8	42.48	50.02	58.64
9	50.84	66.97	44.01
10	49.38	67.05	52.49
11	55.16	69.89	59.99
12	53.47	61.08	61.08

治疗效果指标为创面治愈的百分比,属于定量数据。干预因素为三种不同的外用药膏,区组因素为窝别相同、性别相同、体重相近,以控制其对疗效的影响。12 个区组,每个区组 3 只小鼠,随机分配三种不同的外用药膏。可以采用随机区组设计的方差分析。

1.2 SAS 主要程序及说明

程序	说明
| ```
data ch8_2;
  do block=1 to 12;
  do group=1 to 3;
input x@@;
  output;
  end;end;
datalines;
58.02    71.90    66.27    52.70    56.35    60.59
60.22    70.08    66.12    44.49    56.60    55.36
59.31    68.25    53.39    56.23    63.36    52.34
55.16    66.12    55.16    42.48    50.02    58.64
50.84    66.97    44.01    49.38    67.05    52.49
55.16    69.89    59.99    53.47    61.08    61.08
;
proc sort;
by group;
run;
proc univariate normal;
by group;
var x;
run;
``` | 建立数据集 ch8_2;采用 do 循环语句录入数据;block 为区组;group 为分组,1、2、3 分别表示甲、乙、丙三种烫伤药膏;x 为创面治愈的百分比 |
| | 调用过程步 proc sort 对 group 进行排序;univariate normal 语句进行正态性检验;指定 group 为分组变量 |
| ```
proc anova;
  class group;
  model x=group;
  means group/ hovtest;
run;
``` | 调用过程步 proc anova 对各处理组 group 进行方差齐性检验 |
| ```
proc anova;
  class block group;
  model x=block group;
  means group block/snk;
run;
``` | 调用过程步 proc anova 语句;class 指定区组 block 与处理组 group 为分类变量;model 指定仅分析区组 block 与处理 group 主效应;means 指定采用 snk 法对处理组以及区组间的均数进行两两比较 |

1.3 主要分析结果与解释

默认输出结果中,部分结果可参照本章第一节,主要结果如下:

①

The UNIVARIATE Procedure
Variable: x
group=1
Basic Statistical Measures

Location		Variability	
Mean	53.1217	Std Deviation	5.5424
Median	54.3150	Variance	30.7184
Mode	55.1600	Range	17.7400
		Interquartile Range	7.01500
```

Tests for Normality				
Test	Statistic		p Value	
Shapiro-Wilk	W	0.9378	Pr < W	0.4706
Kolmogorov-Smirnov	D	0.1435	Pr > D	>0.1500
Cramer-von Mises	W-Sq	0.0435	Pr > W-Sq	>0.2500
Anderson-Darling	A-Sq	0.3022	Pr > A-Sq	>0.2500

②

The ANOVA Procedure

Distribution of x

F 9.39
Prob > F 0.0006

Levene's Test for Homogeneity of x Variance
ANOVA of Squared Deviations from Group Means

Source	DF	Sum of Squares	Mean Square	F Value	Pr > F
group	2	1028.9	514.4	0.23	0.7953
Error	33	73619.9	2230.9		

③

The ANOVA Procedure   Dependent Variable: x

Source	DF	Sum of Squares	Mean Square	F Value	Pr > F
Model	13	1456.5134	112.039493	4.59	0.0009
Error	22	536.5258	24.387538		
Corrected Total	35	1993.0392			

R-Square	Coeff Var	Root MSE	x Mean
0.7308	8.5040	4.9384	58.0714

Source	DF	Anova SS	Mean Square	F Value	Pr > F
block	11	733.7774	66.7070	2.74	0.0214
group	2	722.7360	361.3680	14.82	<0.0001

④

Student-Newman-Keuls Test for x

Note: This test controls the Type I experimentwise error rate under the complete null hypothesis but not under partial null hypotheses.

Alpha	0.05
Error Degrees of Freedom	22
Error Mean Square	24.3876

Number of Means	2	3
Critical Range	4.18093	5.0646

SNK Grouping	Means with the same letter are not significantly different. Mean	N	group
A	63.973	12	2
B	57.120	12	3
B	53.122	12	1

输出结果说明如下。

①基本统计量和正态性检验：正态性检验结果（Test for Normality）显示三个处理的创伤愈合面积百分比均满足正态分布（$P>0.05$）。篇幅所限，省略2组和3组的结果。

②箱式图和方差齐性检验：从3个处理组的创伤愈合面积百分比的箱式图可发现，第2组的创伤愈合面积百分比的平均水平较高，第1组和第3组的平均水平差异不大。三个处理组的方差齐性检验结果$F=0.23$，$P=0.7953$，即三个处理组总体方差相等，可以采用随机区组设计的方差分析。

③随机区组设计的方差分析：整个模型有统计学意义（$F=4.59$，$P=0.0009$）。区组 block 间的效应存在统计学差异（$F=2.74$，$P=0.0214$），即各区组间创伤愈合面积百分比的总体均数不全相等，可进行两两比较。处理组 group 间的效应存在统计学差异（$F=14.82$，$P<0.0001$），即各处理组间创伤愈合面积百分比的总体均数不全相等，需进一步进行两两比较。

④基于SNK法的两两比较：3个处理组之间，第2组的创伤愈合面积百分比的均数为63.973，大于第3组（均数为57.120）及第1组（均数为53.122），差异有统计学意义，其余各组两两比较差异无统计学意义。即三种烫伤药膏动物的疗效存在差异。乙药膏的疗效好于甲、丙药膏。随机区组的两两比较结果此处暂不列出。

1.4 其他选项说明

随机区组的方差分析也可以采用 proc glm 过程步实现，结果解释同上一节。

```
proc glm data=ch8_2;
class block group;
model x=block group;
lsmeans group/tdiff adjust=bon;
run;
```

调用 proc glm 过程步，采用 Bonferroni 法对各处理组 group 进行两两比较，给出具体的 t 值与 P 值

主要分析结果与解释如下：

The GLM Procedure　　Least Squares Means
Adjustment for Multiple Comparisons：Bonferroni ①

group	x LSMEAN	LSMEAN Number
1	53.1217	1
2	63.9725	2
3	57.1200	3

Least Squares Means for Effect group
t for H0：LSMean (i) =LSMean (j) / Pr > |t|
Dependent Variable：x

i/j	1	2	3
1		−5.3821	−1.9832
		<0.0001	0.1799
2	5.3821		3.39892
	<0.0001		0.0077
3	1.9832	−3.3989	
	0.1799	0.0077	

①显示基于 Bonferroni 法的两两比较。给出三个处理组的最小二乘均数及两两比较 t 值与 P 值，结果与 PROC ANOVA 中的 SNK 两两比较结果一致。

第三节 交叉设计的方差分析

交叉设计是由自身对照设计发展而来的。它是将 A、B 两种处理先后施加于同一批研究对象，两种处理在全部实验过程中"交叉"进行。交叉设计控制了个体差异对实验效应的影响，也平衡了实验顺序的影响，但需要注意第一阶段的"处理"不能有持续作用而影响到第二阶段的"处理"，因此应合理设置洗脱期的长短。交叉设计可以考察一个具有两水平（A 和 B）的实验因素和两个区组因素（个体差异、实验顺序）对观测结果的影响。交叉设计的方差分析，其总变异可以划分为个体间、实验顺序（阶段）、处理间以及误差四部分。实际研究中交叉设计常用于慢性病反复发作或者缓解症状的疾病情形。交叉设计的类型包括二阶段交叉设计、三阶段交叉设计和四阶段交叉设计等。本节以基本的二阶段交叉设计进行介绍。

1.1 研究实例

例 8-3 欲比较 A、B 两种治疗方案治疗高血压的疗效的差别，研究者抽取 12 名高血压患者，用随机的方法让其中 6 名患者先以 A 法治疗，后以 B 法治疗；另外 6 名患者先以 B 法治疗，再以 A 法治疗。分别记录每名患者用不同方法治疗后的舒张压的下降值（mmHg），结果如表 8-3 所示，试对数据进行统计分析。

表 8-3 患者不同阶段 A、B 两种治疗方案治疗后的舒张压下降值　　单位：mmHg

阶段	患者编号											
	1	2	3	4	5	6	7	8	9	10	11	12
Ⅰ	B	B	A	B	A	A	A	A	B	B	B	A
	23	10	33	14	24	28	31	8	8	17	26	18
Ⅱ	A	A	B	A	B	B	B	B	A	A	A	B
	21	11	28	27	20	12	20	13	11	14	26	13

研究效应指标为舒张压的下降值，属于定量数据。每个研究对象均在两个阶段中分别采用 A、B 两种不同的治疗方案，可扣除个体差异、不同阶段的影响，分析两种治疗方案的疗效是否存在差异，采用交叉设计的方差分析。

1.2 SAS 主要程序及说明

程序	说明

`data ch8_3;`
`input id time treat $ x@@;`
`datalines;`
`1  1  B  23   2  1  B  10`
`3  1  A  33   4  1  B  14`
`5  1  A  24   6  1  A  28`
`7  1  A  31   8  1  A   8`
`9  1  B   8  10  1  B  17`
`11 1  B  26  12  1  A  18`
`1  2  A  21   2  2  A  11`
`3  2  B  28   4  2  A  27`
`5  2  B  20   6  2  B  12`
`7  2  B  20   8  2  B  13`
`9  2  A  11  10  2  A  14`
`11 2  A  26  12  2  B  13`
`;`
	建立数据集 ch8_3，录入数据；id 为个体，time 为阶段，1、2 分别为第 Ⅰ 与 Ⅱ 阶段，treat 为治疗方案，x 为血压下降值

程序	说明
| ```
proc anova;
  class id time treat;
  model x=id time treat;
  means time treat;
run;
``` | 调用过程步 proc anova；指定个体 id、阶段 time 以及治疗 treat 为分类变量；model 步指定分析 id、time、treat 三个因素的主效应；means 分别对 time 及 treat 组进行基本统计描述 |

1.3 主要分析结果与解释

The ANOVA Procedure   Dependent Variable: x   ①

Source	DF	Sum of Squares	Mean Square	F Value	Pr > F
Model	13	1128.0000	86.7692	4.1319	0.0153
Error	10	210.0000	21.0000		
Corrected Total	23	1338.0000			

R-Square	Coeff Var	Root MSE	x Mean
0.8430	24.1188	4.5826	19.0000

Source	DF	Anova SS	Mean Square	F Value	Pr > F
id	11	1008.0000	91.6364	4.36	0.0138
time	1	24.0000	24.0000	1.14	0.3102
treat	1	96.0000	96.0000	4.57	0.0582

②

Level of time	N	x Mean	Std Dev
1	12	20.0000	8.8008
2	12	18.0000	6.4807

Level of treat	N	x Mean	Std Dev
A	12	21.0000	8.4746
B	12	17.0000	6.4102

输出结果说明如下。

①交叉设计的方差分析：整个模型有统计学意义（$F=4.1319$，$P=0.0153$）。个体间（id）的舒张压下降值差异有统计学意义（$F=4.36$，$P=0.0138$）。不同阶段（time）舒张压的下降值差异无统计学意义（$F=1.14$，$P=0.3102$）。不同治疗方案（treat）的差异无统计学意义（$F=4.57$，$P=0.0582$）。

②各阶段的基本统计量：包括样本量、均数与标准差，以及治疗方案 A、B 间的样本量、均数与标准差。结合①部分的主要结果可见扣除个体差异、不同阶段间的影响，不同治疗方案对患者舒张压下降值影响无统计学意义，还不能认为两种治疗方案的疗效存在差异，有可能与本研究的样本量多少有关。

第四节　多因素试验资料的方差分析

多因素试验是针对处理因素大于一个的情况而言的。比如，观察甲、乙两种镇痛药物联合运用在产妇分娩时的镇痛效果。其中两种药物为两个处理因素，每个药物有两个水平（使用、不使用），研究者欲比较两种药物搭配使用下的镇痛效果。针对此类试验资料，前述的完全随机设计及随机区组设计仅能安排一个处理因素，无法安排多个处理因素。析因设计和正交设计是常用的两种多因素试验设计类型。
```

一、析因设计

析因设计是多个因素的各水平全面交叉组合的一种设计方法,其基本思想是借助方差分析推断不同处理因素的主效应以及是否存在交互效应。

1.1 研究实例

例 8-4 观察甲(A)、乙(B)两种药物的使用对贫血患者的治疗效果。将 16 名患者随机等分为 4 组,一段时间后记录红细胞增加数,数据如表 8-4 所示。试分析甲、乙两药对贫血的治疗效果有无差异。

表 8-4 患者用药后的红细胞增加数　　　　　　　　　　　单位:$10^6/mm^3$

甲药	乙药		甲药	乙药	
	使用	不使用		使用	不使用
使用	2.8	1.7	不使用	1.5	0.7
	2.5	2.0		1.0	0.9
	2.7	1.6		1.3	0.8
	2.2	1.7		1.1	0.6

该实例中,甲药和乙药为两个因素。每个因素有两个水平(使用和不使用),该案例属于 2×2 析因设计。待分析的资料是红细胞增加数,属于定量变量。因此,可以考虑使用 2×2 析因设计的方差分析。

1.2 SAS 主要程序及说明

程序	说明
data ch8_4; 　input A B y@@; datalines; 1 1 2.8 1 1 2.5 1 1 2.7 1 1 2.2 1 0 1.7 1 0 2.0 1 0 1.6 1 0 1.7 0 1 1.5 0 1 1.0 0 1 1.3 0 1 1.1 0 0 0.7 0 0 0.9 0 0 0.8 0 0 0.6 ;	建立数据集 ch8_4 input 录入数据,A、B 为分组变量,0 为不使用,1 为使用;y 为红细胞增加数
proc sort; by A B; run; proc univariate normal; by A B; var y; run;	调用过程步 proc sort,对变量 A 和 B 进行排序,目的是 A 和 B 两个因素不同水平组合下的各组进行正态性检验和方差齐性检验
proc anova; class A B; model y=A*B ; means A*B/ hovtest; run;	调用过程步 proc anova 进行方差齐性检验
proc anova; class A B; model y=A B A*B; run;	调用过程步 proc anova 进行析因设计的方差分析

1.3 主要分析结果与解释

①

The UNIVARIATE Procedure
Variable：y
A=1 B=1
Tests for Normality

Test	Statistic		p Value	
Shapiro-Wilk	W	0.9456	Pr < W	0.6889
Kolmogorov-Smirnov	D	0.2146	Pr > D	>0.1500
Cramer-von Mises	W-Sq	0.0346	Pr > W-Sq	>0.2500
Anderson-Darling	A-Sq	0.2292	Pr > A-Sq	>0.2500

②

The ANOVA Procedure

Distribution of y

Level of A	Level of B	N	Mean	Std Dev
0	0	4	0.7500	0.1291
0	1	4	1.2250	0.2217
1	0	4	1.7500	0.1732
1	1	4	2.5500	0.2646

The ANOVA Procedure
Levene's Test for Homogeneity of y Variance
ANOVA of Squared Deviations from Group Means

Source	DF	Sum of Squares	Mean Square	F Value	Pr > F
A*B	3	0.0036	0.0012	1.0168	0.4188
Error	12	0.0143	0.0012		

③

The ANOVA Procedure
Dependent Variable：y

Source	DF	Sum of Squares	Mean Square	F Value	Pr > F
Model	3	7.1369	2.3790	57.3819	<.0001
Error	12	0.4975	0.0415		
Corrected Total	15	7.6344			

R-Square	Coeff Var	Root MSE	y Mean
0.9348	12.9793	0.2036	1.5688

Source	DF	Anova SS	Mean Square	F Value	Pr > F
A	1	5.4056	5.4056	130.39	<.0001
B	1	1.6256	1.6256	39.21	<.0001
A*B	1	0.1056	0.1056	2.55	0.1364

输出结果说明：

①正态性检验（Test of Normality）：两因素两水平的组合有四个处理组，结果显示，组合（A=1 且 B=1）的正态性检验 $P>0.05$；其他组合也满足正态分布（$P>0.05$），因篇幅所限，省略其他组合结果。值得注意的是，该案例中的各处理组内的样本量仅为 4 例。因此，正态性检验结果仅供参考。

②箱式图和方差齐性检验：从四个处理组的箱式图可发现，四组的红细胞数增加的平均水平不全相同。其中同时应用甲药和乙药，红细胞数增加数的平均水平最高，样本均数为 2.55（$\times 10^6/mm^3$）；其次是单独使用甲药、单独使用乙药、两种药物均不使用。四个处理组的方差齐性检验结果 $F=1.0168$，$P=0.4188$，即四个处理组的总体方差相等。

③2×2 析因设计的方差分析：整个模型有统计学意义（$F=57.3819$，$P<0.0001$）。甲药的主效应有统计学差异（$F=130.39$，$P<0.0001$）。乙药的主效应也有统计学意义（$F=39.21$，$P<0.0001$），而两种药物的交互效应不具有统计学意义（$F=2.55$，$P=0.1364$）。因此，按检验水准 $\alpha=0.05$，认为甲、乙两种药物对贫血的治疗效果均显著，但两种药物联合使用的交互作用并不显著。

1.4 其他选项说明

析因设计的方差分析也可以采用 PROC GLM 实现，程序如下：

```
proc glm data=ch8_4;     调用过程步 proc glm；class 确定分组变量 A、B；调用 model 分析 A、B 的主效应以及
  class A B;               A*B 的交互效应
  model y=A B A*B;
run;
```

主要分析结果和解释如下：

①

The GLM Procedure
Dependent Variable：y

Source	DF	Sum of Squares	Mean Square	F Value	Pr > F
Model	3	7.1369	2.3790	57.3819	<.0001
Error	12	0.4975	0.0415		
Corrected Total	15	7.6344			

R-Square	Coeff Var	Root MSE	y Mean
0.9348	12.9793	0.2036	1.5688

Source	DF	Type I SS	Mean Square	F Value	Pr > F
A	1	5.4056	5.4056	130.39	<.0001
B	1	1.6256	1.6256	39.21	<.0001
A*B	1	0.1056	0.1056	2.55	0.1364

Interaction Plot for y

从上述结果可见，PROC ANOVA 和 PROC GLM 的 2×2 析因设计的方差分析结果一致。值得注意的是 PROC GLM 会默认输出两个因素的交互作用图，直观展示二者是否存在交互作用，而 PROC ANOVA 默认状态下，无法输出两因素的交互作用图。在实际应用中，多因素试验的方差分析多使用 PROC GLM 实现。读者也可根据自己的需求，搭配使用 PROC ANOVA 和 PROC GLM 两个过程步满足分析需求。

二、正交设计

正交设计是研究多因素（3 个以上）多水平的一种试验设计方法，与析因设计不同的是正交设计是非全面的交叉组合，当因素较多时可以有效地减少试验次数。正交设计的主要工具是正交表。依据因素数、因素的水平数及交互作用等选择交互表，以此为依托进行试验设计快速高效。但需要注意的是正交设计会牺牲分析因素间部分交互作用，故要根据专业知识分析主效应和部分一阶交互作用。

2.1 研究实例

例 8-5 某实验室选择体重相近的小鼠进行了四因素两水平的正交试验，考虑的因素为温度（A）、湿度（B）、饲料（C）和性别（D），如表 8-5 所示，4 周后测定其体重增加量，在考虑温度 A 和湿度 B 的交互作用的情况下分析各因素对小鼠体重增加量（g）的影响。

表 8-5 小鼠饲养条件因素与水平

	温度（℃）	湿度（%）	饲料	性别
水平 1	20	40	甲	雄性
水平 2	25	60	乙	雌性

选择 $L_8(2^7)$ 正交表，8 次试验的结果如表 8-6 所示。

表 8-6 小鼠饲养条件的正交实验

试验序号	A（℃）	B（%）	C	D	体重增加量（g）
1	20	40	甲	雄性	62
2	20	40	乙	雌性	77
3	20	60	甲	雌性	57
4	20	60	乙	雄性	66
5	25	40	甲	雌性	70
6	25	40	乙	雄性	84
7	25	60	甲	雄性	69
8	25	60	乙	雌性	80

2.2 SAS 主要程序及说明

程序	说明
data ch8_5; 　input a b c d y@@; cards; 1 1 1 1 62 1 1 2 2 77 1 2 1 2 57 1 2 2 1 66 2 1 1 2 70 2 1 2 1 84 2 2 1 1 69 2 2 2 2 80 ;	建立数据集 ch8_5 input 录入数据，a、b、c 和 d 分别为处理因素；y 为小鼠体重增加量

续表

程序	说明

`proc anova data=ch8_5;`
`  class a b c d;`
`  model y=a b c d a*b;`
`run;`
	调用过程步 proc anova
	调用 class 确定分组变量 a、b、c、d
	调用 model 分析 a、b、c、d 因素及 a 和 b 的交互作用对 y 的影响

2.3 主要分析结果与解释

The ANOVA Procedure
Dependent Variable: y   ①

Source	DF	Sum of Squares	Mean Square	F Value	Pr > F
Model	5	581.6250	116.3250	22.70	0.0427
Error	2	10.2500	5.1250		
Corrected Total	7	591.8750			

R-Square	Coeff Var	Root MSE	y Mean
0.982682	3.2054	2.2638	70.6250

Source	DF	Anova SS	Mean Square	F Value	Pr > F
a	1	210.1250	210.1250	41.00	0.0235
b	1	55.1250	55.1250	10.76	0.0817
c	1	300.1250	300.1250	58.56	0.0167
d	1	1.1250	1.1250	0.22	0.6855
a*b	1	15.1250	15.1250	2.95	0.2280

输出结果说明：①正交设计方差分析，结果显示按检验水准 $\alpha=0.05$，温度（$P=0.0235$）和饲料种类（$P=0.0167$）对小鼠体重增加量的影响有统计学意义，而湿度（$P=0.0817$）、性别（$P=0.6855$）及温度和湿度的交互作用（$P=0.2280$）对小鼠体重增加量的影响无统计学意义。

2.4 其他拓展说明

除了上述两种设计外还有嵌套设计、裂区设计等用于多因素试验资料。嵌套设计又称窝设计、套设计或系统分组设计，是各因素按照隶属关系系统分组，研究因素之间地位不平等，因此，需要排除嵌套因素（即次要因素）对主要研究因素的影响，同时也就不能分析交互作用。SAS 系统中 PROC NESTED 和 PROC GLM 的 model 语句中设置因素嵌套可用于该设计类型下的方差分析。裂区设计可以看作析因设计的一种特殊形式，裂区设计与析因设计不同之处在于其处理因素作用于不同级别的实验单位，可使用 PROC ANOVA 实现该设计的方差分析。

第五节　重复测量资料的方差分析

重复测量设计是在不同条件下（如不同时间点、不同部位），从同一受试对象身上重复获得某指标观测值的一种实验设计类型。这类数据突出特点是对于同一观察对象而言，多次测量值之间往往存在着不同程度的相关性。对于重复测量设计的定量资料，可采用方差分析和混合效应模型进行统计分析，在资料满足正态性、方差齐性和球对称性的前提下，可采用一般线性模型进行方差分析。而当资料不满足方差齐性或球对称性要求时，混合效应模型是处理该类资料的有效方法。

本章节介绍如何采用一般线性模型实现重复测量资料的方差分析。

1.1　研究实例

例 8-6　从进行的一项关于记忆和认知功能障碍研究数据库中随机抽取了 60 人，包括高血压人群 30 人，非高血压人群 30 人，在入组、第 1 年、第 2 年、第 3 年对其体重指数（BMI）进行逐年随访，数据如表 8-7 所示。比较高血压与非高血压人群 BMI 的差别。

表 8-7　60 人不同随访时间的 BMI 结果

id	HTN	bmi0	bmi1	bmi2	bmi3
1	0	21.3	22.2	21.3	21.7
2	0	26.4	27.8	26.5	26.7
3	0	25.9	26.1	23.9	23.3
4	0	28.9	28.6	28.8	25.9
⋮	⋮	⋮	⋮	⋮	⋮
60	1	24.2	24.1	24.5	25.4

该资料对高血压和非高血压人群每一个观察者来说，在 4 个时间点上分别被测量了 BMI 数值，说明"随访时间"因素是一个重复测量的因素，因而这是一个重复测量的两因素设计定量资料，应选用与其设计类型相对应的方差分析来处理数据。

1.2　SAS 主要程序及说明

程序	说明

`data ch8_6;`
　`input id HTN bmi0 bmi1 bmi2 bmi3;`
`cards;`
`1 0 21.3 22.2 21.3 21.7`
`2 0 26.4 27.8 26.5 26.7`
`...`
`58 1 28.0 29.4 28.5 28.0`
`59 1 28.9 28.8 31.1 30.7`
`60 1 24.2 24.1 24.5 25.4`
`;`
`run;`
	data 建立数据集 ch8_6；input 语句录入数据 id（编号）、HTN（是否高血压）、bmi0（基线体重指数）、bmi1（第 1 年体重指数）、bmi2（第 2 年体重指数）、bmi3（第 3 年体重指数）

`proc glm data=ch8_6;`
　`class HTN;`
　`model bmi0 bmi1 bmi2 bmi3=HTN;`
　`repeated time 4/printe;`
`run;`
	调用过程步 proc glm，data=ch8_6 确定分析数据库；class 语句用来设置分类变量；model 用于确定因变量和自变量，本例中 bmi0、bmi1、bmi2、bmi3 是因变量，HTN 是自变量；另外，可在 model 语句中设置 nouni 选项，不输出单变量分析结果；repeated 语句用来指定重复测量的次数，本例中重复测量了 4 次，并将表示重复测量的变量命名为 time，其中 printe 选项用于输出球形检验的结果

1.3　主要分析结果与解释

		Dependent Variable：bmi0				
Source	DF	Sum of Squares	Mean Square	F Value	Pr > F	①
Model	1	31.5375	31.5375	2.81	0.0989	
Error	58	650.3523	11.2130			
Corrected Total	59	681.8898				
R-Square		Coeff Var	Root MSE		bmi0 Mean	
0.046250		12.8306	3.34858		26.0983	
Source	DF	Type I SS	Mean Square	F Value	Pr > F	
HTN	1	31.5375	31.5375	2.81	0.0989	
Source	DF	Type III SS	Mean Square	F Value	Pr > F	
HTN	1	31.5375	31.5375	2.81	0.0989	

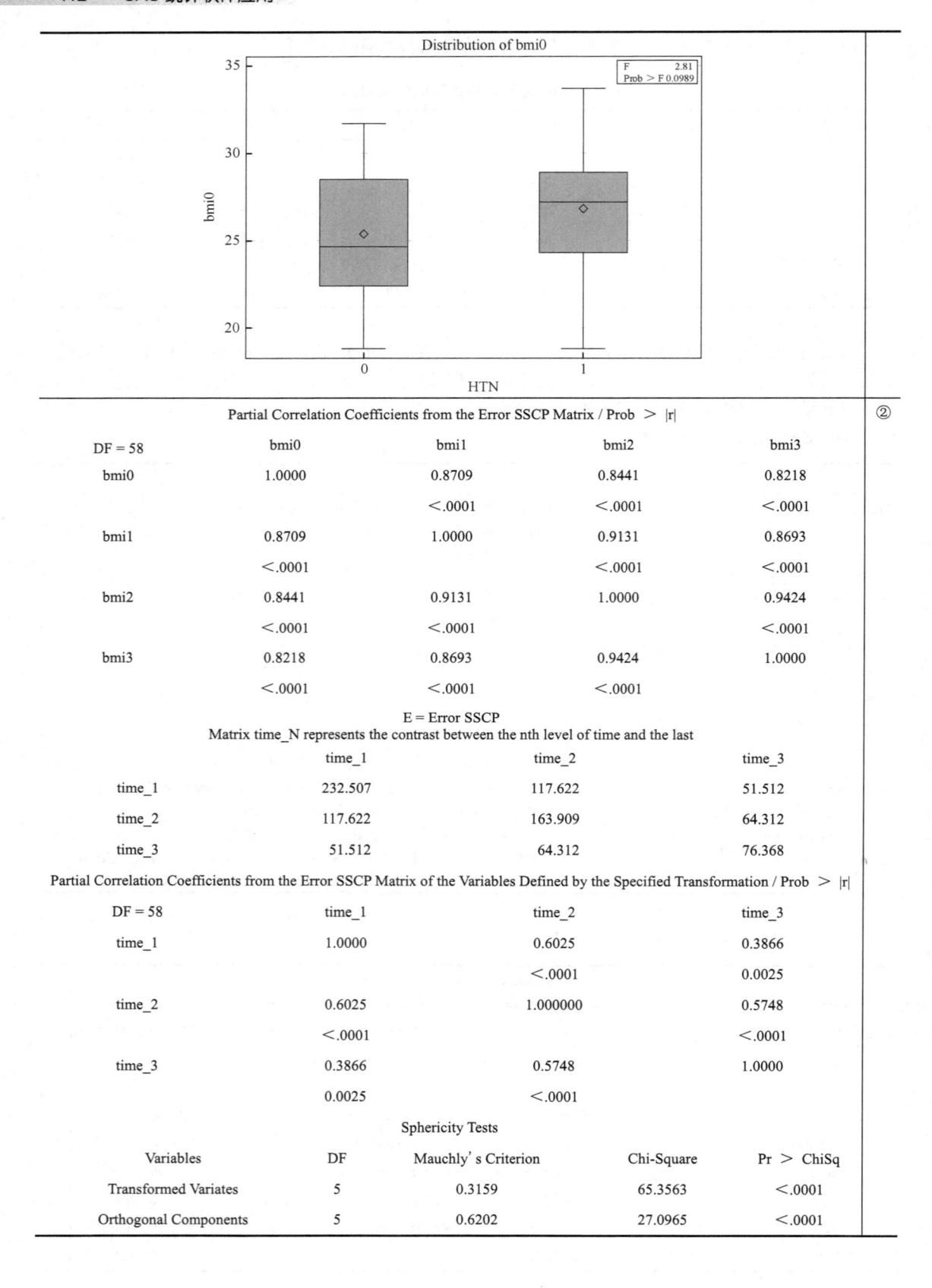

Distribution of bmi0

	F	2.81
	Prob > F	0.0989

Partial Correlation Coefficients from the Error SSCP Matrix / Prob > |r|

DF = 58	bmi0	bmi1	bmi2	bmi3
bmi0	1.0000	0.8709	0.8441	0.8218
		<.0001	<.0001	<.0001
bmi1	0.8709	1.0000	0.9131	0.8693
	<.0001		<.0001	<.0001
bmi2	0.8441	0.9131	1.0000	0.9424
	<.0001	<.0001		<.0001
bmi3	0.8218	0.8693	0.9424	1.0000
	<.0001	<.0001	<.0001	

E = Error SSCP

Matrix time_N represents the contrast between the nth level of time and the last

	time_1	time_2	time_3
time_1	232.507	117.622	51.512
time_2	117.622	163.909	64.312
time_3	51.512	64.312	76.368

Partial Correlation Coefficients from the Error SSCP Matrix of the Variables Defined by the Specified Transformation / Prob > |r|

DF = 58	time_1	time_2	time_3
time_1	1.0000	0.6025	0.3866
		<.0001	0.0025
time_2	0.6025	1.000000	0.5748
	<.0001		<.0001
time_3	0.3866	0.5748	1.0000
	0.0025	<.0001	

Sphericity Tests

Variables	DF	Mauchly's Criterion	Chi-Square	Pr > ChiSq
Transformed Variates	5	0.3159	65.3563	<.0001
Orthogonal Components	5	0.6202	27.0965	<.0001

②

MANOVA Test Criteria and Exact F Statistics for the Hypothesis of no time Effect H = Type III SSCP Matrix for time E = Error SSCP Matrix						③
S=1 M=0.5 N=27						
Statistic	Value	F Value	Num DF	Den DF	Pr > F	
Wilks' Lambda	0.9310	1.38	3	56	0.2574	
Pillai's Trace	0.0690	1.38	3	56	0.2574	
Hotelling-Lawley Trace	0.0741	1.38	3	56	0.2574	
Roy's Greatest Root	0.0741	1.38	3	56	0.2574	
MANOVA Test Criteria and Exact F Statistics for the Hypothesis of no time*HTN Effect H = Type III SSCP Matrix for time*HTN E = Error SSCP Matrix						
S=1 M=0.5 N=27						
Statistic	Value	F Value	Num DF	Den DF	Pr > F	
Wilks' Lambda	0.9661	0.65	3	56	0.5832	
Pillai's Trace	0.0339	0.65	3	56	0.5832	
Hotelling-Lawley Trace	0.0351	0.65	3	56	0.5832	
Roy's Greatest Root	0.0351	0.65	3	56	0.5832	

Tests of Hypotheses for Between Subjects Effects						④
Source	DF	Type III SS	Mean Square	F Value	Pr > F	
HTN	1	169.5120	169.5120	4.23	0.0442	
Error	58	2324.2994	40.0741			
Univariate Tests of Hypotheses for Within Subject Effects						
						Adj Pr > F
Source	DF	Type III SS	Mean Square	F Value	Pr > F	G-G / H-F-L
time	3	7.0708	2.3569	1.72	0.1638	0.1767 / 0.1747
time*HTN	3	3.4811	1.16038	0.85	0.4690	0.4453 / 0.4494
Error (time)	174	237.8656	1.3670			
Greenhouse-Geisser Epsilon				0.7773		
Huynh-Feldt-Lecoutre Epsilon				0.8119		

输出结果说明如下。

①输出每个时间点的单变量方差分析结果：此处仅列出了入组时有无高血压的 BMI 比较的方差分析结果以及分布箱式图，可见差异无统计学意义（$F=2.81$，$P=0.0989$）。

②输出各时间点的偏相关系数矩阵与球形假设检验结果：球形检验的卡方（Chi-Square）统计量=65.3563，$P<0.0001$，不满足球形假设前提，需进行校正自由度的重复测量资料的方差分析。

③输出多变量方差分析的结果：对重复时间效应、时间与高血压的交互效应进行统计推断，显示均无统计学意义（$P>0.05$）。

④输出重复测量资料的方差分析结果：个体间的推断显示高血压有统计学意义（$F=4.23$，$P=0.0442$）；由于球形假设不满足，选择校正自由度后的个体内的统计推断，显示不同时间体重指数不存在统计学差异（$P>0.05$），时间与高血压不存在交互效应（$P>0.05$），即有无高血压在 4 个时间点的体重指数的变化趋势相同。球对称系数 Greenhouse-Geisser Epsilon （G-G）和 Huynh-Feldt-Lecoutre Epsilon （H-F-L）的值分别为 0.7773 和 0.8119。

1.4 其他常用选项的说明

此外，还可以采用 proc mixed 过程实现重复测量资料的方差分析。

程序	说明

`data ch8_6n(keep=id HTN time bmi);`
`set ch8_6;`
`array tmp[*] bmi0-bmi3;`
	在数据集 ch8_6 的基础上转换数据结构，生成新的数据集 ch8_6n；另外，也可用 proc transpose 进行数据结构转换；新生成的数据集含以下变量：id（编号）、HTN（是否高血压）、time（随访时间）、bmi（体重指数）

程序	说明
| ```
do i=1 to dim(tmp);
  time=i-1;
  bmi=tmp[i];
  output;
end;
run;
proc mixed data=ch8_6n;
  class id time HTN;
  model bmi=time|HTN;
  repeated /type=VC subject=id(HTN);
run;
``` | 调用过程步 proc mixed；data=ch8_6n 确定分析数据库；class 语句用来设置分类变量；model 用于确定因变量和固定效应，本例中 bmi 是因变量，time、HTN 及它们的交互项是固定效应；repeated 语句用来规定个体的重复测量的协方差结构，"/" 后的 subject（也可简写为 sub）用来指定数据集中的个体，由于本例含有分组因素，在 "sub=" 后面给出受试对象个体变量名称的同时，还需在后面加注 "()"，括号内填入分组变量名称；若不含有分组因素，直接在 "sub=" 后面给出受试对象个体变量名称即可；"/" 后的 "type=" 选项用来设置协方差结构，本程序采用 VC（方差分量型）协方差结构模型对资料进行方差分析，此外还可以设置 UN（无结构型）、CS（复合对称型）、AR（1）（一阶自回归型）、SP（POW）（空间幂相关型）等协方差结构 |

主要分析结果和解释如下：

Fit Statistics		
−2 Res Log Likelihood		1242.8
AIC （Smaller is Better）		1244.8
AICC （Smaller is Better）		1244.8
BIC （Smaller is Better）		1246.9

①

Type 3 Tests of Fixed Effects				
Effect	Num DF	Den DF	F Value	Pr > F
time	3	174	0.21	0.8870
HTN	1	58	15.35	0.0002
time*HTN	3	174	0.11	0.9570

②

输出结果说明如下：

① 采用 VC 协方差结构模型进行混合效应模型分析的拟合信息的结果。

② 采用 VC 协方差结构模型进行混合效应模型分析的固定效应假设检验的结果。其中，是否高血压（HTN）对应的统计量 F=15.35，P=0.0002，P<0.05，按检验水准 $α$=0.05，认为高血压人群和非高血压人群的 BMI 均值差异有统计学意义。

第六节 协方差分析

协方差分析是将线性回归分析与方差分析相结合，将对因变量 Y 有影响的控制因素看作协变量，建立协变量 X 与因变量 Y 的线性回归关系，利用该回归关系将协变量 X 的值化为相等，计算因变量 Y 的均数，再对因变量 Y 的修正均数进行研究因素之间的比较。本节主要通过完全随机设计和随机区组设计的两个实例展示如何用 SAS 软件中 GLM 过程实现协方差分析。

一、完全随机设计资料的协方差分析

1.1 研究实例

例 8-7 研究两种饲料对大白鼠体重增加的影响，将体重接近、鼠龄相差较小的 24 只大白鼠随机分成 2 组，每组 12 只，喂以两种不同饲料，各组每只鼠在试验期间内的平均进食量（单位：g）
```

与体重增加量（单位：g）如表 8-8 所示，试分析两组动物体重增加量的均数间差别有无统计学意义？

表 8-8 两组大白鼠进食量 x 与体重增加量 y 试验结果　　　　单位：g

编号	A 组		编号	B 组	
	进食量	增重		进食量	增重
1	306.9	40.0	13	302.4	55.3
2	256.9	22.3	14	260.3	38.4
3	204.5	20.4	15	214.8	41.7
4	272.4	43.0	16	278.9	56.2
5	340.2	51.7	17	340.9	63.2
6	198.2	14.2	18	199.0	27.5
7	262.2	23.5	19	260.5	32.6
8	247.8	32.1	20	240.8	46.0
9	310.3	56.2	21	335.1	71.4
10	250.5	38.8	22	199.2	15.8
11	210.4	34.0	23	263.3	30.7
12	275.3	46.5	24	245.0	55.9

在试验中，试验因素有时会受到某个重要的定量非试验因素的影响。为了消除这种非试验因素对定量观测结果的影响和干扰，经常采用协方差分析。本例为消除"进食量"对"增重"的影响，可使用协方差分析。应用协方差分析的前提条件有二：其一，要求各组定量资料（主要指观测结果）来自方差相等的正态总体；其二，各组的总体回归斜率要相等，且不等于零。调用 PROC GLM 过程可对此定量资料进行分析，结果如下。

1.2　SAS 主要程序及说明

程序	说明
data ch8_7; do g=1 to 2;do a=1 to 12; input x y @@;output;end;end; cards; 306.9　40.0　256.9　22.3 204.5　20.4　272.4　43.0 340.2　51.7　198.2　14.2 262.2　23.5　247.8　32.1 310.3　56.2　250.5　38.8 210.4　34.0　275.3　46.5 302.4　55.3　260.3　38.4 214.8　41.7　278.9　56.2 340.9　63.2　199.0　27.5 260.5　32.6　240.8　46.0 335.1　71.4　199.2　15.8 263.3　30.7　245.0　55.9 ; run; proc univariate normal data=ch8_7; var y; class g; run;	建立数据集 ch8_7 录入数据，g 为饲料分组，a 为每组动物只数，x 为进食量，y 为增重 调用过程步 proc univariate，normal 为对增重进行正态性检验

续表

程序	说明

`proc glm data=ch8_7;`
`class g;`
`model y=g;`
`means g/hovtest;`
`run;`
	调用过程步 proc glm 对变量 y 进行方差齐性检验

`proc glm data=ch8_7;`
`class g;`
`model y=x g x*g/ss3;`
`run;`
	调用过程步 proc glm 检验回归斜率是否相等

`proc glm data=ch8_7;`
`class g;`
`model y=x g/ solution ss3;`
`lsmeans g /stderr pdiff;`
`run;`
	协方差分析和两两比较：proc glm 中的 model 语句的选项 solution 要求输出回归系数的估计值；lsmeans 语句中的选项 stderr 要求输出修正均数的标准误，选项 pdiff 要求输出修正均数两两比较的 P 值

1.3 主要分析结果与解释

Group=1
Moments

N	12	Sum Weights	12
Mean	35.225	Sum Observations	422.7
Std Deviation	13.1846	Variance	173.8330
Skewness	−0.0285	Kurtosis	−1.0175
Uncorrected SS	16801.77	Corrected SS	1912.1625
Coeff Variation	37.4296	Std Error Mean	3.8061

Tests for Normality

Test		Statistic		p Value
Shapiro-Wilk	W	0.9693	Pr < W	0.9031
Kolmogorov-Smirnov	D	0.1464	Pr > D	>0.1500
Cramer-von Mises	W-Sq	0.0266	Pr > W-Sq	>0.2500
Anderson-Darling	A-Sq	0.1811	Pr > A-Sq	>0.2500

Group=2
Moments

N	12	Sum Weights	12
Mean	44.5583	Sum Observations	534.7
Std Deviation	16.3729	Variance	268.0717
Skewness	−0.0815	Kurtosis	−0.7100
Uncorrected SS	26774.13	Corrected SS	2948.7892
Coeff Variation	36.7449	Std Error Mean	4.7264

Tests for Normality

Test		Statistic		p Value
Shapiro-Wilk	W	0.9774	Pr < W	0.9710
Kolmogorov-Smirnov	D	0.1608	Pr > D	>0.1500
Cramer-von Mises	W-Sq	0.02980	Pr > W-Sq	>0.2500
Anderson-Darling	A-Sq	0.1829	Pr > A-Sq	>0.2500

①

Levene's Test for Homogeneity of y Variance ANOVA of Squared Deviations from Group Means						②
Source	DF	Sum of Squares	Mean Square	F Value	Pr > F	
g	1	44774.8	44774.8	0.93	0.3466	
Error	22	1064625	48392.0			
Source	DF	Type III SS	Mean Square	F Value	Pr > F	③
x	1	3079.6788	3079.6788	36.01	<.0001	
g	1	0.4799	0.4799	0.01	0.9410	
x*g	1	19.8850	19.8850	0.23	0.6349	
Source	DF	Type III SS	Mean Square	F Value	Pr > F	④
x	1	3130.6460	3130.6460	38.00	<.0001	
g	1	511.4574	511.4574	6.21	0.0212	

输出结果说明如下。

①两组基本统计量和正态性检验：正态性检验结果显示，A 组和 B 组均满足正态性（$P>0.05$）。A 组增重的均值为 35.225g，标准差为 13.1846g。B 组的平均增重 44.5583g，标准差为 16.3729g。

②方差齐性检验：由结果可见，$F=0.93$，$P=0.3466$，说明该定量资料满足方差齐性要求。

③分组变量和协变量的交互作用：分析饲料分组（g）、协变量进食量（x）及饲料分组与进食量的交互作用（$x*g$）对增重（y）是否有统计学意义。因 $x*g$ 差别无统计学意义（$F=0.23$，$P=0.6349>0.05$），故可认为两个饲料组斜率是相等的，因此该定量资料满足一元协方差分析的前提条件。

④一元协方差分析：去掉饲料分组与进食量的交互作用（$x*g$）后，分析饲料种类（g）与协变量进食量（x）对增重（y）是否有统计学意义。分析结果显示进食量 x 对 y 的影响有统计学意义（$F=38.00$，$P<0.0001$），饲料分组对增重的影响有统计学意义。

二、随机区组设计的协方差分析

2.1 研究实例

例 8-8 某公司欲研究 3 种不同的生产方法对完成生产任务的影响，将 30 名员工按照工作经验等因素分成 10 个区组后，每个区组中的 3 名员工随机分配到不同的生产方法组中。考察指标为完成生产任务所花的时间（min），如表 8-9 所示，研究过程中还需要考虑视力对结果的影响。分析三种生产方法完成任务所花的时间是否不同？

表 8-9　30 名公司员工完成生产任务所需时间

区组	生产方法 1		生产方法 2		生产方法 3	
	视力	时间（min）	视力	时间（min）	视力	时间（min）
1	4.7	8.3	4.8	9.1	4.9	13.5
2	4.6	7.0	4.5	11.5	4.8	20.9
3	5.0	5.5	4.9	7.2	4.3	21.1
4	4.5	17.7	4.3	17.0	4.4	21.3
5	4.4	16.3	4.4	13.7	4.6	22.9
6	4.8	15.9	4.5	17.8	4.8	12.1
7	5.0	9.4	4.4	17.7	4.5	22.1
8	5.1	18.0	4.8	10.5	4.7	23.7
9	4.6	11.3	5.1	6.6	4.3	18.1
10	4.4	18.7	5.0	9.5	4.5	10.9

在该随机区组设计中，除了试验因素（生产方法）和区组因素以外，还涉及一个定量的影响因素，即视力。观测指标为完成任务所需时间。因此该问题中的数据是带有一个协变量的随机区组设计定量资料。

2.2 SAS 主要程序的说明

程序	说明
| ```
data ch8_8;
do block=1 to 10;
do treat=1 to 3;
input x y@@;
output;
end;end;
cards;
4.7  8.3   4.8   9.1   4.9  13.5
4.6  7.0   4.5  11.5   4.8  20.9
5.0  5.5   4.9   7.2   4.3  21.1
4.5 17.7   4.3  17.0   4.4  21.3
4.4 16.3   4.4  13.7   4.6  22.9
4.8 15.9   4.5  17.8   4.8  12.1
5.0  9.4   4.4  17.7   4.5  22.1
5.1 18.0   4.8  10.5   4.7  23.7
4.6 11.3   5.1   6.6   4.3  18.1
4.4 18.7   5.0   9.5   4.5  10.9
;
run;
``` | 建立数据集 ch8_8；block 为区组；treat 为三种生产方法；x 为员工视力，y 为完成生产任务所需要时间 |
| ```
proc glm data=ch8_8;
  class block treat;
  model y=block x treat treat*x block*x/ss3;
run;
``` | 调用过程步 proc glm，判断各因素与协变量及交互作用是否有统计学意义；进一步判断是否可以进行协方差分析 |
| ```
proc glm data=ch8_8;
  class block treat;
  model y=block x treat/ss3;
run;
``` | 调用过程步 proc glm 进行协方差分析 |

2.3 主要分析结果与解释

Source	DF	Type III SS	Mean Square	F Value	Pr > F	
block	9	113.1509	12.5723	0.49	0.8401	①
x	1	1.6348	1.6348	0.06	0.8096	
treat	2	0.1656	0.0828	0.00	0.9968	
x*treat	2	0.1276	0.0638	0.00	0.9975	
x*block	9	114.2928	12.6992	0.49	0.8369	
Source	DF	Type III SS	Mean Square	F Value	Pr > F	②
block	9	175.9225	19.5469	1.23	0.3412	
treat	2	180.8219	90.4109	5.68	0.0129	
x	1	90.3706	90.3706	5.68	0.0291	

输出结果说明如下。

①分组变量和协变量的交互作用：对于区组因素、处理因素（生产方法）与协变量的交互作用进行检验的结果。发现交互项对应的 P 值都大于 0.05，交互效应对结果的影响没有统计学意义，说明在处理因素或区组因素取不同水平时，所得到的结果变量与自变量之间的回归方程斜率相等，此时可以进行协方差分析。

②协方差分析：真正用于协方差分析的过程步，该步中 model 语句不再包含各个因素与协变量的交互作用项。结果发现，生产方法不同、视力不同对完成时间的影响差别有统计学意义，区组因素尚未发现有统计学意义。

在此省略了正态性检验和方差齐性检验这两个步骤，实际分析过程中仍需要先进行这两个步骤。

（曹明芹　李长平）
```

第九章 非参数统计方法

前面章节中用于推断两个均数的 t 检验和多个均数的方差分析均属于参数检验（parametric test），也称为基于特定分布的检验。本章将介绍另一类统计分析方法的 SAS 实现。这类方法不针对总体参数进行推断，而是对总体分布位置进行比较的一类假设检验方法。由于这一类方法并不涉及总体参数的检验，被称为非参数检验（non-parametric test），也称为任意分布检验。其中较为常见的是秩转换的非参数检验，通常适用于不能满足参数检验条件的计量资料，如偏态分布、未知分布、某一端有不确定值或各总体方差不齐；也用于比较各组之间效应有无差异的等级资料。对于定量资料的整体分析思路一般为：对待分析变量进行正态性检验，若符合正态性，可采用参数检验方法；若不符合正态性，选用秩和检验。

相对于参数检验方法，非参数检验方法的优点是适应性强，计算方便，但由于损失了部分信息，检验效率降低了。在资料服从正态分布的前提下，当 H_0 不真时，非参数检验方法不如参数检验方法能灵敏地拒绝 H_0，即犯第二类错误的概率大于参数检验法。因此，对于适合参数检验的资料，最好还是用参数检验。

第一节 单样本资料的符号秩和检验

符号秩和检验是威尔科克森（Wilcoxon）于1945年提出的，也称 Wilcoxon 符号秩检验（Wilcoxon sign rank test），用于推断总体中位数是否等于某个指定值，或配对样本差值的总体中位数是否为0，其基本思想是假设两种处理效应相同，则每对差值的总体是以0为中心对称分布的，这时差值总体的中位数为0。

1.1 研究实例

例 9-1 某工厂生产产品需要铅作为添加剂，虽然在生产过程中积极地采取防护措施，但工人认为自己可能存在血铅含量超标。为此，防护人员进行了一项研究，随机抽取接触铅作业的一线男性工人 12 名，检测其血铅含量（µmol/L）分别为：0.43, 0.67, 0.38, 0.41, 0.54, 0.41, 0.37, 0.57, 0.98, 0.79, 0.45, 0.31；同时获得该地区正常成年男子血铅含量中位数 0.48µmol/L。该工厂工人的血铅含量水平不同于正常人的血铅含量吗？

血铅含量为定量变量，属于计量资料，一般正常人群中血铅含量呈偏态分布；同时，已知正常成年男子血铅含量中位数 0.48µmol/L，故该资料不能使用单样本 t 检验进行分析，需采用符号秩和检验。

1.2 SAS 主要程序及说明

程序	说明

```data ch9_1;```
  ```input x1 @@;```
```cards;```
```0.43 0.67 0.38 0.41 0.54 0.41```
```0.37 0.57 0.98 0.79 0.45 0.31```
```;```
```proc univariate data=ch9_1 mu0=0.48;```
  ```var x1;```
```run;```
	建立数据集 ch9_1
	input 录入数据，x1 血铅含量
	
	调用过程步 proc univariate，data=ch9_1 确定分析数据库，mu0=0.48 确定对样本进行分布位置的假设检验时的位置参数，即总体中位数；var x1 为变量 x1

1.3 主要分析结果与解释

Moments				
N	12	Sum Weights	12	①
Mean	0.5258	Sum Observations	6.31	
Std Deviation	0.1984	Variance	0.0394	
Skewness	1.3112	Kurtosis	1.2108	
Uncorrected SS	3.7509	Corrected SS	0.4329	
Coeff Variation	37.7264	Std Error Mean	0.0573	

Basic Statistical Measures				
Location		Variability		②
Mean	0.5258	Std Deviation	0.1984	
Median	0.4400	Variance	0.0394	
Mode	0.4100	Range	0.6700	
		Interquartile Range	0.2250	

Tests for Location: Mu0=0.48				
Test	Statistic		p Value	③
Student's t	t	0.8004	Pr > |t|	0.4405
Sign	M	−1	Pr >= |M|	0.7744
Signed Rank	S	3	Pr >= |S|	0.8350

Quantiles（Definition 5）		
Level	Quantile	④
100% Max	0.980	
99%	0.980	
95%	0.980	
90%	0.790	
75% Q3	0.620	
50% Median	0.440	
25% Q1	0.395	
10%	0.370	
5%	0.310	
1%	0.310	
0% Min	0.310	

Extreme Observations				
Lowest		Highest		⑤
Value	Obs	Value	Obs	
0.31	12	0.54	5	
0.37	7	0.57	8	
0.38	3	0.67	2	
0.41	6	0.79	10	
0.41	4	0.98	9	

输出结果说明如下。

①和②输出数据统计量：其中 N 为样本量、Sum Weights 为权重总和、Mean 为均数、Median 为中位数。

③位置检验结果：Signed Rank 为符号秩和检验结果，其统计量 $S=3$，$P=0.8350$。同时也输出 t 检验（Student's t）和符号检验（Sign）结果，分别为 $P=0.4405$ 和 $P=0.7744$。针对本案例，选用符号秩和检验结果，即 $P=0.8350$，$P>0.05$，按检验水准 $\alpha=0.05$，认为该工厂工人血铅含量水平与正常人之间的差别无统计学意义。

④输出百分位数结果。

⑤极值观测结果：列出了变量中最小的 5 个值和最大的 5 个值。

1.4 其他常用选项的说明

PROC UNIVARIATE 过程步除 DATA 选项外，常用的选项还包括：

其他常用选项	说明
normal	调用正态性检验
loccount	观察值与 mu0 值比较后各种情况的频数
cipctldf	基于非参数法求置信区间
alpha	确定置信水平

对于上述数据库，我们可以增加 UNIVARIATE 过程步中选项，具体如下：

程序	说明

`proc univariate data=ch9_1 mu0=0.48 normal loccount alpha=0.05 cipctldf;`
`  var x1;`
`run;`
	调用 data=ch9_1

上述程序运行结果如下：

Location Counts: Mu0=0.48		①
Count	Value	
Num Obs > Mu0	5	
Num Obs ^= Mu0	12	
Num Obs < Mu0	7	

Tests for Normality				②
Test	Statistic		p Value	
Shapiro-Wilk	W	0.8667	Pr < W	0.0593
Kolmogorov-Smirnov	D	0.2322	Pr > D	0.0737
Cramer-von Mises	W-Sq	0.1178	Pr > W-Sq	0.0575
Anderson-Darling	A-Sq	0.6794	Pr > A-Sq	0.0581

Quantiles（Definition 5）						③
Level	Quantile	95% Confidence Limits Distribution Free		Order Statistics		
				LCL Rank	UCL Rank	Coverage
100% Max	0.980					
99%	0.980	.	.	.	.	.
95%	0.980	0.67	0.98	10	12	44.01
90%	0.790	0.67	0.98	10	12	60.67
75% Q3	0.620	0.43	0.98	6	12	95.41
50% Median	0.440	0.38	0.67	3	10	96.14
25% Q1	0.395	0.31	0.45	1	7	95.41
10%	0.370	0.31	0.38	1	3	60.67
5%	0.310	0.31	0.38	1	3	44.01
1%	0.310	.	.	.	.	.
0% Min	0.310					

输出结果说明如下。

①位置比较结果：分别为观察值大于、不等于、小于 Mu0 值的频数为 5、12 和 7。

②正态性检验结果：$P<0.10$，不符合正态分布。

③输出基于任意分布下的分位数的点估计值及对应的 95% 置信区间和基于秩次的顺序统计量（置信区间下限、上限和其收敛概率）。该工厂工人血铅含量的中位数（50% Median）为 0.440μmol/L，其任意分布下的 95% 置信区间（95% Confidence Limits Distribution Free）为（0.38，0.67）μmol/L。

第二节 配对设计资料的符号秩和检验

对于不满足参数检验条件的配对设计定量资料可采用符号秩和检验。

1.1 研究实例

例 9-2 为了解白癜风患者的白介素水平，某医生在临床随机抽取 10 名确诊白癜风患者，分别在其白斑部位和正常部位检测白介素-6（IL-6）水平，结果如表 9-1 所示。白癜风患者的白斑部位和正常部位的 IL-6 水平是否有差异。

表 9-1 白癜风患者的不同部位 IL-6 检测结果　　　　　　　　　单位：μg/L

患者序号	1	2	3	4	5	6	7	8	9	10
白斑部位	11.37	22.54	12.88	27.37	25.77	16.10	14.49	24.15	4.83	20.93
正常部位	35.68	19.32	11.05	30.59	32.20	20.93	35.42	24.15	11.27	74.06

该资料为定量资料，试验因素有两个水平，并且在这两个水平作用下获得的相同指标是成对出现的，每一个对子中的两个数据来自同一个个体或者匹配后条件相近的两个个体，属于"配对设计"，依据差值是否服从正态分布，可考虑采用配对 t 检验或符号秩和检验。

1.2 SAS 主要程序及说明

程序	说明
`data ch9_2;`	建立数据集 ch9_2
`  input x1 x2 @@;`	录入数据，x1 为白斑部位 IL-6 水平，x2 为正常部位 IL-6 水平
`  d=x1-x2;`	d=表示求 IL-6 的差值，变量名为 d
`cards;`	
`11.37 35.68 22.54 19.32`	
`12.88 11.05 27.37 30.59`	
`25.77 32.20 16.10 20.93`	
`14.49 35.42 24.15 24.15`	
`4.83  11.27 20.93 74.06`	
`;`	
`proc univariate data=ch9_2`	调用过程步 proc univariate
`  normal;`	调用 normal 对差值 d 进行正态性检验，同时输出参数和非参数检验结果
`  var d;`	
`run;`	

1.3 主要分析结果与解释

默认输出结果中，部分结果可参照本章第一节，主要结果如下：

Tests for Normality ①				
Test	Statistic		p Value	
Shapiro-Wilk	W	0.7861	Pr < W	0.0098
Kolmogorov-Smirnov	D	0.3137	Pr > D	<0.0100
Cramer-von Mises	W-Sq	0.1520	Pr > W-Sq	0.0192
Anderson-Darling	A-Sq	0.8813	Pr > A-Sq	0.0163

	Tests for Location: Mu0=0		
Test	Statistic		p Value
Student's t	t	−2.0947	Pr > |t| 0.0657
Sign	M	−2.5	Pr >= |M| 0.1797
Signed Rank	S	−19	Pr >= |S| 0.0234

②

输出结果说明如下：

① 差值的正态性检验结果：Shapiro-Wilk 检验结果显示，W=0.7861，P=0.0098，小于 0.10，可以认为差值 d 不服从正态分布。Kolmogorov-Smirnov、Cramer-von Mises、Anderson-Darling 三种正态性检验结果也表现 P 值小于 0.10。因此，我们应查看符号秩和检验结果。

② 位置检验（Tests for Location：Mu0=0）结果：即符号秩和检验，统计量 S=−19，P=0.0234，P<0.05，按检验水准 α=0.05，认为白癜风患者白斑部位和正常部位的 IL-6 水平之间的差别有统计学意义。但是，如果我们没有考虑到分布特征，而是直接用 t 检验进行分析，就会得出不一样的结论。

1.4 其他选项说明

PROC UNIVARIATE 过程步也可以增加 LOCCOUNT 选项，这时输出的差值与 0 比较结果如下：差值中大于 0 的有 2 个，不等于 0 的有 9 个，小于 0 的有 7 个，可见等于 0 的例数有 1 个。

Location Counts：Mu0=0	
Count	Value
Num Obs > Mu0	2
Num Obs ^= Mu0	9
Num Obs < Mu0	7

第三节 两样本成组设计资料的 Wilcoxon 秩和检验

两样本比较的 Wilcoxon 秩和检验，用于成组设计定量资料或等级资料的假设检验，其基本思想是将原始数据进行秩转换，用秩数据代替原始数据进行分析，从而不受原始数据需满足正态分布的条件限制。对于两独立样本资料进行非参数检验，还可以采用曼-惠特尼 U 检验（Mann-Whitney U test），其分析原理和结论与 Wilcoxon 秩和检验一致，仅统计量的计算方式和结果不同，前者为 U 值，后者为 W；但是，当样本量不太小时，我们经常选取正态近似法（Z 检验）结果，三者分析的结论多数情况下是一致的。

一、定量资料的 Wilcoxon 秩和检验

1.1 研究实例

例 9-3 欲探讨淋巴细胞转移对直肠癌患者预后的影响，某医生回顾调查进行手术治疗、初诊直肠癌患者 20 人，其中 10 人无淋巴结转移，其生存时间（月）分别为：15，6，30，31，36，78，33，22，29，24；10 人有淋巴结转移，其生存时间（月）分别为：12，25，16，20，12，19，22，21，21，20。试问淋巴结转移是否对直肠癌患者预后有影响。

生存时间为定量资料，属于完全随机设计的两个总体生存时间比较，考虑可能采用两组独立样本 t 检验，但需要验证条件是否满足。分别对两组生存时间进行正态性检验（见第六章），有淋巴结转移组 P=0.007，无淋巴结转移组 P=0.042，可见，两组生存时间均不服从正态分布。因此，该资料不适合用两组独立样本 t 检验进行分析，宜采用两独立样本比较的 Wilcoxon 秩和检验。

1.2 SAS 主要程序及说明

程序	说明

`data ch9_3;`
  `input group day@@;`
`datalines;`
`1 15 1 6 1 30 1 31 1 36 1 78 1 33 1 22 1 29 1 24`
`2 12 2 25 2 16 2 20 2 12 2 19 2 22 2 21 2 21 2 20`
`;`
	建立数据集 ch9_3；input 录入数据，group 为分组变量，1 为无淋巴结转移，2 为有淋巴结转移；day 为生存时间

`proc npar1way data=ch9_3 wilcoxon ;`
  `class group;`
  `var day;`
`run;`
	调用过程步 proc npar1way，调用 wilcoxon 语句进行秩和检验；class 语句确定分组变量；var 语句确定检验变量

1.3 主要分析结果与解释

Wilcoxon Scores (Rank Sums) for Variable day Classified by Variable group					
group	N	Sum of Scores	Expected Under H0	Std Dev Under H0	Mean Score
1	10	134.50	105.0	13.2088	13.450
2	10	75.50	105.0	13.2088	7.550

Average scores were used for ties.

①

Wilcoxon Two-Sample Test	
Statistic	134.5000
Normal Approximation	
Z	2.1955
One-Sided Pr > Z	0.0141
Two-Sided Pr > |Z|	0.0281
t Approximation	
One-Sided Pr > Z	0.0204
Two-Sided Pr > |Z|	0.0407

Z includes a continuity correction of 0.5.

②

Kruskal-Wallis Test	
Chi-Square	4.9879
DF	1
Pr > Chi-Square	0.0255

③

输出结果说明如下。

①各组按照秩次计算的基本统计量：Sum of Scores 为各组的秩次和；Expected Under H0 为无效假设成立下的期望秩次和；Std Dev Under H0 为无效假设成立下的期望秩次和的标准差，Mean Score 为平均秩次。

②Wilcoxon 检验结果：Statistic 为秩和检验统计量，结果是 134.5000；Normal Approximation 为近似 Z 检验结果，统计量 Z 值为 2.1955，单侧检验 $P=0.0141$，双侧检验 $P=0.0281$；t Approximation 为近似 t 检验，结果同前。近似 Z 检验的双侧 $P=0.0281$，$P<0.05$，按检验水准 $\alpha=0.05$，认为有淋巴结转移直肠癌患者与无淋巴结转移直肠癌患者的生存时间之间的差别有统计学意义，即淋巴结转移对直肠癌患者预后有影响。

③克鲁斯卡尔-沃利斯（Kruskal-Wallis）检验结果：χ^2 值为 4.9879，$P=0.0255$，其结果与②中近似 Z 检验结果相近。Z 检验进行连续性校正，如果不进行连续性校正，二者结果一致。

1.4 其他选项说明

PROC NPAR1WAY 过程步常用的选项还包括：

其他常用选项	说明
HL	进行霍奇斯-莱曼（Hodges-Lehmann）估计
alpha=选项	设置置信区间的置信水平
correct=no	取消连续性校正
exact wilcoxon	请求计算精确的 P 值，适用于样本量较小的资料比较

对于上述数据库，我们可以增加选项，具体如下：

程序	说明
```proc npar1way data=ch9_3 wilcoxon correct=no alpha =0.05 HL; class group; var day; exact wilcoxon; run;```	调用 data=ch9_3；调用精确概率法

上述程序运行结果如下：

Wilcoxon Two-Sample Test

Statistic (S)	134.5000
Normal Approximation	
Z	2.2334
One-Sided Pr > Z	0.0128
Two-Sided Pr > |Z|	0.0255
t Approximation	
One-Sided Pr > Z	0.0189
Two-Sided Pr > |Z|	0.0377
Exact Test	
One-Sided Pr >= S	0.0122
Two-Sided Pr >= |S - Mean|	0.0244

由于增加了 correct=no 选项取消连续性校正，近似 Z 检验 $P=0.0255$，这与 Kruskal-Wallis 检验结果一致。Wilcoxon 检验结果部分输出增加了精确检验结果，双侧 $P=0.0244$，结论与其他检验结果一致。一般情况下，几种检验方法的 P 值虽不完全相等，但结论基本一致，若结果截然相反，多以精确检验结果为准。

二、等级资料的 Wilcoxon 秩和检验

2.1 研究实例

例 9-4 某研究者欲比较吲哚美辛与吲哚美辛加皮质激素制剂（简称合剂）治疗慢性肾小球肾炎的疗效，将 126 例慢性肾小球肾炎患者随机分为两组，分别用吲哚美辛和合剂治疗，全程用药后病情分为完全缓解、基本缓解、部分缓解和无缓解 4 个等级。结果如表 9-2。据此比较两种药物治疗慢性肾小球肾炎的疗效有差别吗？

表 9-2　两种药物治疗慢性肾小球肾炎疗效比较

疗效	合剂	消炎痛	合计
完全缓解	45	25	70
基本缓解	12	21	33
部分缓解	4	12	16
无缓解	3	4	7
合计	64	62	126

该实例两种方法治疗慢性肾小球肾炎疗效比较，属于等级资料，对于完全随机设计的等级资料组间处理效应比较，不应该采用 χ^2 检验，应采用 Wilcoxon 秩和检验。

2.2　SAS 主要程序及说明

程序	说明

`data ch9_4;`
　`input group effect f@@;`
`datalines;`
`1 1 45　　2 1 25`
`1 2 12　　2 2 21`
`1 3 4 　　2 3 12`
`1 4 3 　　2 4 4`
`;`
	建立数据集 ch9_4；input 录入数据，group 为分组变量，effect 为疗效，四个级别依次定义为 1、2、3、4；f 为频数

`proc npar1way data=ch9_4 wilcoxon;`
　`class group;`
　`var effect;`
　`freq f;`
`run;`
	调用过程步 proc npar1way；调用 wilcoxon 进行秩和检验；调用 class 确定分组变量 group；调用 var 确定检验变量 effect；调用 freq 确定频数变量 f

2.3　主要分析结果与解释

Wilcoxon Two-Sample Test		
Statistic	4544.5000	①
Normal Approximation		
Z	3.2944	
One-Sided Pr > Z	0.0005	
Two-Sided Pr > |Z|	0.0010	
t Approximation		
One-Sided Pr > Z	0.0006	
Two-Sided Pr > |Z|	0.0013	
Z includes a continuity correction of 0.5.		
Kruskal-Wallis Test		②
Chi-Square	10.8711	
DF	1	
Pr > Chi-Square	0.0010	

输出结果说明如下。

① 近似 Z 检验和近似 t 检验结果分别是统计量和所对应的单、双侧概率值，近似 Z 检验双侧 $P=0.0010$，$P<0.05$，按检验水准 $\alpha=0.05$，认为两种药物治疗慢性肾小球肾炎疗效之间差别有统计学意义。

② Kruskal-Wallis 检验结果：$\chi^2=10.8711$，$P=0.0010$，结论同前。注意，当样本量较大时，连续性校正的近似 Z 检验结果与 Kruskal-Wallis 检验结果一致。

第四节 多样本成组设计资料的 Kruskal-Wallis H 检验

Kruskal-Wallis H 检验（Kruskal-Wallis H test），用于推断定量资料或等级资料的多个独立样本所来自的多个总体分布是否有差别。在理论上检验假设 H_0 应为多个总体分布相同，即多个样本来自同一总体。由于 H 检验对多个总体分布的形状差别不敏感，故在实际应用中检验假设 H_0 可写作多个总体分布位置相同。对立的备择假设 H_1 为多个总体分布位置不全相同。

一、定量资料的 Kruskal-Wallis H 检验

1.1 研究实例

例 9-5 某研究者欲研究甲、乙两种菌种对小鼠巨噬细胞吞噬功能的激活作用，将 24 只小鼠随机分为三组，甲菌组、乙菌组和生理盐水对照组，采用常规方法进行检测，获得每只鼠的吞噬率（%），结果如表 9-3。不同菌种条件下小鼠巨噬细胞吞噬率有差别吗？

表 9-3 不同菌种条件下小鼠巨噬细胞吞噬率   单位：%

甲菌种组	59	48	56	95	47	46	54	62
乙菌种组	45	58	67	52	60	41	58	46	63
对照组	43	34	26	27	35	41	24		

小鼠巨噬细胞吞噬率为定量变量，三种菌种条件下，首先考虑采用完全随机设计的方差分析，但该方法要求每个总体服从正态分布和方差齐性。本例对每个组进行正态性检验，结果 P 值分别为 0.002、0.0229 和 0.4387，可见甲、乙两种菌种总体吞噬率不满足正态分布，因此不能采用方差分析，考虑采用 Kruskal-Wallis H 检验。

1.2 SAS 主要程序及说明

程序	说明

```data ch9_5;```
``` do group=1 to 3;```
``` input n;```
```   do i=1 to n;```
```   input rate@@;output;```
```   end;```
``` end;```
```datalines;```
```8```
```59 48 56 95 47 46 54 62```
```9```
```45 58 67 52 60 41 58 46 63```
```7```
```43 34 26 27 35 41 24```
```;```
	建立数据集 ch9_5
	录入数据，group 为分组变量；rate 为吞噬率

```proc npar1way data=ch9_5 wilcoxon;```
``` class group;```
``` var rate;```
```run;```
	调用过程步 proc npar1way；调用 wilcoxon 进行秩和检验；调用 class 确定分组变量 group；调用 var 确定检验变量 rate

1.3 主要分析结果与解释

		Wilcoxon Scores （Rank Sums） for Variable rate Classified by Variable group				
group	N	Sum of Scores	Expected Under H0	Std Dev Under H0	Mean Score	①
1	8	130.50	100.00	16.3193	16.3125	
2	9	140.00	112.50	16.7596	15.5556	
3	7	29.50	87.50	15.7351	4.2143	
		Average scores were used for ties.				
		Kruskal-Wallis Test				②
	Chi-Square				13.6354	
	DF				2	
	Pr > Chi-Square				0.0011	

输出结果说明如下。

①三组数据基于秩次计算的基本信息：包括样本量、秩和、平均秩等，零假设下各组统计量的期望值及标准差、最后输出平均秩和，参照第三节。

②Kruskal-Wallis 检验结果：$P=0.0011$，$P<0.05$，按检验水准 $\alpha=0.05$，认为不同菌种条件下小鼠巨噬细胞吞噬率之间差别有统计学意义。

1.4 其他选项说明

Kruskal-Wallis 检验也是调用 proc npar1way 进行分析，第三节相应选项均适用于本节分析。但对于多组比较，若 $P<0.05$，多组总体分布差异有统计学意义，则应进行多重比较，可采用两独立样本秩和检验，以 Bonferroni 法校正检验水准。在 SAS 程序上可通过 where 选项选取两组进行两独立样本秩和检验，然后调整检验水准做最后判断。以例 9-5 为例分析如下：

程序	说明

```proc npar1way data=ch9_5 wilcoxon;```
　　```class group;```
　　```var rate;```
　　```where group=1 or group=3;```
```run;```
	调用 data=ch9_5 数据库
	调用 where 语句，指定比较组为 1 和 3

上述程序运行结果如下：

		Wilcoxon Scores （Rank Sums） for Variable rate Classified by Variable group				
group	N	Sum of Scores	Expected Under H0	Std Dev Under H0	Mean Score	①
1	8	92.0	64.0	8.6410	11.50	
3	7	28.0	56.0	8.6410	4.00	
		Wilcoxon Two-Sample Test				②
	Statistic				28.0000	
	Normal Approximation					
	Z				−3.1825	
	One-Sided Pr < Z				0.0007	
	Two-Sided Pr > |Z|				0.0015	

Kruskal-Wallis Test		
Chi-Square	10.5000	③
DF	1	
Pr > Chi-Square	0.0012	

输出结果说明如下。

①输出 1 组和 3 组进行 Wilcoxon 秩和检验的数据基本信息。

②和③分别输出了 1 组和 3 组比较的 Wilcoxon 检验和 Kruskal-Wallis 检验结果，P 值分别为 0.0015 和 0.0012，依据 Bonferroni 校正思想，按照 3 次比较进行检验水准分割，则 $\alpha=0.0167$，$P<0.0167$，认为甲菌种与对照组小鼠巨噬细胞吞噬率之间差别有统计学意义。其他组之间比较以此类推。

二、等级资料的 Kruskal-Wallis H 检验

2.1 研究实例

例 9-6 某医生欲了解低强度脉冲超声波对桡骨远端骨折患者辅助治疗的效果，开展了一项随机对照研究，参与研究的患者有 116 人，进行单纯切开复位内固定（对照组）治疗的患者有 41 人，切开复位内固定联合低强度 1∶5 通断比脉冲超声波（实验组 1）治疗的患者有 39 人，内固定联合低强度 1∶2 通断比脉冲超声波（实验组 2）治疗的患者有 36 人，通过腕关节功能 Dienst 等级标准评估两组患者骨折复位愈合后腕关节功能恢复情况，结果如表 9-4，试分析不同治疗方案的患者腕关节功能恢复情况是否相同。

表 9-4 两种治疗方法患者腕关节功能恢复情况

恢复情况	对照组	实验组 1	实验组 2
优	12	15	17
良	13	14	13
中	9	6	4
差	7	4	2
合计	41	39	36

该资料为等级资料，三组比较的假设检验，应进行 Kruskal-Wallis H 检验。

2.2 SAS 主要程序及说明

程序	说明

data ch9_6;
  do group=1 to 3;
    do effect=1 to 4;
      input f@@;output;
    end;
  end;
datalines;
7 9 13 12 4 6 14 15 2 4 13 17
;
proc npar1way data=ch9_6 wilcoxon;
  class group;
  var effect;
  freq f;
run;
	建立数据集 ch9_6
	录入数据，group 为分组变量；effect 为恢复情况，利用 do 语句定义，由"差"到"优"依次为 1、2、3、4；f 为频数
	
	调用过程步 proc npar1way；调用 wilcoxon 进行秩和检验；调用 class 确定分组变量 group
	调用 var 确定检验变量 effect；调用 freq 进行加权 f

2.3 主要分析结果与解释

group	N	Wilcoxon Scores (Rank Sums) for Variable effect Classified by Variable group				
		Sum of Scores	Expected Under H0	Std Dev Under H0	Mean Score	①
1	41	2072.5000	2398.50	164.1457	50.5488	
2	39	2318.5000	2281.50	162.2126	59.4487	
3	36	2395.0000	2106.00	158.8559	66.5278	

Average scores were used for ties.

Kruskal-Wallis Test		
Chi-Square	4.8673	②
DF	2	
Pr > Chi-Square	0.0877	

输出结果说明如下。

①输出三组数据基本信息。

②Kruskal-Wallis 检验结果：$P=0.0877$，$P>0.05$，按检验水准 $\alpha=0.05$，认为不同治疗方案的患者腕关节功能恢复情况无统计学意义。

注意，若多组等级资料比较差异有统计学意义，仍需进行多重比较，其分析过程参照例 9-5。

第五节 随机区组设计资料的 Friedman 检验

随机区组设计资料的 Friedman 检验（Friedman test）是由弗里德曼（M.Friedman）在符号秩和检验的基础上提出来的，又称 M 检验，其基本思想是将各区组内的观测值按从小到大的顺序进行编秩，在 H_0 成立的条件下，即各处理组的中位数或总体分布相同，其秩次的分布应该是随机的，各处理组的秩和相差比较大的可能性很小；如果各处理样本秩和相差很大，也即 Friedman 检验统计量 χ^2 很大，就有理由按检验水准拒绝 H_0。Friedman 检验用于随机区组设计的多组定量资料比较，若各处理组样本不满足正态分布或方差齐性，也无适当的变量变换方法使其满足该条件时，则应采用随机区组设计的秩和检验。

1.1 研究实例

例 9-7 为探讨饲料中添加蛋白质后对肝脏中维生素 A 含量的影响，研究者将 18 只大鼠按照种属、性别相同，体重相近的原则分为 6 个区组，每个区组内 3 只大鼠随机分配到 3 种饲料组：普通饲料（饲料 1）、普通饲料加入植物蛋白（饲料 2）、普通饲料加入动物蛋白（饲料 3）。喂养一个月后，测定大鼠肝脏中维生素 A 含量（IU/g），结果见表 9-5，试分析三种饲料喂养的大鼠肝内维生素 A 含量是否有差异？

表 9-5 三种饲料喂养的大鼠肝内的维生素 A 含量　　　　单位：IU/g

序号	不同配方饲料			序号	不同配方饲料		
	饲料 1	饲料 2	饲料 3		饲料 1	饲料 2	饲料 3
1	3000	2680	2850	5	5300	4500	4960
2	2570	2340	2400	6	2600	2400	2520
3	1730	2350	3200	7	2850	2850	2630
4	2550	2500	2550	8	7470	5420	6360

本例实验效应为维生素 A 含量，属于定量资料，采用随机区组设计，对不同饲料组小白鼠肝脏维生素 A 含量进行正态性检验：饲料 1 组 $P=0.020$、饲料 2 组 $P=0.027$、饲料 3 组 $P=0.20$，按 $\alpha=0.10$

水准，饲料 1 组和饲料 2 组小白鼠肝脏维生素 A 含量不服从正态分布，不宜采用方差分析推断各饲料组小白鼠肝脏维生素 A 含量的差别是否有统计学意义，应采用 Friedman 检验。

1.2　SAS 主要程序及说明

程序	说明
| ```
data ch9_7;
  do group=1 to 3;
    do block=1 to 8;
      input va@@;output;
    end;
  end;
datalines;
3000 2570 1730 2550 5300 2600 2850 7470 2680 2340
2350 2500 4500 2400 2850 5420 2850 2400 3200 2550
4960 2520 2630 6360
;
proc freq data=ch9_7;
  tables block*group*va/scores=rank cmh2 noprint;
run;
``` | 建立数据集 ch9_7；录入数据，group 为分组变量，1、2、3 组<br>block 为区组变量，共 8 个区组；va 为检验变量维生素 A 的含量<br><br>调用 proc freq；调用 tables 按照区组*分组*效应进行设置；调用 scores=rank 按照 Friedman 检验进行编秩并计算统计量；调用 cmh2 计算 CMH 统计量第二个结果；调用 noprint 不显示列联表 |

1.3　主要分析结果与解释

Cochran-Mantel-Haenszel Statistics（Based on Rank Scores）

Statistic	Alternative Hypothesis	DF	Value	Prob
1	Nonzero Correlation	1	1.3500	0.2453
2	Row Mean Scores Differ	2	7.4000	0.0247

输出结果中 Nonzero Correlation 为相关性检验；Row Mean Scores Differ 为 Friedman M 检验，其统计量是 7.4000，所对应 $P=0.0247$，按检验水准 $α=0.05$，三种饲料喂养的大鼠肝内维生素 A 含量差异有统计学意义。

注意，该资料三个总体分布不同，可采用符号秩和检验和 Bonferroni 法进行多重比较。选取欲比较两组资料，按照配对设计资料的符号秩和检验进行分析（参照第二节），计算 P 值，将检验水准进行分割，按照欲比较 3 次，设置为 0.0167 进行判断即可。

（刘红波）
```

第十章 卡方检验

卡方检验（χ^2 检验）主要用于分类变量资料的统计推断。本章主要介绍两个独立样本率（或构成比）的四格表资料、配对四格表资料、多个独立样本率（或构成比）的 $R \times C$ 列联表资料的 χ^2 检验，以及 χ^2 检验用于两个分类变量资料的关联性、频数分布拟合优度及分层资料的分析。

第一节 两个独立样本率比较的 χ^2 检验

一、四格表资料的 χ^2 检验

1.1 研究实例

例 10-1 某研究欲比较膳食干预（试验组）和普通健康教育（对照组）对糖尿病患者血糖的控制作用。将 171 例社区糖尿病患者随机分为两组，干预 6 个月后两组糖尿病患者空腹血糖控制情况见表 10-1，问两组患者空腹血糖的总体控制率是否存在差别。

表 10-1 两组糖尿病患者空腹血糖的控制率比较

组别	正常	偏高	合计	控制率（%）
对照组	30	56	86	34.88
试验组	43	42	85	50.59
合计	73	98	171	42.69

注：此类表中百分率数据有四舍五入。

此案例中，空腹血糖控制结果分为正常和偏高，属于二分类的定性资料；膳食干预（试验组）和普通健康教育（对照组）人群的空腹血糖控制率比较，采用四格表资料的 χ^2 检验。

1.2 SAS 主要程序及说明

程序	说明

```data ch10_1;```
```do group=1 to 2;```
```do FPG=1 to 2;```
```input F@@;output;```
```end; end;```
```cards;```
```30 56```
```43 42```
```;```
	建立数据集 ch10_1；录入数据，第一个 do 语句定义行变量 group（组别），1 为对照组，2 为试验组；第二个 do 语句定义列变量 FPG（空腹血糖），1 为空腹血糖正常，2 为空腹血糖偏高；input 定义频数变量 F 并读入数据

```proc freq;```
```weight F;```
```tables group*FPG/nocol expected chisq;```
```run;```
	调用过程步 proc freq 进行多种 χ^2 统计量的计算；weight 语句指定频数变量，即加权；tables 列出 group*FPG 频数表，nocol 指定结果中不输出列百分比，expected 指定输出理论频数

1.3 主要分析结果与解释

	Table of group by FPG			①
group	FPG			
	1	2	Total	
1	30	56	86	
	36.7135	49.2865		
	17.5439	32.7485	50.2924	
2	43	42	85	
	36.2865	48.7135		
	25.1462	24.5614	49.7076	
Total	73	98	171	
	42.6901	57.3099	100.0000	

Statistics for Table of group by FPG				②
Statistic	DF	Value	Prob	
Chi-Square	1	4.3094	0.0379	
Likelihood Ratio Chi-Square	1	4.3285	0.0375	
Continuity Adj. Chi-Square	1	3.6914	0.0547	
Mantel-Haenszel Chi-Square	1	4.2842	0.0385	
Phi Coefficient		−0.1587		
Contingency Coefficient		0.1568		
Cramer's V		−0.1587		

输出结果说明如下。

①频数表信息：列出 group（组别）*FPG（空腹血糖）频数表，包括每格频数（Frequency）、理论频数（Expected）、占总频数百分比（Percent）。

②χ^2 检验统计量：本例 $n=171$，大于 40，且最小理论频数为 36.2865，所有格子的理论频数均大于 5，故选择 Chi-Square 所在行的结果，$\chi^2=4.3094$，$P=0.0379$，小于 0.05。按检验水准 $\alpha=0.05$，差别有统计学意义，可认为试验组和对照组的空腹血糖总体控制率不相等。

注意，当总例数大于 40，但有理论频数小于 5，则需要进行连续性校正，故需查看 Continuity Adj. Chi-Square 所在行的结果。此例可见，不校正的统计量（$\chi^2=4.3094$）和校正的统计量（$\chi^2=3.6914$）不同，判断结果也相反。由此可见，该类问题分析一定要确定理论频数是否大于 5，然后选择正确统计量。

二、Fisher 确切概率法

当四格表资料总例数小于 40，或者某格子的理论频数小于 1，或者四格表 χ^2 检验所得的概率 $P\approx\alpha$ 时，需改用 Fisher 确切概率法进行分析。四格表资料 Fisher 确切概率法的基本原理是：在四格表周边合计数固定不变的条件下，计算表内 4 个实际频数变动时的各种组合之概率 P_i；再按检验假设用单侧或双侧的累计概率 P，依据所取的检验水准 α 做出推断。

2.1 研究实例

例 10-2 某医师为研究乙肝免疫球蛋白预防胎儿宫内感染乙型肝炎病毒（HBV）的效果，将 33 例 HBV 表面抗原（HBsAg）阳性孕妇随机分为预防注射组和非预防组，结果见表 10-2。试比较两组新生儿的 HBV 总体感染率是否存在差别。

表 10-2　两组新生儿 HBV 感染率的比较

组别	阳性	阴性	合计	感染率（%）
预防注射组	4	18	22	18.18
非预防组	5	6	11	45.45
合计	9	24	33	27.27

此案例中，HBV 结果分为阳性和阴性，属于二分类的定性资料；预防注射组（试验组）和非预防组（对照组）的新生儿 HBV 总体感染率比较，由于 $n=33<40$，因此采用四格表资料的 Fisher 确切概率法。

2.2　SAS 主要程序及说明

程序	说明

`data ch10_2;`
`do group=1 to 2;`
`do HBV=1 to 2;`
`input F@@;output;`
`end;end;`
`cards;`
`4 18`
`5 6`
`;`
	建立数据集 ch10_2；第一个 do 语句定义行变量 group（组别），1 为预防注射组，2 为非预防组；第二个 do 语句定义列变量 HBV（HBV 感染数），1 代表阳性，2 代表阴性；定义频数变量 F 并读入数据

`proc freq;`
`weight F;`
`tables group*HBV/nocol expected chisq exact;`
`run;`
	调用 proc freq 过程；指定 F 为频数变量；列出 group*HBV 频数表，nocol 指定不输出列百分比，expected 指定输出理论频数，exact 指定作 Fisher 确切概率

2.3　主要分析结果与解释

Table of group by HBV　①

group	HBV		
	1	2	Total
1	4	18	22
	6	16	
	12.1212	54.5455	66.6667
	18.1818	81.8182	
2	5	6	11
	3	8	
	15.1515	18.1818	33.3333
	45.4545	54.5455	
Total	9	24	33
	27.2727	72.7273	100.0000

Statistic	DF	Value	Prob	②
Chi-Square	1	2.7500	0.0973	
Likelihood Ratio Chi-Square	1	2.6525	0.1034	
Continuity Adj. Chi-Square	1	1.5469	0.2136	
Mantel-Haenszel Chi-Square	1	2.6667	0.1025	

Phi Coefficient	−0.2887	②
Contingency Coefficient	0.2774	
Cramer's V	−0.2887	
WARNING: 25% of the cells have expected counts less than 5. Chi-Square may not be a valid test.		
Fisher's Exact Test		③
Cell (1, 1) Frequency (F)	4	
Left-sided Pr <= F	0.1081	
Right-sided Pr >= F	0.9795	
Table Probability (P)	0.0876	
Two-sided Pr <= P	0.1210	

输出结果说明如下。

①频数表信息：列出 group（组别）*HBV（HBV 感染数）频数表，包括每格频数（Frequency）、理论频数（Expected）、占总频数百分比（Percent）、行百分数（Row Pct），结果显示，预防注射组 HBV 感染率为 18.1818%，非预防注射组 HBV 感染率为 45.4545%，总 HBV 感染率为 27.2727%；

②χ^2 检验统计量：本例 n 为 33，小于 40，且有一个格子的理论频数为 3，小于 5，宜用四格表资料的 Fisher 确切概率法直接计算累积概率。χ^2 检验结果下的信息也提示，不建议使用当前的 χ^2 检验结果（WARNING：25% of the cells have expected counts less than 5. Chi-Square may not be a valid test.）。

③Fisher 确切概率法检验：本例结果显示双侧 $P=0.1210$，大于 0.05。按检验水准 $\alpha=0.05$，差别无统计学意义，还不能认为预防注射与非预防注射的新生儿 HBV 的感染率不等。

第二节 配对四格表资料的 χ^2 检验

分类变量资料的配对设计常用于两种检验方法、培养方法、诊断方法的比较。特点是对样本中同一观察单位分别用两种方法处理，然后观察两种处理方法的某两分类变量的计数结果。

一、配对四格表资料的 χ^2 检验

1.1 研究实例

例 10-3 设有 132 份食品标本，把每份标本一分为二，分别用两种检验方法作沙门氏菌检验，检验结果如表 10-3 所示，试比较两种检验方法的阳性结果是否存在差别。

表 10-3 两种检验方法检验结果比较

甲法	乙法		合计
	+	−	
+	80 (*a*)	10 (*b*)	90
−	31 (*c*)	11 (*d*)	42
合计	111	21	132

此案例中，食品标本一分为二，甲、乙两种检验方法的结果分为阳性和阴性，属于配对设计的二分类定性资料；将甲法和乙法的阳性结果进行比较，采用配对四格表资料的 χ^2 检验。

1.2 SAS 主要程序及说明

程序	说明

```data ch10_3;```
 ```do A=1 to 2;```
 ```do B=1 to 2;```
	建立数据集 ch10_3；第一个 do 语句定义行变量 A（甲法），1 为阳性，2 为阴性；第二个 do 语句定义列变量 B（乙法），1 为阳性，2 为阴性；定义频数变量 F 并读入数据

程序	说明

`input F@@;output;`
`end;end;`
`cards;`
`80 10`
`31 11`
`;`
`proc freq;`
`weight F;`
`tables A*B/ norow nocol agree;`
`run;`
	调用 freq 过程；指定 F 为频数变量；输出 A*B 频数表，norow 指定不输出行百分比，nocol 指定不输出列百分比；agree 指定输出麦克尼马尔（McNemar）χ^2 检验结果

1.3 主要分析结果与解释

Table of A by B ①

A	B 1	2	Total
1	80 60.6061	10 7.5758	90 68.1818
2	31 23.4848	11 8.3333	42 31.8182
Total	111 84.0909	21 15.9091	132 100.0000

McNemar's Test ②

Statistic (S)	10.7561
DF	1
Pr > S	0.0010

Simple Kappa Coefficient ③

Kappa	0.1740
ASE	0.0857
95% Lower Conf Limit	0.0060
95% Upper Conf Limit	0.3419

输出结果说明如下。

①频数表信息：列出 A（甲法）*B（乙法）频数表，包括每格频数（Frequency）、占总频数百分比（Percent）。结果显示，甲法检验的阳性频率为 68.18%，乙法的阳性频率为 84.09%。

②配对四格表 McNemar χ^2 检验：本例中由于 $b+c>40$，不需作连续性校正，$\chi^2=10.7561$，$P=0.0010$，小于 0.05。按检验水准 $\alpha=0.05$，差别有统计学意义，可以认为两种检验方法的阳性结果有差别。鉴于甲法阳性频率为 68.1818%，乙法阳性频率为 84.0909%，可以认为乙法阳性率高于甲法阳性率。

③Kappa 一致性检验：Kappa=0.1740<0.4，提示两种方法的检测结果的一致性较差。

二、校正配对四格表资料的 χ^2 检验

2.1 研究实例

例 10-4 某实验室分别用乳胶凝集法和免疫荧光法对 58 名可疑系统性红斑狼疮患者血清中抗核抗体进行测定，结果见表 10-4。两种方法的检测结果是否存在差别。

表 10-4 两种方法的检测结果

免疫荧光法	乳胶凝集法		合计
	+	−	
+	11 (a)	12 (b)	23
−	2 (c)	33 (d)	35
合计	13	45	58

此案例中，对同一患者血清中抗核抗体分别用乳胶凝集法和免疫荧光法进行检测，其结果分为阳性和阴性，属于配对设计的二分类定性资料；将乳胶凝集法和免疫荧光法的检测结果进行比较，由于 $b+c=12+2=14<40$，因此采用校正配对四格表资料的 χ^2 检验。

2.2 SAS 主要程序及说明

程序	说明

`data ch10_4;`
`do IFT=1 to 2;`
`do LAT=1 to 2;`
`input F@@;output;`
`end;end;`
`cards;`
`11 12`
`2 33`
`;`
`proc freq;`
`weight F;`
`tables IFT*LAT/norow nocol;`
`run;`
	建立数据集 ch10_4；第一个 do 语句定义行变量 IFT（免疫荧光法），1 为阳性，2 为阴性；第二个 do 语句定义列变量 LAT（乳胶凝集法），1 代表阳性，2 代表阴性 定义频数变量 F 并读入数据
	调用过程步 proc freq；指定 F 为频数变量；建立 IFT*LAT 频数表，norow 和 nocol 指定不输出行百分比和列百分比

`data ch10_4_1;`
`input F11 F12 F21 F22;`
`if F12+F21<40 then`
`chisq=(abs(F12-F21)-1)**2/(F12+F21);`
`else`
`chisq=abs(F12-F21)**2/(F12+F21);`
`p=1-probchi(chisq,1);`
`cards;`
`11 12`
`2 33`
`;`
`proc print;`
`run;`
	建立数据集 ch10_4_1；input 定义并输入数据 F11、F12、F21、F22；如果 $b+c<40$，则计算校正后的 McNemar 检验的 χ^2 值，否则计算普通的 McNemar 检验的 χ^2 值 p 为 χ^2 值的概率值

2.3 主要分析结果与解释

Table of IFT by LAT				①
IFT	LAT			
	1	2	Total	
1	11	12	23	
	18.9655	20.6897	39.6552	
2	2	33	35	
	3.4483	56.8966	60.3448	
Total	13	45	58	
	22.4138	77.5862	100.0000	

Obs	F11	F12	F21	F22	ChiSq	p	②
1	11	12	2	33	5.7857	0.0162	

输出结果说明如下：

①频数表信息：列出 IFT（免疫荧光法）*LAT（乳胶凝集法）频数表，包括每格频数（Frequency）、占总频数百分比（Percent），结果显示免疫荧光法检测的阳性频率为 39.6552%，乳胶凝集法检测的阳性频率为 22.4138%；

②配对四格表 χ^2 检验统计量：本例中由于 $b+c<40$，因此输出校正配对四格表 χ^2 检验的结果。χ^2 值为 5.7857，$P=0.0162$，小于 0.05。按检验水准 $\alpha=0.05$，差别有统计学意义，可认为两种方法的检测结果不同，鉴于免疫荧光法阳性频率为 39.6552%，乳胶凝集法阳性频率为 22.4138%，可以认为免疫荧光法的阳性检测率较高。

第三节　行×列表资料的 χ^2 检验

行×列表资料的 χ^2 检验用于多个样本率或多个构成比的比较，还可用于双向无序分类资料的关联性检验。另外双向有序分组资料的线性趋势检验也在本节做一简单介绍。

一、多个样本率的比较

1.1　研究实例

例 10-5　某医院用针刺三种穴位治疗急性腰扭伤，结果见表 10-5。试比较针刺三种穴位效果是否存在差别。

表 10-5　针刺不同穴位治疗急性腰扭伤的治愈率

穴位	治愈数	未愈数	合计	治愈率（%）
后溪穴	80	18	98	81.63
人中穴	20	20	40	50.00
腰痛穴	24	38	62	38.71
合计	124	76	200	62.00

此案例中，三种穴位针刺效果分为治愈和未愈，属于 3×2 表的定性资料；三种穴位针刺效果的治愈率比较，采用行×列表资料的 χ^2 检验。

1.2　SAS 主要程序及说明

程序	说明

```data ch10_5;```
```do therapy=1 to 3;```
```do cure=1 to 2;```
```input F@@;output;```
```end;end;```
```cards;```
```80 18```
```20 20```
```24 38```
```;```
	建立数据集 ch10_5；第一个 do 语句定义行变量 therapy（穴位针刺），1 为后溪穴，2 为人中穴，3 为腰痛穴；第二个 do 语句定义列变量 cure（治愈数），1 为治愈数，2 为未愈数；定义频数变量 F 并读入数据

```proc freq;```
```weight F;```
```tables   therapy*cure/nopercent   nocol chisq```
``` expected;```
```run;```
	调用过程步 proc freq 进行 χ^2 统计量的计算；weight 语句指定频数变量 F；选项 nopercent 和 nocol 分别指定不输出总数的百分比和列百分比；expected 指定输出理论频数

1.3 主要分析结果与解释

therapy	Table of therapy by cure				①
	cure				
	1	2	Total		
1	80	18	98		
	60.76	37.24			
	81.63	18.37			
2	20	20	40		
	24.8	15.2			
	50.00	50.00			
3	24	38	62		
	38.44	23.56			
	38.71	61.29			
Total	124	76	200		

Statistic	DF	Value	Prob	②
Chi-Square	2	32.7523	<.0001	
Likelihood Ratio Chi-Square	2	33.9364	<.0001	
Mantel-Haenszel Chi-Square	1	31.2052	<.0001	
Phi Coefficient		0.4047		
Contingency Coefficient		0.3751		
Cramer's V		0.4047		

输出结果说明如下。

①频数表信息：列出 therapy（穴位针刺）*cure（治愈数）频数表，包括每格频数（Frequency）、行百分数（Row Percent）。结果显示针刺后溪穴的治愈率为 81.63%，针刺人中穴的治愈率为 50.00%，针刺腰痛穴的治愈率为 38.71%。

② χ^2 检验统计量：本例 $n=200$，所有格子的理论频数均大于 5，无须校正。结果中显示 $\chi^2=32.7523$，$P<0.0001$。按检验水准 $\alpha=0.05$，差别有统计学意义，可认为三组治愈率不全相等。若想进一步知道具体哪两组的治愈率不等，需要进行两两比较（详见第五节）。

二、多个构成比的比较

2.1 研究实例

例 10-6 某医师在研究血管紧张素 I 转化酶（ACE）基因 I/D 多态与 2 型糖尿病肾病（DN）的关系时，将 249 例 2 型糖尿病患者按有无糖尿病肾病分为两组，资料见表 10-6，问两组 2 型糖尿病患者的 ACE 基因型总体分布是否存在差别。

表 10-6 DN 组与无 DN 组 2 型糖尿病患者 ACE 基因型分布的比较

组别	DD	ID	II	合计
DN 组	42（37.8）	48（43.3）	21（18.9）	111
无 DN 组	30（21.7）	72（52.2）	36（26.1）	138
合计	72（28.9）	120（48.2）	57（22.9）	249

此案例中，ACE 基因型总体分布结果分为 DD、ID 和 II，属于 2×3 表的定性资料；两组 2 型糖尿病患者的 ACE 基因型总体分布比较，采用行×列表资料的 χ^2 检验。

2.2 SAS 主要程序及说明

程序	说明
| ```
data ch10_6;
do DN=1 to 2;
do gene=1 to 3;
input F@@;output;
end;end;
cards;
42 48 21
30 72 36
;
``` | 建立数据集 ch10_6；第一个 do 语句定义行变量 DN（2 型糖尿病肾病），1 为 DN 组，2 为无 DN 组；第二个 do 语句定义列变量 gene（血管紧张素 I 转化酶（ACE）基因 I/D 多态），1 为 DD 型基因，2 为 ID 型基因，3 为 II 型基因；定义频数变量 F 并读入数据 |
| ```
proc freq;
weight F;
tables DN*gene/nopercent nocol norow chisq expected;
run;
``` | 调用过程步 proc freq 进行 $\chi^2$ 统计量的计算；weight 语句指定频数变量；列 DN*gene 频数表，其中选项 nopercent、nocol 和 norow 指定不输出总数的百分比、列百分比和行百分比，expected 指定输出理论频数 |

2.3 主要分析结果与解释

Table of DN by gene ①

DN	gene			Total
	1	2	3	
1	42	48	21	111
	32.0964	53.4940	25.4096	
2	30	72	36	138
	39.9036	66.5060	31.5904	
Total	72	120	57	249

Statistic	DF	Value	Prob	②
Chi-Square	2	7.9127	0.0191	
Likelihood Ratio Chi-Square	2	7.9027	0.0192	
Mantel-Haenszel Chi-Square	1	6.4475	0.0111	
Phi Coefficient		0.1783		
Contingency Coefficient		0.1755		
Cramer's V		0.1783		

输出结果说明如下。

①频数表信息：列出 DN（2 型糖尿病肾病）*gene（血管紧张素 I 转化酶（ACE）基因 I/D 多态）频数表。

②χ^2 检验统计量：本例 $n=249$，所有理论频数均大于 5，无须校正。结果中显示 $\chi^2=7.9127$，$P=0.0191$，小于 0.05。按检验水准 $\alpha=0.05$，差别有统计学意义，可认为 DN 组与无 DN 组的 2 型糖尿病患者的 ACE 基因型分布不同。

三、分类资料的关联性检验

关联性检验包括两个二分类变量以及两个无序多分类变量的关联性检验，即行×列表资料的关联性检验。两个无序多分类变量称为双向无序 $R \times C$ 表资料。先通过 χ^2 检验来推断两个分类变量之间有无关系（或关联）；在有关系的前提下，若须进一步分析关系的密切程度时，可计算 Pearson 列联系数 C。列联系数 C 取值范围在 0～1。0 表示完全独立；1 表示完全相关；愈接近于 0，关系愈不密切；愈接近于 1，关系愈密切。

3.1 研究实例

例 10-7 为了观察大学生专业与艾滋病知晓程度之间是否有关联，某研究者调查了某大学一年级不同专业的 500 名学生，结果见表 10-7。试分析大学生专业与艾滋病知晓程度之间的关联性。

表 10-7 大学生专业与艾滋病知晓程度的关系

大学生专业	艾滋病知晓程度		合计
	高	低	
医学预科	31	91	122
其他	19	359	378
合计	50	450	500

3.2 SAS 主要程序及说明

程序	说明

`data ch10_7;`
`do x=1 to 2;`
`do y=1 to 2;`
`input f @@;output;`
`end; end;`
`cards;`
`31 91`
`19 359`
`;`
	建立数据集 ch10_7；定义行变量 x（大学生专业），1 为医学预科，2 为其他；定义列变量 y（艾滋病知晓程度），1 为高，2 为低；输入各格频数 f

`proc freq;`
`weight f;`
`tables x*y/nopercent nocol norow chisq expected;`
`run;`
	调用过程步 proc freq 进行 χ^2 统计量的计算；指定 f 为频数变量；列 x*y 为频数表；nopercent、nocol 和 norow 分别指定不输出占总频数百分比、列百分比和行百分比，expected 指定输出理论频数

3.3 主要分析结果与解释

Table of x by y				
x	y		Total	①
	1	2		
1	31	91	122	
	12.2000	109.8000		
2	19	359	378	
	37.8000	340.2000		
Total	50	450	500	

Statistic	DF	Value	Prob	②
Chi-Square	1	42.5786	<.0001	
Likelihood Ratio Chi-Square	1	36.1196	<.0001	
Continuity Adj. Chi-Square	1	40.3439	<.0001	
Mantel-Haenszel Chi-Square	1	42.4935	<.0001	
Phi Coefficient		0.2918		
Contingency Coefficient		0.2801		
Cramer's V		0.2918		

输出结果说明如下。

①频数表信息：列出 x（大学生专业）*y（艾滋病知晓程度）频数表。

②χ^2 检验统计量：本例 $n=500$，所有格子的理论频数均大于 5，无须校正。结果中，$\chi^2=42.5786$，$P<0.0001$。按检验水准 $\alpha=0.05$，差别有统计学意义，可以认为大学生专业与艾滋病知晓程度之间存在着关联性。Phi Coefficient 为 φ 系数，Contingency Coefficient 为 Pearson 列联系数，Cramer's V 为克拉默相关系数，均表示两个变量之间的关联程度，一般常用 Pearson 列联系数。本例为 0.2801，表明两种属性间虽然有关联性，但列联系数数值较小，虽然有统计学意义，可认为关系不密切。

四、双向有序分组资料的线性趋势检验

双向有序属性不同的 $R \times C$ 表资料,除了推断两个分类变量是否存在相关关系外,还可通过分解推断其相关是否为线性相关,即线性趋势检验(test for linear trend)。其基本思想是:首先计算 $R \times C$ 表资料的 χ^2 值,然后将总的 χ^2 值分解成线性回归分量与偏离线性回归分量。若两分量均有统计学意义,说明两个分类变量存在相关关系,但关系不是简单的直线关系;若线性回归分量有统计学意义,偏离线性回归分量无统计学意义时,说明两个分类变量存在相关关系,而且是直线关系。

4.1 研究实例

例 10-8 某研究者欲研究年龄与冠状动脉粥样硬化等级之间的关系,将 278 例尸解资料整理成表 10-8,问年龄与冠状动脉粥样硬化等级之间是否存在线性变化趋势。

表 10-8 年龄与冠状动脉粥样硬化的关系

年龄(岁)(X)	冠状动脉硬化等级(Y)				合计
	−	+	++	+++	
20~	70	22	4	2	98
30~	27	24	9	3	63
40~	16	23	13	7	59
≥50	9	20	15	14	58
合计	122	89	41	26	278

4.2 SAS 主要程序及说明

程序	说明

`data ch10_8;`
`do X=1 to 4;`
`do Y=1 to 4;`
`input F @@;output;`
`end;end;`
`datalines;`
`70 22 4 2`
`27 24 9 3`
`16 23 13 7`
`9 20 15 14`
`;`
	建立数据集 ch10_8;第一个 do 语句定义行变量 X(年龄),设立循环,循环变量 X 从 1 增加到 4,每次加 1;第二个 do 语句定义列变量 Y(冠状动脉粥样硬化等级),设立循环,循环变量 Y 从 1 增加到 4,每次加 1;输入频数变量 F

`proc freq data= ch10_8 order=data;`
`tables X*Y/nopercent nocol norow chisq;`
`exact jt;`
`weight F;`
`run;`
	调用过程步 proc freq 进行 χ^2 统计量的计算;tables 列出 X*Y 频数表;exact 设定进行 Jonckheere-Terpstra 趋势检验;weight 指定 F 为频数变量

4.3 主要分析结果与解释

	Table of X by Y					①
X	Y					
	1	2	3	4	Total	
1	70	22	4	2	98	
2	27	24	9	3	63	
3	16	23	13	7	59	

	4	9	20	15	14	58	①
	Total	122	89	41	26	278	

Statistic	DF	Value	Prob	②
Chi-Square	9	71.4325	<.0001	
Likelihood Ratio Chi-Square	9	73.7387	<.0001	
Mantel-Haenszel Chi-Square	1	63.3895	<.0001	
Phi Coefficient		0.5069		
Contingency Coefficient		0.4521		
Cramer's V		0.2927		

Jonckheere-Terpstra Test		③
Statistic (JT)	19994.5000	
Z	8.2764	
Asymptotic Test		
One-sided Pr > Z	<.0001	
Two-sided Pr > |Z|	<.0001	
Exact Test		
One-sided Pr >= JT	.	
Two-sided Pr >= |JT - Mean|	.	

输出结果说明如下。

① 频数信息表：列出 X（年龄）*Y（冠状动脉粥样硬化等级）频数分布基本信息。

② χ^2 检验统计量计算：结果中显示 χ^2=71.4325，P<0.0001。按检验水准 α=0.05，差别有统计学意义，可以认为年龄与冠状动脉粥样硬化间有关联。

③ Jonckheere-Terpstra 趋势检验：结果显示统计量 JT=19994.5000，双侧 P<0.0001，可以认为年龄与冠状动脉粥样硬化等级之间不仅存在相关关系且为线性关系。

第四节 多个样本率间的多重比较

当多个样本率比较的 $R \times C$ 表资料 χ^2 检验统计结论为拒绝 H_0，接受 H_1 时，只能认为各总体率之间不全相等。要进一步推断哪两个总体率间有差别，如果直接用四格表资料的 χ^2 检验分别进行比较，将会加大犯 I 类错误的概率。因此，样本率间的多重比较常用 χ^2 分割法。基于 χ^2 分割法需要调整检验水准，对 α 的校正可以采用 Bonferroni 法。

χ^2 分割法进行两两比较时，为保证检验假设中 I 型错误 α 的概率不变，须重新规定检验水准 α'，检验水准 α' 用下式估计：

$$\alpha' = \frac{\alpha}{m}$$

式中 m 为两两比较的次数。由该式估计的检验水准 α' 较保守。

1.1 研究实例

例 10-9 对例 10-5 中表 10-9 的资料进行两两比较，以推断是否任意两种针刺穴位治疗急性腰扭伤的治愈率均有差别。

表 10-9 针刺 3 种穴位疗法治愈率的两两比较

穴位	治愈数	未愈数	合计
后溪穴	80	18	98
人中穴	20	20	40
合计	100	38	138

续表

穴位	治愈数	未愈数	合计
后溪穴	80	18	98
腰痛穴	24	38	62
合计	104	56	160
人中穴	20	20	40
腰痛穴	24	38	62
合计	44	58	102

本例为 3 个组间的两两比较，其检验水准 α' 按以下公式估计，两两比较方法可采用 Bonferroni 法。

$$\alpha' = \frac{0.05}{3} = 0.01667$$

1.2 SAS 主要程序及说明

程序	说明

`data ch10_9;`
`do x=1 to 3;`
`do z=1 to 2;`
`input F@@;output;`
`end;end;`
`cards;`
`80 18`
`20 20`
`24 38`
`;`
	建立数据集 ch10_9；
	第一个 do 语句定义行变量 x（针刺穴位），1 为后溪穴，2 为人中穴，3 为腰痛穴；第二个 do 语句定义列变量 z（是否治愈数），1 为治愈数，2 为未愈数；
	input 定义频数变量 F 并读入数据

`proc freq;`
`weight F;`
`table x*z/ nopercent nocol norow chisq`
`  cellchi2;`
`run;`
	调用过程步 proc freq 进行 χ^2 统计量的计算；weight 指定 F 为频数变量；table 列出 x*z 频数表，nopercent 指定不输出总数的百分比，nocol 和 norow 指定不输出列和行合计的百分比，chisq 指定输出 χ^2 值

`proc freq data= ch10_9;`
`where x in (1,2);`
`weight F;`
`table x*z/ nopercent nocol norow expected`
`  chisq;`
`run;`
	调用过程步 proc freq 进行 χ^2 统计量的计算；where 语句指定 x 变量（行变量）中的 1 和 2（后溪穴、人中穴）进行比较，组成新的 2×C 表，计算此列表 χ^2 值；其他同上

`proc freq data= ch10_9;`
`where x in (1,3);`
`weight F;`
`table x*z/ nopercent nocol norow expected`
`  chisq;`
`run;`
	where 语句指定 x 变量（行变量）中的 1 和 3（后溪穴、腰痛穴）进行比较；其他同上

`proc freq data= ch10_9;`
`where x in (2,3);`
`weight F;`
`table x*z/ nopercent nocol norow expected`
`  chisq;`
`run;`
	where 语句指定 x 变量（行变量）中的 2 和 3（人中穴、腰痛穴）；其他同上

1.3 主要分析结果与解释

①

Table of x by z

x	z=1	z=2	Total
1	80	18	98
2	20	20	40
3	24	38	62
Total	124	76	200

Statistic	DF	Value	Prob
Chi-Square	2	32.7523	<.0001
Likelihood Ratio Chi-Square	2	33.9364	<.0001
Mantel-Haenszel Chi-Square	1	31.2052	<.0001
Phi Coefficient		0.4047	
Contingency Coefficient		0.3751	
Cramer's V		0.4047	

②

Table of x by z

x	z=1	z=2	Total
1	80	18	98
2	20	20	40
Total	100	38	138

Statistic	DF	Value	Prob
Chi-Square	1	14.2447	0.0002
Likelihood Ratio Chi-Square	1	13.5037	0.0002
Continuity Adj. Chi-Square	1	12.7035	0.0004
Mantel-Haenszel Chi-Square	1	14.1415	0.0002
Phi Coefficient		0.3213	
Contingency Coefficient		0.3059	
Cramer's V		0.3213	

③

Table of x by z

x	z=1	z=2	Total
1	80	18	98
3	24	38	62
Total	104	56	160

Statistic	DF	Value	Prob
Chi-Square	1	30.7536	<.0001
Likelihood Ratio Chi-Square	1	30.9454	<.0001
Continuity Adj. Chi-Square	1	28.8958	<.0001
Mantel-Haenszel Chi-Square	1	30.5614	<.0001
Phi Coefficient		0.4384	
Contingency Coefficient		0.4015	
Cramer's V		0.4384	

Table of x by z				④
x	z			
	1	2	Total	
2	20	20	40	
3	24	38	62	
Total	44	58	102	

Statistic	DF	Value	Prob
Chi-Square	1	1.2635	0.2610
Likelihood Ratio Chi-Square	1	1.2611	0.2614
Continuity Adj. Chi-Square	1	0.8452	0.3579
Mantel-Haenszel Chi-Square	1	1.2511	0.2633
Phi Coefficient		0.1113	
Contingency Coefficient		0.1106	
Cramer's V		0.1113	

输出结果说明如下：

①频数表信息：列出 x（针刺穴位）*z（治愈数）频数信息，χ^2 检验统计量，本例 $n=62$。结果中显示 $\chi^2=32.7523$，$P<0.0001$。按检验水准 $\alpha=0.05$，差别有统计学意义，可认为三组总体治愈率不全相等；

②为第一组与第二组比较结果。

③为第一组与第三组比较结果。

④为第二组与第三组比较结果。

第五节　频数分布拟合优度的 χ^2 检验

在医学研究实践中，常需推断某现象的频数分布是否符合某一理论分布。正态性检验就是推断某资料是否符合正态分布的一种检验方法。由于 Pearson χ^2 值能反映实际频数和理论频数的吻合程度，所以 χ^2 检验可用于推断频数分布的拟合优度如：正态分布、二项分布、Poisson 分布、负二项分布等。

一、Poisson 分布拟合优度检验

1.1 研究实例

例 10-10　观察某克山病区克山病患者的空间分布情况，调查者将该地区划分为 279 个取样单位，统计各取样单位历年累计病例数，资料见表 10-10 的第（1）、（2）栏，问此资料是否服从 Poisson 分布。

表 10-10　Poisson 分布的拟合与检验

取样单位内病例数（X）（1）	观察频数 A（2）	取样单位内病例数（X）（1）	观察频数 A（2）
0	26	5	17
1	51	6	5
2	75	7	3
3	63	≥8	1
4	38	合计	279

1.2 SAS 主要程序及说明

程序	说明
| ```
data ch10_10;
do X=0 to 8;
input F @@;
T=X*F;
output;
end;
cards;
26 51 75 63 38 17 5 3 1
;
proc print;var X F;run;
proc means sum noprint;
var T F;
output out=B sum=sumt sumf;
data C;
set B;
keep X sumf lamda;
do X=0 to 8;
lamda=sumt/sumf;
output;end;
data D;
keep X F sumf lamda;
merge ch10_10 C;
by X;
data E;
set D;
if X=0 then
P=poisson(lamda,0);
else if x<8 then P=poisson(lamda,X) -poisson(lamda,(X-1));
else
P=1-poisson(lamda,(X-1));
retain SCHISQ 0 CP 0 ;
CP=CP+P;
T=sumf*P;
CHISQ=((F-T)**2)/T;
SCHISQ=SCHISQ+CHISQ;
output;
proc print;
var X F P T CHISQ ;
proc means sum;
var CHISQ;
output out=B sum=SUMCHI;
run;
``` | 建立 SAS 数据集 ch10_10；定义变量 X（取样单位内病例数），设立循环，循环变量 X 从 0 增加到 8，每次加 1；input 输入频数变量 F；T=计算理论频数 T；output 将数据写入数据集<br><br>调用过程步 proc print 输出数据集中的数据<br><br>调用过程步 proc means 计算数据；var 指定分析理论频数 T 和频数变量 F；output 输出到数据集 B<br><br>建立数据集 C；调用数据集 B 的数据；keep 保留变量 X、sumf、lamda；do 语句设立循环，循环变量 X 从 0 增加到 8，每次加 1 次，计算 poisson 参数 lamda 的估计值，并调用 output 语句输出到数据集<br><br>建立数据集 D；keep 保留变量 X、F、sumf 和 lamda；merge 语句合并数据集 ch10_10 和 C 为一个新的数据集<br><br>建立数据集 E；调用数据集 D 的数据；if-then-else 语句组合计算各 X 值的 poisson 分布概率：如果 X=0，那么 P= poisson(lamda, 0)；如果 X<8，那么 P=poisson(lamda, X) -poisson(lamda, (X-1))；否则，P=1-poisson (lamda, (X-1))；迭代 $\chi^2$ 总量和累计概率的初始值，计算累计概率，计算期望频数，计算 $\chi^2$ 分量，计算 $\chi^2$ 总量；output 输出到数据集<br><br>调用过程步 proc print 输出数据集中的数据；var 指定分析病例数 X、频数变量 F、概率 P、理论频数 T 以及 $\chi^2$ 值；调用过程步 proc means sum，输出总的 $\chi^2$ 值 |

1.3 主要分析结果与解释

Obs	X	F	P	T	CHISQ	
1	0	26	0.0855	23.8654	0.1909	①
2	1	51	0.2103	58.6798	1.0051	
3	2	75	0.2586	72.1405	0.1134	
```

4	3	63	0.2119	59.1259	0.2539	①
5	4	38	0.1303	36.3444	0.0754	
6	5	17	0.0641	17.8726	0.0426	
7	6	5	0.0263	7.3241	0.7375	
8	7	3	0.0092	2.5726	0.0719	
9	8	1	0.0039	1.0747	0.0052	
SUM					2.4949	
Obs	X	F	P	T	CHISQ	②
1	0	26	0.0855	23.8654	0.1909	
2	1	51	0.2103	58.6798	1.0051	
3	2	75	0.2586	72.1405	0.1134	
4	3	63	0.2119	59.1259	0.2539	
5	4	38	0.1303	36.3444	0.0754	
6	5	17	0.0641	17.8726	0.0426	
7	6	9	0.0382	10.6541	0.2568	
SUM					2.0569	

输出结果说明如下：

①结果显示 X 列理论频数 T_7=2.5726，T_8=1.0747，皆小于 5，故合并在 T_6 后再次运行程序，运行最终结果见②。

②合并 T_6、T_7、T_8 后 Poisson 分布拟合优度检验：结果显示 χ^2=2.0569，$P>0.1$。按 α=0.05 水准不拒绝 H_1，可认为此克山病区各取样单位的克山病患者的实际频数与泊松分布的理论频数符合，拟合优度较好，本资料服从 Poisson 分布。

二、正态分布拟合优度检验

2.1 研究实例

例 10-11 某高中随机抽取 100 名高一学生，测量其身高（cm），其频数分布如表 10-11 第（1）、（2）栏所示，问此资料是否服从正态分布。

表 10-11 正态分布的拟合与检验

身高（X）(cm)（1）	观察频数（A）（2）	身高（X）(cm)（1）	观察频数（A）（2）
155～	1	175～	19
160～	9	180～	15
165～	22	185～190	1
170～	33	合计	100

2.2 SAS 主要程序及说明

程序	说明

`data ch10_11;`
`input k;`
`do i=1 to k ;`
`input x1 a@@;output;`
`end;`
`cards;`
`7`
`155 1 160 9 165 22 170 33`
`175 19 180 15 185 1`
`;`
	建立数据集 ch10_11；定义并读入分组数 k；do 语句设立循环，循环变量 i 从 1 增加到 k，每次加 1；读入各组下限 x1 和频数 a，将数据写入数据集

程序	说明
| ```
data ch10_11n;
set ch10_11;
n=100; x2=x1+5;
z1=(x1-mean)/std ;mean=173.04;std=6.21;
z2=(x2-mean)/std ;
p1= probnorm(z1);
p2= PROBNORM(z2);
pp=p2-p1;
t=n*pp;
ch2=(a-t)**2/t; chisq+ch2;
drop x2 n mean std z1 z2 k i;
if _N_=k then p=1-PROBCHI(chisq,4);
proc print;
run;
``` | 建立数据集 ch10_11n；调用数据集 ch10-11 的数据；定义总例数和各组上限 x2；指定总体均数和标准差；将 x1 作标准化变换；将 x2 作标准化变换；计算 z1 对应的标准正态分布累积概率 p1；计算 z2 对应的标准正态分布累积概率 p2；计算标准正态分布下取值 z1～z2 的概率 pp；计算理论频数 t，计算 $\chi^2$ 分量和 $\chi^2$ 分量的合计；指定不写入数据集的变量；计算 $\chi^2$ 检验的 p 值；调用过程步 proc print 输出数据集中的数据 |

2.3 主要分析结果与解释

Obs	x1	a	p1	p2	pp	t	ch2	chisq	P	
1	155	1	0.0018	0.0179	0.0160	1.6035	0.2272	0.2272	.	①
2	160	9	0.0179	0.0977	0.0798	7.9843	0.1292	0.3564	.	
3	165	22	0.0977	0.3122	0.2145	21.4518	0.0140	0.3704	.	
4	170	33	0.3122	0.6239	0.3116	31.1622	0.1084	0.4788	.	
5	175	19	0.6239	0.8688	0.2450	24.4953	1.2328	1.7116	.	
6	180	15	0.8688	0.9729	0.1041	10.4135	2.0200	3.7316	.	
7	185	1	0.9729	0.9968	0.0239	2.3900	0.8085	4.5401	0.3378	

输出结果说明如下。

①正态分布拟合优度检验：结果显示 $P=0.3378$。故按 $\alpha=0.10$ 水准，不能拒绝 H_0，可认为高一学生身高的实际频数与正态分布的理论频数符合，拟合优度较好，本资料服从正态分布。

第六节 分层资料的 χ^2 检验

分层资料的 χ^2 检验是在 χ^2 检验基础上，进一步考虑分层因素（混杂因素）的干扰，根据潜在混杂因素的有无或程度将研究对象分为不同的层，然后分别计算各层的 OR，并进行齐性检验（homogeneity test）。若齐性检验结果显示各层的 OR 值的差异没有统计学意义，可按照 Mantel-Haenszel 方法计算总的 OR，即对混杂因素校正后求合并的 OR 值。如果齐性检验结果显示各层的 OR 值差异有统计学意义，提示各层资料不属于同质资料，不宜再计算合并 OR 值，而应进一步分析分层因素与研究因素之间的交互作用（interaction）。

1.1 研究实例

例 10-12 某项口服避孕药与心肌梗死发病关系的病例-对照研究,考虑到年龄与口服避孕药有关，也与心肌梗死有关，年龄可能是混杂因素，故按年龄分为<40 岁和≥40 岁两层，资料整理如表 10-12。试分析口服避孕药对心肌梗死是否有影响。
```

表 10-12 口服避孕药与心肌梗死关系的病例-对照研究资料

口服避孕药服药史	<40 岁			≥40 岁		
	病例	对照	合计	病例	对照	合计
有	21	26	47	18	88	106
无	17	59	76	7	95	102
合计	38	85	123	25	183	208

1.2 SAS 主要程序及说明

程序	说明

`data ch10_12;`
`do age=1 to 2;`
`do acy=1 to 2;`
`do cc=1 to 2;`
`input f@@;output;`
`end;end;end;`
`cards;`
`21 26 17 59`
`18 88 7 95`
`;`
	建立数据集 ch10_12；定义并输入变量 age（年龄：1 代表 <40 岁，2 代表 ≥40 岁）、acy（避孕药服药史：1=有，2=无）、cc（病例对照分组：1=病例，2=对照）；读入频数变量 f

`proc freq data=ch10_12;`
`tables age*acy*cc/ nopercent nocol norow chisq cmh;`
`weight f;`
`run;`
	调用过程步 proc freq；输出 age*acy*cc 频数表，chisq 选项指定做 χ^2 检验，cmh 选项指定做分层分析；指定 f 为频数变量

1.3 主要分析结果与解释

Table 1 of acy by cc

Controlling for age=1

acy	cc		Total
	1	2	
1	21	26	47
2	17	59	76
Total	38	85	123

①

Table 2 of acy by cc

Controlling for age=2

acy	cc		Total
	1	2	
1	18	88	106
2	7	95	102
Total	25	183	208

②

Cochran-Mantel-Haenszel Statistics （Based on Table Scores）

Statistic	Alternative Hypothesis	DF	Value	Prob
1	Nonzero Correlation	1	11.7044	0.0006
2	Row Mean Scores Differ	1	11.7044	0.0006
3	General Association	1	11.7044	0.0006

Summary Statistics for acy by cc

Controlling for age

③

Statistic	Method	Value	95% Confidence Limits		④
Odds Ratio	Mantel-Haenszel	2.7909	1.5322	5.0836	
	Logit	2.7916	1.5341	5.0800	
Relative Risk（Column 1）	Mantel-Haenszel	2.1666	1.3776	3.4074	
	Logit	2.1239	1.3622	3.3117	
Relative Risk（Column 2）	Mantel-Haenszel	0.8346	0.7479	0.9312	
	Logit	0.8692	0.7904	0.9560	
Breslow-Day Test for Homogeneity of the Odds Ratios					⑤
Chi-Square			0.0002		
DF			1		
Pr > ChiSq			0.9874		

输出结果说明如下。

①频数信息表：列出 acy（避孕药服药史）*cc（病例对照分组）（<40 岁）频数表；

②频数信息表：列出 acy（避孕药服药史）*cc（病例对照分组）（≥40 岁）频数表；

③Cochran-Mantel-Haenszel 检验：结果显示 χ^2=11.7044，P=0.0006<0.05。说明在校正年龄影响后，口服避孕药和发生心肌梗死存在关联性，有统计学意义。

④Mantel-Haenszel 方法结果：比值比（odds ratio，OR）是在校正年龄影响后的。相对危险度（relative risk，RR）（Column 1）是在<40 岁的女性人群中，OR=2.1666，95%置信区间（confidence interval，CI）为 1.3776～3.4074，有统计学意义，表明在<40 岁女性中，口服避孕药是心肌梗死的一个危险因素。RR（Column 2）是在≥40 岁的女性人群中，OR=0.8346，95% CI 为 0.7479～0.9312，具有统计学意义，表明在该人群中口服避孕药对心肌梗死的发生有影响。

⑤齐性检验：旨在考察不同分层中，病例组和对照组的疾病发生情况是否一致。结果显示 χ^2=0.0002，P=0.9874>0.05，分层 OR 值同质，具备一致性。即说明年龄分层因素与发生心肌梗死之间不存在交互作用，此时运用 Cochran-Mantel-Haenszel 卡方检验结果是可靠的。

（王学梅）

第十一章 双变量相关与回归

在医学研究和实践中,研究者经常需要对两个变量之间的关系进行研究,如学龄前儿童身高与体重的关系,糖尿病患者服用二甲双胍的剂量与其血糖水平的关系等,此时常用的统计分析方法就是相关与回归。本章主要介绍两个数值变量呈直线关系时,如何应用 SAS 软件完成线性相关与回归分析。

第一节 相 关 分 析

在医学研究中,两个变量在宏观上存在关系,但往往不能精确到可以用数学函数来表达关系。例如:学龄前儿童体重随身高的增长而增长,二者关系具有必然性,但是很难根据某个儿童的身高准确计算其体重,究其原因是相同身高的儿童的体重存在个体差异。这种变量间存在的既是必然的又是不确定的关系称为相关关系。

一、线 性 相 关

线性相关(linear correlation)又称简单线性相关或简单相关(simple correlation),一般用于分析两个连续变量间的线性相关关系,适用于双变量正态分布资料。Pearson 积差相关系数,简称相关系数,用于说明具有线性关系的两个变量相关关系的密切程度和相关方向。常用 r 表示样本相关系数,用 ρ 表示总体相关系数。

1.1 研究实例

例 11-1 某新药的临床试验中,收集 16 名男性糖尿病患者的红细胞(RBC)计数和血红蛋白(Hb)含量的数据,见表 11-1,试对两个变量做直线相关分析。

表 11-1 16 名男性糖尿病患者的红细胞计数及血红蛋白含量

患者编号	RBC(10^{12}/L)	Hb(g/L)	患者编号	RBC(10^{12}/L)	Hb(g/L)
1	5.02	155.5	9	4.60	151.0
2	4.66	147.4	10	3.90	117.0
3	4.78	149.8	11	4.57	134.3
4	4.21	131.2	12	5.13	161.0
5	4.63	143.0	13	4.70	152.0
6	4.88	143.8	14	4.04	142.2
7	4.81	145.9	15	5.48	193.0
8	3.92	121.3	16	3.64	125.5

该资料中的红细胞计数和血红蛋白含量均为定量资料,符合正态分布(Shapiro-Wilk 正态性检验 $P=0.6720$),可以用皮尔逊相关系数(Pearson Correlation Coefficient)表示二者相关关系。

1.2 SAS 主要程序及说明

程序	说明
`data ch11_1;`	建立数据集 ch11_1
`input number rbc hb;`	录入数据:患者编号 number、红细胞计数 rbc、血红蛋白
`cards;`	含量 hb

程序	说明
1　5.02　155.5 2　4.66　147.4 3　4.78　149.8 4　4.21　131.2 5　4.63　143.0 6　4.88　143.8 7　4.81　145.9 8　3.92　121.3 9　4.60　151.0 10　3.90　117.0 11　4.57　134.3 12　5.13　161.0 13　4.70　152.0 14　4.04　142.2 15　5.48　193.0 16　3.64　125.5 ; run; proc corr; var rbc hb; run;	调用过程步 proc corr；var 语句定义线性相关分析的变量

1.3　主要分析结果与解释

Simple Statistics							
Variable	N	Mean	Std Dev	Sum	Minimum	Maximum	①
rbc	16	4.5606	0.4978	72.9700	3.6400	5.4800	
hb	16	144.6188	17.9382	2314	117.0000	193.0000	

Pearson Correlation Coefficients，N = 16 Prob ＞ |r| under H0：Rho=0			②
	rbc	hb	
rbc	1.0000	0.8817 ＜.0001	
hb	0.8817 ＜.0001	1.0000	

输出结果说明如下。

①一般描述性指标：包括样本量、算术均数、标准差、总和、最小值和最大值。

②Pearson 相关系数及假设检验的结果：本实例，患者的红细胞计数与血红蛋白含量之间的 Pearson 相关系数为 0.8817，$P<0.0001$，按检验水准 $\alpha=0.05$，可以认为红细胞计数和血红蛋白含量存在线性相关关系。

1.4　其他常用选项的说明

其他常用选项	说明
data=dataset	指出需要处理的数据集名称，缺省时为当前数据集
pearson	计算 Pearson 相关系数，缺省时即计算分析 Pearson 相关系数
spearman	计算 Spearman 等级相关系数
kendall	计算肯德尔系数

续表

其他常用选项	说明
var 变量表	指明要进行相关分析的变量，缺省时，计算所有变量两两间的相关系数
with 变量表	指明特别配对的变量，与 var 语句配合使用，var 语句指明相关系数矩阵上部的列变量，with 定义相关系数矩阵左侧列出的行变量
partial 变量表	指明偏相关分析时需要控制的变量名
nosimple	不进行变量的简单描述输出
plots=图形类型	绘制散点图，图形类型可选择 scatter（散点图）、matrix（所有变量的散点图矩阵）

对于上述数据集，我们可以增加 proc corr 过程步中选项，具体如下：

程序	说明

`proc corr data=ch11_1 plots=scatter;`
`var rbc hb;`
`run;`
	调用 ch11_1 数据集，进行线性相关分析，并绘制散点图

运行结果除了输出前面介绍的相关分析的主要结果外，还会输出散点图（图 11-1）。图中的两条曲线是二元分布均数的置信椭圆。从散点图可以直观地看出两变量的线性变化趋势。

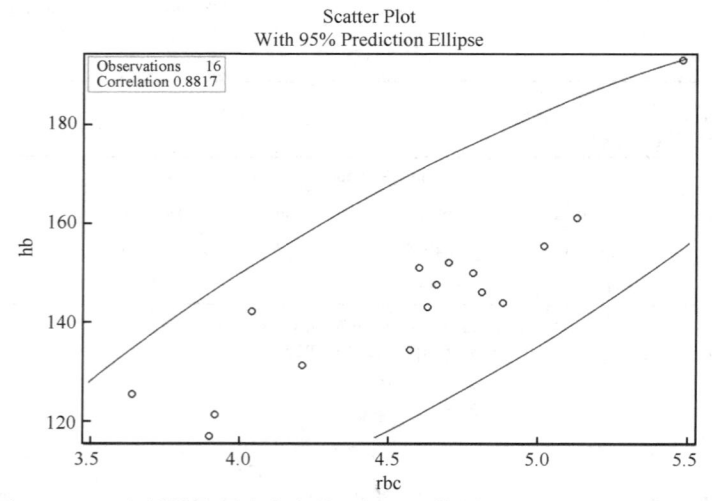

图 11-1 16 名男性糖尿病患者的红细胞计数与血红蛋白含量的散点图

二、秩 相 关

秩相关（rank correlation）又称等级相关，是对不满足 Pearson 相关分析条件的双变量进行相关分析的方法，该方法对变量的分布类型不作要求，适用范围较广，主要用于不服从双变量正态分布的定量资料、等级资料等。秩相关常用斯皮尔曼等级相关（Spearman's rank correlation）来描述，常用 r_s 表示，其意义及假设检验与 Pearson 相关系数 r 类似。

2.1 研究实例

例 11-2 某临床试验中心收集了 12 名下肢动脉硬化性闭塞症患者的资料，表 11-2 列出了患者的间歇性跛行距离和患者下肢疼痛值（用疼痛记录尺测量，在 0~10 取值，数值越大，表示患者感觉疼痛越严重），试分析两个指标的相关性。

表 11-2　12 名下肢动脉硬化性闭塞症患者间歇性跛行距离和疼痛值

编号	间歇性跛行距离（m）	疼痛值	编号	间歇性跛行距离（m）	疼痛值
1	324	4.8	7	108	6.7
2	80	8.8	8	82	8.8
3	80	8.7	9	292	7.2
4	364	5.4	10	40	5.7
5	364	4.1	11	82	8.2
6	328	6.3	12	82	5.4

本实例资料间歇性跛行距离的分布，不符合正态分布（Shapiro-Wilk 正态性检验 $P=0.004$），不适合直接做 Pearson 相关分析，应采用等级相关分析。

2.2　SAS 主要程序及说明

程序	说明

`data ch11_2;`
`input number dis ache;`
`cards;`
`1  324  4.8`
`2  80   8.8`
`3  80   8.7`
`4  364  5.4`
`5  364  4.1`
`6  328  6.3`
`7  108  6.7`
`8  82   8.8`
`9  292  7.2`
`10 40   5.7`
`11 82   8.2`
`12 82   5.4`
`;`
`run;`
	建立数据集 ch11_2
	录入数据：患者编号 number、间歇性跛行距离、疼痛值指标

`proc corr spearman;`
`var dis ache;`
`run;`
	调用过程步 proc corr，spearman 选项指定做等级相关分析；var 指出进行相关分析的变量

2.3　主要分析结果与解释

Simple Statistics							
Variable	N	Mean	Std Dev	Median	Minimum	Maximum	①
dis	12	185.5000	133.5287	95.0000	40.0000	364.0000	
ache	12	6.6750	1.6576	6.5000	4.1000	8.8000	

Spearman Correlation Coefficients, N = 12 Prob > |r| under H0: Rho=0			
	dis	ache	②
dis	1.0000	−0.6064	
		0.0366	
ache	−0.6064	1.0000	
	0.0366		

输出结果说明如下。

①一般描述性指标：包括样本量、算术均数、标准差、中位数、最小值、最大值。

②Spearman 等级相关的主要结果：两变量的等级相关系数为−0.6064，$P=0.0366$，说明下肢动脉硬化性闭塞症患者间歇性跛行距离与下肢疼痛成负相关，即患者感觉越疼痛，间歇性跛行距离越短，二者相关关系具有统计学意义。

三、偏 相 关

研究者在分析两个变量间的相关关系时，两个变量间的关系可能还受到其他因素的影响，这时可利用偏相关分析（partial correlation）对其他影响因素进行控制，计算在控制其他因素影响后两个研究变量的相关系数，即偏相关系数。偏相关的分析思想类似于协方差分析。

3.1 研究实例

例 11-3 某地调查了 21 名 65～70 岁城市老年男性居民的体重、小腿围、腰围、臀围 4 项指标，见表 11-3。试分析在控制小腿围和臀围的影响后，体重和腰围的相关性。

表 11-3　21 名城市老年男性体重、腰围等测量值

编号	体重（kg）	小腿围（cm）	腰围（cm）	臀围（cm）
1	55	30	74	86
2	70	33	90	104
3	46	30	78	90
4	62	30	86	96
5	63	30	90	98
6	65	42	94	100
7	70	36	98	106
8	67	35	60	68
9	60	33	52	62
10	83	32	95	98
11	63	38	94	101
12	65	20	88	91
13	60	30	83	100
14	70	37	102	108
15	70	40	98	112
16	65	36	86	105
17	58	34	91	100
18	60	40	85	90
19	65	40	85	95
20	67	35	100	109
21	44	32	66	87

3.2 SAS 主要程序及说明

程序	说明
`data ch11_3;`	建立数据集 ch11_3
`  input number weight leg waist hip@@;`	录入数据：患者编号、体重、小腿围、腰围、臀围指标值
`cards;`	
`1  55  30  74  86`	
`2  70  33  90  104`	
`3  46  30  78  90`	
`4  62  30  86  96`	
`5  63  30  90  98`	
`6  65  42  94  100`	
`7  70  36  98  106`	
`8  67  35  60  68`	

续表

程序	说明
9 60 33 52 62 10 83 32 95 98 11 63 38 94 101 12 65 20 88 91 13 60 30 83 100 14 70 37 102 108 15 70 40 98 112 16 65 36 86 105 17 58 34 91 100 18 60 40 85 90 19 65 40 85 95 20 67 35 100 109 21 44 32 66 87 ; run; proc corr data=ch11_3; var weight waist; partial leg hip; run;	调用过程步 proc corr，data=ch11_3 指出要分析的数据集；var 指出偏相关分析要分析的变量；partial 指出偏相关分析时需要控制的变量

3.3 主要分析结果与解释

The CORR Procedure									
2 Partial Variables:							leg hip		①
2 Variables:							weight waist		
Simple Statistics									②
Variable	N	Mean	Std Dev	Sum	Minimum	Maximum	Partial Variance	Partial Std Dev	
leg	21	33.9524	4.9646	713	20.0000	42.0000			
hip	21	95.5238	12.4684	2006	62.0000	112.0000			
weight	21	63.2381	8.3959	1328	44.0000	83.0000	66.7054	8.1673	
waist	21	85.4762	13.1439	1795	52.0000	102.0000	25.9792	5.0970	
Pearson Partial Correlation Coefficients, N = 21 Prob > |r| under H0: Partial Rho=0									③
				weight			waist		
weight				1.0000			0.5547 0.0137		
waist				0.5547 0.0137			1.0000		

输出结果说明如下。

①输出分析的控制变量名和相关变量名。

②一般描述性指标：包括样本量、算术均数、标准差、总和、最小值、最大值、偏方差和偏标准差。

③偏相关分析的主要结果：本实例结果显示，在控制小腿围和臀围后，体重和腰围的偏相关系数为 0.5547，$P=0.0137$，说明控制小腿围和臀围的影响后，体重和腰围的相关性具有统计学意义。

第二节 直 线 回 归

直线回归是分析两个连续型变量之间数量依存关系的一种统计方法。与相关分析不同，回归分析中两个变量的地位是不等价的，通常把一个变量称为自变量或解释变量，用 X 表示；另一个变量称为因变量或反应变量，用 Y 表示。自变量可以是服从正态分布的随机变量，也可以是能精确测量和严格控制的非随机变量。一般来说，自变量和因变量的关系是自变量影响因变量，或者说是因变量依赖于自变量。

直线回归方程的一般表达式为：

$$\hat{Y} = a + bx$$

a，b 是决定回归方程的两个参数，其中 a 是直线回归方程在 Y 轴上的截距，b 为回归系数，即回归直线的斜率。估计 a 和 b 的经典方法是最小二乘法，其基本思想是：使各实测值 Y 与回归直线上对应的估计值 $\hat{Y}$ 之差的平方和最小。一般采用方差分析和 t 检验推断两个变量间是否存在回归关系。

1.1　实例研究

例 11-4　例 11-3 中，以城市老年男性居民的体重为因变量，腰围为自变量，分析两者之间的直线回归关系。

1.2　SAS 主要程序及说明

程序	说明
`data ch11_4;`	建立数据集 ch11_4
`set ch11_3;`	set 调用例 11-3 数据
`run;`	
`proc reg;`	调用过程步 proc reg；model 语句指出回归分析的因变量和自变量，"="前面是因变量，
`model weight=waist;`	"="后面是自变量
`run;`	

1.3　主要分析结果与解释

The REG Procedure
Model: MODEL1
Dependent Variable: weight

Number of Observations Read　　21
Number of Observations Used　　21

Analysis of Variance ①

Source	DF	Sum of Squares	Mean Square	F Value	Pr > F
Model	1	390.5256	390.5256	7.2796	0.0142
Error	19	1019.2840	53.6465		
Corrected Total	20	1409.8095			

						②
Root MSE		7.3244	R-Square	0.2770		
Dependent Mean		63.2381	Adj R-Sq	0.2390		
Coeff Var		11.5822				

Variable	DF	Parameter Estimate	Standard Error	t Value	Pr > |t|	③
Intercept	1	34.5018	10.7699	3.2035	0.0047	
waist	1	0.3362	0.1246	2.6982	0.0142	

输出结果说明如下。

①输出方差分析结果。$F=7.2796$，$P=0.0142$，说明建立的回归模型有统计学意义。

②输出直线回归分析中的一些描述性统计量。Root MSE 为误差均方的平方根，即剩余标准差；Dependent Mean 是因变量的均数；Coeff Var 为因变量的变异系数；R-Square 和 Adj R-Sq 分别是模型的决定系数和校正决定系数。

③输出模型参数估计结果。Intercept 回归方程的截距为 34.5018，标准误为 10.7699，t 检验结果为 $t=3.2035$，$P=0.0047$，表示截距有统计学意义。自变量 waist 的回归系数为 0.3362，标准误为 0.1246，t 检验结果 $t=2.6982$，$P=0.0142$，说明回归系数有统计学意义，即两变量之间存在直线回归关系。

1.4　其他常用选项说明

proc reg 过程中 model 语句可以添加选项，常用的包括：

其他常用选项	说明
stb	输出标准化偏回归系数
p	计算数据集中每个因变量实测值对应的回归估计值及其标准误
r	要求进行残差分析
cli	计算每一个实测值对应的因变量的回归估计值的95%取值范围
clm	计算每一个实测值对应的因变量的回归估计值均值的95%置信区间

对于上述数据库，可以在 proc reg 过程步中增加 model 语句相应的选项，具体如下：

程序	说明

`proc reg data=ch11_4;`
`model weight=waist/p cli clm;`
`run;`
	调用 data=ch11_4；model 语句指出回归分析的因变量和自变量，并根据 p, cli, clm 选项要求，给出相应的分析结果

SAS 输出结果将增加以下内容：

The REG Procedure
Model：MODEL1
Dependent Variable：hb
Output Statistics ①

Obs	Dependent Variable	Predicted Value	Std Error Mean Predict	95% CL Mean		95% CL Predict		Residual
1	55	59.3799	2.1446	54.8911	63.8687	43.4061	75.3537	−4.3799
2	70	64.7590	1.6948	61.2117	68.3062	49.0238	80.4941	5.2410
3	46	60.7247	1.8500	56.8526	64.5967	44.9131	76.5362	−14.7247
4	62	63.4142	1.5996	60.0661	66.7623	47.7227	79.1056	−1.4142
5	63	64.7590	1.6948	61.2117	68.3062	49.0238	80.4941	−1.7590
6	65	66.1037	1.9190	62.0872	70.1203	50.2562	81.9513	−1.1037
...								
19	65	63.0780	1.5994	59.7304	66.4256	47.3867	78.7694	1.9220
20	67	68.1209	2.4145	63.0673	73.1744	51.9793	84.2624	−1.1209
21	44	56.6904	2.9059	50.6084	62.7724	40.1979	73.1829	−12.6904

Fit Plot for weight ②

Observations 21
Parameters 2
Error DF 19
MSE 53.647
R-Square 0.277
Adj R-Square 0.239

―― Fit ▨ 95% Confidence Limits ------ 95% Prediction Limits

输出结果说明如下。

①为实测值的回归估计结果。各列从左到右依次为：观测编号、因变量实测值、回归直线估计值、估计值的标准误、估计值总体均值的 95%置信区间的上限和下限、估计值的 95%容许区间的上限和下限、残差值。

②为回归相关图。图中散点为实测值，中间直线为拟合回归线，阴影部分为回归直线估计值均值的 95%置信区间，两条虚线分别为回归估计值的 95%容许区间上限和下限。

第三节 曲线拟合

在很多医学实践中,变量之间的关系并不一定表现为直线关系,如药物的血药浓度与服药时间的关系,毒物剂量和毒性反应的关系等均为非直线关系。当散点图提示两变量间的关系为非线性趋势时,可通过曲线拟合(curve fitting)的方法来分析两变量间数量上的依存关系。

曲线拟合过程可根据两变量散点图呈现的趋势,结合专业知识和经验确定曲线形式,如指数曲线($y=e^{a+bx}$)、对数曲线($y=a+b\ln x$)、双曲线、抛物线、Logistic 曲线等,一般通过 SAS 的 proc nlin 过程实现。如果两个变量可以通过变换形式满足线性关系,可采用曲线直线化的方法求曲线方程,即先对变换后数值求直线回归方程,然后再变换还原得到曲线方程。

1.1 实例研究

例 11-5 某单位分别测定了距污染源不同距离地点大气中氰化物的浓度。测定结果见表 11-4。试建立大气氰化物浓度和距离之间的非线性回归关系。

表 11-4 距污染物不同距离点大气中氰化物浓度

地点	距污染源距离(m)	氰化物浓度(mg/m^3)	地点	距污染源距离(m)	氰化物浓度(mg/m^3)
1	50	0.687	5	250	0.090
2	100	0.398	6	300	0.050
3	150	0.200	7	400	0.020
4	200	0.121	8	500	0.010

对本例的原始数据作散点图分析发现,对氰化物浓度取对数后,其对数值与"距污染源距离"之间呈线性变化趋势,故尝试做指数曲线($y=e^{a+bx}$)拟合。

1.2 SAS 主要程序及说明

程序	说明
```data ch11_5;```	建立数据集 ch11_5
```input x y;```	
```cards;```	
```50 0.687```	
```100 0.398```	
```150 0.2```	
```200 0.121```	
```250 0.09```	
```300 0.05```	
```400 0.02```	
```500 0.01```	
```;```	
```run;```	
```proc nlin;```	调用过程步 proc nlin;parms 语句给出拟合曲线时参数的初值;
```parms a=1 b=0;```	model 语句指出拟合曲线的基本形式
```model y=exp(a+b*x);```	
```run;```	

1.3 主要分析结果与解释

	The NLIN Procedure			①
	Dependent Variable y			
	Method：Gauss-Newton			
	Iterative Phase			
Iter	a	b	Sum of Squares	
0	1.0000	0	51.2405	
1	0.1860	−0.0005	6.4206	
2	−0.3574	−0.0016	0.7992	
3	−0.4087	−0.0042	0.1304	
4	−0.0566	−0.0081	0.0173	
5	0.1481	−0.0107	0.0016	
6	0.1867	−0.0113	0.0011	
7	0.1896	−0.0113	0.0011	
8	0.1897	−0.0113	0.0011	
9	0.1897	−0.0113	0.0011	

NOTE: Convergence criterion met.

Estimation Summary		②
Method	Gauss-Newton	
Iterations	9	
R	1.983E−6	
PPC (a)	7.325E−7	
RPC (a)	0.000021	
Object	3.431E−9	
Objective	0.001063	
Observations Read	8	
Observations Used	8	
Observations Missing	0	

Note: An intercept was not specified for this model.

Source	DF	Sum of Squares	Mean Square	F Value	Approx Pr > F	③
Model	2	0.6951	0.3475	1960.85	<.0001	
Error	6	0.0011	0.0002			
Uncorrected Total	8	0.6961				

Parameter	Estimate	Approx Std Error	Approximate 95% Confidence Limits		④
a	0.1897	0.0328	0.1095	0.2699	
b	−0.0113	0.0004	−0.0123	−0.0104	

Approximate Correlation Matrix			⑤
	a	b	
a	1.0000	−0.8732	
b	−0.8732	1.0000	

输出结果说明如下。

①迭代过程结果：采用高斯-牛顿方法进行迭代，列出每次迭代所估计的参数值和对应方程的残差平方和。结果显示，本例数据经过 9 次迭代，残差平方和从 51.2405 减少到 0.0011，"NOTE：Convergence criterion met"提示迭代已满足收敛准则，停止迭代。

②曲线回归方程拟合过程的总结。

③方差分析结果：非线性回归模型的方差分析检验结果显示，拟合模型的方差分析结果 $F=1960.85$，$P<0.0001$，说明模型有统计学意义。

④模型参数估计的结果：包括参数估计值、标准误和 95%置信区间。本例回归方程的参数为 $a=0.1897$，$b=-0.0113$，即所求的曲线拟合方程为 $y=e^{0.1897-0.0113x}$。

⑤输出参数间的渐进相关矩阵。

（郭海强）

第十二章 多重线性回归

多重线性回归（multiple linear regression）是研究一个连续型因变量和多个自变量间线性关系的统计分析方法。利用多重线性回归可解决的问题是：某个自变量对因变量是否有作用、每个自变量对因变量作用的大小及因变量与所有自变量之间的关系强度等。进行多重线性回归分析需特别注意数据是否满足多重线性回归分析的前提条件。多重线性回归分析需满足：①因变量是连续型定量变量，自变量可以是定量变量，也可以是定性变量；②因变量与自变量之间存在线性关系；③各观测间相互独立；④残差服从正态分布；⑤残差的大小不随所有变量取值水平的改变而改变，即方差齐性。总结起来即线性关系、相互独立、正态分布、方差齐性。满足上述条件后，含有一个因变量和两个及以上自变量的线性回归模型，即多重线性回归模型，本章将重点介绍这一统计分析方法的 SAS 实现。

第一节 多重线性回归概述

多重线性回归和前面第十一章的简单直线回归一样，也可调用 REG 过程来完成含有多个自变量的多重线性回归分析，其语法格式与简单直线回归的语法完全相同。

1.1 研究实例

例 12-1 为探索主动体检人群空腹血糖的影响因素，某研究者随机调查了 150 名体检者的性别（M：男；F：女）、年龄（岁）、血型（1：A 型；2：B 型；3：AB 型；4：O 型）、低密度脂蛋白胆固醇、甘油三酯、高密度脂蛋白胆固醇、谷丙转氨酶、碱性磷酸酶和空腹血糖的数据资料，部分体检者的数据见表 12-1。

表 12-1 空腹血糖影响因素分析的部分原始数据

编号	性别	年龄	血型	低密度脂蛋白胆固醇（mmol/L）	甘油三酯（mmol/L）	高密度脂蛋白胆固醇（mmol/L）	谷丙转氨酶（U/L）	碱性磷酸酶（U/L）	空腹血糖（mmol/L）
1	M	33	1	4.25	0.96	1.24	19.90	82.00	5.44
2	F	26	1	2.46	0.62	1.13	10.10	51.20	5.00
3	M	50	2	3.00	1.45	0.75	18.60	51.70	5.74
4	F	23	4	2.96	0.71	0.63	9.60	55.90	5.31
5	M	33	3	3.06	0.87	0.78	34.80	87.30	5.07
⋮	⋮	⋮	⋮	⋮	⋮	⋮	⋮	⋮	⋮
146	M	45	1	3.40	1.19	0.90	45.50	69.50	6.52
147	M	40	2	2.31	2.90	0.80	32.10	90.70	6.78
148	F	31	4	2.09	0.36	0.72	5.70	44.90	6.47
149	M	49	1	3.90	0.90	0.92	20.80	86.50	8.32
150	M	64	2	3.65	1.48	0.78	7.20	106.20	8.21

空腹血糖为连续型定量资料，若探索空腹血糖与 5 个血液生化指标（低密度脂蛋白胆固醇、甘油三酯、高密度脂蛋白胆固醇、谷丙转氨酶、碱性磷酸酶）的数量依存关系，简单直线回归已不再适用，需采用多重线性回归分析。此时空腹血糖水平（y）为因变量，低密度脂蛋白胆固醇（x_1）、甘油三酯（x_2）、高密度脂蛋白胆固醇（x_3）、谷丙转氨酶（x_4）、碱性磷酸酶（x_5）

为 5 个不同的自变量。

1.2 SAS 主要程序及说明

程序	说明

`data ch12_1;`
  `input x1-x5 y@@;`
`cards;`
`4.25  0.96  1.24  19.90  82.00  5.44`
`2.46  0.62  1.13  10.10  51.20  5.00`
`...`
`;`
`proc reg data=ch12_1;`
  `model y=x1-x5;`
`run;`
	建立数据集 ch12_1
	input 语句录入数据 x1 低密度脂蛋白胆固醇、x2 甘油三酯、x3 高密度脂蛋白胆固醇、x4 谷丙转氨酶、x5 碱性磷酸酶、y 空腹血糖水平
	
	调用过程步 proc reg，指定分析数据集为 ch12_1；调用 model 语句指定模型的因变量为 y，自变量为 x1-x5

1.3 主要分析结果与解释

		Analysis of Variance				①
Source	DF	Sum of Squares	Mean Square	F Value	Pr > F	
Model	5	124.65648	24.9313	6.1864	<.0001	
Error	144	580.35532	4.0303			
Corrected Total	149	705.01180				
Root MSE		2.0076	R-Square		0.1768	②
Dependent Mean		5.9520	Adj R-Sq		0.1482	
Coeff Var		33.7290				

		Parameter Estimates				③
Variable	DF	Parameter Estimate	Standard Error	t Value	Pr > |t|	
Intercept	1	3.8067	0.9713	3.9191	0.0001	
x1	1	0.1481	0.2037	0.7271	0.4683	
x2	1	0.3693	0.1173	3.1471	0.0020	
x3	1	−0.5812	0.4918	−1.1818	0.2393	
x4	1	−0.0031	0.0073	−0.4278	0.6694	
x5	1	0.0270	0.0076	3.5754	0.0005	

输出结果说明如下。

①方差分析表：其中 Source 为变异来源，Model 为模型变异或回归变异，Error 为误差变异或剩余变异、残差变异，Corrected Total 为校正总变异。DF 为自由度 ν，Sum of Squares 为离均差平方和 SS，Mean Square 为均方 MS，本案例统计量 F=6.1864，P<0.0001，说明回归模型具有统计学意义，利用低密度脂蛋白胆固醇（x_1）、甘油三酯（x_2）、高密度脂蛋白胆固醇（x_3）、谷丙转氨酶（x_4）、碱性磷酸酶（x_5）5 个解释变量构成的回归方程解释体检人群的空腹血糖（y）具有统计学意义。

②模型拟合摘要表：其中 Root MSE 为误差均方根，表示因变量 y 的总变异中不能被 $x_1 \sim x_5$ 所解释的部分，Dependent Mean 为因变量 y 的算术均数，Coeff Var 为变异系数，R-Square 和 Adj R-Sq 为决定系数和校正决定系数，表示因变量 y 被自变量 $x_1 \sim x_5$ 所解释的变异的比例。

③偏回归系数参数估计和假设检验的结果：其中 Parameter Estimate 为样本偏回归系数 b，Standard Error 为样本偏回归系数 b 的标准误 S_b。根据本表结果，以 0.05 为检验水准，本案例中 5 个自变量中，变量 x_2（甘油三酯）和 x_5（碱性磷酸酶）的偏回归系数具有统计学意义，即在其他自变量固定不变时，当甘油三酯每增加一个单位时，空腹血糖增加 0.3693 个单位，同样，在其他自变量固定不变时，当碱性磷酸酶每增加一个单位时，空腹血糖增加 0.0270 个单位。x_1（低密度脂蛋白胆固醇）、x_3（高密度脂蛋白胆固醇）和 x_4（谷丙转氨酶）的偏回归系数无统计学意义，即在考虑低密度脂蛋白胆固醇、高密度脂蛋白胆固醇和谷丙转氨酶的前提下，甘油三酯和碱性磷酸酶对空腹血糖有作用。

第二节　哑变量设置

多重线性回归要求因变量为连续型定量资料，对自变量的变量类型并不做要求，可以是定量变量也可以是定性变量。在公共卫生和医学研究中，定性变量作为多重线性回归模型的自变量是非常普遍的，但定性变量作为多重线性回归的自变量，需要创建虚拟变量，也称之为哑变量（dummy variable）。

当定性变量只有两个水平时，通常采用 0 和 1 的值对该定性变量赋值，其中 0 为参照，1 为试验，回归系数的含义为相较于参照水平（0），试验（1）的因变量预测值将增加回归系数个单位。比如性别（gender），有男（M）和女（F）两个水平，就可以使用下列语句创建哑变量，其哑变量名为 gender1：

```
if gender="M" then gender1=1;
else if gender="F" then gender1=0;
```

或者更为简单的语句：

```
if gender in ("M" "F") then gender1=(gender eq "M");
```

表示性别为男（M）时哑变量 gender1 为 1，此为试验；性别为女（F）时哑变量 gender1 为 0，此为参照。

如果定性变量的水平数 k 多于两个，我们需要将其中一个水平设为参照水平，创建 $k-1$ 个哑变量。例如变量年级（grade），有初一、初二、初三 3 个水平，如果将初一作为参照水平，我们将创建两个哑变量 grade1 和 grade2，grade1 代表是否是初二，grade2 代表是否是初三。其具体的编码语句为：

```
if grade=2 then grade1=1;
else if grade NE . then grade1=0;
if grade=3 then grade2=1;
else if grade NE . then grade2=0;
```

或者更为简洁的语句：

```
If grade in (1 2 3) then do;
grade1 = (grade eq 2);
grade2 = (grade eq 3);
end;
```

多分类定性变量的哑变量在模型构建时应使用{}括在一起，在变量筛选时，作为一个整体做到同进同出。

1.1　研究实例

例 12-2　利用例 12-1 中表 12-1 的数据，试构建多重线性回归模型探索空腹血糖与性别（M：男，F：女）、年龄（岁）、血型（1：A 型；2：B 型；3：AB 型；4：O 型）以及 5 个血液生化指标（低密度脂蛋白胆固醇、甘油三酯、高密度脂蛋白胆固醇、谷丙转氨酶、碱性磷酸酶）的数量依存关系。此时，性别和血型为定性变量资料，需要分别设置哑变量。

1.2　SAS 主要程序及说明

程序	说明
`data ch12_2;`	建立数据集 ch12_2
`  input x1-x5 gender$ x7 x8 y@@;`	input 录入数据 x1-x5 如前所述为 5 个生化指标、gender$ 为性别、x7 为年龄、x8 为血型、y 为空腹血糖
`  if gender="M" then gender1=1;`	if 语句定义 gender（性别）变量，设置哑变量 gender1；if 语句定义 x8（血型），设置 3 个哑变量 x81、x82、x83
`    else if gender="F" then gender1=0;`	
`  if x8 in (1 2 3 4) then do;`	

续表

程序	说明
| ```
    x81 =(x8 eq 1);
    x82 =(x8 eq 2);
    x83 =(x8 eq 3);
  end;
cards;
 4.25   0.96   1.24   19.90   82.00   M   33   1   5.44
 2.46   0.62   1.13   10.10   51.20   F   26   1   5.00
 ...
;
proc reg data=ch12_2;
  model y=x1-x5 gender1 x7 {x81 x82 x83};
run;
``` | 调用过程步 proc reg；指定分析数据集 ch12_2；调用 model 语句指定模型的因变量为 y，自变量为 x1-x5 gender1 x7 {x81 x82 x83} |

1.3 主要分析结果与解释

Analysis of Variance ①

Source	DF	Sum of Squares	Mean Square	F Value	Pr > F
Model	10	239.4845	23.9485	7.1507	<.0001
Error	139	465.5273	3.3491		
Corrected Total	149	705.0118			

Root MSE	1.8301	R-Square	0.3397	②
Dependent Mean	5.9520	Adj R-Sq	0.2922	
Coeff Var	30.7470			

Parameter Estimates ③

Variable	DF	Parameter Estimate	Standard Error	t Value	Pr > |t|
Intercept	1	2.4440	0.9978	2.4494	0.0156
x1	1	−0.0242	0.1933	−0.1255	0.9003
x2	1	0.2975	0.1113	2.6731	0.0084
x3	1	−0.5810	0.4661	−1.2466	0.2146
x4	1	−0.0009	0.0067	−0.1296	0.8970
x5	1	0.0242	0.0072	3.3766	0.0010
gender1	1	−0.8408	0.3296	−2.5512	0.0118
x7	1	0.0721	0.0142	5.0701	<.0001
x81	1	0.1911	0.4443	0.4302	0.6677
x82	1	−0.5594	0.4477	−1.2496	0.2135
x83	1	−0.7614	0.4616	−1.6494	0.1013

输出结果说明如下。

①方差分析表：本案例统计量 $F=7.1507$，$P<0.0001$，说明该回归模型具有统计学意义，利用低密度脂蛋白胆固醇（x_1）、甘油三酯（x_2）、高密度脂蛋白胆固醇（x_3）、谷丙转氨酶（x_4）、碱性磷酸酶（x_5）、性别（gender1）、年龄（x_7）和血型（x_{81}，x_{82}，x_{83}）构成的回归方程解释体检人群的空腹血糖具有统计学意义。

②模型拟合摘要表：本案例中 R-Square=0.3397 和 Adj R-Sq=0.2922，表示空腹血糖变异中的 33.97%可由方程中的自变量所解释，校正自变量的个数后，自变量所解释的变异比例为 29.22%。

③偏回归系数参数估计和假设检验的结果：以 0.05 为检验水准，本案例中变量 x_2（甘油三酯）、x_5（碱性磷酸酶）、gender1（性别）和 x_7（年龄）的偏回归系数具有统计学意义，x_1（低密度脂蛋白胆固醇）、x_3（高密度脂蛋白胆固醇）、x_4（谷丙转氨酶）和（x_{81}，x_{82}，x_{83}）（血型）的偏回归系数无统计学意义，即在考虑低密度脂蛋白胆固醇、高密度脂蛋白胆固醇、谷丙转氨酶和血型的前提下，甘油三酯、碱性磷酸酶、性别和年龄对空腹血糖均有作用。
```

第三节 最优模型选择

多重线性回归分析中的自变量一般都是由研究者预先确定的，有时所拟合的方程经假设检验并不成立，或者虽然方程成立，但方程中有些变量经假设检验并无统计学意义，再或者研究者希望从众多的变量中挑选出对因变量有统计学意义的自变量，这些都需要通过对自变量的筛选，建立"最优模型"。所谓"最优模型"即：①对因变量 y 有统计学意义的自变量全部纳入模型；②对因变量 y 无统计学意义的自变量均未纳入模型。SAS 软件中多重线性回归进行最优模型选择的方法有 FORWARD、BACKWARD、STEPWISE、MAXR、MINR、RSQUARE、ADJRSQ、CP 和全模型，系统默认是全模型，即不进行变量筛选。SAS 软件 REG 过程中调用 MODEL 语句的 SELECTION=method 选项进行变量筛选方法的设定，SELECTION=FORWARD 即采用前进法，SELECTION=STEPWISE 即采用逐步法，诸如此类。前进法 SAS 软件默认的变量入选模型的水准是 0.5，逐步法是 0.15，后退法默认的变量从模型剔除的水准为 0.10，逐步法是 0.15。

1.1 研究实例

例 12-3 根据例 12-2 中数据，筛选体检人群空腹血糖的影响因素，并进行影响因素作用大小的比较。

1.2 SAS 主要程序及说明

程序	说明

`data ch12_3;`
`  set ch12_2;`
`run;`
	建立数据集 ch12_3
	set 语句调用 ch12_2 数据集

`proc reg data=ch12_3;`
`model y=x1-x5 gender1 x7 {x81 x82 x83}/ selection=`
`  stepwise stb;`
`run;`
	调用过程步 proc reg；指定分析数据集为 ch12_3；调用 model 语句指定模型的因变量和自变量；调用 selection 选项明确变量筛选的方法为 stepwise；调用 stb 选项输出标准化偏回归系数

本案例采用逐步法（selection=stepwise）进行变量筛选，如欲采用其他的变量筛选方法，在 selection 选项中直接替换相应方法即可。

1.3 主要分析结果与解释

Stepwise Selection: Step 1 ①
Group GROUP7 Entered: R-Square = 0.1746 and C（p） = 27.7498

Analysis of Variance

Source	DF	Sum of Squares	Mean Square	F Value	Pr > F
Model	1	123.1033	123.1033	31.3097	<.0001
Error	148	581.9085	3.9318		
Corrected Total	149	705.0118			

Variable	Parameter Estimate	Standard Error	Type II SS	F Value	Pr > F
Intercept	2.8585	0.5761	96.8117	24.6227	<.0001
--- Group GROUP7 ---			123.1033	31.3097	<.0001
x7	0.0781	0.0140	123.1033	31.3097	<.0001

Bounds on condition number: 1, 1

② Stepwise Selection: Step 5
Group GROUP8 Entered: R-Square = 0.3318 and C(p) = 6.6682

Analysis of Variance

Source	DF	Sum of Squares	Mean Square	F Value	Pr > F
Model	7	233.8975	33.4140	10.0714	<.0001
Error	142	471.1143	3.3177		
Corrected Total	149	705.0118			

Variable	Parameter Estimate	Standard Error	Type II SS	F Value	Pr > F
Intercept	1.6364	0.7168	17.2906	5.2116	0.0239
--- Group GROUP2 ---			32.0146	9.6496	0.0023
x2	0.2977	0.0959	32.0146	9.6496	0.0023
--- Group GROUP5 ---			36.9551	11.1387	0.0011
x5	0.0237	0.0071	36.9551	11.1387	0.0011
--- Group GROUP6 ---			18.2677	5.5061	0.0203
gender1	−0.7452	0.3176	18.2677	5.5061	0.0203
--- Group GROUP7 ---			92.7319	27.9506	<0.0001
x7	0.0729	0.0138	92.7319	27.9506	<0.0001
--- Group GROUP8 ---			22.2821	6.7161	0.0864
x81	0.1493	0.4343	0.3921	0.1182	0.7315
x82	−0.5753	0.4418	5.6247	1.6954	0.1950
x83	−0.7926	0.4581	9.9314	2.9934	0.0858

Bounds on condition number: 1.7793, 67.852

③ All groups of variables left in the model are significant at the 0.1500 level.
No other group of variables met the 0.1500 significance level for entry into the model.

Summary of Stepwise Selection

Step	Group Entered	Group Removed	Number Vars In	Partial R-Square	Model R-Square	C(p)	F Value	Pr > F
1	GROUP7		1	0.1746	0.1746	27.7498	31.31	<.0001
2	GROUP5		2	0.0560	0.2306	17.9556	10.71	0.0013
3	GROUP2		3	0.0405	0.2711	11.4326	8.11	0.0050
4	GROUP6		4	0.0290	0.3002	7.3213	6.01	0.0154
5	GROUP8		7	0.0316	0.3318	6.6682	2.24	0.0864

④ Dependent Variable: y

Analysis of Variance

Source	DF	Sum of Squares	Mean Square	F Value	Pr > F
Model	7	233.8975	33.4139	10.0714	<.0001
Error	142	471.1143	3.3177		
Corrected Total	149	705.0118			

Root MSE	1.8215	R-Square	0.3318
Dependent Mean	5.9520	Adj R-Sq	0.2988
Coeff Var	30.6024		

Parameter Estimates

Variable	DF	Parameter Estimate	Standard Error	t Value	Pr > |t|	Standardized Estimate

Intercept	1	1.6364	0.7168	2.2829	0.0239	0	④
x2	1	0.2977	0.0959	3.1063	0.0023	0.2228	
x5	1	0.0237	0.0071	3.3380	0.0011	0.2419	
gender1	1	−0.7452	0.3176	−2.3466	0.0203	−0.1719	
x7	1	0.0729	0.0138	5.2872	<.0001	0.3903	
x81	1	0.1493	0.4343	0.3438	0.7315	0.0311	
x82	1	−0.5753	0.4418	−1.3021	0.195	−0.1192	
x83	1	−0.7926	0.4581	−1.7302	0.0858	−0.1531	

输出结果说明如下：

由于模型构建时，自变量中含有哑变量组，所以模型变量筛选时采用变量组为单位进行纳入和剔除，一个多分类定性变量的所有哑变量为一个变量组，作为一个整体同进同出。连续型定量变量和二分类定性变量，一个变量即一个独立的变量组。逐步法 SAS 系统默认的模型变量纳入水准为 0.15，剔除水准为 0.15。

①逐步法第 1 步模型运行的结果：变量组 7 即 x_7 进入模型，此时模型的决定系数 R^2=0.1746，$C(p)$ 值为 27.7498。接下来是含有 1 个自变量 x_7 时的回归模型假设检验和相对应偏回归系数参数估计和假设检验的结果，模型方差分析结果显示 F=31.3097，P<0.0001，提示模型具有统计学意义。变量 x_7 的偏回归系数经假设检验 F=31.3097，P<0.0001，提示 x_7 的偏回归系数具有统计学意义。

第 2 步到第 4 步依次进入模型的变量为 x_2，x_5，gender1，结果输出内容与第一步相同，为节省篇幅，直接给出最后一步输出结果。

②逐步法第 5 步模型运行的结果：变量组 8 即哑变量组 x_{81}，x_{82} 和 x_{83} 进入模型，此时模型的自变量有 x_7，x_5，x_2，gender1 和哑变量组 x_{81}，x_{82}，x_{83}，模型的决定系数 R^2=0.3318，$C(p)$ 值为 6.6682。含有上述 7 个自变量时，模型方差分析结果显示 F=10.0714，P<0.0001，提示模型具有统计学意义。x_7，x_5，x_2 和 gender1 的偏回归系数经假设检验 F=27.9506（P<0.0001）、F=11.1387（P=0.0011）、F=9.6496（P=0.0023）和 F=5.5061（P=0.0203），均具有统计学意义。由于逐步法系统默认的变量纳入和剔除标准为 0.15，哑变量 x_{83} 经假设检验，F=2.9934，P=0.0858<0.15 且 x_{81}，x_{82} 和 x_{83} 同为变量 x_8 的哑变量，应同进同出，遂模型将 x_{81}，x_{82} 和 x_{83} 同时纳入了模型。

③逐步法运行过程：按照 0.15 的水准，所有留在模型中的变量组均具有统计学意义，再无其他变量满足进入模型的标准，并总结报告了逐步回归变量筛选的摘要，具体包括每一步进入模型的变量组名（Group Entered）、剔除出模型的变量组（Group Removed）、模型中变量的数目（Number Vars In）、偏 R^2（Partial R-Square）即 ΔR^2、模型决定系数 R^2（Model R-Square）、$C(p)$ 值、F 值和 P 值。

④变量筛选结束后最终模型的参数估计和假设检验的结果：回归模型的方差分析结果，F=10.0714，P<0.0001，具有统计学意义，各自变量（组）的偏回归系数经 t 检验，P 均小于 0.15，提示影响体检人群空腹血糖的因素有年龄（x_7）、碱性磷酸酶（x_5）、甘油三酯（x_2）、性别（gender1）和血型（x_{81}，x_{82}，x_{83}）。Standardized Estimate 为标准化偏回归系数，根据其绝对值大小，提示年龄（x_7）对空腹血糖的影响最大，其次是碱性磷酸酶（x_5），接下来依次是甘油三酯（x_2）、性别（gender1）和血型（x_{81}，x_{82}，x_{83}）。

1.4 其他常用选项的说明

对于上述数据集，如果将逐步法变量纳入和排除的标准设为 0.05，而非系统默认为 0.15，我们可以在 model 语句后增加 sle 和 sls 选项，具体如下：

程序	说明

`proc reg data=ch12_3;`
`model y=x1-x5 gender1 x7 {x81-x83}/selection=stepwise stb sle=0.05 sls=0.05;`
`run;`
	调用 data=ch12_3；调用 sle 选项明确纳入标准为 0.05，调用 sls 选项明确排除标准为 0.05

逐步法变量筛选结果的解读可参考本节前一部分内容，上述程序运行后模型筛选的最终结果如下：

Analysis of Variance						
Source	DF	Sum of Squares	Mean Square	F Value	Pr > F	①
Model	4	211.6154	52.9039	15.55	<.0001	
Error	145	493.3964	3.4027			
Corrected Total	149	705.0118				

Root MSE		1.8447		R-Square	0.3002	②
Dependent Mean		5.9520		Adj R-Sq	0.2809	
Coeff Var		30.9921				
			Parameter Estimates			③
Variable	DF	Parameter Estimate	Standard Error	t Value	Pr > |t|	Standardized Estimate
Intercept	1	1.4616	0.6485	2.25	0.0257	0
x2	1	0.2748	0.0950	2.89	0.0044	0.2056
x5	1	0.0248	0.0072	3.47	0.0007	0.2532
gender1	1	−0.7772	0.3169	−2.45	0.0154	−0.1793
x7	1	0.0693	0.0137	5.05	<.0001	0.3707

输出结果说明如下：

① 最终共有 4 个解释变量纳入模型，模型方差分析 $F=15.55$，$P<0.0001$，具有统计学意义。

② 具有 4 个解释变量的回归模型的决定系数 $R^2=0.3002$，校正决定系数为 0.2809。

③ 入选模型的 4 个解释变量分别为 x_2、x_5、gender1 和 x_7，在 0.05 的检验水准上均具有统计学意义。

第四节 回归诊断

多重线性回归在公共卫生和医学研究实践中已得到广泛应用，我们在注重模型建构、预测或控制的同时，对于模型本身一些假设条件的考虑也是至关重要的，如残差的分布和自变量间的独立性等。因此，回归诊断（regression diagnostics）已成为回归分析的必要补充，包括多重共线性（multi-collinearity）、异常点（outlier）、强影响点分析等。

一、多重共线性

当回归分析中存在很多自变量时，若自变量之间高度相关，则违反了自变量间相互独立的假设条件，我们称之为自变量间的多重共线性。在实际的回归应用中共线性的问题并不少见，而且很难一眼识别，需要专门的统计量来分析判断。最常用的共线性诊断指标有容许度（tolerance，TOL）、方差膨胀因子（variance inflation factor，VIF）和特征根系（system of eigenvalues）等。一般认为如果 TOL<0.2 或 VIF>10，则提示要考虑自变量之间存在多重共线性的问题。特征根系包括条件指数和方差分量，若条件指数大于 10 且所在行同时有两个以上的变量方差分量超过 0.5，意味着变量间存在一定程度的共线性。我们可以通过在 reg 过程的 model 语句后添加不同的选项来完成自变量的共线性诊断。

1.1 研究实例

例 12-4 利用例 12-1 中数据，试对构建的多重线性回归模型中的自变量进行多重共线性诊断。

1.2 SAS 主要程序及说明

程序	说明

`data ch12_4;`
`  set ch12_2;`
`run;`
	建立数据集 ch12_4
	set 语句调用数据集 ch12_2

`proc reg data=ch12_4;`
`  model y=x1-x5 gender1 x7 {x81-x83}/selection=stepwise`
`  sle=0.05 sls=0.05 tol vif collin collinoint;`
`run;`
	调用过程步 proc reg，指定分析数据集是 ch12_4；调用 model 语句，添加 tol（容许度）、vif（方差膨胀因子）、collin（特征根、条件指数和方差分量）和 collinoint（校正截距项后的特征根、条件指数和方差分量）选项，输出共线性诊断指标

1.3 主要分析结果与解释

程序默认的输出结果,请参照本章第三节对应部分,与添加的 tol、vif、collin 和 collinoint 选项有关的主要结果有:

Parameter Estimates							①
Variable	DF	Parameter Estimate	Standard Error	t Value	Pr > |t|	Tolerance	Variance Inflation
Intercept	1	1.4616	0.6485	2.25	0.0257	.	0
x2	1	0.2748	0.0950	2.89	0.0044	0.9542	1.0480
x5	1	0.0248	0.0072	3.47	0.0007	0.9051	1.1049
gender1	1	−0.7772	0.3169	−2.45	0.0154	0.9035	1.1068
x7	1	0.0693	0.0137	5.05	<.0001	0.8945	1.1180

Collinearity Diagnostics							②
Number	Eigenvalue	Condition Index	Proportion of Variation				
			Intercept	x2	x5	gender1	x7
1	4.0933	1.0000	0.0030	0.0183	0.0048	0.0178	0.0039
2	0.4672	2.9600	0.0000	0.5460	0.0001	0.4463	0.0000
3	0.3351	3.4948	0.0223	0.4307	0.0245	0.5058	0.0185
4	0.0697	7.6660	0.0113	0.0006	0.7202	0.0004	0.4126
5	0.0347	10.8613	0.9635	0.0045	0.2504	0.0298	0.5650

Collinearity Diagnostics (intercept adjusted)							③
Number	Eigenvalue	Condition Index	Proportion of Variation				
			x2	x5	gender1	x7	
1	1.5583	1.0000	0.0893	0.1657	0.1534	0.1746	
2	0.9428	1.2856	0.7212	0.0144	0.2606	0.0004	
3	0.7870	1.4072	0.0022	0.6602	0.0209	0.4614	
4	0.7119	1.4795	0.1874	0.1597	0.5651	0.3636	

输出结果说明如下。

①在原有模型参数估计和假设检验的基础上,进一步输出了进入模型的每个自变量的容许度和方差膨胀因子。本案例,进入模型的 4 个自变量的 tol 值均大于 0.2,vif 值均小于 10,提示并不存在变量间的多重共线性。

②未校正截距项前模型中变量共线性诊断的特征根系统结果,其中 Eigenvalue 为特征根,Condition Index 为条件指数,Proportion of Variation 为方差分量。本案例结果发现第 5 行的条件指数>10,且截距项和 x_7 的方差分量均>0.5,提示 x_7 和截距项可能存在共线性,但如果某一自变量只是和截距项存在共线性的话,可以认为不存在共线性。

③校正截距项后,模型中变量共线性诊断的特征根系统结果。本案例结果发现,校正截距项后,进入回归模型的 4 个自变量间并不存在多重共线性。

综合共线性诊断各指标的结果,本案例中进入回归模型的自变量间并不存在多重共线性问题。

二、异常点识别和强影响点分析

对因变量的预测值影响特别大,甚至容易导致相反结论的观测点,称为异常点。异常观测值的存在加大了数据的离散度,在线性回归分析中产生较大的残差,影响回归模型的拟合度,所以应进行异常值识别和强影响分析。常用的进行异常值识别和强影响点分析的指标有学生化残差、Cook's D 统计量、杠杆值(leverage)、DFFITS 值和 DFBETAS 值等。学生化残差的绝对值大于 2 甚至超过 3 时,提示所对应的观测点可能是异常点,对结果影响大,须小心对待。识别出的异常观测点并不能立即剔除,要进一步判断它们是否为严重影响结果的强影响点再决定取舍。强影响度的度量可用 Cook's D 值,若 Cook's D 大于 $4/n$(n 为观测数目)时,可认为此观测点对回归模型的拟合有强影响。一般若第 i 个观测点的学生化残差>2 且 Cook's D>0.5，则需考虑剔除该观测点后再作回归分析。若杠杆值大于 $2p/n$（p 为模型中的参数个数，n 为观测数目），提示所对应的观测点为高杠杆点，杠杆值越大，其观测点对模型的影响越大。若 DFFITS 值和 DFBETAS 值大于 2 时，则认为该观测点影响较大。在 SAS 软件中，我们可以在 REG 过程的 model 语句后通过添加 r 选项来实现残差分析和 Cook's D 值的输出，通过添加 influence 选项来实现杠杆值、DFFITS 值和 DFBETAS 值的输出进行影响分析。

2.1 研究实例

例 12-5 利用例 12-1 中数据，试对构建的多重线性回归模型进行异常点识别和强影响点分析。

2.2 SAS 主要程序及说明

程序	说明

`proc reg data=ch12_4;`
`  model y=x1-x5 gender1 x7 {x81-x83}/selection=stepwise`
`  sle=0.05 sls=0.05 r influence;`
`run;`
	调用过程步 proc reg，指定分析数据集是 ch12_4；
	调用 model 语句，添加 r 选项，进行残差分析，
	添加 influence 选项进行影响分析

2.3 主要分析结果与解释

程序默认的变量筛选结果，请参照本章第三节对应部分，与添加的 r 和 influence 选项有关的主要结果（由于篇幅限制，只保留了部分观测点的结果，完整结果请自行运行 SAS 程序）：

Output Statistics

Obs	Dependent Variable	Predicted Value	Std Error Mean Predict	Residual	Std Error Residual	Student Residual	Cook's D
1	5.4400	5.2682	0.2685	0.1718	1.825	0.0942	0.000
2	5.0000	4.7029	0.2693	0.2971	1.825	0.163	0.000
⋮	⋮	⋮	⋮	⋮	⋮	⋮	⋮
117	12.0600	7.9813	0.3373	4.0787	1.814	2.249	0.035
118	15.9000	9.8884	1.0490	6.0116	1.517	3.962	1.500
119	6.8700	9.8643	1.3385	−2.9943	1.269	−2.359	1.238
120	6.7700	6.2218	0.2387	0.5482	1.829	0.300	0.000
121	6.2100	6.9166	0.2532	−0.7066	1.827	−0.387	0.001
122	6.3800	5.9072	0.2591	0.4728	1.826	0.259	0.000
123	23.0000	8.4433	0.3888	14.5567	1.803	8.073	0.606
⋮	⋮	⋮	⋮	⋮	⋮	⋮	⋮
149	8.3200	6.4713	0.2648	1.8487	1.826	1.013	0.004
150	8.2100	8.1583	0.4151	0.0517	1.797	0.0288	0.000

Output Statistics（续上部分）

Obs	RStudent	Hat Diag H	Cov Ratio	DFFITS	DFBETAS				
					Intercept	x2	x5	gender1	x7
1	0.0938	0.0212	1.0573	0.0138	0.0026	−0.0032	0.0046	0.0081	−0.0066
2	0.1622	0.0213	1.0568	0.0239	0.0190	−0.0048	−0.0045	−0.0037	−0.0110
⋮	⋮	⋮	⋮	⋮	⋮	⋮	⋮	⋮	⋮
117	2.2814	0.0334	0.8968	0.4243	−0.2920	0.1182	0.1462	0.0859	0.2112
118	4.1810	0.3234	0.8628	2.8904	−1.7538	−0.4899	2.8116	−0.2227	−0.1039
119	−2.3974	0.5265	1.7979	−2.5282	−0.0036	−2.4591	−0.0931	0.2930	0.6242
120	0.2988	0.0167	1.0496	0.0390	0.0074	−0.0012	−0.0109	−0.0244	0.0152

121	−0.3856	0.0188	1.0497	−0.0534	0.0114	0.0002	−0.0228	0.0390	−0.0134
122	0.2580	0.0197	1.0536	0.0366	0.0127	−0.0007	−0.0182	−0.0189	0.0127
123	10.8421	0.0444	0.0548	2.3379	−1.1377	0.8557	0.3268	−1.3519	1.4653
⋮	⋮	⋮	⋮	⋮	⋮	⋮	⋮	⋮	⋮
149	1.0127	0.0206	1.0201	0.1469	−0.0601	−0.0576	0.0505	0.0589	0.0488
150	0.0287	0.0507	1.0904	0.0066	−0.0051	−0.0015	0.0031	0.0006	0.0042

Studentized Residuals and Cook's D for y

Obs	Studentized Residuals	Cook's D
101	0.566	0.002
102	0.036	0.000
103	−0.383	0.001
104	−0.095	0.000
105	−0.231	0.000
106	−0.113	0.000
107	−0.320	0.001
108	−0.118	0.000
109	0.064	0.000
110	0.213	0.000
111	0.482	0.001
112	2.175	0.027
113	0.325	0.000
114	−0.684	0.005
115	3.317	0.119
116	0.206	0.000
117	2.249	0.035
118	3.962	1.500
119	−2.359	1.238
120	0.300	0.000
121	−0.387	0.001
122	0.259	0.000
123	8.073	0.606
124	−0.131	0.000
125	−0.719	0.004
126	1.362	0.011
127	−0.064	0.000
128	0.572	0.002
129	0.106	0.000
130	−0.483	0.003
131	−0.163	0.000
132	0.108	0.000
133	0.986	0.006
134	0.424	0.002
135	1.844	0.019
136	−0.255	0.000
137	−0.425	0.001
138	−0.184	0.000
139	0.017	0.000
140	0.552	0.002
141	−0.103	0.000
142	−0.716	0.004
143	0.796	0.004
144	0.040	0.000
145	1.268	0.026
146	0.365	0.000
147	0.152	0.000
148	0.903	0.003
159	1.013	0.004
150	0.029	0.000

■ | Studentized Residual | ⩾ 3, Prob ⩽ 0.0024   ■ Cook's D ⩾ 4/n = 0.027

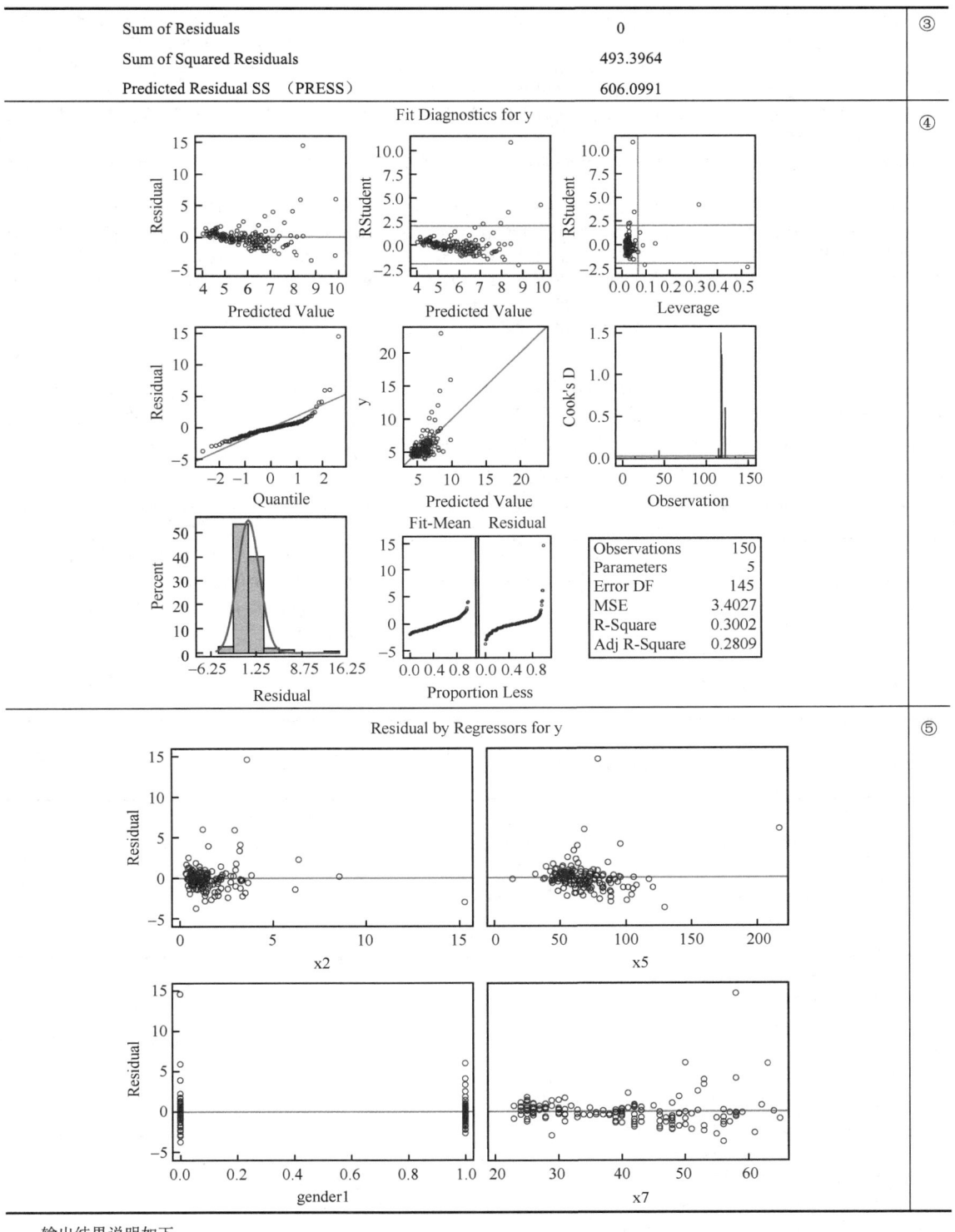

Sum of Residuals		0	③
Sum of Squared Residuals		493.3964	
Predicted Residual SS （PRESS）		606.0991	

④

Fit Diagnostics for y

Observations	150
Parameters	5
Error DF	145
MSE	3.4027
R-Square	0.3002
Adj R-Square	0.2809

⑤

Residual by Regressors for y

输出结果说明如下。

①部分观测的预测值和回归诊断指标值：包括 Obs（观测者编号即研究对象编号）、Dependent Variable（因变量 y 即空腹血糖实测值）、Predicted Value（因变量 y 的模型预测值）、Std Error Mean Predict（预测值标准误）、Residual（残差）、Std Error Residual（残差标准误）、Student Residual（学生残差）、Cook's D 值、RStudent（学生化残差）、Hat Diag H（杠杆值）、Cov Ratio（协方差矩阵行列比）、DFFITS 值和 DFBETAS 值。根据其学生化残差的输出结果，本案例 150 名研究对象中共有 7 个观测点的学生化残差的绝对值大于 2，分别为 44 号、112 号、115 号、117 号、118 号、119 号和 123 号，提示可能为异常点。根据其 Cook's D 的输出

结果，本案例 150 名研究对象中共有 3 名观测者的 Cook's D 值大于 0.5，分别为 118 号、119 号和 123 号，提示为强影响点。同时，杠杆值大于 $2p/n=2\times5/150=0.067$ 的有 7 个观测点，分别为 10 号、44 号、58 号、119 号、118 号、132 号和 145 号，DFFITS 的绝对值大于 2 的有 118 号、119 号和 123 号，DFBETAS 的绝对值大于 2 的是 118 号、119 号。综合各指标结果，本案例可综合判定 118 号、119 号和 123 号为强影响点，可以考虑剔除该 3 个观测点后再进行回归分析。

②部分观测学生化残差和 Cook's D 值的图示，并将学生化残差绝对值≥3 和 Cook's D 值≥4/n 的观测用箭头进行了标记，提示为可能的异常点或强影响点。

③模型的残差合计：包括残差的总和（Sum of Residuals）、残差的平方和（Sum of Squared Residuals）以及预测残差的平方和（Predicted Residual SS，PRESS）。

④模型的回归诊断图面板（Diagnostics Pane）：从上至下，从左至右依次为残差-预测值散点图、学生化残差-预测值散点图、学生化残差-杠杆值散点图、残差 Q-Q 图、因变量 y 实测值-预测值散点图、Cook's D 观测点条形图、残差直方图以及残差拟合图。同时还报告了模型拟合结果的简要信息，包括模型的观测数目、参数数目、误差自由度、MS误差、R^2 和校正 R^2。本案例，残差 Q-Q 图和残差直方图均提示资料是基本满足正态分布的，但根据各诊断图可发现，残差和学生化残差均有少量离群点，同时还存在少量观测点 Cook's D 值和杠杆值大的情形，提示本案例存在少量强影响点。

⑤残差图：以各自变量为横坐标，各残差图中的散点均以 0 为中心散在分布，但也存在少量离群点。

综合以上信息，本案例的所有观测中是存在少量异常点和强影响点的，接下来，我们剔除 118 号、119 号和 123 号观测对象后重新拟合回归模型来观察回归模型的变化。我们可以在 data 步调用 delete 语句直接删除 118 号、119 号和 123 号观测，也可以在 proc 步调用 reweight 语句将 118 号、119 号和 123 号观测的权重设为 0，本案例采用后者为大家展示，具体为：

程序	说明

`proc reg data=ch12_4;`
`  model y=x1-x5 gender1 x7 {x81-x83}/selection=stepwise sle=0.05 sls=0.05 stb;`
`  reweight obs.=123;`
`  reweight obs.=118;`
`  reweight obs.= 119;`
`run;`
	调用过程步 proc reg，指定分析数据集是 ch12_4；调用 model 语句设定回归模型的要素；调用 reweight 语句将 123 号、118 号和 119 号观测权重设为 0

上述程序运行后，Log 窗口提示如下：

`1  proc reg data=ch12_4;`
`2  model y=x1-x5 gender1 x7 {x81-x83}/selection=stepwise sle=0.05 sls=0.05 stb;`
`3  reweight obs.=123;`
`4  reweight obs.=118;`
`5  reweight obs.= 119;`
`6  run;`
	①

`NOTE: 150 observations read.`
`NOTE: 150 observations used in computations.`
`NOTE: Writing HTML Body file: sashtm11.htm`
`NOTE: Observation 123 is deleted.`
`NOTE: 1 observations are deleted.`
`NOTE: Due to a REWEIGHT statement, the model label is now MODEL1.1.`
`NOTE: Observation 118 is deleted.`
`NOTE: 1 observations are deleted.`
`NOTE: Due to a REWEIGHT statement, the model label is now MODEL1.2.`
`NOTE: Observation 119 is deleted.`
`NOTE: 1 observations are deleted.`
`NOTE: Due to a REWEIGHT statement, the model label is now MODEL1.3.`
	②

其中：①运行源程序代码；②提示 3 个 reweight 语句后，在原有 150 个观测的基础上，依次删除了 123 号观测、118 号观测和 119 号观测，最后的回归模型标签为 MODEL 1.3。

运行程序后，未删除观测前，模型变量筛选过程的结果与本章第三节对应部分相同。删除 3 个强影响点后，MODEL 1.3 的输出结果为：

		Model：MODEL1.3				①
		Dependent Variable：y				
		Weight：REWEIGHT				
		Analysis of Variance				
Source	DF	Sum of Squares	Mean Square	F Value	Pr ＞ F	
Model	4	106.8500	26.7125	18.74	＜.0001	
Error	142	202.4214	1.4255			
Corrected Total	146	309.2715				
Root MSE		1.1939	R-Square		0.3455	②
Dependent Mean		5.7621	Adj R-Sq		0.3271	
Coeff Var		20.7206				
		Parameter Estimates				③
Variable	DF	Parameter Estimate	Standard Error	t Value	Pr ＞ |t|	Standardized Estimate
Intercept	1	3.1566	0.4578	6.90	＜.0001	0
x2	1	0.4263	0.0892	4.78	＜.0001	0.3452
x5	1	0.0033	0.0056	0.58	0.5608	0.0416
gender1	1	−0.4543	0.2088	−2.18	0.0313	−0.1566
x7	1	0.0498	0.0092	5.39	＜.0001	0.3966

输出结果说明如下。

①方差分析表：剔除 3 个强影响点后，模型 model 1.3 方差分析的结果是总自由度变为 146、回归自由度仍为 4、误差自由度变为 142，$F=18.74$、$P<0.0001$，模型仍具有统计学意义。

②模型 model 1.3 拟合效果表：新模型的决定系数为 0.3455，校正决定系数为 0.3271，较剔除强影响点前的模型（$R^2=0.3002$；Adj $R^2=0.2809$）有所提高。

③模型 model 1.3 参数估计和假设检验的结果：该结果显示剔除 3 个强影响点后，在 0.05 的检验水准下，原模型中具有统计学意义的 x_5 不再具有统计学意义（$F=0.58$，$P=0.5608$），x_2、gender1 和 x_7 仍具有统计学意义，但偏回归系数估计值较原模型也发生一定变化，进一步验证了 123 号观测、118 号观测和 119 号观测对模型拟合的强影响作用。因此，本案例排除了强影响点的作用后，对体检人群的空腹血糖具有统计学影响的因素为甘油三酯（x_2）、性别（gender1）和年龄（x_7），其中年龄的影响作用最大，其次是甘油三酯，最后是性别。

第五节 广义线性模型

前面学习的多重线性回归是在假设因变量 y 满足连续型正态分布且方差齐性的前提下进行影响因素探索的统计分析方法，又称为传统线性模型或经典线性模型。但若因变量 y 不满足正态分布或所有观测的方差并不是一个常数时，传统的线性模型就不适用了。广义线性模型（generalized linear model）是传统线性模型的延伸，它由内德尔（Nelder）和韦德伯恩（Wedderburn）于 1972 年提出，使因变量的总体均值通过一个非线性连接函数而依赖于线性预测值，同时还允许响应概率分布为指数分布族的任意一员。事实上，许多广泛应用的统计模型，均属于广义线性模型，例如 Logistic 回归模型、对数线性模型中的 Poisson 回归模型和带对数连接函数的伽马模型等。通过调用 SAS 软件的 genmod 过程就可拟合不同类型的广义线性模型，最典型的用法就是进行 Poisson 回归。

1.1 研究实例

例 12-6 为探讨女性乳腺癌发病的影响因素，某研究者对城市和农村 15 岁以上女性的乳腺癌发生情况及吸烟、饮酒行为进行了调查，其具体数据如表 12-2 所示。

表 12-2　调查对象乳腺癌发病和生活行为方式

地区 x_1 （1 城市，0 农村）	吸烟 x_2 （1 吸烟，0 不吸烟）	饮酒 x_3 （1 饮酒，0 不饮酒）	发癌例数 d	观察人数 n
1	1	1	20	6328
1	1	0	8	29007
1	0	1	8	20510
1	0	0	12	923065
0	1	1	9	3538
0	1	0	13	72185
0	0	1	6	11135
0	0	0	8	846207

本案例观察人数多，女性乳腺癌的发癌例数很少，乳腺癌的发生对每个研究对象均属罕见事件或小概率事件，而且每个研究对象是否发生乳腺癌是完全独立的，所以女性乳腺癌的发癌例数应服从 Poisson 分布，适用 Poisson 回归模型对其影响因素进行探索。

1.2　SAS 主要程序及说明

程序	说明

`data ch12_6;`
　`input x1-x3 d n@@;`
　`ln=log(n);`
`cards;`
`1 1 1 20 6328`
`1 1 0 8 29007`
`1 0 1 8 20510`
`1 0 0 12 923065`
`0 1 1 9 3538`
`0 1 0 13 72185`
`0 0 1 6 11135`
`0 0 0 8 846207`
`;`
`run;`
	建立数据集 ch12_6
	录入数据 x1 地区、x2 吸烟、x3 饮酒、d 发癌例数、n 观察人数
	定义偏移量 ln 为 n 的对数

`proc genmod data=ch12_6;`
　`class x1-x3;`
　`model d=x1-x3/dist=poisson　link=log`
　`offset=ln;`
`run;`
	调用过程步 proc genmod，指定分析数据集为 ch12_6；调用 class 语句指定 x1，x2，x3 为分类变量
	调用 model 语句定义模型，d 为因变量发癌例数，x1，x2，x3 为 3 个解释变量，调用 dist=poisson 选项指定因变量 d 的理论分布，调用 link=log 选项指定连接函数为对数函数，调用 offset=ln 选项指定偏移量为 ln

1.3　主要分析结果与解释

Model Information		
Data Set	WORK.CH12_6	①
Distribution	Poisson	
Link Function	Log	
Dependent Variable	d	
Offset Variable	ln	
Number of Observations Read	8	
Number of Observations Used	8	

Class Level Information			
Class	Levels	Values	②
x1	2	0 1	
x2	2	0 1	
x3	2	0 1	

Criteria For Assessing Goodness Of Fit				
Criterion	DF	Value	Value/DF	③
Deviance	4	6.4783	1.6196	
Scaled Deviance	4	6.4783	1.6196	
Pearson Chi-Square	4	7.3819	1.8455	
Scaled Pearson X2	4	7.3819	1.8455	
Log Likelihood		116.2709		
Full Log Likelihood		−19.7990		
AIC (smaller is better)		47.5980		
AICC (smaller is better)		60.9313		
BIC (smaller is better)		47.9157		

Analysis Of Maximum Likelihood Parameter Estimates								
Parameter		DF	Estimate	Standard Error	Wald 95% Confidence Limits		Chi-Square	Pr > ChiSq	④
Intercept		1	−5.6268	0.1802	−5.9799	−5.2736	974.98	<.0001
x1	0	1	−0.1443	0.2277	−0.5906	0.3021	0.40	0.5264
x1	1	0	0.0000	0.0000	0.0000	0.0000	.	.
x2	0	1	−2.4689	0.2445	−2.9481	−1.9897	101.97	<.0001
x2	1	0	0.0000	0.0000	0.0000	0.0000	.	.
x3	0	1	−3.0128	0.2457	−3.4944	−2.5313	150.37	<.0001
x3	1	0	0.0000	0.0000	0.0000	0.0000	.	.
Scale		0	1.0000	0.0000	1.0000	1.0000		

NOTE: The scale parameter was held fixed.

输出结果说明如下。

①模型指定和输入数据集的信息：本案例的数据集（Data Set）为 WORK.CH12_6，因变量的分布类型（Distribution）为 Poisson 分布，连接函数（Link Function）为 Log，因变量（Dependent Variable）为 d，偏移变量（Offset Variable）为 ln，使用的观察单元（Observations Used）8 个。

②分类变量的信息：本案例共 3 个分类变量 x_1，x_2，x_3，各有 2 个水平，取值均为 0 或 1。

③模型拟合优度的信息：Poisson 回归模型拟合效果用偏差（Deviance）统计量，即对数似然比统计量（G^2）评价，本案例偏差值为 6.4783，平均每个自由度的偏差值为 1.6196，小于自由度为 1 的 χ^2 界值 3.84，$P>0.05$，说明本案例利用 Poisson 回归模型很好地拟合了数据。

④模型最大似然法参数估计和假设检验的信息：包括变量名、自由度、参数估计值、标准误、Wald 检验的 95%置信限、χ^2 值和 P 值。Scale 为尺度参数行，用于规定一个尺度参数来拟合过于离散的 Poisson 分布，同时，在"NOTE"行指出参数是固定的，不是在迭代过程中估计的。本案例结果提示：x_2（$\chi^2=101.97$，$P<0.0001$）和 x_3（$\chi^2=150.37$，$P<0.0001$）对乳腺癌的发生均具有统计学意义，但 x_1（$\chi^2=0.40$，$P=0.5264$）并不具有统计学意义。

1.4 其他常用选项的说明

genmod 过程进行定性变量的参数估计时，默认将各定性变量水平的最大取值作为参考水平进行参数估计，但也可以利用 proc genmod 语句中的选项 ORDER=keyword 来选择不同的排列顺序，感兴趣的同学可拓展学习。

genmod 过程的 model 语句除了上述程序中的选项外，常用的选项还有 noint、type1、type3 等。其中 noint 用以指定模型拟合不含截距项，感兴趣的同学可自行尝试。type1 要求给出模型从截距项到指定的所有自变量逐个引入时的偏差统计量（G^2）和 ΔG^2，type3 要求给出每个自变量的效应统计量（ΔG^2），用以评价模型中各因素主效应的重要性。对于上述案例的数据集，我们可以增加 model 语句中的 type1 和 type3 选项，具体如下：

程序	说明

`proc genmod data=ch12_6;`
`  class x1-x3;`
`  model d=x1-x3/dist=poisson link=log offset=ln type1 type3;`
`run;`
	调用过程步 proc genmod，指定分析数据集为 ch12_6；model 语句中增加 type1 和 type3 选项

输出结果中，部分结果可参照本节前一部分，与 type1 和 type3 选项有关的主要结果如下：

LR Statistics For Type 1 Analysis					
Source	Deviance	DF	Chi-Square	Pr > ChiSq	①
Intercept	321.3759				
x1	320.1830	1	1.19	0.2747	
x2	135.8238	1	184.36	<.0001	
x3	6.4783	1	129.35	<.0001	

LR Statistics For Type 3 Analysis				
Source	DF	Chi-Square	Pr > ChiSq	②
x1	1	0.40	0.5252	
x2	1	100.10	<.0001	
x3	1	129.35	<.0001	

输出结果说明如下。

①type1 的似然比统计量结果：该部分偏差（Deviance）项的值为该行因素和该行前面所有已进入模型的因素的总效应 G^2。例如本案例中 x_2 行的偏差值为 135.8238，就是包括截距项、x_1 和 x_2 的模型的偏差，x_3 行的偏差值为 6.4783，就是包括截距项、x_1、x_2 和 x_3 的模型的偏差。Chi-Square 列中的值为似然比 χ^2 统计量，为该列对应模型与前一模型之间对数似然差值的两倍，由于尺度参数为 1，故等于两模型偏差值的差值 ΔG^2。例如 x_1 的 χ^2 值为 1.19，表示仅含截距项的模型和包括截距项、x_1 的模型的对数似然差值的两倍为 1.19，相当于两模型偏差值的差值（321.3759–320.1830），$P=0.2747>0.05$，说明 x_1 的作用并无统计学意义。x_2 的 χ^2 值为 184.36，表示含截距项和 x_1 的模型与包括截距项、x_1 和 x_2 的模型的对数似然差值的两倍为 184.36，相当于两模型偏差值的差值（320.1830–135.8238），$P<0.0001$，说明 x_2 的效应具有统计学意义。同样，x_3 的 χ^2 值为 129.35，$P<0.0001$，x_3 的效应也具有统计学意义。

②type3 的似然比统计量结果：和 type1 中的 Chi-Square 一样，此处 χ^2 值也为两个模型对数似然差值的两倍，即 ΔG^2。本案例 type 3 的结果显示，x_1、x_2 和 x_3 的 χ^2 值分别为 0.40，100.10 和 129.35，其中 x_2 和 x_3 的效应具有统计学意义。

广义线性模型是不满足一般线性模型应用条件的多种统计模型的统称，只要根据因变量和自变量的特点，选择一个合适的连接函数和响应概率分布后，就可以建立一个广义线性模型，Poisson 回归模型只是广义线性模型的一个特例。SAS 的 genmod 过程用以建立广义线性模型，根据反应变量类型的不同，在 model 语句中选择适当的连接函数和分布类型，就可以实现多种回归模型，如 Logistic 回归模型、Probit 回归模型、负二项回归模型等，感兴趣的同学可参考相关书籍拓展学习。

（高菲菲）

第十三章 Logistic 回归

前面介绍的多重线性回归模型，主要用于分析自变量 x_1, x_2, …与因变量 y 之间的线性关系，模型要求因变量 y 是定量资料，残差服从正态分布。当因变量 y 为分类变量（如：是否患病，赋值为 1 或 0）时，若强行使用多重线性回归分析，其预测值很有可能会大于 1 或小于 0 而无法解释。此时可采用 Logistic 回归分析研究自变量与分类变量 y 的关系。

Logistic 回归属于概率性非线性回归，其应用最广的领域就是流行病学研究中暴露与疾病发生风险的关联性分析。在分析流行病学研究中，校正混杂因素虽然可以采用经典的 Mantel-Haenszel 分层分析方法，但是随着混杂因素的增加，分层越来越多，每层内的频数逐步接近于 0，使得关联指标，如 OR 值的估计过程，变得麻烦并且结果不准确。Logistic 回归分析可以在模型中加入多个混杂因素，分析主要暴露因素与发病风险的关联强度，已经成为流行病学领域关联研究、药物和毒物的剂量-效应分析、临床试验评价及疾病的预后分析研究中最常用的多因素分析方法之一。常见的 Logistic 回归包括：二分类 Logistic 回归、有序多分类 Logistic 回归、无序多分类 Logistic 回归及配比设计的条件 Logistic 回归模型。

第一节 二分类 Logistic 回归

二分类 Logistic 回归模型相关原理已经在很多书籍中有大量描写，这里不再赘述。基于病例-对照研究数据，主要应用过程步 proc logistic 进行分析。分析过程主要包括：最大似然法对自变量的参数进行估计、模型是否有统计学意义、模型拟合优度检验、对进入模型的各个自变量的偏回归系数（参数）的 OR 及 95%CI 进行估计并进行显著性检验。除此之外，还可以进行趋势检验、ROC 曲线下面积的估计等分析。

1.1 研究实例

例 13-1 1990~1993 年某流行病学研究团队在某城市开展了一项大型的以人群为基础的食管癌病例-对照研究，病例为食管癌新发病例，对照为社区人群对照。调查内容包括人口学特征资料，如年龄、性别、文化程度和收入等，相关暴露因素包括调查开始前 2 年吸烟量、饮酒量、水果、蔬菜及腌制品的年摄入量，部分数据展示及相关变量定义分别见表 13-1 和表 13-2。

表 13-1 某地区食管癌病例-对照研究的数据节选（男性，$n=1475$）

status	age	TP	TF	TV	smoking	education
1	59	109	12	651.9167	2	1
1	71	176	1.75	512.4167	10	0
1	53	180	1.75	914.5	40	9
1	65	520	182	840.6667	10	14
1	50	41	148.336	422.9167	2	8
1	73	117	0	1235.167	20	0
1	62	233	12.253	308.5	10	6
1	61	429	0	733.7917	40	7
1	72	137	621.403	836.0833	20	3
1	69	269	260	789.9167	10	7
⋮	⋮	⋮	⋮	⋮	⋮	⋮

表 13-2　某地区食管癌病例-对照研究变量定义（男性，n=1475）

变量名	中文含义	变量定义
status	病例/对照	病例=1；对照=2
age	年龄	定量变量
education	教育年限	定量变量
smoking	每天吸烟量	定量变量
TF	每年新鲜水果摄入总量（两）	定量变量
TV	每年新鲜蔬菜摄入总量（两）	定量变量
TP	每年腌制品摄入总量（两）	定量变量

注：1 两≈50 克。

该案例是病例-对照研究，因变量为二分类变量，采用二分类 Logistic 回归模型估计年龄、文化程度、吸烟量、蔬菜年摄入量、水果年摄入量、腌制品年摄入量与食管癌发病风险的关联强度比值比（odds ratio，OR）及 95%置信区间（confidence interval，CI）。

1.2　SAS 主要程序及说明

程序	说明
`libname abc '~d:\data\';`	先将数据集 ch13_1 复制到 d:\data\下的子目录中，用 libname 建立库文件名 abc，准备调用 abc.ch13_1 进行分析
`proc logistic data=abc.ch13_1;`	调用过程步 proc logistic
`model status=age education smoking tp tv tf/ lackfit;` `run;`	model 语句指定拟合模型因变量为 status、自变量为 age、education 等 6 个自变量，lackfit 选项指定对该模型进行 Hosmer 和 Lemeshow 拟合优度检验

1.3　主要分析结果与解释

Model Fit Statistics			
Criterion	Intercept Only	Intercept and Covariates	①
AIC	1982.045	1782.946	
SC	1987.326	1819.911	
−2 Log L	1980.045	1768.946	

Testing Global Null Hypothesis: BETA=0				
Test	Chi-Square	DF	Pr > ChiSq	②
Likelihood Ratio	211.0993	6	<.0001	
Score	195.8714	6	<.0001	
Wald	171.9540	6	<.0001	

Analysis of Maximum Likelihood Estimates						
Parameter	DF	Estimate	Standard Error	Wald Chi-Square	Pr > ChiSq	③
Intercept	1	−2.4437	0.5066	23.2675	<.0001	
age	1	0.0353	0.0070	25.7447	<.0001	
education	1	−0.0668	0.0139	23.0674	<.0001	
smoking	1	0.0400	0.0053	57.2180	<.0001	
TP	1	0.0006	0.0003	4.2666	0.0389	
TV	1	−0.0001	0.0002	0.0755	0.7835	
TF	1	−0.0021	0.0005	16.8585	<.0001	

Odds Ratio Estimates				
Effect	Point Estimate	95% Wald Confidence Limits		④
age	1.036	1.022	1.050	
education	0.935	0.910	0.961	
smoking	1.041	1.030	1.052	
TP	1.001	1.000	1.001	
TV	1.000	1.000	1.000	
TF	0.998	0.997	0.999	

Hosmer and Lemeshow Goodness-of-Fit Test			
Chi-Square	DF	Pr > ChiSq	⑤
10.7307	8	0.2174	

输出结果说明如下：

①模型拟合优度检验：三个指标值越小模型拟合优度越佳。AIC（Akaike information criterion），即赤池信息量准则，本例包含截距和 8 个协变量的 AIC 值为 1982.045。SC（Schwartz criterion）标准是对 AIC 指标的一种修正，全模型 SC=1987.326。–2 Log L 为 –2 倍的对数似然函数的值。

②模型进行检验汇总：Likelihood Ratio 为似然比卡方检验，卡方值为 211.0993，$P<0.0001$；Score 为得分检验，卡方值为 195.8714，$P<0.0001$；Wald 卡方检验，卡方值为 171.9540，$P<0.0001$。三种方法检验结果均表明模型整体有统计学意义。

③多因素 Logistic 模型参数估计：Estimate 为偏回归系数，Standard Error 为偏回归系数标准误，包括截距在内的各个参数的 Wald Chi-Square 检验统计量及相应的 P 值。模型显示：年龄越大、吸烟量越多，会增加食管癌的发病风险，且均有统计学意义（$P<0.05$）。教育水平越高，每年新鲜水果摄入越多食管癌的发病风险越低，且均有统计学意义（$P<0.05$）。没有发现腌制品年摄入量（$P=0.0389$）及新鲜蔬菜年摄入量（$P=0.7835$）与食管癌的发病风险有显著关联。

④自变量 OR 值及 95%置信区间（CI）的估计：调整相关混杂因素后，年龄每增加 1 岁，食管癌发病风险增加 3.6%（OR=1.036，95%CI：1.022～1.050）；每多吸 1 根香烟的参与者其食管癌发病风险增加 4.1%（OR=1.041，95%CI：1.030～1.052）；每年多吃 1 两新鲜水果的对象其食管癌发病风险减少 0.2%（OR=0.998，95%CI：0.997～0.999），其他变量的解释以此类推。从结果的解释可以发现，如果引入 Logistic 回归模型是连续型变量，OR 值为 e^β，其中 β 为该自变量在模型中的偏回归系数，如：吸烟量的 β 值为 0.0400，即表示与少吸 1 根香烟或不吸香烟的对象相比，多吸 1 根香烟的对象 OR=$e^{0.0400}$=1.041，虽然有统计学意义，但是多吸 1 根香烟导致的食管癌发病风险没有明显增加，对大众的健康宣传不利。因此，在实际研究中，习惯将定量变量进行等级化，得到分类变量每改变 1 个等级，其 OR 的效应量明显增加。采取相应等级的预防措施，公共卫生意义明显。

⑤Hosmer-Lemeshow 模型拟合检验的统计量及 P 值。本例统计量卡方为 10.7307，P 值为 0.2174，卡方值越小，P 值越大，说明模型的拟合优度好。一般 P 值大于 0.10，可认为模型拟合优度好。

在进行 Logistic 分析时，为了更利于解释自变量对因变量影响，我们经常将连续型变量转化为等级变量或分类变量，转换后可以按照等级变量进一步分析，也可以进行哑变量定义。

例 13-2 利用例 13-1 的资料进行变量变换后再进行 Logistic 回归分析。

例 13-2 的 SAS 主要程序及说明：

程序	说明
| ```
data a;
set abc.ch13_1;
if smoking=0 then osmoking=1;
if 0<smoking<=9 then osmoking=2;
if 9<smoking<=19 then osmoking=3;
if 19<smoking<=29 then osmoking=4;
if smoking>29 then osmoking=5;

if tf>=176 then tfgp=1;
if 66<=tf<176 then tfgp=2;
if 20<=tf<66 then tfgp=3;
if tf<20 then tfgp=4;
``` | 将吸烟、教育年限和年龄进行等级化；将新鲜蔬菜、水果和腌制品年摄入量按照对照组四分位进行等级化。例如，吸烟量分为：不吸烟、1～9 支、10～19 支、20～29 支及大于 29 支 5 个等级 |
```

续表

程序	说明

`if tp>=270 then tpgp=1;`
`if 133<=tp<270 then tpgp=2;`
`if 69<=tp<133 then tpgp=3;`
`if tp<69 then tpgp=4;`
 	
`if tv>=890 then tvgp=1;`
`if 682<=tv<890 then tvgp=2;`
`if 530<=tv<682 then tvgp=3;`
`if tv<530 then tvgp=4;`
 	
`if 0=<age<40 then agegp=1;`
`if 40<=age<55 then agegp=2;`
`if age>=55 then agegp=3;`
 	
`if 0=<education<=6 then edgp=1;`
`if 6<education<=9 then edgp=2;`
`if 9<education<=12 then edgp=3;`
`if education>12 then edgp=4;`
`run;`	

`data b;`
`set a;`
`smoking1=(osmoking=2);`
`smoking2=(osmoking=3);`
`smoking3=(osmoking=4);`
`smoking4=(osmoking=5);`
`run;`
	对于等级化的吸烟变量osmoking产生4个哑变量（dummy variable），默认参比组为不吸烟组

`proc logistic data=b;`
`model status= smoking1-smoking4 tfgp tvgp tpgp agegp edgp /lackfit;`
`run;`
	调用 logistic，调整新鲜蔬菜、水果、腌制品年摄入量等7个等级变量后，手动引入吸烟的4个哑变量的分析

`proc logistic data=b;`
`class osmoking(ref='1');`
`model status= osmoking tfgp tvgp tpgp agegp edgp /lackfit;`
`run;`
	使用另一种方法进行吸烟的4个dummy变量多因素分析，这种引入哑变量的方法，不会剔除哑变量，更适用于逐步回归分析

`proc logistic data=b;`
`model status=osmoking tfgp tvgp tpgp agegp edgp / lackfit ;`
`run;`
	根据文献（Breslow and Day，1980）对于4个哑变量进行多因素调整下的趋势检验（P-trend test）

`proc logistic data=b;model status=osmoking tfgp tvgp tpgp agegp edgp /selection=stepwise sle=0.1 sls=0.1;` `run;`	采用逐步回归的方法筛选变量，纳入变量标准为0.1，剔除变量标准为0.1
`proc logistic data=b;model status=osmoking tfgp tvgp tpgp agegp edgp /selection=forward sle=0.1;` `run;`	采用向前法筛选变量，纳入变量标准为0.1
`proc logistic data=b;model status=osmoking tfgp tvgp tpgp agegp edgp /selection=backward sls=0.1;` `run;`	采用向后法筛选变量，剔除变量标准为0.1

例 13-2 的主要分析结果与解释

Parameter	DF	Estimate	Standard Error	Wald Chi-Square	Pr > ChiSq	
\multicolumn{6}{c}{Analysis of Maximum Likelihood Estimates}	①
Intercept	1	−3.1850	0.5216	37.2804	<.0001	
smoking1	1	0.3967	0.2167	3.3508	0.0672	
smoking2	1	0.6615	0.1785	13.7331	0.0002	
smoking3	1	0.9238	0.1560	35.0469	<.0001	
smoking4	1	1.3932	0.2168	41.2833	<.0001	
tfgp	1	0.3033	0.0563	29.0325	<.0001	
tvgp	1	−0.0127	0.0530	0.0579	0.8099	
tpgp	1	−0.1049	0.0519	4.0746	0.0435	
agegp	1	0.7782	0.1441	29.1743	<.0001	
edgp	1	−0.2725	0.0631	18.6346	<.0001	

Effect	Unit	Estimate	95% Confidence Limits		
\multicolumn{5}{c}{Odds Ratio Estimates and Wald Confidence Intervals}	②
smoking1	1.0000	1.487	0.972	2.274	
smoking2	1.0000	1.938	1.366	2.749	
smoking3	1.0000	2.519	1.855	3.420	
smoking4	1.0000	4.028	2.633	6.160	
tfgp	1.0000	1.354	1.213	1.512	
tvgp	1.0000	0.987	0.890	1.095	
tpgp	1.0000	0.900	0.813	0.997	
agegp	1.0000	2.178	1.642	2.888	
edgp	1.0000	0.761	0.673	0.862	

Parameter	DF	Estimate	Standard Error	Wald Chi-Square	Pr > ChiSq	
\multicolumn{6}{c}{Analysis of Maximum Likelihood Estimates}	③
Intercept	1	−3.5055	0.5253	44.5302	<.0001	
osmoking	1	0.3216	0.0436	54.4689	<.0001	
tfgp	1	0.3035	0.0562	29.1237	<.0001	
tvgp	1	−0.0121	0.0528	0.0527	0.8185	
tpgp	1	0.1051	0.0519	4.0976	0.0429	
agegp	1	0.7785	0.1436	29.3891	<.0001	
edgp	1	−0.2701	0.0630	18.3839	<.0001	

Parameter	DF	Estimate	Standard Error	Wald Chi-Square	Pr > ChiSq	
\multicolumn{6}{c}{Analysis of Maximum Likelihood Estimates}	④
Intercept	1	−3.5177	0.5226	45.3040	<.0001	
osmoking	1	0.3213	0.0435	54.4231	<.0001	
tfgp	1	0.3018	0.0557	29.3152	<.0001	
tpgp	1	−0.1070	0.0512	4.3655	0.0367	
agegp	1	0.7763	0.1433	29.3611	<.0001	
edgp	1	−0.2712	0.0628	18.6402	<.0001	

输出结果说明如下：

①手动引入吸烟量的哑变量的参数估计：调整了新鲜水果年摄入量、新鲜蔬菜年摄入量、年龄、教育年限 4 个混杂因素后，估计 4 个吸烟量哑变量（dummy variable）相应的偏回归系数、标准误、Wald 卡方值及 P 值。与不吸烟组相比，吸烟 1~9 支组，P=0.0672，无统计学意义；吸烟 10~19 支组，P=0.002，吸烟 20~29 支组，P<0.0001，吸烟大于 29 支组，P<0.0001。

②手动引入吸烟量的哑变量的 OR 值和 95% 置信区间（CI）。调整了相应的混杂因素后，与不吸烟组相比，吸烟 1~9 支、10~19 支、20~29 支、大于 29 支组的 OR 值分别为 1.487（95%CI：0.972~2.274）、1.938（95%CI：1.366~2.749）、2.519（95%CI：1.855~3.420）、4.028（95%CI：2.633~6.160）。其中，吸烟 1~9 支组无统计学意义，其余组别均有统计学意义。

③哑变量的趋势检验：采用 Breslow 和 Day 的方法对吸烟量进行趋势检验。结果发现，相对于不吸烟组，吸烟越多，食管癌的发病风险逐渐增加，有统计学意义（P trend test：Wald χ^2=54.4689，P<0.0001）。

④逐步回归法筛选变量：进入最终模型的变量有吸烟量、新鲜水果年摄入量、每年腌制品摄入量、年龄及教育年限，这些变量均与食管癌的发病风险相关，P 值均小于 0.05。

向前法和向后法的筛选变量结果与逐步回归一致,这里不再赘述。

1.4 其他常用选项的说明
PROC LOGISTIC 过程步除上述选项外,常用的选项还包括:

其他常用选项	说明
desc	因变量降序排列
class	对指定的分类变量进行哑变量化
alpha	确定置信水平,默认为 0.05
details	给出逐步回归完整过程
roc	给出模型的 ROC 曲线图
rsquare	给出拟合模型的广义 R 方
influence	对模型中的异常点进行诊断
link	选择连接函数,默认为 Logit 函数

第二节 有序多分类资料的 Logistic 回归

医学研究中经常要用到的因变量为有序分类变量,例如:疾病的严重程度分为"Ⅰ期、Ⅱ期、Ⅲ期";治疗效果分为"无效、好转、有效、治愈"等。分析各种自变量对这种有序分类的因变量影响时也可采用 Logistic 回归模型。SAS 软件中的 Logistic 回归过程是以累积概率函数的形式提供的。

1.1 研究实例

例 13-3 欲研究性别、两种治疗方法对高血压疗效的影响,疗效的评价分为 3 个等级:显效、有效和无效。数据见表 13-3。

表 13-3 性别和两种治疗方法对高血压疗效影响的研究

性别	治疗方法	疗效(y)		
		显效(y=1)	有效(y=2)	无效(y=3)
女性(x_1=0)	传统疗法(x_2=0)	6	20	2
	新药疗法(x_2=1)	7	8	6
男性(x_1=1)	传统疗法(x_2=0)	1	4	14
	新药疗法(x_2=1)	4	12	3

本例中疗效分为显效、有效和无效三个等级,为有序分类变量。该案例探讨性别、治疗方法对高血压疗效的影响,应采用有序 Logistic 回归分析,以无效为对照组。由于数据为频数表资料形式,在编写 SAS 程序时加入语句"freq f"用于指定频数变量。

1.2 SAS 主要程序及说明

程序	说明
```data ch13_3;```	建立数据集 ch13_3
```do x1=0 to 1;```	调用 do-end 语句进行数据结构的构建,x1 为性别,x2 为治疗方法
```do x2=0 to 1;```	
```do y=1 to 3;```	调用 input 语句写入数据
```input f@@;```	
```output;end;end;end;```	
```cards;```	
```6 20 2```	
```7 8 6```	
```1 4 14```	
```4 12 3```	
```;```	

程序	说明
| ```
proc logistic;
  freq f;
  model y=x1 x2;
run;
``` | 调用过程步 proc logistic<br>model 语句定义因变量为 y，自变量为 x1、x2 |

1.3 主要分析结果及解释

Response Profile			①
Ordered Value	y	Total Frequency	
1	1	18	
2	2	44	
3	3	25	

Score Test for the Proportional Odds Assumption		
Chi-Square	DF	Pr > ChiSq
0.6096	2	0.7373

Testing Global Null Hypothesis: BETA=0				②
Test	Chi-Square	DF	Pr > ChiSq	
Likelihood Ratio	12.8224	2	0.0016	
Score	11.1135	2	0.0039	
Wald	12.6717	2	0.0018	

Analysis of Maximum Likelihood Estimates						③
Parameter		DF	Estimate	Standard Error	Wald Chi-Square	Pr > ChiSq
Intercept	1	1	−1.3124	0.3707	12.5373	0.0004
Intercept	2	1	1.2108	0.3707	10.6678	0.0011
x1		1	−1.3844	0.4443	9.7100	0.0018
x2		1	0.9148	0.4264	4.6026	0.0319

Odds Ratio Estimates			④
Effect	Point Estimate	95% Wald Confidence Limits	
x1	0.250	0.105 0.598	
x2	2.496	1.082 5.758	

输出结果说明如下：

①平行性检验：因变量 y 的排序为 1、2、3，SAS 默认以最高组（即无效）为对照组，拟合有序分类结局的 Logistic 回归模型。平行性检验，也称比例优势检验（score test for the proportional odds assumption），显示 χ^2 值为 0.6096，$P=0.7373>0.05$。可认为回归模型的平行性成立。

②模型的整体性检验：Likelihood Ratio、Score、Wald 检验的 χ^2 值分别为 12.8224、11.1135、12.6717，P 值分别为 0.0016、0.0039、0.0018，均具有统计意义。提示该回归模型整体具有统计学意义。

③参数估计结果和最终模型：SAS 计算得 b_{01}，b_{02}，b_1，b_2 分别为 −1.3124、1.2108、−1.3844、0.9148；同时，x_1 和 x_2 回归系数的假设检验 P 值均小于 0.05，具有统计学意义。因此，所得到的 Logistic 回归模型为

$$\hat{P}_1 = \frac{\exp(-1.3124-1.3844x_1+0.9148x_2)}{1+\exp(-1.3124-1.3844x_1+0.9148x_2)}$$

$$\hat{P}_2 = \frac{\exp(1.2108-1.3844x_1+0.9148x_2)}{1+\exp(1.2108-1.3844x_1+0.9148x_2)}$$

三种治疗效果的概率估计为

显效：$\hat{P}(y=1) = \hat{P}_1$
有效：$\hat{P}(y=2) = \hat{P}_2 - \hat{P}_1$
无效：$\hat{P}(y=3) = 1 - \hat{P}_2$

④变量的 OR 值估计和 95%置信区间（CI）：x_1 的 OR=0.250，95%CI：0.105～0.598，有统计学意义，表示男性治疗结果为显效及有效的可能性是女性的 0.250 倍；x_2 的 OR=2.496（95%CI：1.082～5.758），有统计学意义，表示新药治疗结果为显效及有效的可能性是传统疗法的 2.496 倍。
```

第三节 无序多分类资料的 Logistic 回归

在实际工作中，当因变量水平数超过 2 个且无等级关系时，这类变量称为无序多分类变量，如民族分为汉族、回族、藏族，肺癌类型分为小细胞肺癌、鳞癌、腺癌等。若对此类变量进行多次二分类 Logistic 回归分析，会增加犯第 I 类错误的概率。因此，Andeson 于 1972 年提出通过拟合广义 Logit 模型的方法，建立多分类变量 Logistic 回归模型。在该模型中，因变量有 K 个水平，其中有一个水平为对照水平，可以用其他 K–1 个水平与对照水平相比较，拟合出 K–1 个广义 Logit 函数。

1.1 研究实例

例 13-4 某医生欲了解不同细胞分化程度和细胞染色与癌症组织类型的关系，对 250 例病理标本进行了切片研究，变量赋值为：细胞分化程度（x_1：低分化=1，高分化=0）、细胞染色（x_2：阴性=0，阳性=1）、组织类型（y：鳞癌=1，腺癌=2，未分化癌=3）。数据见表 13-4。

表 13-4 不同细胞分化程度和细胞染色与癌症组织类型的关系

细胞分化程度	细胞染色	癌症组织类型（y）		
		鳞癌（y=1）	腺癌（y=2）	未分化癌（y=3）
高分化（x_1=0）	阴性（x_2=0）	15	15	22
	阳性（x_2=1）	18	18	20
低分化（x_1=1）	阴性（x_2=0）	6	15	60
	阳性（x_2=1）	12	19	30

本例以鳞癌为对照组，分别建立腺癌与细胞分化程度、细胞染色的回归方程以及未分化癌与细胞分化程度、细胞染色的回归方程。由于本例提供的数据为频数表资料形式，在编写 SAS 程序时加入语句"freq f"用于指定频数变量。

1.2 SAS 主要程序及说明

程序	说明

```data ch13_4;```
```do x1=0 to 1;```
```do x2=0 to 1;```
```do y=1 to 3;```
```input f@@;```
```output;end;end;end;```
```cards;```
```15 15 22```
```18 18 20```
```6   15 60```
```12 19 30```
```;```
	建立数据集 ch13_4
	利用 do-end 语句进行数据结构的构建
	input 语句写入数据

```proc logistic;```
```freq f;```
```model y(ref ='1')=x1 x2/ link =glogit;```
```run;```
	调用过程步 proc logistic
	model 定义反应变量为 y，自变量为 x1、x2，ref=指明参照组，link =glogit 拟合无序多分类 Logistic 回归模型

1.3 主要分析结果及解释

Model Information		①
Data Set	WORK.LI18_3	
Response Variable	y	
Number of Response Levels	3	
Frequency Variable	f	
Model	generalized logit	
Optimization Technique	Newton-Raphson	

Response Profile		
Ordered Value	y	Total Frequency
1	1	51
2	2	67
3	3	132

Testing Global Null Hypothesis: BETA=0				②
Test	Chi-Square	DF	Pr > ChiSq	
Likelihood Ratio	25.3444	4	<.0001	
Score	24.7217	4	<.0001	
Wald	22.9907	4	0.0001	

Analysis of Maximum Likelihood Estimates							③
Parameter	y	DF	Estimate	Standard Error	Wald Chi-Square	Pr > ChiSq	
Intercept	2	1	0.0704	0.3325	0.0449	0.8322	
Intercept	3	1	0.6428	0.2987	4.6290	0.0314	
x1	2	1	0.6307	0.3819	2.7272	0.0987	
x1	3	1	1.3333	0.3513	14.4082	0.0001	
x2	2	1	−0.1196	0.3785	0.0998	0.7521	
x2	3	1	−0.7941	0.3471	5.2346	0.0221	

Odds Ratio Estimates					④
Effect	y	Point Estimate	95% Wald Confidence Limits		
x1	2	1.879	0.889	3.972	
x1	3	3.794	1.906	7.552	
x2	2	0.887	0.423	1.863	
x2	3	0.452	0.229	0.892	

输出结果说明如下。

①模型基本情况汇总：因变量 y 有 3 个类别，f 为频数变量，模型的连接函数为广义 Logit 函数，采用 Newton-Raphson 算法进行优化。因变量 y 每一类的人数分别为 51 人、67 人、132 人，在 Logistic 回归模型中 $y=1$ 为参考组的类别。

②模型整体性检验：Likelihood Ratio、Score、Wald 检验的 χ^2 值分别为 25.3444、24.7217、22.9907，P 值分别为<0.0001、<0.0001、=0.0001，均具有统计意义。提示回归模型整体具有统计学意义。

③参数估计和最终模型：从 SAS 结果中，得到 b_{01}、b_{02}、b_{11}、b_{12}、b_{21}、b_{22} 分别为 0.0704、0.6428、0.6307、1.3333、−0.1196、−0.7941，得到的 Logistic 回归模型分别为

Logit$P_{腺癌/鳞癌}$=0.0704+0.6307x_1−0.1196x_2

Logit$P_{未分化癌/鳞癌}$=0.6428+1.3333x_1−0.7941x_2

对于第一个模型，细胞分化程度 x_1 的假设检验结果为 χ^2=2.7272，P=0.0987；细胞染色 x_2 的假设检验结果为 χ^2=0.0998，P=0.7521，按照 α=0.05 的水准，提示细胞分化程度、细胞染色与腺癌的关联性尚无统计学意义。对于第二个模型，细胞分化程度 x_1 的假设检验结果为 χ^2=14.4082，P=0.0001；细胞染色 x_2 的假设检验结果为 χ^2=5.2346，P=0.0221，按照 α=0.05 的水准，提示细胞分化程度、细胞染色与未分化癌的关联具有统计学意义。

④自变量的 OR 值估计和 95%置信区间（CI）：对于第一个模型，x_1 的 OR=1.879，95%CI：0.889～3.972；x_2 的 OR=0.887，95%CI：0.423～1.863。两者均无统计学意义。对于第二个模型，x_1 的 OR=3.794，95%CI：1.906～7.552，结果有统计学意义，表示细胞分化程度为低分化程度者，其结果为未分化癌的可能性是高分化程度者的 3.794 倍；x_2 的 OR=0.452，95%CI：0.229～0.892，结果有统计学意义，表示细胞染色阳性者结果为未分化癌的可能性是细胞染色阴性者的 0.452 倍。

SAS 软件中，PROC LOGISTIC 和 PROC CATMOD 过程均可以实现无序多分类资料的 Logistic 回归分析。下面仍以例 13-4 为例，调用 PROC CATMOD 过程进行无序多分类资料的 Logistic 回归分析。

例 13-5　以例 13-4 为例进行分析。

例 13-5 的 SAS 程序及说明：

程序	说明
| ```
data ch13_5;
do x1=0 to 1;
do x2=0 to 1;
do y=1 to 3;
input f@@;
output;end;end;end;
cards;
15   15   22
18   18   20
6    15   60
12   19   30
;
proc sort data= ch13_5;
by descending y;
run;
proc catmod order=data;
weight f;
direct x1 x2;
model y=x1 x2;
run;
quit;
``` | 建立数据集 ch13_5<br>利用 do-end 语句进行数据结构的构建<br>input 语句写入数据<br><br><br><br><br><br><br><br><br>调用过程步 proc sort 对 y 进行降序排列排序；调用过程步 proc catmod，order 选项设定以 y 最小值为参照；weight 选项类似于 freq 选项，指示频数变量；direct 选项指示自变量；<br>quit 选项结束 catmod 过程 |

例 13-5 的主要分析结果及解释：

Population Profiles					
Sample	x1	x2	Sample Size		①
1	0	0	52		
2	0	1	56		
3	1	0	81		
4	1	1	61		

Response Profiles	
Response	y
1	3
2	2
3	1

Analysis of Maximum Likelihood Estimates						
Parameter	Function Number	Estimate	Standard Error	Chi-Square	Pr > ChiSq	②
Intercept	1	0.6428	0.2987	4.63	0.0314	
	2	0.0704	0.3325	0.04	0.8322	
x1	1	1.3334	0.3513	14.41	0.0001	
	2	0.6308	0.3819	2.73	0.0986	
x2	1	−0.7941	0.3471	5.23	0.0221	
	2	−0.1196	0.3785	0.10	0.7521	

输出结果说明如下。

①模型基本情况汇总：给出自变量 x_1，x_2 不同取值分类的频数表。反应变量 y 有 1，2，3 这 3 个类别，同时由于设置了降序排列，实际反应变量 y 的参考组为类别 1。

②参数估计结果：给出截距项、x_1 和 x_2 的估计值、标准误、χ^2 值及 P 值。其中 Function Number=1 指示的是反应变量 y=3 对比 y=1 的估计结果，Function Number=2 指示的是反应变量 y=2 对比 y=1 的估计结果。其他解释如上述，这里不再赘述。
```

第四节 条件 Logistic 回归

在研究设计阶段，可以将年龄、性别等因素进行匹配来控制混杂因素的影响。当因变量为二分类时，这种形式的配伍设计可以表示为（$n:m$）。以病例-对照研究为例，一般归类为以下三种特殊形式：

1∶1 配伍（$n=1$，$m=1$），每配伍层含一个病例和一个对照；

1∶m 配伍（$n=1$，$m\neq1$），每配伍层含一个病例和 m 个对照；

$n:m$ 配伍（$n\neq1$，$m\neq1$），每配伍层含 n 个病例和 m 个对照。

对于上述形式的资料，由于研究对象是经过匹配的，进行分析时应选择条件 Logistic 回归模型。条件 Logistic 回归是对每个配伍层构建回归模型，一般表达式如下：

$$\text{Logit } P=\alpha_i+\beta_1x_1+\beta_2x_2+\cdots+\beta_px_p$$

其中 i 代表层，α_i 为每一层的截距。β 为每个自变量对应的回归系数，各配伍层的回归系数相同。条件 Logistic 回归中的 β 的意义和一般 Logistic 回归中的相同，OR=exp（β）。下面用实例来介绍 SAS 程序 PROC LOGISTIC 和 PROC PHREG 两个过程步进行条件 Logistic 回归分析。

一、1∶1 配对设计的条件 Logistic 回归

1.1 研究实例

例 13-6 为探讨低镁血症与长期服用质子泵抑制剂之间的关系，某研究者将病例（低镁血症）和对照（非低镁血症）按照年龄、性别等条件进行 1∶1 配对，数据如表 13-5 所示。

表 13-5 低镁血症与质子泵抑制剂长期服用的关系研究

对照（非低镁血症）	病例（低镁血症）	
	长期服用	未长期服用
长期服用	4（a）	13（b）
未长期服用	26（c）	27（d）

本例中因变量 Y 为低镁血症（0=对照组，1=病例组），暴露因素是长期服用质子泵抑制剂（0=未长期服用，1=长期服用）。由于因变量为两分类定性变量，适用 Logistic 回归分析；更考虑本例为 1∶1 配对设计，故采用条件 Logistic 回归。数据需要按以下格式导入 SAS：每配伍层即每个配对需具有相同的 id，结局变量 outcome 取值 0 和 1，暴露因素 exposure 取值 0 和 1，详见表 13-6。

表 13-6 例 13-6 的数据格式示例

id	exposure	outcome	id	exposure	outcome
1	1	1	3	1	0
1	1	0	4	1	1
2	1	1	4	0	0
2	1	0	⋮	⋮	⋮
3	1	1			

1.2 SAS 主要程序及结果

程序	说明

`proc import out= ch13_6`
`datafile= "~:\~\ch13-6.xlsx"`
`    dbms=excel replace;`
`  range= "Sheet1$";`
`  getnames=yes;`
`run;`
	调用过程步 proc import 导入外部 Excel 数据为 SAS 数据集

`proc logistic data= ch13_6;`
`  strata id;`
`  model outcome(event='1')=exposure;`
`run;`
	调用过程步 proc logistic
	model 语句与一般 Logistic 回归一致
	不同之处是 strata 语句，指定配伍变量 id

1.3 主要分析结果与解释

Response Profile			
Ordered Value	outcome	Total Frequency	①
1	0	70	
2	1	70	

Probability modeled is outcome=1

Model Fit Statistics			
Criterion	Without Covariates	With Covariates	②
AIC	97.041	94.623	
SC	97.041	97.565	
–2 Log L	97.041	92.623	

Testing Global Null Hypothesis：BETA=0				
Test	Chi-Square	DF	Pr > ChiSq	③
Likelihood Ratio	4.4174	1	0.0356	
Score	4.3333	1	0.0374	
Wald	4.1639	1	0.0413	

Analysis of Conditional Maximum Likelihood Estimates					
Parameter	DF	Estimate	Standard Error	Wald Chi-Square	Pr > ChiSq	④
exposure	1	0.6931	0.3397	4.1639	0.0413	

Odds Ratio Estimates			
Effect	Point Estimate	95% Wald Confidence Limits	⑤
exposure	2	1.028 3.892	

输出结果说明如下。

①结局变量的取值汇总：指定阳性事件的取值为 1，并以此定义事件发生概率。
②模型拟合结果：AIC 值和对数似然函数值。
③模型检验统计量及 P 值：包括似然比统计量、Score 检验和 Wald 检验。本例，Wald 检验的 P=0.0413。
④暴露变量的参数估计值：b=0.6931，P=0.0413，有统计学意义。
⑤OR 值和 95%置信区间：OR=2（95%CI：1.028～3.892）。结果表明：长期服用质子泵抑制剂的人发生低镁血症的风险是未长期服用质子泵抑制剂的人的 2 倍，提示长期服用质子泵抑制剂和低镁血症相关。

除了 PROC LOGISTIC 过程步之外，1∶1 配对的条件 Logistic 回归分析还可以用 Cox 比例风险模型过程步 PROC PHREG 来分析。不同之处的关键点是要先构造时间变量 time，time 的取值并非代表实质性的生存时间，而是一个虚拟的变量。对于病例-对照研究，结局为患病，故病例组的生存时间要小于对照，time 取值的设定可以是对照组为 2，病例组为 1。具体实施过程可见第二部分。

二、$n:m$ 配伍设计的条件 Logistic 回归

2.1 研究实例

例 13-7 研究乳腺癌的发生与饮绿茶的关系，得到以下 45 层 1∶4 配伍的资料，见表 13-7。

表 13-7 45 层 1∶4 配伍组资料

病例	对照中饮用绿茶的例数					
	0	1	2	3	4	合计
饮用绿茶：1	3	15	8	5	4	35
不饮用绿茶：0	0	4	3	2	1	10
合计	3	19	11	7	5	45

$n:m$ 配伍设计的资料可以用过程步 PROC PHREG 来分析。同样的，需要首先构造虚拟的时间变量 time，time 取值规则与前述 1∶1 配对设计的资料同。

2.2 SAS 主要程序及说明

程序	说明

`proc import out= ch13_7`
`datafile= "~:\~\ch13-7.xlsx"`
`    dbms=excel replace;`
`  range= "Sheet1$";`
`  getnames=yes;`
`run;`
`data ch13_7;`
`  set ch13_7;`
`  time=2-outcome;`
`run;`
`proc phreg data=ch13_7 ;`
`  model time*outcome(0)=exposure / ties=discrete`
`  risklimits;`
`  strata id;`
`run;`
	调用过程步 proc import 导入外部数据
	
	data ch13_7 建立包括时间变量的新数据集；根据 outcome 的取值，产生虚拟时间变量 time，用于后续生存分析
	
	调用过程步 proc phreg；model 语句中需指定生存分析的时间变量 time、结局变量 outcome，这里 outcome=0 为未发生事件，表示截尾；ties= discrete 规定处理相同秩次时间的方法为 discrete 法，即拟合 Logistic 回归模型，而非 Cox 比例风险模型；risklimits 计算置信区间
	strata 语句指定配伍变量 id

2.3 主要分析结果与解释

Model Fit Statistics			
Criterion	Without Covariates	With Covariates	
−2 LOG L	61.652	60.54	①
AIC	61.652	62.54	
SBC	61.652	64.347	
Testing Global Null Hypothesis：BETA=0			
Test	Chi-Square	DF	Pr > ChiSq	
Likelihood Ratio	1.1121	1	0.2916	②
Score	1.1096	1	0.2922	
Wald	1.0931	1	0.2958	

Analysis of Maximum Likelihood Estimates							③
Parameter Estimate	Standard Error	Chi-Square	Pr > ChiSq	Hazard Ratio	95% Hazard Ratio Confidence Limits		
−0.6209	0.5939	1.0931	0.2958	0.537	0.168	1.721	

输出结果说明如下。

①模型拟合结果：AIC 值和对数似然函数值；

②模型检验统计量及 P 值：包括似然比统计量、Score 检验和 Wald 检验，本例 Wald 检验的 P=0.2958；

③暴露变量的参数估计值 $\hat{\beta}$ 和标准误：$\hat{\beta}$ =−0.6209，标准误为 0.5939，OR=0.537（95%CI：0.168～1.721），提示尚未发现饮用绿茶和乳腺癌相关。

（沈月平　罗剑锋）

第十四章 生存分析

随访资料是医学研究中常见的一种资料。例如，对一些慢性病或恶性肿瘤的预后及远期疗效分析等，其观察结果并非在短期内能够确定，需作长期随访观察。这类资料进行统计分析时，不仅要考虑事件发生的结局（如：有效、治愈、死亡等），同时还关心发生这种结局所经历的时间（称为生存时间）。生存分析（survival analysis）是将观察结局和生存时间结合起来分析的一种统计分析方法。它能充分利用所获得的信息，准确、全面地评价和比较随访资料，是临床试验和队列研究的一种重要分析手段。

本章主要介绍生存率估计的乘积极限法和寿命表法、生存率比较的 Log-rank 检验、Cox 回归模型，介绍了比例风险假定的几种常见方法的 SAS 实现，以及非比例风险数据的限制性平均生存时间（restricted mean survival time，RMST）分析及 Harrington-Fleming 分析。实施的 SAS 过程为 PROC LIFETEST 和 PROC PHREG。

第一节 生存率的计算

生存率的估计方法有乘积极限法和寿命表法，前者适用于小样本或大样本且未分组资料，后者适用于观察例数较多的分组资料，二者均利用概率乘法定理计算生存率。乘积极限法（product-limit method）由卡普兰（Kaplan）和梅尔（Meier）于 1958 年首先提出，故又称 Kaplan-Meier 法。

一、生存率的乘积极限法估计

1.1 研究实例

例 14-1 为研究雌激素受体（ER）水平低的Ⅲ期乳腺癌患者的生存情况，某医生收集 15 名 ER 水平低的Ⅲ期乳腺癌患者，经过治疗后，其生存时间（月）如下：9，12，14，15，15+，17，21，22，23，23，31，34，35，53+，60+。试估计其生存率与标准误。

由于某种原因患者未能观察到终点事件（如：中途失访），用"+"代表截尾数据。该资料在统计分析时，需要同时考虑生存时间与生存结局。该数据有 15 例，属于小样本数据，采用 Kaplan-Meier 法估计生存率。

1.2 SAS 主要程序及说明

程序	说明

`data ch14_1;`
`input survtime status@@;`
`cards;`
`9 1 12 1 14 1 15 1 15 0 17 1 21 1 22 1`
`23 1 23 1 31 1 34 1 35 1 53 0 60 0`
`;`
`proc lifetest data=ch14_1 method=PL plots=survival;`
`time survtime*status(0);`
`run;`
	建立数据集 ch14_1
	survtime 为生存时间；status 为结局（0=截尾，1=死亡）
	
	调用过程步 proc lifetest，选择项 method=PL（或 KM）乘积极限法，plots=survival（或 S）绘制生存曲线图；time 语句为必需语句，设置生存时间与结局，括号内数值定义截尾数据

1.3 主要分析结果与解释

survtime	Survival	Failure	Survival Standard Error	Number Failed	Number Left	
\multicolumn{6}{c}{Product-Limit Survival Estimates}	①
0.0000	1.0000	0	0	0	15	
9.0000	0.9333	0.0667	0.0644	1	14	
12.0000	0.8667	0.1333	0.0878	2	13	
14.0000	0.8000	0.2000	0.1033	3	12	
15.0000	0.7333	0.2667	0.1142	4	11	
15.0000	*	.	.	4	10	
17.0000	0.6600	0.3400	0.1241	5	9	
21.0000	0.5867	0.4133	0.1302	6	8	
22.0000	0.5133	0.4867	0.1330	7	7	
23.0000	.	.	.	8	6	
23.0000	0.3667	0.6333	0.1292	9	5	
31.0000	0.2933	0.7067	0.1224	10	4	
34.0000	0.2200	0.7800	0.1117	11	3	
35.0000	0.1467	0.8533	0.0955	12	2	
53.0000	*	.	.	12	1	
60.0000	*	.	.	12	0	

Quartile Estimates ②

Percent	Point Estimate	Transform	95% Confidence Interval [Lower	Upper)
75	34.0000	LOGLOG	22.0000	.
50	23.0000	LOGLOG	14.0000	34.0000
25	15.0000	LOGLOG	9.0000	22.0000

Summary of the Number of Censored and Uncensored Values ③

Total	Failed	Censored	Percent Censored
15	12	3	20.00

Product-Limit Survival Estimate ④

输出结果说明如下。

①生存率的乘积极限估计表：输出的统计量包括各时间点的生存率（Survival）、死亡率（Failure）、生存率标准误（Survival Standard Error）、累积死亡数（Number Failed）、剩余例数（Number Left）。

②生存时间的分位数：包括 75%、50% 和 25% 分位数及 95%CI，中位生存期（50% 分位数）为 23 个月，其 95%CI 为 14～34 个月。

③数据汇总：共有 15 名 ER 水平低的Ⅲ期乳腺癌患者，其中死亡（Failed）12 例，截尾（Censored）3 例，截尾占（Percent Censored）20%。

④生存曲线：横轴为生存时间，纵轴为生存率，用"+"代表截尾数据，通常称为 Kaplan-Meier 生存曲线，为右连续的阶梯形曲线。

1.4 其他常用选项的说明

语句 PLOTS 除了绘制生存曲线外，还有更多的图形选项：

常用选项	说明
survival（或 S）	生存率 $S(t)$ 对 t 生存曲线图
logsurv（或 LS）	$-\ln S(t)$ 对 t 的图形，以时间 t 为横坐标，$-\ln S(t)$ 为纵坐标的曲线图，如果图形呈现直线时，说明生存曲线满足指数分布
loglogs（或 LLS）	$\ln[-\ln S(t)]$ 对 $\ln t$ 的图形，以 $\ln(t)$ 为横坐标，$\ln[-\ln S(t)]$ 为纵坐标的曲线图，如果图形呈现直线时，说明生存曲线满足韦布尔分布
hazard（或 H）	累积风险对 t 的图形
cif	累积死亡率的曲线图

对于上述数据库，我们可以增加 PLOTS 的一些选项进行作图：

程序	说明
proc lifetest data=ch14_1 method=PL plots=survival 　(cl atrisk(outside)=0 to 60 by 10); time survtime*status(0); run;	调用 data=ch14_1 数据库 选项 cl 代表加上 95%置信带，而 atrisk 将风险人数（期初人数）加到图中，outside 代表风险人数放在图形下方，0 to 60 by 10 是指将给出 0、10、20、30、40、50、60 个月的风险人数。图中在过程步前加上"Ods graphics on；"来控制图形的输出

上述程序运行结果如下：

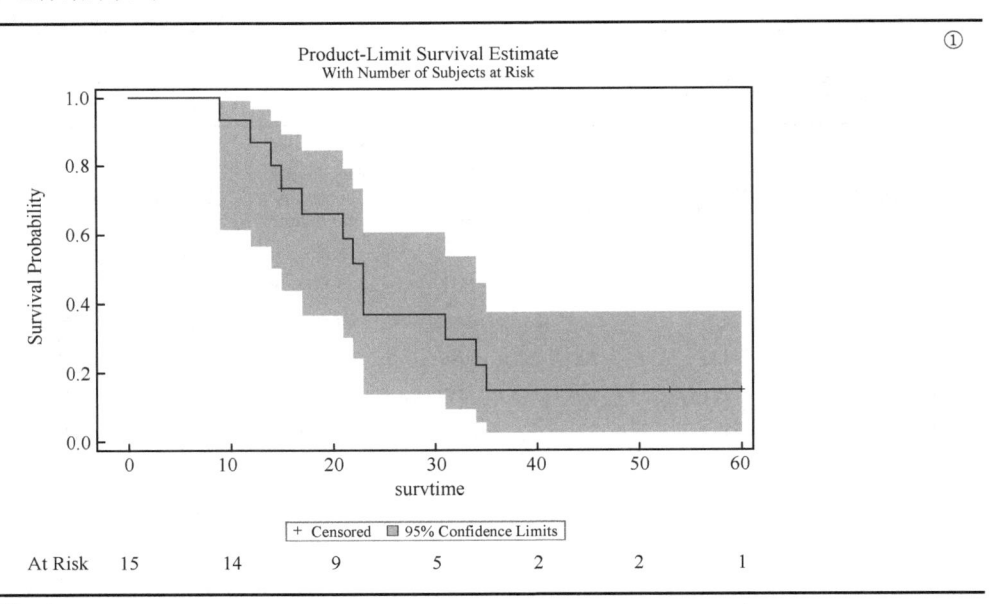

①

Product-Limit Survival Estimate
With Number of Subjects at Risk

| At Risk | 15 | 14 | 9 | 5 | 2 | 2 | 1 |

输出结果说明如下：

①加上 95%置信区间的生存曲线图：图形的下方同时给出了 0、10、20、30、40、50、60 个月的风险人数，即期初观察人数。如果在过程步前加上"Ods graphics on；"，可以控制图形的输出。

二、生存率的寿命表法估计

2.1 研究实例

例 14-2　某研究收集某城市 2418 例男性心绞痛患者，进行逐年随访观察，随访后的生存情况如表 14-1 所示，试估算生存率。

表 14-1　2418 例男性心绞痛患者生存情况

时间	0~	1~	2~	3~	4~	5~	6~	7~	8~	9~	10~	11~	12~	13~	14~	15~
死亡	456	226	152	171	135	125	83	74	51	42	43	34	18	9	6	0
截尾	0	39	22	23	24	107	133	102	68	64	45	53	33	27	33	20

本资料为分组资料，观察例数较多且每年随访一次，采用寿命表法对该数据进行分析。

2.2　SAS 主要程序及说明

程序	说明

`data ch14_2;`
`input time status freq@@;`
`cards;`
`0.5 1 456 0.5 0 0 1.5 1 226 1.5 0 39`
`2.5 1 152 2.5 0 22 3.5 1 171 3.5 0 23`
`...`
`14.5 1 6 14.5 0 23 15.5 1 0 15.5 0 30`
`;`
`proc lifetest data=ch14_2 method=lt intervals=(0`
`  to 15 by 1) plots=s(cl);`
`  time time*status(0);`
`  freq freq;`
`run;`
	建立数据集 ch14_2
	time 为随访时间（以随访中位数表示），status 为结局（0=截尾，1=死亡），freq 代表频数
	
	调用过程步 proc lifetest，method= lt （或 life 或 act）进行寿命表法，intervals=（0 to 15 by 1）代表观测时从 0 开始，间隔 1 年，plots 为绘制带有置信区间的生存曲线图；time 语句为必需语句，设置了生存时间与结局，括号内数值定义截尾数据；freq 进行加权

2.3　主要分析结果与解释

Life Table Survival Estimates ①

Interval		Number Failed	Number Censored	Effective Sample Size	Conditional Probability of Failure	Survival	Failure	Survival Standard Error
Lower	Upper							
0	1	456	0	2418	0.1886	1	0	0
1	2	226	39	1942.5	0.1163	0.8114	0.1886	0.00796
2	3	152	22	1686	0.0902	0.7170	0.2830	0.00918
3	4	171	23	1511.5	0.1131	0.6524	0.3476	0.00973
4	5	135	24	1317	0.1025	0.5786	0.4214	0.0101
5	6	125	107	1116.5	0.1120	0.5193	0.4807	0.0103
6	7	83	133	871.5	0.0952	0.4611	0.5389	0.0104
7	8	74	102	671	0.1103	0.4172	0.5828	0.0105
8	9	51	68	512	0.0996	0.3712	0.6288	0.0106
9	10	42	64	395	0.1063	0.3342	0.6658	0.0107
10	11	43	45	298.5	0.1441	0.2987	0.7013	0.0109
11	12	34	53	206.5	0.1646	0.2557	0.7443	0.0111
12	13	18	33	129.5	0.1390	0.2136	0.7864	0.0114
13	14	9	27	81.5	0.1104	0.1839	0.8161	0.0118
14	15	6	23	47.5	0.1263	0.1636	0.8364	0.0123
15	.	0	30	15	0	0.1429	0.8571	0.0133

Life-Table Survival Curve

②

Summary of the Number of Censored and Uncensored Values			
Total	Failed	Censored	Percent Censored
2418	1625	793	32.80

③

输出结果说明如下。

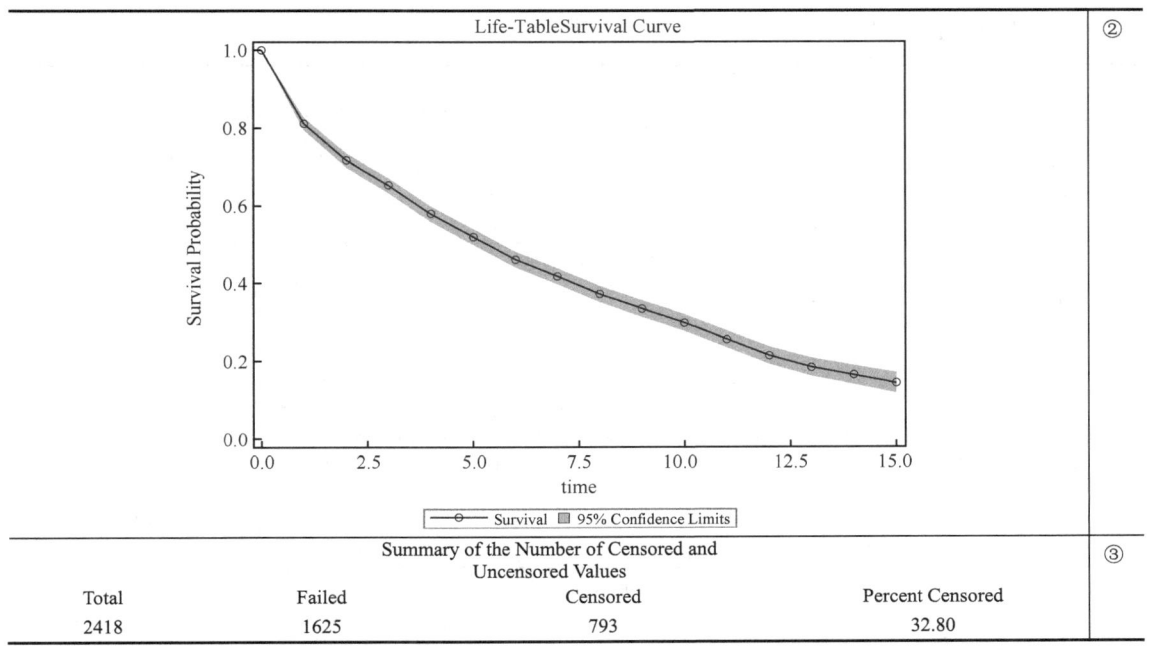

① 生存率的寿命表估计：这里仅列出了 SAS 部分输出统计量，包括各生存时间区间（Interval）的死亡数（Number Failed）、截尾数（Number Censored）、期初有效例数（Effective Sample Size）、条件死亡概率（Conditional Probability of Failure）、区间左端点处生存率（Survival）、死亡率（Failure）、生存率标准误（Survival Standard Error）等。

② 心绞痛患者的生存曲线图：利用 plots=s（cl），cl 选项为输出 95%置信带，不选则不会输出置信带。与阶梯形的 Kaplan-Meier 生存曲线不一样，寿命表的生存曲线为折线形连接的曲线。

③ 数据汇总：共有 2418 例心绞痛患者，其中死亡 1625 例，截尾 793 例，截尾占 32.80%。

第二节 生存率比较的 Log-rank 检验

在医学随访研究中，通常将研究对象按随机化方法分配到两种或多种治疗组中，然后通过比较其生存曲线来考察各种治疗方案的优劣；或者分析在同一治疗方案下具有不同特征的研究对象（如：不同水平的雌激素受体的乳腺癌患者）生存率的大小，以此来探讨影响这种疗法的因素等。两组或多组生存率比较的方法很多，其中最常用的方法为对数秩检验（Log-rank 检验，又称为时序检验），该方法由 Mantel 于 1966 年提出。

1.1 研究实例

例 14-3 为研究不同肿瘤分期透明肾细胞癌患者的生存情况，现收集 287 例透明肾细胞癌患者的生存时间（surv_time：月）、生存状态（status：0=截尾，1=死亡）及肿瘤分期（ajcc_stage：1=Ⅰ/Ⅱ，2=Ⅲ/Ⅳ）。试比较不同分期的患者生存率是否存在差异。

1.2 SAS 主要程序及说明

程序	说明

```proc import datafile="&path.\ch14-3.xlsx" out=ch14_3 ;```
```ods graphics on;```
```proc lifetest data=ch14_3 plot=s(cl atrisk(outside)=0 to 150 by 10);```
```time surv_time*status(0);```
```strata ajcc_stage;```
```run;```
	proc import 导入数据
	surv_time 为生存时间；status 为结局（0=截尾，1=死亡）
	输出统计过程绘制相应的图形
	调用过程步 proc lifetest, plots=survival（或 S）绘制生存曲线图，cl 加上 95%置信带，atrisk（outside）=0 to 150 by 10 为在横轴外面列出每增加 10 个月的风险例数；time 语句为必需语句，设置生存时间与结局，括号内数值定义截尾数据；strata 按照肿瘤分期进行分组

1.3 主要分析结果与解释

Quartile Estimates					①
Percent	Point Estimate	Transform	95% Confidence Interval [Lower	Upper）	
75	.	LOGLOG	.	.	
50	.	LOGLOG	.	.	
25	80.670	LOGLOG	64.830	.	

Quartile Estimates					②
Percent	Point Estimate	Transform	95% Confidence Interval [Lower	Upper）	
75	.	LOGLOG	62.890	.	
50	32.610	LOGLOG	27.650	54.600	
25	15.090	LOGLOG	7.960	21.200	

Summary of the Number of Censored and Uncensored Values						③
Stratum	ajcc_stage	Total	Failed	Censored	Percent Censored	
1	Ⅰ/Ⅱ	177	26	151	85.31	
2	Ⅲ/Ⅳ	110	69	41	37.27	
Total		287	95	192	66.90	

Test of Equality over Strata				④
Test	Chi-Square	DF	Pr ＞Chi-Square	
Log-Rank	71.1432	1	＜.0001	
Wilcoxon	72.1145	1	＜.0001	
−2Log（LR）	66.3619	1	＜.0001	

⑤ Product-Limit Survival Estimates With Number of Subjects at Risk and 95% Confidence Limits

ajcc_stage												
Ⅰ/Ⅱ	177	164	141	127	107	85	69	45	30	22	17	10	5	2	1	0
Ⅲ/Ⅳ	110	88	69	53	44	34	25	17	12	11	7	5	3	1	0

输出结果说明如下。

①Ⅰ/Ⅱ期患者生存时间的分位数：Ⅰ/Ⅱ期患者没有观测到中位生存时间。

②Ⅲ/Ⅳ期患者生存时间的分位数：Ⅲ/Ⅳ期患者中位生存时间为 32.610 个月，其 95%置信区间为 27.650～54.600 个月。

③数据汇总：Ⅰ/Ⅱ期患者共 177 例，其中 26 例死亡，151 例截尾，截尾占 85.31%；Ⅲ/Ⅳ期患者 110 例，其中 69 例死亡，截尾 41 例，截尾占 37.27%。

④生存率组间比较：SAS 中用于两组生存率比较的方法很多，包括 Log-rank 检验（Log-Rank）、Wilcoxon 检验（Wilcoxon）及基于指数函数的似然比检验（LR），以上三种方法是软件的默认输出结果，可在 strata 语句后加上 test=选项来控制需要进行比较的统计方法。Log-rank 检验得到 χ^2= 71.1432，P ＜0.0001，结果表明不同肿瘤分期的生存曲线存在差异。

⑤两组不同的生存曲线图：由图可见，Ⅰ/Ⅱ期透明肾细胞癌患者生存情况优于Ⅲ/Ⅳ期患者。

除了以上结果外，输出的内容还有两组的生存率的乘积极限估计值、秩统计量（Rank Statistics）、协方差矩阵（Covariance Matrix）等，此处不再列出。

1.4 其他常用选项的说明

Strata 语句的选项中，除以上三种组间比较统计方法外，还有如下方法：

其他常用选项	说明
test*=	FLEMING 指定 Harrington 和 Fleming 检验 PETO 指定 Peto-Peto 法 MODPETO 指定修正 Peto-Peto 法 TARONE 指定 Tarone-Ware 法
变量名（数值）	将定量变量设置组别进行分析， 例如：Age（50，65）将年龄分成＜50，[50，60），≥60 三个组 Age（45，50 to 70 by 10）将年龄分成 ＜45，[45，50），[50，60），[60，70），≥70 五个组
adjust=	如果多个组比较，两两比较调整检验水准方法。可选择的方法有 BONFERRONI（BON）、DUNNETT、SCHEFFE、SIDAK 等
missing=	若指定了该选择项，将 MISSING 作为组别中的一个组。否则将组别缺失的数据删除，仅分析组别变量不缺失的数据（默认）

*需注意，这里的 test 是 Strata 语句下的选项，不是 lifetest 中的 test 语句。

第三节 Cox 回归模型

Log-rank 检验只能进行单因素的分析，但实际资料中，需考虑生存时间与多个预后因素之间的关系。考克斯（Cox）于 1972 年提出比例风险回归（简称 Cox 回归）。

一、Cox 回归模型

1.1 研究实例

例 14-4 为研究不同肿瘤分期透明肾细胞癌患者的生存情况，现收集 287 例透明肾细胞癌患者的生存时间（survtime：月）、生存状态（status：0=截尾，1=死亡）及肿瘤分期（ajcc_stage：1=Ⅰ/Ⅱ，2=Ⅲ/Ⅳ）、年龄、性别、种族、ajcc 肿瘤 TNM 分期、是否曾患恶性肿瘤、是否曾接受治疗，试比较不同分期的患者生存率是否存在差异。变量赋值如表 14-2 所示。

表 14-2 变量赋值情况

序号	变量	变量名	变量赋值
1	年龄组	age_grp	1=≤50，2=＜65，3=＞65
2	性别	gender	1=Male，2=Female
3	种族	race	1= white，2=Not white
4	原发肿瘤	ajcc_t	0=TX/T1/T2，1=T3/T4
5	区域淋巴结	ajcc_n	0=NX/N0，1=N1/N2
6	远处转移	ajcc_m	0=M0/MX，1=M1
7	肿瘤分期	ajcc_stage	1=Ⅰ/Ⅱ；2=Ⅲ/Ⅳ
8	曾患恶性肿瘤	prior_mal	0=否，1=是
9	曾接受治疗	prior_treat	0=否，1=是
10	生存时间	surv_time	月
11	生存状态	status	0=Alive，1=Death

本研究中同时考虑 9 个变量，除年龄组之外其他都是两分类变量。年龄组为有序分类的资料，可以按照定量资料的模式直接纳入模型，但模型上会认为年龄组对死亡的影响存在倍数关系，即假定"～65"与"≤50"的 HR 为 e^β，则">65"与"≤50"的 HR 为 $(e^\beta)^2=e^{2\beta}$。但实际资料往往不存在倍数关系，更为合理的做法将其生成哑变量处理（即当成无序分类变量处理）。

1.2 SAS 主要程序及说明

程序	说明
```proc import datafile= "&path.\ch14-4.xlsx " out= ch14_4 ; ods graphics on; proc phreg data= ch14_4 concordance plots=roc rocoptions(at=25 to 75 by 25); class age_grp(ref='1'); model surv_time*status(0)=gender race ajcc_n ajcc_t ajcc_m ajcc_stage prior_mal prior_treat age_grp/ selection=stepwise sle=0.05 sls=0.10 rl; output out=predict survival=s xbeta=pi; run;```	导入数据集 surv_time 为生存时间；status 为结局（0=截尾，1=死亡） 调用过程步 proc phreg，指定 concordance 模型将给出 Harrell's C 统计量（SAS/SATAT 模块必须在 14.2 以上版本才有选项），plots=roc 绘制不同时间下的 ROC 曲线；class 语句设定分类变量 age_grp，并将≤50 作为参照组；model 语句设定生存时间（surv_time）与结局（status），0 为截尾数据的代码，将 9 个影响因素纳入方程，selection=设定逐步法，sle=与 sls=设定进入和剔除的检验水准（缺失时取为 0.05），rl 要求输出风险比的 95% 置信区间；output 语句设定预测结果输出成数据集 predict，将会给出 pi 指数及生存率

1.3 主要分析结果与解释

Model Information			①
Data Set	WORK.CH14_4		
Dependent Variable	surv_time	surv_time	
Censoring Variable	status	status	
Censoring Value（s）	0		
Ties Handling	BRESLOW		

Class Level Information				②
Class	Value	Design Variables		
age_grp	1	0	0	
	2	1	0	
	3	0	1	

Summary of the Number of Event and Censored Values				③
Total	Event	Censored	Percent Censored	
287	95	192	66.90	

Model Fit Statistics			④
Criterion	Without Covariates	With Covariates	
−2 LOG L	974.353	893.063	
AIC	974.353	901.063	
SBC	974.353	911.278	

Testing Global Null Hypothesis：BETA=0				⑤
Test	Chi-Square	DF	Pr > ChiSq	
Likelihood Ratio	81.2904	4	<.0001	
Score	96.6306	4	<.0001	
Wald	74.2398	4	<.0001	

Parameter	DF	Parameter Estimate	Standard Error	Chi-Square	Pr > ChiSq	Hazard Ratio	95% Hazard Ratio Confidence Limits		Label	⑥
Analysis of Maximum Likelihood Estimates										
ajcc_m	1	0.70952	0.24239	8.5686	0.0034	2.033	1.264	3.269	ajcc_m	
ajcc_stage	1	1.36810	0.26204	27.2579	<.0001	3.928	2.350	6.565	ajcc_stage	
age_grp 2	1	0.64651	0.35036	3.4050	0.0650	1.909	0.961	3.793	age_grp 2	
age_grp 3	1	0.95238	0.35518	7.1899	0.0073	2.592	1.292	5.199	age_grp 3	

Harrell's Concordance Statistic						⑦
Source	Estimate	Comparable Pairs				
		Concordance	Discordance	Tied in Predictor	Tied in Time	
Model	0.7791	12865	2984	1852	2	

ROC Curve

surv_time = 25   surv_time = 50   surv_time = 75   ⑧

输出结果说明如下。

①基本信息：列出了时间变量、截尾变量及代码 0；相同生存时间或结点（Ties）的处理方法为 BRESLOW 方法。

②哑变量生成：对于年龄组，以≤50 岁为参照。

③结果汇总：共 287 例患者，其中死亡 95 例，截尾 192 例，占 66.90%。

④模型拟合度统计量：分别给出不考虑协变量与考虑协变量模型的–2 LOG L、AIC、SBC 统计量。

⑤整体检验：逐步法先后分别引入变量 ajcc_m、ajcc_stage 及 age_grp，SAS 输出每一步的模型拟合统计量（–2 LOG L、AIC 和 SBC）及模型检验结果（似然比检验、Score 检验和 Wald 检验）。这里仅列出了最终的结果。共纳入 3 个变量的 4 个回归系数，似然比检验法显示 $\chi^2=81.2904$，$P<0.0001$，模型的整体检验有统计学意义，即 4 个偏回归系数不全为 0。

⑥偏回归系数的估计：给出了最终模型 3 个变量的 4 个回归系数、标准误、χ^2、P 值、HR 及其 95%置信区间。本例 Cox 模型表达式为

$$h(t)=h_0(t)\exp (0.71 \text{ ajcc\_m}+1.37 \text{ ajcc\_stage}+0.65 \text{ age\_grp}_2+0.95 \text{ age\_grp}_3)$$

表达式右边指数部分取值越大，则风险函数 $h(t)$ 越大，预后越差，称为预后指数（prognostic index，PI）。利用 output 选项中的 xbeta 将预后指数 PI 与生存率 S 输出到数据集 predict 中。

⑦一致性指数：一致性指数（C-index）是用来说明 Cox 回归预测值与真实值间的差异，哈雷尔（Harrell）于 1996 年提出，称之为 Harrell's C 统计量。结果显示，C-index 为 0.7791，说明模型的预测能力较好。

⑧ROC 曲线：分别给出不同月份 25、50、75 个月的 ROC 曲线。

1.4 其他常用选项的说明

PROC PHREG 过程的选项中，除以上常用的参数外，还有很多参数。

其他常用选项	说明
model/selection=	FORWARD | BACKWARD |STEPWISE|NONE|SCORE，指定变量筛选方法，分别表示前进法、后退法、逐步法、全模型（缺省值）和最优子集法
model/ties=	DISCRETE|EXACT|BRESLOW|EFRON 指定相同生存时间或结点（Ties）的处理方法，BRESLOW 法为默认方法。DISCRETE 和 EXACT 为精确法，BRESLOW 法与 EFRON 法为近似法。没有结点时，四种方法结果相同；结点比例不是很大时，四种方法结果相近；结点比例很大时，两种近似结果是有偏的
strata	进行分层 Cox 模型
output/method=	PL|CH|EMP 代表不同生存率的计算方法，PL 表示生存率的乘积极限法（默认选项），CH 和 EMP 表示生存率的经验累积风险函数估计法
baseline	对模型外部数据集进行预测

二、Cox 回归模型的比例风险假定

比例风险（proportional hazards，PH）假定，即假设协变量对生存率的影响不随时间的变化而改变（协变量与时间无关），即风险比值 $h(t)/h_0(t)$ 为固定值。如果 PH 假定不满足时，该数据不适合进行 Cox 模型。

2.1 研究实例

例 14-5 以例 14-4 中的肿瘤分期(ajcc_stage: 1=Ⅰ/Ⅱ，2=Ⅲ/Ⅳ)考虑比例风险的假定。

PH 假定不满足有两种形式。第一种是生存曲线存在交叉，此时意味着 HR 出现相反情况；第二种，虽然生存曲线不存在交叉，HR 方向相同，但在时间上大小不同。常用于 PH 假设判定的方法有以下两种。

第一种方法为图示法。（1）生存曲线图：如果分类因素下的不同组别生存曲线存在明显交叉，可认为 PH 假定不成立。图 14-7 两组的生存曲线不存在交叉。（2）ln[−ln(S(t))]图：以 ln（t）为横坐标，如果不同组别的 ln[−ln(S(t))]曲线存在明显交叉，可认为不满足 PH 假定。

第二种方法为假设检验法。（1）协变量与时间函数的交互作用。将协变量、协变量与时间函数（常用 ln（t））的交互作用引入 Cox 回归，如果交互作用存在统计学意义，则认为 PH 假定不满足。（2）ZPH 检验法。该方法认为如果 PH 假定满足，则 Schoenfeld 残差与时间无关。检验残差和生存时间的秩次间的相关性，如果两者间存在相关性，则 PH 假定不满足。

2.2 SAS 主要程序及说明

程序	说明

`proc lifetest data=ch14_4 plots=lls;`
`time surv_time*status(0);`
`strata ajcc_stage;run;`
	图示法（2）：plots=lls（或 loglogsurv）作 ln[−ln(S（t))]，并采用 strata 进行分层

`proc phreg data=ch14_4 ;`
`model surv_time*status(0)=ajcc_stage ajcc_time;`
`ajcc_time=ajcc_stage*log(surv_time);`
`run;`
	检验法（1）：以肿瘤分期（ajcc_stage）、ajcc_stage*ln（t）两个因素纳入进行 Cox 回归

`proc phreg data=ch14_4 zph;`
`class age_grp(ref=first);`
`model surv_time*status(0)= ajcc_m ajcc_stage age_grp;`
`run;`
	检验法（2）：调用 phreg 过程中加入选项 zph 进行 ZPH 检验

2.3 主要分析结果与解释

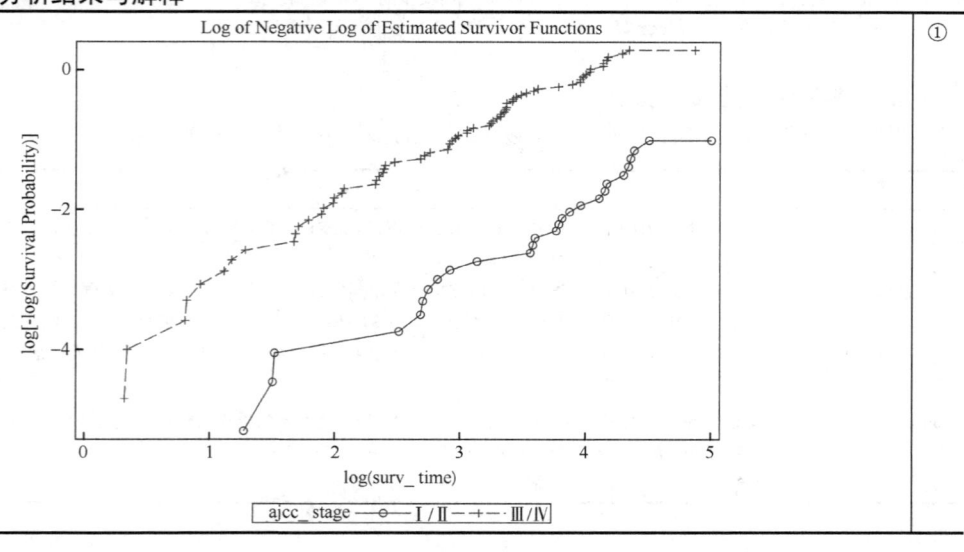

①

Log of Negative Log of Estimated Survivor Functions

（纵轴：log[−log(Survival Probability)]；横轴：log(surv_time)；ajcc_stage：○ Ⅰ/Ⅱ　+ Ⅲ/Ⅳ）

		Analysis of Maximum Likelihood Estimates						②
Parameter	DF	Parameter Estimate	Standard Error	Chi-Square	Pr > ChiSq	Hazard Ratio	Label	
ajcc_stage	1	3.29310	0.92798	12.5931	0.0004	26.926	ajcc_stage	
ajcc_time	1	−0.49561	0.27420	3.2669	0.0707	0.6090		
		zph Tests for Nonproportional Hazards						③
Transform	PredictorVariable		Correlation	Chi-Square	Pr >Chi-Square	t Value	Pr > |t|	
RANK	ajcc_m		−0.1549	2.1969	0.1383	−1.51	0.1338	
RANK	ajcc_stage		−0.1096	1.1368	0.2863	−1.06	0.2903	
RANK	age_grp2		−0.0679	0.4353	0.5094	−0.66	0.5135	
RANK	age_grp3		−0.00327	0.0010	0.9746	−0.03	0.9749	

输出结果说明如下:

①两组曲线图:以 ln(t) 为 X 轴,ln[−ln($S(t)$)] 为 Y 轴,图 14-9 显示不同肿瘤分期的两条曲线基本上平行,因此,可以认为肿瘤分期的 PH 假定满足。

②交互项验证 PH 假定:变量 ajcc_time=ajcc_stage *ln(t) 的回归系数为−0.50,χ^2=3.2669,P=0.0707。因此还不能拒绝 PH 假定。

③ZPH 检验:结果显示,所有变量对应的 P 值均大于 0.05。因此,认为变量的 PH 假定均满足。

综上,四种方法的结果一致,即肿瘤分期满足 PH 假定的要求。图示法中,生存曲线存在交叉时一定不满足 PH 假定;但不存在交叉时不一定满足 PH 假定,可以进一步采用 ln[−ln($S(t)$)]检验法进行判断。

三、PH 假定不满足时的限制性平均生存时间比较

当 PH 假设不满足时,可采用的统计方法很多,主要有基于秩的加权 Log-rank 检验、Max-combo 方法等,基于乘积极限法的加权乘积极限法、限制性平均生存时间(RMST)分析等,基于 Cox 回归的时依系数法(协变量与时间 t 乘积引入 Cox 模型)、分层 Cox 回归法(即假定相同层中 PH 相同)等方法。

3.1 研究实例

例 14-6 利用骨髓移植治疗白血病患者,主要终点指标为无病生存期(DFS),即从治疗到死亡、复发或观测结束的天数。比较急性淋巴细胞白血病(ALL)与急性髓细胞白血病(AML)低风险两组的无疾病生存率的差异。数据如下:

ALL	1, 55, 74, 86, 104, 107, 109, 110, 122, 122, 129, 172, 192, 194, 226+, 230, 276, 332, 383, 418, 466, 487, 526, 530+, 609, 662, 996+, 1111+, 1167+, 1182+, 1199+, 1330+, 1377+, 1433+, 1462+, 1496+, 1602+, 2081+
AML	10, 35, 48, 53, 79, 80, 105, 211, 219, 248, 272, 288, 381, 390, 414, 421, 481, 486, 606, 641, 704, 748, 847+, 848+, 860+, 932+, 957+, 1030+, 1063, 1074, 1258+, 1324+, 1363+, 1384+, 1447+, 1470+, 1527+, 1535+, 1562+, 1568+, 1674+, 1709+, 1799+, 1829+, 1843+, 1850+, 1857+, 1870+, 2204, 2218+, 2246+, 2409+, 2506+, 2569+

3.2 SAS 主要程序及说明

程序	说明

`proc import datafile="&path.\ch14-6.xlsx " out= ch14_6 ;`
`proc lifetest data=ch14_6 plots=(s lls) rmst(1440);`
`time surv_time*status(0);`
`strata group / test=FH(1,0) ;`
`run;`
	rmst(1440)为模型的 RMST 方法选项(SAS/SATAT 模块在 15.1 以上版本才有),取时间点为 1440 天;test= FH(1,1)采用 Harrington-Fleming 加权法,FH 对应参数有(0,0)、(1,0)、(0,1)、(1,1),分别代表等权重(Log-rank 检验)、早期权重大、晚期权重大、中期权重大四种方法

3.3 主要分析结果与解释

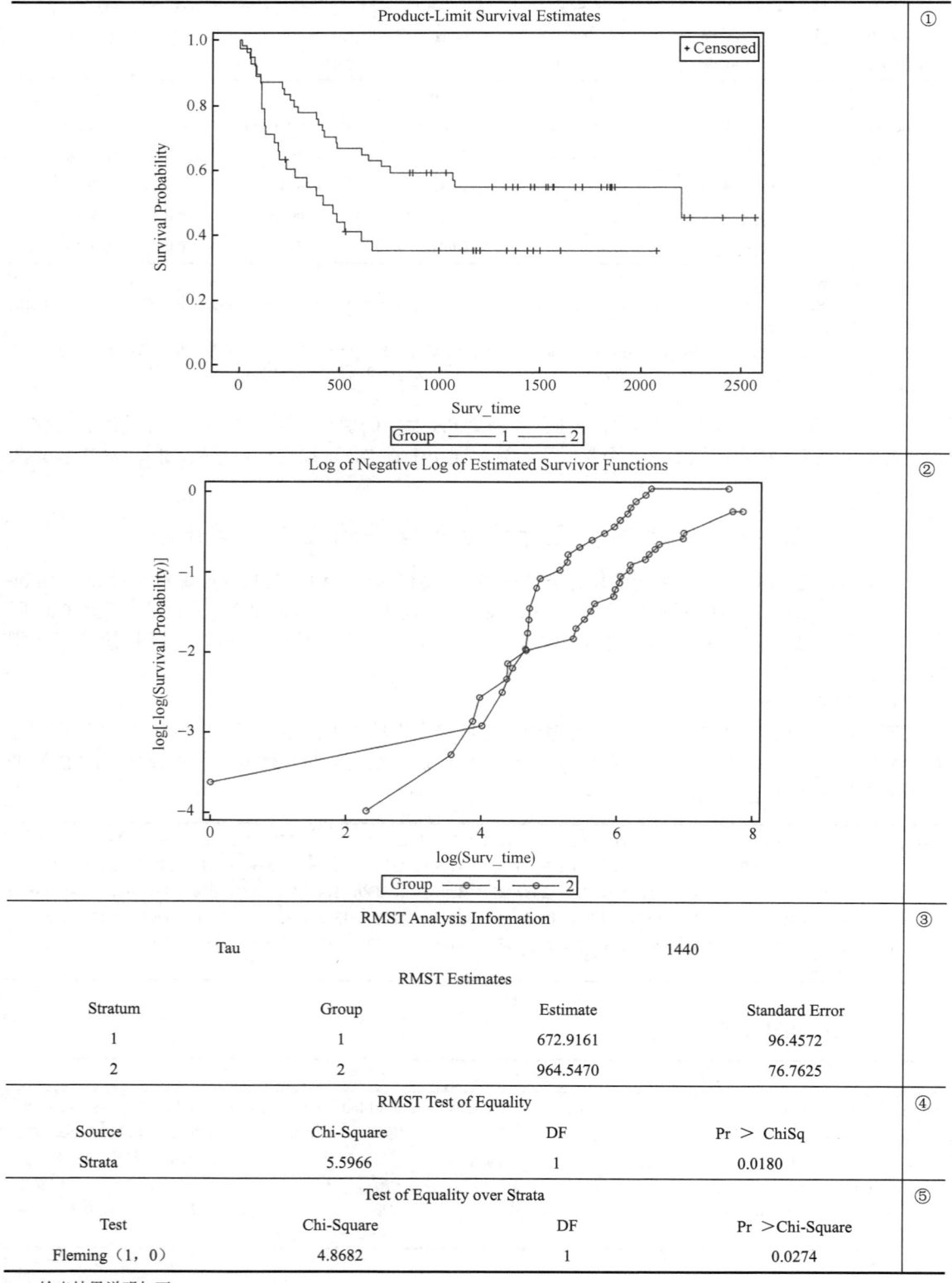

①

Product-Limit Survival Estimates 图（Survival Probability vs Surv_time，Group 1 与 Group 2，含 Censored 标记）

②

Log of Negative Log of Estimated Survivor Functions 图（log[-log(Survival Probability)] vs log(Surv_time)，Group 1 与 Group 2）

③

RMST Analysis Information

Tau	1440

RMST Estimates

Stratum	Group	Estimate	Standard Error
1	1	672.9161	96.4572
2	2	964.5470	76.7625

④

RMST Test of Equality

Source	Chi-Square	DF	Pr > ChiSq
Strata	5.5966	1	0.0180

⑤

Test of Equality over Strata

Test	Chi-Square	DF	Pr > Chi-Square
Fleming（1,0）	4.8682	1	0.0274

输出结果说明如下。

①两组生存曲线图：显示两组的生存曲线不存在交叉。

②显示两条 ln[−ln($S(t)$)]不平行，因此 PH 假定不满足。在 SAS 软件中 log 函数默认指自然对数，图中纵标目 log[−log(Survival Probability)]可表达为 ln[−ln($S(t)$)]。

③限制性平均生存时间（RMST）：对于指定时间 τ，$T(\tau)=\int_0^\tau S(t)\mathrm{d}t$，其意义为从 0 到时间 τ 的 RMST。取 τ=1440 天时，ALL 组的限制性平均无病生存期为 672.9161 天，AML 的限制性平均无病生存期为 964.5470 天。需要注意的，当临床试验采用 RMST 方法进行比较时，需要事先在方案中指定 τ 值。在 SAS 软件中，如果不指定时间 τ，系统会自动采用两组各自最大时间的较小值，本例中为 2081 天。

④RMST 组间比较：χ^2=5.5966，P=0.0180，说明两组的 RMST 差异有统计学意义。

⑤Harrington-Fleming 加权法：本资料为骨髓移植治疗的 DFS，如果取前期的权重较大，χ^2=4.8682，P=0.0274，说明两组生存率间的差异存在统计学意义。

（陈炳为）

第十五章 多元统计分析

多元统计分析（multivariate statistical analysis）是从经典统计学基础上发展起来的一个重要分支，它是一类能够分析多个指标、多个变量集合之间关系以及具有这些变量个体之间关系的统计分析方法。典型的多元统计分析方法主要可以归结为两类问题：一类是决定某一个体或样本的归属问题，如判别分析、聚类分析等；另一类是设法降低变量维数，同时将变量转换为独立变量，以便更确切地说明多变量之间的关系，如主成分分析、因子分析等。另外，如果研究两组变量之间相关关系的统计方法时可采用典则相关分析；涉及多个变量关系的研究主要包括中介分析和结构方程模型等。

因此，本章主要介绍判别分析、聚类分析、主成分分析、因子分析、典型相关分析、中介分析和结构方程模型等。

第一节 判 别 分 析

判别分析（discriminant analysis）是根据观察或测量到的若干变量值，判断、研究对其如何分类的方法。进行判别分析必须已知观察对象的分类和若干表明观察对象特征的变量值。判别分析就是要从中筛选出能够提供较多信息的变量并建立判别函数，使得利用推导的判别函数对现观测量判别其所属类别时的错判率最小。判别分析可以分为一般判别分析（包括距离判别法和贝叶斯判别法）、典型判别分析（对应于 Fisher 判别分析）和逐步判别分析。本书将重点关注贝叶斯判别法和 Fisher 判别分析法。而 Fisher 判别法是将用户指定的变量全部放入判别函数中，不管变量对判别函数是否起作用或作用大小如何，当对反映研究对象特征的变量认识比较全面时可以选择此种方法。但是，建立在判别函数中的变量对判别效果的作用并不一样，有的作用大，有的作用小。在判别函数中作用大的变量越多，其判别效果就越好。因此，可以将作用较小的变量不放在判别函数中，只留下作用较大的变量，这样更有利于新样本的归类。可以像多元回归分析一样，在确定判别函数之前，通过统计学方法先将作用大的变量筛选出来，再建立判别函数，这就是逐步判别分析。逐步判别分析假设已知的各类均属于多元正态分布，用逐步选择法选择最能反映类别间差异的变量子集建立较好的判别函数。

在 SAS 软件系统中，贝叶斯判别法与 Fisher 判别分析，分别应用 DISCRIM 和 CANDISC 过程实现。

一、贝叶斯判别

贝叶斯判别法是以概率为准则的判别分析法，使每个样本到其所分的类中的概率最大。在贝叶斯判别分析中计算的是各个样本属于各个类别的概率，根据概率值的大小，将各个样本划分到概率最大的分类中。本节将使用 DISCRIM 过程作贝叶斯判别分析，用以获得判别准则的数据称为训练数据集（也称训练样本）。

1.1 研究实例

例 15-1 某研究者收集了 22 例某病患者的 3 项指标（x_1, x_2, x_3）结果，通过专家共识确定 22 例患者属于早期的有 12 例，定义为 A 类，属于晚期的有 10 例，定义为 B 类，具体结果见表 15-1。请据此资料构建患者早、晚期的分类模型。

表 15-1 22 例患者的 3 项指标观察结果

编号	观察值			类别
	x_1	x_2	x_3	
1	23	8	0	A
2	−1	9	−2	A
3	−10	5	0	A
4	−7	−2	1	A
5	−11	3	−4	A
6	−10	3	−1	A
7	25	9	−2	A
8	−19	12	3	A
9	9	8	−2	A
10	−25	−3	−1	A
11	0	−2	2	A
12	−10	−2	0	A
13	9	−5	1	B
14	2	−1	−1	B
15	17	−6	−1	B
16	8	−2	1	B
17	17	−9	1	B
18	0	−11	3	B
19	−9	−20	3	B
20	−7	−2	3	B
21	−9	6	0	B
22	12	0	0	B

注：数据来源于刘岭主编，《军事医学统计学实验教程》，军事科学出版社出版。

该研究欲通过 x_1, x_2, x_3 这 3 个指标来对患者处于早期或晚期进行分类，可以考虑进行判别分析。假定上述数据已经保存数据集 ch15_1。

1.2 SAS 主要程序及说明

程序	说明
`data ch15_1;`	建立数据集 ch15_1
`input x1 x2 x3 type$;`	设置数据集名称，覆盖数据名
`cards;`	录入各自变量的标签名
`23    8    0    A`	
`-1    9   -2    A`	
`-10   5    0    A`	
`-7   -2    1    A`	
`-11   3   -4    A`	
`-10   3   -1    A`	
`25    9   -2    A`	
`-19  12    3    A`	
`9     8   -2    A`	
`-25  -3   -1    A`	
`0    -2    2    A`	
`-10  -2    0    A`	

续表

程序	说明
| ```
9    -5   1   B
2    -1  -1   B
17   -6  -1   B
8    -2   1   B
17   -9   1   B
0   -11   3   B
-9  -20   3   B
-7   -2   3   B
-9    6   0   B
12    0   0   B
;
proc print;
run;
proc discrim data = ch15_1;
class type;
var x1-x3;
run;
``` | 调用过程步 proc discrim<br>class 语句设定分类标签 type<br>var 语句设定判别函数的自变量为 x1~x3 |

1.3 主要分析结果与解释

The DISCRIM Procedure					①
Observations	22	DF Total	21		
Variables	3	DF Within Classes	20		
Classes	2	DF Between Classes	1		

Class Level Information					②
type	Variable Name	Frequence	Weight	Proportion	Pr Probabil
A	A	12	12.0000	0.5455	0.5000
B	B	10	10.0000	0.4545	0.5000

Pooled Covariance Matrix Information		③
Covariance Matrix Rank	Natural Log of the Determinant of the Covariance Matrix	
3	9.7306	

Generalized Squared Distance to type			④
From type	A	B	
A	0	3.3985	
B	3.3985	0	

Linear Discriminant Function for type				⑤
Variable	Label	A	B	
Constant		−0.3071	−0.5724	
x1	指标 1	−0.0349	0.0497	
x2	指标 2	0.1130	−0.1317	
x3	指标 3	−0.1154	0.2873	

Number of Observations and Percent Classified into type				⑥
From type	A	B	Total	
A	10 (83.33)	2 (16.67)	12 (100.00)	
B	2 (20.00)	8 (80.00)	10 (100.00)	
```

Total	12（54.55）	10（45.45）	22（100.00）	⑥
Priors	0.5	0.5		
Error Count Estimates for type				⑦
	1	2	Total	
Rate	0.1667	0.2000	0.1833	
Priors	0.5000	0.5000		

输出结果说明如下：

①数据情况概述表：Observations 为总样本大小、Variables 为变量、Classes 为分类、DF Total 为总自由度、DF Within Classes 为分类内自由度、DF Between Classes 为分类间自由度。

②分类水平信息汇总：Variable Name 为变量名称、Frequence 为频数、Weight 为权重、Proportion 为总体占比、Pr Probabil 为先验概率，由于没有对先验概率进行额外设定，则各分类的先验概率相同。

③合并协方差矩阵信息：协方差矩阵秩为 3，协方差矩阵的行列式的自然对数值为 9.7306。

④给出到"type"的广义平方距离。

⑤给出以下对象的线性判别函数：通过公式转换，软件给出判定为 A 与 B 的线性判别函数，公式如下：

$$y（A） = -0.3071 - 0.0349x_1 + 0.1130x_2 - 0.1154x_3$$
$$y（B） = -0.5724 + 0.0497x_1 - 0.1317x_2 + 0.2873x_3$$

其后验概率如下：

$$P(y(j))=\frac{\exp\{y(j)\}}{\sum_{i=1}^{m}\exp\{y(j)\}} \qquad (15\text{-}1)$$

其中，P 为各分类的概率，j 为分类的单一类别，m 为分类总数。

⑥给出分入"type"的观测数和百分比。

⑦给出"type"的出错数估计。

1.4 其他常用选项的说明

PROC DISCRIM 过程步除 data 选项外，常用的选项还包括：

其他常用选项	说明
s	输出简单统计量
pool=	YES|NO|TEST，如果判别函数是根据合并的协差阵计算的，则选 POOL=YES，此为缺省值；如果用组内协差阵，则选 POOL=NO；如果要对组内协方差阵均相等的假设做检验，并根据检验结果自行选择使用合并协方差还是组内协方差阵，则选 POOL=TEST
distance	根据类间距离来判断各类样品有无显著差异，从而说明判别归类问题有无意义
list	输出每个观测值的分类结果
listerr	输出错分的观测值分类结果
testdata	指定一个要被分类的数据集，此数据集中的变量名必须和 DATA 指定的数据集中的变量名一致
testlist	输出 TESTDATA 数据集中观测值的分类结果
testlisterr	输出 TESTDATA 数据集中错分的观测值的分类结果

对于上述数据库，我们可以增加 discrim 过程步中的选项，进行类间是否可分的假设检验。对于无差异的协方差矩阵，假设 H_0：类间平方距离等于类间广义平方距离，具体如下：

程序	说明

`proc discrim data= ch15_1 distance;`
`class type;`
`var x1-x3;`
`run;`
	调用 data= ch15_1
	仅添加 distance

上述程序运行会增加如下结果：

	Squared Distance to type			
From type	A	B		①
A	0	3.3985		
B	3.3985	0		
	F Statistics，NDF=3，DDF=18 for Squared Distance to type			②
From type	A	B		
A	0	5.5611		
B	5.5611	0		
	Prob > Mahalanobis Distance for Squared Distance to type			③
From type	A	B		
A	1.0000	0.0070		
B	0.0070	1.0000		

输出结果说明如下。

① 给出到"type"的平方距离。

② F 统计量值：在 NDF 为 3，DDF 为 18（即到"type"的平方距离下），F 统计量的值为 5.5611。

③ 类间广义平方距离大于类间马氏平方距离的概率：其概率值为 0.0070，小于小概率 0.05，所以拒绝原假设，说明两个总体间的距离是可分的。

二、典型判别

典型判别分析的基本思想类似于主成分分析，通过数据降维技术，找到能区分各类别的变量的线性组合。典型判别分析（Fisher 判别分析）方法的本质即为确定该线性判别函数。该判别函数为如下的线性函数：

$$f = a_1 x_1 + a_2 x_2 + \cdots + a_n x_n$$

其中，$x_1, \cdots, x_n$ 为各变量，$a_1, \cdots, a_n$ 为待求解的判别函数的系数，其具体的计算主要基于以下原则：同一类别中的变量的差异最小，而不同类别中的变量的差异最大。

2.1 研究实例

例 15-2 某研究者针对 33 种化合物进行了分子特征描述，5 种分子特征指标含义分别是从杂原子开始的路径长度之和（WTPT-3）、第一 Kappa 形状指数（Kier1）、0 阶路径（VP-0）、0 阶简单路径（SP-0）、所有叔碳之间的分子距离边缘（MDEC-33）。同时，根据化合物的生物研究，将其 ADMET 性质分成 3 类（type），第一类为有心脏毒性却没有遗传毒性，标记为"1"；第二类为没有心脏毒性却有遗传毒性，标记为"2"；第三类为既有心脏毒性又有遗传毒性，标记为"3"。现运用典型判别分析对表 15-2 中的数据进行分析。

表 15-2 33 种化合物的 ADMET 性质分类结果

编号	WTPT-3	Kier1	VP-0	SP-0	MDEC-33	type
1	15.4714	22.7755	18.9873	21.0454	9.2382	1
2	15.4869	24.6837	20.4016	22.4596	9.2382	1
3	15.4684	24.6837	20.4016	22.4596	8.5299	1
⋮	⋮	⋮	⋮	⋮	⋮	⋮
10	15.4632	23.7284	19.6945	21.7525	8.5299	1
11	10.3256	18.9927	14.1391	18.7588	14.8194	2
⋮	⋮	⋮	⋮	⋮	⋮	⋮
20	12.1849	21.7027	14.241	19.4409	7.3521	2
21	17.9852	21.8253	17.3086	20.5014	10.329	3
⋮	⋮	⋮	⋮	⋮	⋮	⋮
32	24.9255	25.6413	19.691	23.3299	5.7025	3
33	33.9733	32.3951	25.2036	28.6059	4.7108	3

本实例将使用 CANDISC 过程进行典型判别分析，首先根据表 15-2 中的数据创建数据集 ch15_2，其中各分子描述符分别为 x1~x5；然后，通过 CANDISC 过程建立典型判别程序，获得典型变量及其得分数据；最后，通过 DISCRIM 过程获得最终的判别分析的分类结果。

2.2 SAS 主要程序及说明

程序	说明
`data ch15_2;`	建立数据集 ch15_2
`set ch15_2;`	设置数据集名称，覆盖数据名
`label x1="WTPT-3" x2="Kier1" x3="VP-0" x4="SP-0" x5=" MDEC-33";`	录入各自变量的标签名
`run;`	
`proc candisc data= ch15_2 out=result;`	调用过程步 proc candisc，out=设定输出的数据集为 result；class type 选项确定对各样本的分类标签；var 语句设定判别函数的自变量 x1-x5
`class type;`	
`var x1-x5;`	
`run;`	
`proc discrim data =result list;`	调用过程步 proc discrim
`class type;`	以新变量 can1、can2 和分类变量 type 进行贝叶斯判别法
`var can1 can2;`	
`run;`	

2.3 主要分析结果与解释

Plot of Canonical Variables
Canonical Discriminant Analysis ①

Observations	33	DF Total	32
Variables	5	DF Within Classes	30
Classes	3	DF Between Classes	2

Multivariate Statistics and F Approximation ②
S=2 M=1 N=12

Statistic	Value	F	Num DF	Den DF	Pr>F
Wilks' Lambda	0.1010	11.16	10	52	<0.0001
Pillai's Trace	1.2117	8.30	10	54	<0.0001
Hotelling-Lawley Trace	5.8025	14.74	10	36.353	<0.0001
Roy's Greatest Root	5.2084	28.13	5	27	<0.0001

Test of H0：The canonical correlation in the current row and all that follow are zero ③

	Likelihood Ratio	Approx F	Num DF	Den DF	Pr>F
1	0.1010	11.16	10	52	<0.0001
2	0.6273	4.01	4	27	0.0111

Raw Canonical Coefficient ④

Variable	Label	Can1	Can2
x1	WTPT-3	0.3906	0.3292
x2	Kier1	4.2326	−0.8596
x3	VP-0	−1.9944	0.4356
x4	SP-0	−3.4856	0.3793
x5	MDEC-33	0.9633	0.2630

	Linear Discriminant Function for type			⑤
Variable	1	2	3	
Constant	−3.9791	−4.1823	−0.4173	
Can1	−2.7533	2.8354	−0.0632	
Can2	−0.6145	−0.5703	0.9114	
	Number of Observations and Percent Classified into type			⑥
From type	1	2	3	Total
1	10（100.00）	0（0.00）	0（0.00）	10（100.00）
2	0（0.00）	9（90.00）	1（10.00）	10（100.00）
3	1（7.69）	0（0.00）	12（92.31）	13（100.00）
Total	11（33.33）	9（27.27）	13（39.39）	33（100.00）
Priors	0.3333	0.3333	0.3333	

输出结果说明如下：

①数据情况概述表。Observations 为总样本大小、Variables 为变量、Classes 为分类、DF Total 为总自由度、DF Within Classes 为分类内自由度、DF Between Classes 为分类间自由度。

②多元变量检验的统计量，当 Pr>F 的值小于 5%，则说明联合检验中变量在类间的差异是非常显著的。

③检验结果。总体中当前的典型相关及更小的典型相关为零的检验，当 Pr>F 的值小于 5%时，可以认为当前的典型相关显著不为零。

④原始典型相关系数表，给出了原始数据提取的典型变量的系数：

$$can1 = 0.3906x_1 + 4.2326x_2 - 1.9944x_3 - 3.4856x_4 + 0.9633x_5$$
$$can2 = 0.3292x_1 - 0.8596x_2 + 0.4356x_3 + 0.3793x_4 + 0.2630x_5$$

⑤线性判别函数：通过公式转换，软件给出判定为类别（1）、类别（2）与类别（3）的线性判别函数，公式如下：

$$y(1) = -2.7533can1 - 0.6145can2 - 3.9791$$
$$y(2) = 2.8354can1 - 0.5703can2 - 4.1823$$
$$y(3) = -0.0632can1 + 0.9114can2 - 0.4173$$

⑥分入"type"的观测数和百分比。

2.4 其他常用选项的说明

PROC DISCRIM 过程步除 data 选项外，常用的选项还包括：

其他常用选项	说明
outstat=数据集名	指定一个数据集，其中包含典型判别分析各种统计量
ncan=数值	指定计算的典型变量的个数
prefix=前缀名	指定典型变量名的前缀
singular=p	指定判别全样本相关矩阵和合并类内协方差矩阵奇异值的标准，其值的范围为 0 到 1
anova	对数据中的每一个变量进行方差分析，以检验其显著性
simple	计算数据的简单描述性统计量
distance	在结果中输出类均值间的平方马氏距离
bcorr	在结果中输出类间相关系数
pcorr	在结果中输出合并类内相关系数
tcorr	在结果中输出全样本相关系数
wcorr	在结果中输出每一类水平的类内相关系数
all	在结果中输出以上所有结果
noprint	不打印任何结果

第二节 聚类分析

聚类分析和判别分析是研究事物分类的两种基本方法。聚类分析的目的就是按照一定规则将这些事物分成若干类，使得同类事物之间高度相似，不同类事物之间具有较大差异。由上一节的内容可知，判别分析适用于已知现有样本所属类别后建立判别函数，从而对新样本进行分类的情形。而在实际生活中，我们也会经常遇到研究对象分类未知的情况，这时，若想要对研究对象进行分类，则要依赖于聚类分析。按聚类对象，聚类分析可分为样本聚类（Q 型聚类）和变量聚类（R 型聚类，又称指标聚类）。按聚类算法，聚类分析可分为系统聚类、K-均值聚类、两步聚类等。运用 SAS 程序进行聚类分析，可用的过程有：CLUSTER、FASTCLUS、VARCLUS 和 TREE 过程。在样本聚类中常用 CLUSTER 过程和 FASTCLUS 过程，VARCLUS 过程是指标聚类常用的过程，TREE 过程常用来生成聚类图，是聚类过程的辅助过程。

一、样品聚类

1.1 研究实例

例 15-3 2020 年度全球 18 个国家和地区的医疗卫生相关统计数据见表 15-3，7 个观察指标说明见表 15-4，试用系统聚类法对表中 18 个国家和地区进行聚类分析。

表 15-3 2020 年度全球 18 个国家和地区的医疗卫生相关统计数据

country	x1	x2	x3	x4	x5	x6	x7
阿根廷（Argentina）	74	12.9	7.8	9	5	31	0.01
澳大利亚（Australia）	95	18.5	2.1	4	2	7	0.13
白俄罗斯（Belarus）	97	6.8	3.9	3	1	26	0.29
⋮	⋮	⋮	⋮	⋮	⋮	⋮	⋮
泰国（Thailand）	97	9.2	12.3	9	5	150	0.27
乌克兰（Ukraine）	81	17.0	15.9	8	5	73	0.25
美国（USA）	93	8.8	3.2	6	3	2	0.01

注：数据摘自世界卫生组织官网 https：//www.who.int/data/global-health-estimates。

表 15-4 7 个观察指标说明

符号	指标	计量单位
x1	1 岁儿童白喉-百日咳-破伤风（百白破）免疫接种率	%
x2	5 岁以下儿童超重患病率	%
x3	5 岁以下儿童发育迟缓患病率	%
x4	5 岁以下儿童死亡率（每 1000 活产）	人/千活产
x5	新生儿死亡率（每 1000 活产）	人/千活产
x6	结核病发病率	人/十万人
x7	5 岁以下儿童乙型肝炎表面抗原（HBsAg）患病率	%

1.2 SAS 主要程序及说明

程序	说明

`data ch15_3;`
`length country$12;`
`input country$ x1-x7@@;`
	建立数据集 ch15_3
	length 语句定义字符型变量 country 长度为 12；input 录入数据 x1-x7

续表

程序	说明
| ```
cards;
Argentina 74 12.9 7.8 9 5 31 0.01
Australia 95 18.5 2.1 4 2 7 0.13
Belarus 97 6.8 3.9 3 1 26 0.29
…
Thailand 97 9.2 12.3 9 5 150 0.27
Ukraine 81 17.0 15.9 8 5 73 0.25
USA 93 8.8 3.2 6 3 2 0.01
;
proc cluster data=ch15_3 method=ward ccc pseudo
   standard out= out1;
var x1-x7;
id country;
run;
proc tree data=out1 horizontal;
id country;
run;
``` | 调用过程步 proc cluster，method=ward 表示对 18 个观测用 ward 离差平方和法进行样本聚类，ccc 可生成 CCC 值，CCC 峰值所对应的聚类数表示建议聚类数，pseudo 生成伪 $F$ 统计量和伪 $T$ 方统计量，这两个统计量都是辅助确定最佳聚类数的方法，standard 表示对数据进行标准化<br><br>调用过程步 proc tree，horizontal 设定生成水平树，未作此声明时，SAS 程序默认生成纵向聚类图；id country 用于指定输出数据集中作为 id 的变量 |

1.3 主要分析结果与解释

Eigenvalues of the Correlation Matrix				
	Eigenvalue	Difference	Proportion	Cumulative
1	3.3297	1.8273	0.4757	0.4757
2	1.5025	0.4236	0.2146	0.6903
3	1.0789	0.4151	0.1541	0.8444
4	0.6638	0.3801	0.0948	0.9393
5	0.2837	0.1615	0.0405	0.9798
6	0.1222	0.1029	0.0175	0.9973
7	0.0192		0.0027	1.0000

①

The data have been standardized to mean 0 and variance 1
Root-Mean-Square Total-Sample Standard Deviation 1
Root-Mean-Square Distance Between Observations 3.741657

Cluster History										
Number of Clusters	Clusters Joined		Freq	Semipartial R-Square	R-Square	Approximate Expected R-Square	Cubic Clustering Criterion	Pseudo F Statistic	Pseudo t-Squared	Tie
17	Netherlands	Poland	2	0.0021	.998	.	.	29.4	.	
16	Chile	USA	2	0.0022	.996	.	.	30.5	.	
15	Cuba	Portugal	2	0.0039	.992	.	.	25.6	.	
14	Germany	CL17	3	0.0052	.987	.	.	22.5	2.5	
13	Australia	Greece	2	0.0058	.981	.	.	21.2	.	
12	Brazil	Mexico	2	0.0080	.973	.	.	19.4	.	
11	Belarus	China	2	0.0126	.960	.	.	16.8	.	
10	CL16	CL15	4	0.0138	.946	.	.	15.7	4.5	
9	CL10	CL14	7	0.0206	.926	.	.	14.0	3.8	
8	CL11	CL9	9	0.0246	.901	.	.	13.0	2.9	
7	Malaysia	Thailand	2	0.0253	.876	.	.	12.9	.	

②
```

6	Argentina	Ukraine	2	0.0255	.850	.	.	13.6	.	②
5	CL13	CL8	11	0.0605	.790	.	.	12.2	6.0	
4	CL6	CL12	4	0.0799	.710	.	.	11.4	4.8	
3	CL5	Japan	12	0.1397	.570	.586	−.30	10.0	9.2	
2	CL4	CL7	6	0.1423	.428	.419	0.12	12.0	4.1	
1	CL2	CL3	18	0.4279	.000	.000	0.00	.	12.0	

③

④

输出结果说明如下。

①各指标相关矩阵的特征值分析：包括特征值（eigenvalue）、差值（difference）、比例（proportion）和累积比例（cumulative）等。

②聚类的过程：首先将 Netherlands 和 Poland 聚成一类，此时总类数为 17；其次是 Chile 和 USA 聚成一类，总类数为 16；依次类推，最后所有国家聚成一类。

③聚类数准则图：从图中可看出，当聚类数为 2 时 CCC 值达到峰值、伪 F 值最大且伪 T 方值最小，综合分析可以判断出 proc cluster 过程的建议聚类数为 2。

④Ward 离差平方和法系统聚类图：其横轴为半偏 R 方，纵轴为不同国家地区，图中由线条连接而成的观察单位为一类。由第三部分的结果可以得知，本例建议将 18 个国家和地区分为两类。其中，第一类：阿根廷（Argentina）、乌克兰（Ukraine）、巴西（Brazil）、墨西哥（Mexico）、马来西亚（Malaysia）、泰国（Thailand），第二类：澳大利亚（Australia）、希腊（Greece）、白俄罗斯（Belarus）、中国（China）、智利（Chile）、美国（USA）、古巴（Cuba）、葡萄牙（Portugal）、德国（Germany）、荷兰（Netherlands）、波兰（Poland）、日本（Japan）。

1.4 其他常用选项的说明

method=语句除 ward 选项外，常用的选项还包括：

关键字	聚类方法	关键字	聚类方法
average | ave	类平均法	mcquitty | mcq	相似分析法
centroid | cen	重心法	median | med	中间距离法
complete | com	最长距离法	single | sin	最短距离法
density | den	密度法	twostage | two	二级密度法
Wardeml | eml	最大似然法	flexible | fle	可变法

二、指标聚类

2.1 研究实例

例 15-4 以例 15-3 中 7 个指标进行聚类分析，具体数据和指标说明参照表 15-1 和表 15-2。

2.2 SAS 主要程序及说明

程序	说明

`data ch15_4;`
`length country$12;`
`  input country$ x1-x7@@;`
`cards;`
`Argentina 74 12.9 7.8 9 5 31 0.01`
`Australia 95 18.5 2.1 4 2 7 0.13`
`Belarus   97 6.8 3.9 3 1 26 0.29`
`...`
`Thailand  97 9.2 12.3 9 5 150 0.27`
`Ukraine   81 17.0 15.9 8 5 73 0.25`
`USA       93 8.8 3.2 6 3 2 0.01`
`;`
`proc varclus data=ch15_4;`
`  var x1-x7;`
`run;`
	建立数据集 ch15_4
	length 语句定义字符型变量 country 长度为 12；input 语句录入数据 x1-x7
	
	调用过程步 proc varclus

2.3 主要分析结果与解释

Cluster Summary for 1 Cluster ①

Cluster	Members	Cluster Variation	Variation Explained	Proportion Explained	Second Eigenvalue
1	7	7	3.3297	0.4757	1.50

Total variation explained = 3.329746 Proportion = 0.4750

Cluster 1 will be split because it has the largest second eigenvalue, 1.502455, which is greater than the MAXEIGEN=1 value.

Clustering algorithm converged.

Cluster Summary for 2 Clusters

Cluster	Members	Cluster Variation	Variation Explained	Proportion Explained	Second Eigenvalue
1	5	5	2.8381	0.5676	1.1582
2	2	2	1.7256	0.8628	0.2744

Total variation explained = 4.5637 Proportion = 0.6520

Cluster Summary for 3 Clusters

Cluster	Members	Cluster Variation	Variation Explained	Proportion Explained	Second Eigenvalue

1	3	3	2.6414	0.8805	0.3377	①
2	2	2	1.7256	0.8628	0.2744	
3	2	2	1.2888	0.6444	0.7112	

Total variation explained = 5.655809 Proportion = 0.8080

3 Clusters

Cluster	Variable	R-squared with		1-R**2 Ratio
		Own Cluster	Next Closest	
Cluster 1	x1	0.7617	0.0534	0.2518
	x4	0.9246	0.2832	0.1051
	x5	0.9551	0.2537	0.0602
Cluster 2	x3	0.8628	0.2220	0.1763
	x6	0.8628	0.1061	0.1535
Cluster 3	x2	0.6444	0.0055	0.3576
	x7	0.6444	0.1219	0.4050

Standardized Scoring Coefficients

Cluster	1	2	3
x1	−.3304	0.0000	0.0000
x2	0.0000	0.0000	0.6229
x3	0.0000	0.5383	0.0000
x4	0.3640	0.0000	0.0000
x5	0.3700	0.0000	0.0000
x6	0.0000	0.5383	0.0000
x7	0.0000	0.0000	−.6229

Cluster Structure

Cluster	1	2	3
x1	−.8727	−.1480	−.2311
x2	0.0654	0.0745	0.8027
x3	0.4712	0.9289	0.0310
x4	0.9616	0.5321	0.2487
x5	0.9773	0.5037	0.2469
x6	0.3258	0.9289	−.0112
x7	−.34920	0.0573	−.8027

Inter-Cluster Correlations

Cluster	1	2	3
1	1.0000	0.4290	0.2583
2	0.4290	1.0000	0.0107
3	0.2583	0.0107	1.0000

No cluster meets the criterion for splitting.

Number of Clusters	Total Variation Explained by Clusters	Proportion of Variation Explained by Clusters	Minimum Proportion Explained by a Cluster	Maximum Second Eigenvalue in a Cluster	Minimum R-squared for a Variable	Maximum 1-R**2 Ratio for a Variable	②
1	3.3297	0.4757	0.4757	1.5025	0.0223		
2	4.5637	0.6520	0.5676	1.1582	0.0300	0.9754	
3	5.6558	0.8080	0.6444	0.7112	0.6444	0.4050	

输出结果说明如下：

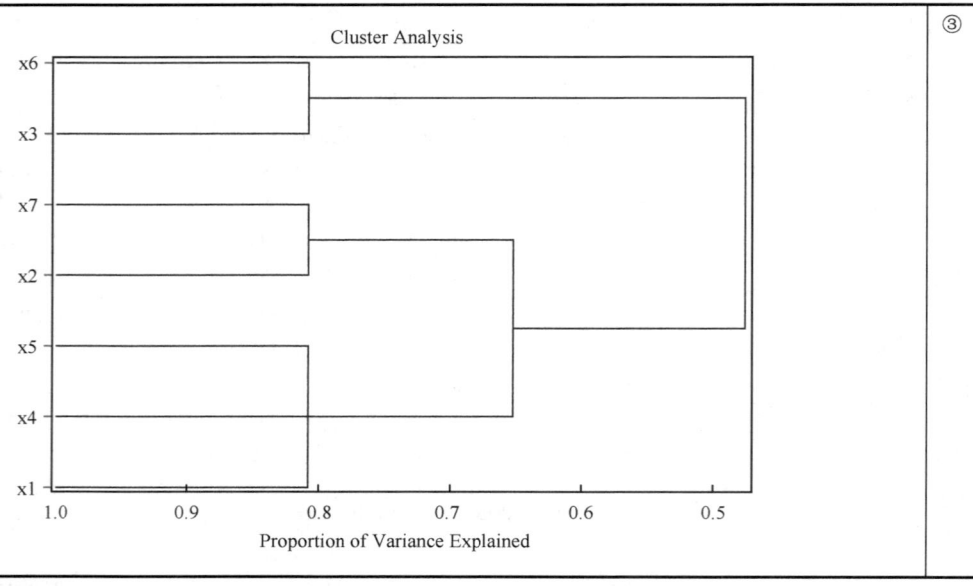

① 聚类汇总表：给出 7 个指标由聚为一类到聚为三类的过程。结果显示，当 7 个指标聚为一类时，7 个指标变量总体变异的 47.57% 可被类所解释。一般地，当我们用 SAS 程序进行聚类分析，指标变量的总体变异被类所解释的比例大于 75% 时，停止聚类。此例中，聚为两类时，指标的总体变异被类所解释的比例为 65.20%，低于 75%，因此继续进行聚类。最终，SAS 程序在聚为三类时，停止了继续聚类，此时，7 个指标变量总体变异被类所解释的比例为 80.80%。

② 聚类分析总表：列出了分为一类、二类、三类的统计量。包括：由聚类解释的总偏差（Total Variation Explained by Clusters）、由聚类解释的偏差的比例（Proportion of Variation Explained by Clusters）、由聚类解释的最小比例（Minimum Proportion Explained by a Cluster）、聚类中的最大第二特征值（Maximum Second Eigenvalue in a Cluster）、变量的最小 R^2（Minimum R-squared for a Variable）以及变量的最大 $1-R^2$ 比（Minimum R-squared for a Variable）。

③ 聚类树状图：横轴为已解释方差的比例，纵轴为指标变量名。最终的聚类结果为：第一类：x_3（5 岁以下儿童发育迟缓患病率），x_6（结核病发病率）；第二类：x_2（5 岁以下儿童超重患病率），x_7（5 岁以下儿童乙型肝炎表面抗原患病率）；第三类：x_1（1 岁儿童白喉-破伤风-百日咳免疫接种率），x_4（5 岁以下儿童死亡率），x_5（新生儿死亡率）。

2.4 其他常用选项的说明

PROC VARCLUS 过程步除 DATA 选项外，常用的选项还包括：

其他常用选项	说明
maxeigen=	规定每一聚类中第二特征值所允许的最大值，默认值为 1
maxc=	指定所需的最大类数，默认值为变量数
outset=	创建输出数据集以包含均值、标准差、相关性、聚类评分系数和聚类结构在内的统计数据
outtree=	创建一个输出数据集，以包含有关树结构的信息

第三节　主成分分析

主成分分析（principal component analysis，PCA）也称为主分量分析，于 1901 年由卡尔·皮尔逊（Karl Pearson）提出，但当时只进行了非随机变量的讨论，1933 年由霍特林（Hotelling）作了进一步的发展，将此方法推广到随机变量中。其基本思想是在尽可能保留样本中反映数据变异特征的方差的前提下，从多个有一定相关关系的变量中提炼出较少的综合指标以综合反映某现象，这些综合指标是原始指标的线性组合，它既保留了原始指标的主要信息，又互不相关。

1.1 研究实例

例 15-5　某疾病预防控制中心学校卫生科测得 80 名大学生的身高、体重、右眼裸视力、左眼裸视力。基于身高、体重计算了身体质量指数（body mass index，BMI），数据见表15-5，请基于这5项指标对大学生的健康状况进行综合评价。

表15-5　80名大学生健康状况指标

编号	身高（cm） x_1	体重（kg） x_2	BMI（kg/m²） x_3	右眼裸视力 x_4	左眼裸视力 x_5
1	173.5	71.5	23.8	4.0	4.0
2	164.0	49.2	18.3	4.0	4.0
⋮	⋮	⋮	⋮	⋮	⋮
80	173.0	59.1	19.7	4.0	4.0

5项指标中的身高、体重、BMI之间具有较强的相关性，左眼裸视力与右眼裸视力也有较强的相关性，所得的统计数据反映的信息在一定程度上有重叠。如果直接纳入分析有可能因为共线性的问题而导致模型无法得出正确结论，主成分分析可以以较少的几个独立指标综合反映大学生的健康状况。

1.2　SAS主要程序及说明

程序	说明
data ch15_5; input x1-x5 ; cards; 173.5　71.5　23.8　4.0　4.0 164.0　49.2　18.3　4.0　4.0 165.0　50.3　18.5　4.0　4.0 176.5　58.0　18.6　4.0　4.0 157.5　47.3　19.1　4.8　4.7 … 173.0　59.1　19.7　4.0　4.0 ; proc princomp; run;	建立数据集ch15_5 input语句录入数据x1- x5 调用过程步 proc princomp

1.3　主要分析结果与解释

			Simple Statistics			①
	x1	x2	x3	x4	x5	
Mean	162.5850	58.6350	22.2113	4.3325	4.3238	
StD	5.9950	10.3168	3.9573	0.3871	0.3875	
			Correlation Matrix			②
	x1	x2	x3	x4	x5	
x1	1.0000	0.2071	−0.2121	−0.2363	−0.2290	
x2	0.2071	1.0000	0.9104	−0.0220	−0.0026	
x3	−0.2121	0.9104	1.0000	0.0666	0.0825	
x4	−0.2363	−0.0220	0.0666	1.0000	0.9602	
x5	−0.2290	−0.0026	0.0825	0.9602	1.0000	
		Eigenvalues of the Correlation Matrix				③
	Eigenvalue	Difference		Proportion	Cumulative	
1	2.0966	0.2051		0.4193	0.4193	
2	1.8915	0.9207		0.3783	0.7976	
3	0.9708	0.9312		0.1942	0.9918	
4	0.0396	0.0381		0.0079	0.9997	
5	0.0015			0.0003	1.0000	

Eigenvectors						④
	Prin1	Prin2	Prin3	Prin4	Prin5	
x1	−0.2937	0.1121	0.9051	0.0067	0.2863	
x2	0.1592	0.6955	0.1797	0.0042	−0.6773	
x3	0.2757	0.6499	−0.2055	0.0092	0.6777	
x4	0.6361	−0.2082	0.2269	0.7075	0.0002	
x5	0.6386	−0.1949	0.2342	−0.7066	0.0077	

⑤ Scree Plot 和 Variance Explained 图

factor loading matrix						⑥
	Prin1	Prin2	Prin3	Prin4	Prin5	
x1	−0.4250	0.1540	0.8920	0.0010	0.0110	
x2	0.2300	0.9560	0.1770	0.0010	−0.0270	
x3	0.3990	0.8940	−0.2020	0.0020	0.0270	
x4	0.9210	−0.2860	0.2240	0.1410	0.0000	
x5	0.9250	−0.2680	0.2310	−0.1410	0.0000	

输出结果说明如下。

①简单统计量表：Mean、StD 分别为变量的均数和标准差。

②输出相关矩阵：两两变量交叉位置的数值即变量间的相关系数，其中对角线元素为 5 个变量的相关系数。

③输出特征根：基于相关矩阵计算得到的各主成分的特征根，即各主成分的方差，5 个主成分的特征根的和为 5 个变量经标准化变换后的方差和，即为 5，表中 Eigenvalue 即特征根、Difference 即差分（该主成分的特征根与下一主成分特征根的差值），Proportion 为主成分的贡献率（该主成分的特征根与所有主成分所有特征根和的商），Cumulative 为累积贡献率。选择主成分的个数应基于该表的特征根和累积贡献率，如果特征值小于 1，则说明该主成分的解释力度还不如直接引入一个原始变量的平均解释力度大。因此，一般应选择特征根大于 1 的主成分，累积贡献率一般以 85% 为阈值，故取前三个主成分为宜。

④输出特征向量：可由该表的数据写出每个主成分关于原始变量的线性组合，前三个主成分分别为：

$$Z_1 = -0.2937x_1 + 0.1592x_2 + 0.2757x_3 + 0.6361x_4 + 0.6386x_5$$

$$Z_2 = 0.1121x_1 + 0.6955x_2 + 0.6499x_3 - 0.2082x_4 - 0.1949x_5$$

$$Z_3 = 0.9051x_1 + 0.1797x_2 - 0.2055x_3 + 0.2269x_4 + 0.2342x_5$$

⑤陡坡图（碎石图）和方差图：陡坡图的纵坐标即特征根，横轴即各主成分；方差图的纵轴为主成分的贡献率，横轴为各主成分，实线为各主成分的贡献率，虚线为方差的累积贡献率。前面的陡坡对应较大的特征根，作用明显；后面的平台对应较小的特征根，作用较弱。

⑥因子载荷矩阵，即各主成分与各原始指标之间的关系，用于解释主成分与原始指标之间联系的密切程度和作用的方向。该表格的数据需要基于公式 $q_{ij} = \sqrt{\lambda_i} a_{ij}$ 计算，公式中的 q_{ij} 为因子载荷，λ_i 为第 i 主成分的特征根，a_{ij} 为第 i 个变量与第 j 主成分的特征向量。由该表得出第一主成分与 x_4、x_5 关系密切，主要反映学生的视力水平，第二主成分与 x_2、x_3 关系密切，主要反映体重和肥胖相关健康问题，第三主成分与 x_1 关系密切。

1.4 其他常用选项的说明

1.4.1 原始数据基于协方差阵进行主成分分析

对于上述数据库，我们可以也可以基于协方差阵进行计算。其过程步如下：

程序	说明
`proc princomp cov;` `run;`	调用过程步 proc princomp cov

上述程序运行结果如下：

	x1	x2	x3	x4	x5	①
Mean	162.5850	58.6350	22.2113	4.3325	4.3238	
StD	5.9950	10.3168	3.9573	0.3871	0.3875	

Covariance Matrix						②
	x1	x2	x3	x4	x5	
x1	35.9400	12.8086	−5.0330	−0.5482	−0.5320	
x2	12.8086	106.4355	37.1671	−0.0877	−0.0102	
x3	−5.0330	37.1671	15.6600	0.1020	0.1266	
x4	−0.5482	−0.0877	0.1020	0.1498	0.1440	
x5	−0.5320	−0.0102	0.1266	0.1440	0.1502	

Eigenvalues of the Covariance Matrix				③
	Eigenvalue	Difference	Proportion	Cumulative
1	120.9862	83.9650	0.7641	0.7641
2	37.0212	36.7418	0.2338	0.9979
3	0.2794	0.2367	0.0018	0.9997
4	0.0427	0.0367	0.0003	1
5	0.0059		0	1

Eigenvectors						④
	Prin1	Prin2	Prin3	Prin4	Prin5	
x1	0.1220	0.9602	−0.0020	0.251055	0.0025	
x2	0.9378	−0.0290	0.0311	−0.3446	−0.0041	
x3	0.3251	−0.2768	−0.0862	0.9001	0.0095	
x4	−0.0010	−0.0150	0.7032	0.0705	−0.7074	
x5	−0.0003	−0.0149	0.7051	0.0556	0.7068	

⑤

[Scree Plot 和 Variance Explained 图]

输出结果说明如下。

①简单统计量表：Mean、StD 分别为变量的均数和标准差，同基于相关矩阵的计算结果。

②协方差矩阵：变量 x_1，…，x_5 两两变量交叉位置的数值即变量间的协方差，其中对角线元素为变量 x_1，…，x_5 的方差，这 5 个变量的方差和即总方差为 158.3355。

③协方差矩阵特征根：基于协方差矩阵计算得到的各主成分的特征根，即各主成分的方差，5 个主成分的特征根的和即为 5 个变量的方差和为 158.3355，表中的指标结构同基于相关矩阵，Eigenvalue 即特征根、Difference 即差分、Proportion 为主成分的贡献率、Cumulative 为累积贡献率。由该表可以得出第一主成分的特征根为 120.9862，第二主成分的特征根为 37.0212，前两个主成分的累积贡献率为 99.79%，故取前两个主成分即可。

④特征向量：可由该表的数据写出每个主成分关于原始变量的线性组合，前两个主成分分别为：
$$Z_1 = 0.1220(x_1 - \bar{x}_1) + 0.9378(x_2 - \bar{x}_2) + 0.3251(x_3 - \bar{x}_3) - 0.0010(x_4 - \bar{x}_4) - 0.0003(x_5 - \bar{x}_5)$$
$$Z_2 = 0.9602(x_1 - \bar{x}_1) - 0.0290(x_2 - \bar{x}_2) - 0.2768(x_3 - \bar{x}_3) - 0.0150(x_4 - \bar{x}_4) - 0.0149(x_5 - \bar{x}_5)$$

由第二主成分可以看出变量 x_1 在该成分的系数最大，其他系数均较小，其原因是该变量为身高，数量级较大，平均值为 162.5850cm，其他指标尤其是裸视力数量级较小，因此，为了消除这样的影响，通常需要将数据进行标准化，再基于协方差阵进行主成分分析，或者直接采用相关矩阵分析。可以证明将数据标准化后基于协方差阵进行的主成分分析与基于相关矩阵执行主成分分析结果一致。

⑤陡坡图（碎石图）和方差图：从这两个图也可以看出从第三主成分到第五主成分方差贡献非常小，即选取前两个主成分即可。

1.4.2 对于矩阵数据进行主成分分析

对于给定的协方差矩阵和相关矩阵，采用 SAS 软件同样可以计算特征值和特征向量。现以协方差矩阵为例，其过程步如下：

程序	说明

``proc iml;
A={
35.9400253 12.8086329 -5.0329937 -0.5482405 -0.5320443,
12.8086329 106.4354684 37.1670696 -0.0877342 -0.0102089,
-5.0329937 37.1670696 15.6599984 0.1020348 0.1265649,
-0.5482405 -0.0877342 0.1020348 0.1498165 0.1440285,
-0.5320443 -0.0102089 0.1265649 0.1440285 0.1501883
};
call eigen (eigenvalues,eigenvectors,A);
print A eigenvalues eigenvectors;
quit;```
	调用过程步 proc iml
	A 为例 15-5 数据计算得到的协方差矩阵（例 15-5 程序运行结果中只列出了保留四位小数的结果）

上述程序运行结果如下：

A					eigenvalues	
35.9400	12.8086	−5.0330	−0.5482	−0.5320	120.9862	①
12.8086	106.4355	37.1671	−0.0877	−0.0102	37.0212	
−5.0330	37.1671	15.6600	0.1020	0.1266	0.2794	
−0.5482	−0.0877	0.1020	0.1498	0.1440	0.0427	
−0.5320	−0.0102	0.1266	0.1440	0.1502	0.0059	
		eigenvectors				
0.1220	0.9602	−0.0020	0.2511	0.0025		
0.9378	−0.0290	0.0311	−0.3446	−0.0041		
0.3251	−0.2768	−0.0862	0.9001	0.0095		
−0.0010	−0.0150	0.7032	0.0705	−0.7074		
−0.0003	−0.0149	0.7051	0.0556	0.7068		

输出结果说明如下。

①A 为协方差矩阵、eigenvalues 为特征根、eigenvectors 为特征向量，结果同基于 princomp cov 过程步运行结果。

第四节 因子分析

因子分析（factor analysis）由查尔斯·斯皮尔曼（Charles Spearman）于 1904 年首次提出。该方法是从多个原始变量中提炼出几个潜在变量的方法，常用于量表的研发。如：欲评价一个人的智商，就需要设计一些反映智商的问题，这些问题可综合为一些维度，如认知能力、思维能力、语言能力、观察能力、计算能力、律动能力等，而这些能力是无法看到的，故称为潜在变量，也叫公因子。因子分析与主成分分析之间既有联系也有区别，主要区别在于主成分的数学模型为：主成分为原始变量的线性组合；而因子分析的数学模型为：原始变量为公因子与特殊因子的线性组合，但是因子分析在某种程度上也可被看作主成分分析的推广和扩展。

1.1 研究实例

例 15-6 为了解临床医生的职业紧张状况，需采用量表进行度量，现设计了一些问题，这些问题主要体现在以下几个方面，包括：任务不适、任务模糊、心理紧张、躯体紧张、娱乐休闲、自我保健等，如表 15-6，请采用因子分析方法探讨其综合评价指标体系。

表 15-6 临床医生职业紧张度量维度得分   单位：分

任务不适 x_1	任务模糊 x_2	心理紧张 x_3	躯体紧张 x_4	娱乐休闲 x_5	自我保健 x_6
34	38	17	23	22	26
36	44	26	24	28	31
⋮	⋮	⋮	⋮	⋮	⋮
34	35	30	32	30	33

该资料为量表的 6 个维度，这些维度从不同角度反映了职业紧张，为了找到其隐藏的公因子，可考虑采用因子分析的方法。

1.2 SAS 主要程序的说明

程序	说明
`data ch15_6;`	建立数据集 ch15_6
`input x1-x6;`	input 语句录入数据 x1-x6
`cards;`	
`34 38 17 23 22 26`	
`36 44 26 24 28 31`	
`31 32 30 29 30 25`	
`40 44 22 18 37 35`	
`39 43 30 25 23 19`	
`…`	
`34 35 30 32 30 33`	
`;`	
`proc factor;`	调用过程步 proc factor
`run;`	

1.3 主要分析结果与解释

	Eigenvalues of the Correlation Matrix：Total= 6 Average = 1				①
	Eigenvalue	Difference	Proportion	Cumulative	
1	1.9767	0.3992	0.3294	0.3294	
2	1.5774	0.3851	0.2629	0.5923	
3	1.1923	0.6026	0.1987	0.7911	
4	0.5896	0.2326	0.0983	0.8893	
5	0.3570	0.0500	0.0595	0.9488	
6	0.3070		0.0512	1.0000	

Factor Pattern				
	Factor1	Factor2	Factor3	②
x1	0.6624	0.2958	0.5349	
x2	0.7469	0.0769	0.4973	
x3	−0.5163	0.6537	0.2954	
x4	−0.4513	0.7792	0.0816	
x5	0.4506	0.6006	−0.4590	
x6	0.5538	0.2981	−0.5952	

Variance Explained by Each Factor			
Factor1	Factor2	Factor3	③
1.9767	1.5774	1.1923	

Final Communality Estimates: Total = 4.746361						
x1	x2	x3	x4	x5	x6	④
0.8124	0.8112	0.7811	0.8174	0.7745	0.7498	

输出结果说明如下。

①因子载荷阵的求解：方法为主成分分析法，相关矩阵的特征值的和为 6，平均值为 1。表中的指标 Eigenvalue、Difference、Proportion、Cumulative 为各公因子的特征根、差分、贡献率、累积贡献率，因为没有定义保留因子数的最小特征值的界值，也没有规定公因子个数，系统按照默认保留特征值大于 1 的公因子，即前三个公因子，此时三个公因子的累积贡献率为 79.11%。

②因子载荷阵或因子模式矩阵：给出每个公因子与每个原始变量的相关程度。从这些数据可以看出：因子 1 在 x_1（任务不适）、x_2（任务模糊）上载荷较大，因子 1 反映的是职业任务；因子 2 在 x_3（心理紧张）、x_4（躯体紧张）上载荷较大，因子 2 反映的是个体紧张反应；因子 3 在 x_1（任务不适）、x_6（自我保健）上载荷较大，因子 3 的意义尚不明确，为了更好地解释，应进行因子旋转。

③每个因子能解释的方差：因子 1 能解释的方差为 1.9767，因子 2 能解释的方差为 1.5774，因子 3 能解释的方差为 1.1923。

④各变量的共性方差：各共性方差均大于 70%，说明这三个公因子能够较好地反映各指标包含的大部分信息。

公因子 3 的意义尚不明确，因此，应进行因子旋转。对于上述数据库，现以最大方差正交旋转为例，其过程步如下：

程序	说明

``proc factor
rotate=varimax;
run;```
	调用过程步 proc factor，加了 rotate=varimax 选项进行因子旋转，其旋转方法为最大方差正交旋转 varimax

相较初始因子模式，旋转因子模式计算的不同结果如下：

Rotated Factor Pattern				
	Factor1	Factor2	Factor3	①
x1	0.0526	0.8922	0.1162	
x2	−0.1806	0.8793	0.0730	
x3	0.8737	−0.0239	−0.1315	
x4	0.8918	−0.0953	0.1139	
x5	0.1603	0.1377	0.8543	
x6	−0.1766	0.0534	0.8460	

Variance Explained by Each Factor			
Factor1	Factor2	Factor3	②
1.6509	1.6008	1.4947	

输出结果说明如下。

①旋转的模式矩阵即因子载荷阵。因子旋转的目的就是保证每个变量只在一个因子上有较大的负荷，而在其余因子上的负荷较少或者中等。因子旋转包括两大类，即正交旋转、斜交旋转，正交旋转的方法包括最大方差正交旋转（varimax）、四次方最大旋转（quartimax）、均方最大旋转（equamax），斜交旋转包括直接斜交法和最优斜交法。本例采用其中的最大方差正交旋转法。从这些经正交旋转的结果可以看出：因子 1 在 x_3（心理紧张）、x_4（躯体紧张）上载荷较大，因子 1 反映的是个体紧张反应；因子 2 在 x_1（任务不适）、x_2（任务模糊）上载荷较大，因子 2 反映的是职业任务；因子 3 在 x_5（娱乐休闲）、x_6（自我保健）上载荷较大，因子 3 反映的是个体应变能力，每一个因子都有明确的含义。

②每个因子所能解释的方差。旋转后各因子所能解释的方差发生了变化，但是这三部分的加和保持不变。

1.4 其他选项说明

PROC FACTOR 过程步常用的选项还包括：

其他常用选项	说明
method（m）	指定提取公因子的方法。常用的方法有以下几种
	principal（prin 或 p）：主成分法，即系统默认的方法，当该选项不与"priors="并用，或与"priors=one"并用时，因子提取方法为主成分法，否则，用主因子法
	prinit：迭代主因子法
	ml（m）：极大似然法
ratate（r）=	因子旋转法：指定因子旋转的方法，默认值为none。常用的选项有以下几种
	varimax（v）：正交方差最大旋转
	procrustes：斜交旋转
	promax：斜交的 promax 旋转
nfactors（nfact、n）=	规定公因子个数的上限
proportion（percent、p）=	指定公因子最少能解释的变量变异数的百分比，如果指定的数值大于1，则程序认为是百分数，因而用100去除，proportion=0.75 和 percent=75 是等价的

第五节 典型相关分析

典型相关分析（canonical correlation analysis，CCA）由 Hotelling 于 1936 年最早提出，又称为典则相关分析、典范相关分析，是一种用于研究两组变量之间相关关系的统计方法。基本思想是：将两组变量分别当成一个整体，研究两组变量整体之间的相关关系。具体来说，分别在两组变量中提取两个典型线性组合，定义为综合变量 W1 和 V1。通过两个综合变量之间的相关关系，进而反映两组变量之间的相关性。典型相关分析的应用条件：两组变量都是连续变量，需服从多元正态分布；样本量一般为变量个数的 10~20 倍；每组原始变量组内要具有一定的相关性。

1.1 研究实例

例 15-7 为了解正常成年人的身体机能状况与生活运动状况之间的相关性。测量了 71 名成年人的身体机能状况指标，包括身体质量指数（BMI，kg/m^2）、收缩压（mmHg）、脉搏（次/分）等 3 项，与生活运动状况指标包括每日睡眠时长（小时）、每日户外活动时长（小时）等 2 项，数据见表 15-7。

表 15-7 成年人身体机能状况与生活运动情况

编号	身体机能状况指标			生活运动状况指标	
	身体质量指数 x_1	收缩压 x_2	脉搏 x_3	每日睡眠时长 y_1	每日户外活动时长 y_2
1	22.4	104	75	5	1.2
2	19.8	101	68	5.2	0.9
3	21.2	102	77	5.6	1.1
⋮	⋮	⋮	⋮	⋮	⋮
70	23.9	115	86	7.2	1.9
71	24.0	116	87	7.2	2.0

反映身体机能状况的 3 个指标和生活运动状况的 2 个指标均为计量资料，本例欲研究两组变量整体之间的相关性，可采用典型相关分析。

1.2 SAS 主要程序的说明

程序	说明
| ```
data ch15_7;
 input x1-x3 y1 y2@@;
 label x1="BMI" x2="收缩压" x3="脉搏" y1="每日睡眠时长
 " y2="每日户外活动时长";
 datalines;
22.4 104 75 5.0 1.2
19.8 101 68 5.2 0.9
21.2 102 77 5.6 1.1
...
23.9 115 86 7.2 1.9
24.0 116 87 7.2 2.0
;
run;
proc cancorr data=ch15_7;
 var x1-x3;
 with x1 x2;
 run;
``` | data ch15_7 建立数据集<br>input 录入数据；x1-x3 为第一组变量：x1 为身体质量指数，x2 为收缩压、x3 为脉搏；y1、y2 为第二组变量：y1 为每日睡眠时长、y2 为每日户外活动时长<br><br><br><br><br><br><br><br><br><br><br>调用过程步 proc cancorr<br>调用 var 语句指定第一组变量<br>调用 with 语句指定第二组变量 |

1.3 主要分析结果与解释

The CANCORR Procedure
Canonical Correlation Analysis ①

	Canonical Correlation	Adjusted Canonical Correlation	Approximate Standard Error	Squared Canonical Correlation
1	0.6031	0.5719	0.0761	0.3637
2	0.4436	.	0.0960	0.1967

Eigenvalues of Inv（E）*H=CanRsq/（1-CanRsq） ②

	Eigenvalue	Difference	Proportion	Cumulative
1	0.5715	0.3266	0.7000	0.7000
2	0.2449		0.3000	1.0000

Test of H0: The canonical correlations in the current row and all that follow are zero

	Likelihood Ratio	Approximate F Value	Num DF	Den DF	Pr > F
1	0.5111	8.77	6	132	<.0001
2	0.8033	8.21	2	67	0.0006

Multivariate Statistics and F Approximations ③
S=2 M=0 N=32

Statistic	Value	F Value	Num DF	Den DF	Pr > F
Wilks' Lambda	0.5111	8.77	6	132	<.0001
Pillai's Trace	0.5604	8.69	6	134	<.0001
Hotelling-Lawley Trace	0.8164	8.92	6	86.245	<.0001
Roy's Greatest Root	0.5715	12.76	3	67	<.0001

NOTE: F Statistic for Roy's Greatest Root is an upper bound.
NOTE: F Statistic for Wilks' Lambda is exact.
```

	Raw Canonical Coefficients for the VAR Variables			④
		V1	V2	
x1	BMI	0.3293	0.0822	
x2	收缩压	0.0955	−0.0751	
x3	脉搏	0.0087	0.1168	
	Raw Canonical Coefficients for the WITH Variables			⑤
		W1	W2	
y1	每日睡眠时长	0.7294	1.0620	
y2	每日户外活动时长	1.8756	−1.9336	
	Standardized Canonical Coefficients for the VAR Variables			⑥
		V1	V2	
x1	BMI	0.4081	0.1019	
x2	收缩压	0.7445	−0.5859	
x3	脉搏	0.0712	0.9508	
	Standardized Canonical Coefficients for the WITH Variables			⑦
		W1	W2	
y1	每日睡眠时长	0.5775	0.8409	
y2	每日户外活动时长	0.7103	−0.7322	
	Correlations Between the VAR Variables and Their Canonical Variables			⑧
		V1	V2	
x1	BMI	0.7074	0.3706	
x2	收缩压	0.9090	−0.2833	
x3	脉搏	0.4844	0.8375	
	Correlations Between the WITH Variables and Their Canonical Variables			⑨
		W1	W2	
y1	每日睡眠时长	0.7178	0.6963	
y2	每日户外活动时长	0.8243	−0.5662	
	Correlations Between the VAR Variables and the Canonical Variables of the WITH Variables			⑩
		W1	W2	
x1	BMI	0.4266	0.1644	
x2	收缩压	0.5482	−0.1256	
x3	脉搏	0.2921	0.3715	
	Correlations Between the WITH Variables and the Canonical Variables of the VAR Variables			⑪
		V1	V2	
y1	每日睡眠时长	0.4329	0.3088	
y2	每日户外活动时长	0.4971	−0.2511	

输出结果说明如下：

①典型变量对数：表中分别列出了它们的典型相关系数（Canonical Correlation）、校正典型相关系数（Adjusted Canonical Correlation）、近似标准误（Approximate Standard Error）和典型相关系数的平方（Squared Canonical Correlation）。本例，第一典型相关系数为 0.6031，第二典型相关系数为 0.4436。

②典型变量的统计量和典型相关系数的假设检验：统计量有特征值（Eigenvalue）、相邻的两个特征值的差值（Difference）、贡献率（Proportion）和累积贡献率（Cumulative）。其中，第一对典型变量的特征值为 0.5715，贡献率为 0.7000，说明第一对典型变量提供了 70%的相关信息。第二对典型变量提供了 30%的信息。典型相关系数的假设检验中，仅从 P 值可以看出第一典型相关系数检验结果为 $F = 8.77$，$P < 0.0001$，说明该典型相关系数有统计学意义；第二个典型相关系数 $F = 8.21$，$P = 0.0006$，说明该典型相关系数也有统计学意义。

③多组典型相关系数多元方差分析的结果：从四个不同的统计量所对应的 P 值可以看出，所有 P 值均 < 0.0001，说明多元方差

分析模型有统计学意义。

④第一组中典型变量的线性组合，即 VAR 语句对应的典型变量的线性组合，同一列的数值为每个典型变量的线性组合中原始变量的系数。本例，第一典型变量的线性组合为 $V_1=0.3293x_1+0.0955x_2+0.0087x_3$。

⑤第二组中两对典型变量的线性组合，即 WITH 语句对应的典型变量的线性组合。本例，第一典型变量的线性组合为 $W_1=0.7294y_1+1.8756y_2$。

⑥标准化后第一组典型变量的线性组合：各个指标对典型变量的贡献可以用标准化的典型系数表示。本例，第一典型变量的标准化线性组合为 $V_1=0.4081x_1+0.7445x_2+0.0712x_3$。

根据标准化典型系数的绝对值，可以看出 X_2 的标准化典型系数大于 x_1、x_3，说明第一典型变量中收缩压的作用较大。同理可得，第二典型变量中脉搏（x_3）作用较大。

⑦标准化后第二组典型变量的线性组合：第一典型变量的标准化线性组合为 $W_1=0.5775y_1+0.7103y_2$，说明 y_2 对该典型变量的贡献要比 y_1 大，即每日户外活动时长的作用较大。同理可得，第二典型变量中每日睡眠时长（y_1）的作用较大。

⑧第一组原始变量及其典型变量之间的相关系数：绝对值越大表明原始变量与典型变量之间的关系越密切。本例，结论同结果⑥。

⑨第二组原始变量及其典型变量之间的相关系数：结论同结果⑦。

⑩第一组原始变量和第二组典型变量的相关系数：绝对值越大表明原始变量与典型变量之间的关系越密切。

⑪第二组原始变量和第一组典型变量的相关系数：与结果⑩相结合，可对两组变量中原始变量之间的相关性进行综合分析。本例，第一组的收缩压与第二组的每日户外活动时长关系比较密切，呈正相关关系；第一组的脉搏与第二组的每日睡眠时长关系比较密切，也呈正相关关系。可见，正常成年人的身体机能指标与其生活运动状况密切相关。

1.4 其他常用语句和选项的说明

PROC CANCORR 过程步中除了 var 和 with 语句外，常用的还有 BY 语句。通过 BY 语句可以定义分组因素，在每个组中分别进行典型相关分析。

PROC CANCORR 过程除 DATA 选项外，常用的选项还包括：

部分常用选项	说明
out=	将典型变量输出到定义的数据集中，同时含原始变量测量值
all	输出数据集基本信息（包括变量数、观测数）；所有变量的均数、标准差和标签；var 变量间、with 变量间，以及两组变量之间的相关系数；典型冗余分析的结果
corr	输出 var 变量间、with 变量间，以及两组变量之间的相关系数
redundancy	输出典型冗余分析结果
simple	输出数据集基本信息（包括变量数、观测数），以及所有变量的均数、标准差和标签
vname	为 var 语句定义的变量指定名称
vprefix	为 var 语句的典型变量名称定义前缀
wname	为 with 语句定义的变量指定名称
wprefix	为 with 语句的典型变量名称定义前缀

第六节　中　介　分　析

在研究自变量和因变量之间的因果关系时，除了探讨二者直接因果关系，统计学中介模型试图通过引入第三个假设变量，即中介变量，来识别和解释观察到的自变量与因变量之间关系的内部机制或原理。当探讨自变量 X 对因变量 Y 的影响时，如果 X 通过影响变量 M 来影响 Y，则定义 M 为中介变量。中介模型所描绘的内部关系是自变量通过影响中介变量进而影响因变量，即 $X{\rightarrow}M{\rightarrow}Y$。例如，"父亲的社会经济地位"影响"儿子的教育程度"，进而影响"儿子的经济地位"，其中"儿子的教育程度"是中介变量，其发挥的作用就称为中介效应。中介研究的意义在于帮助我们解释自变量和因变量关系的作用机制。在流行病学研究中，中介分析的重要性在于探索不同的通路，以解释暴露对结局的影响；即暴露对结局的影响多大程度上可以被一组假设的中介变量所解释。

传统中介分析依赖于路径分析（path analysis）方法，这是一种只包含测量项的特殊结构方程模型（structural equation model，SEM）。SEM 需要我们首先提出自变量和因变量以及中介变量等多个变量之间的因果关系假设，建立变量关系的模型。然后从观测值中得到各变量间的相关矩阵，根据这个矩阵来对模型进行比较和评估,如果变量间关系与模型中得到的关系一致,即模型被验证为正确。当 $X \to M$ 的路径系数显著时,我们认为 M 介导了 $X \to Y$ 的关联,其效应大小被定义为通径系数的乘积。传统中介分析的优点在于模型会展示不同路径系数的大小,便于理解且可解释性强。在 SAS 软件中,可以通过 CALIS 过程步实现传统的中介分析。

基于结构方程模型的中介分析是在线性回归的范畴内进行的,并通过系数乘积的方法定义中介效应。在暴露、中介与结局变量均为连续变量时,使用 SEM 与因果中介的效应估计是相似的。但若将其扩展到其他一般情形,SEM 具有局限性,包括:①缺少因果中介效应的明确定义;②无法有效处理暴露-中介交互;③无法以同等方式处理二分类中介与二分类结局。反事实框架为此提供了解决方法,在这个框架下,直接效应与间接效应被定义为反事实结果,并适用于各种类型的暴露与结果变量。假如存在暴露-中介交互效应,可以通过四部分解的方法将总效应拆分为各种反事实结果的差值,对中介/交互作用进行区分并比较其相对大小。在 SAS 软件中,可以通过 CAUSALMED 过程步实现因果中介分析。

本节将结合中国健康与营养调查(China Health and Nutrition Survey,CHNS)项目的实际数据,介绍与 SAS 软件的中介分析模型相关的 CALIS 和 CAUSALMED 两个过程步的程序实现及结果解释。

(一)传统中介模型

1.1 研究实例

例 15-8 中国健康与营养健康调查的 2009 年随访数据中包含 6000 个中青年参与者,记录了其是否吸烟(0 为否,1 为是),并测量了其体重指数(BMI)、甘油三酯(TG)与一系列协变量(年龄、性别、教育水平、地区和饮酒),见表 15-8。试检验 BMI 是否介导了吸烟与甘油三酯(TG)间的关联。

表 15-8 CHNS 数据的 BMI 和 TG 调查结果

ID	TG(mmol/L)	BMI(kg/m^2)	smoke	…
211101003002	3.13	25.299	0	…
211101010001	1.24	29.418	1	…
211101012001	0.94	25.405	1	…
211101012002	3.16	23.023	0	…
211101013002	1.26	22.791	0	…
211101015002	1.26	20.098	0	…
211101017002	0.97	23.966	0	…
211101017004	0.45	20.752	0	…
211101062001	4.92	29.192	1	…
⋮	⋮	⋮	⋮	

首先介绍方法的基本原理,如图 15-1 所示,其中系数 c 为自变量 X 对反应变量 Y 的总效应,系数 a 为自变量 X 对中介变量 M 的效应;系数 b 是在控制了自变量 X 的影响后,中介变量 M 对因变量 Y 的效应;系数 c' 是在控制了中介变量 M 的影响后,自变量 X 对因变量 Y 的直接效应。对于这样的简单中介模型,中介效应等于间接效应,即等于系数乘积 ab,它与总效应和直接效应有这样关系:$c=c'+ab$。当直接效应和间接效应方向相反时,称中介效应为遮掩效应。

中介效应的传统做法是依次检验回归系数。如果下面两个

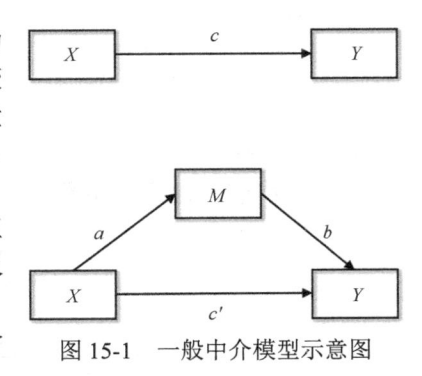

图 15-1 一般中介模型示意图

条件成立，则中介效应显著：①自变量显著影响因变量；②在因果链中任一个变量，当控制了它前面的变量（包括自变量）后，显著影响它的子变量。还有一种做法是检验经过中介变量的路径上的回归系数的乘积 ab 是否显著，即检验 H_0：$ab=0$，如果拒绝原假设，中介效应显著。第三种做法是检验 c' 与 c 的差是否显著，即检验 H_0：$c–c'=0$，如果拒绝原假设，中介效应显著。

  本例中，由于 CALIS 要求内生变量服从正态分布，应先检查数据分布，BMI 近似正态，但 TG 呈现略微偏态，因此对 TG 进行对数转换。为避免结构方程中烦琐的协变量校正，对 BMI 与 TG 进行 Z 转换（Z-transformation）处理。在线性方程中分别以 BMI 和 TG 作为因变量，拟合对协变量（年龄、性别、教育水平、地区和饮酒）的线性方程，取标准化后的残差替代原始 BMI 与 TG 变量。这种方法减少了结构方程模型中复杂的拟合计算，并排除了协变量的影响。

  考虑吸烟对 TG 的影响，如果吸烟通过影响 BMI 而对 TG 产生影响，则称 BMI 为中介变量。使用 X 表示吸烟，M 表示 BMI，Y 表示 TG。简化截距，用下列回归方程来描述变量之间的关系：

$$Y = cX + e_1 \tag{15-2}$$

$$M = aX + e_2 \tag{15-3}$$

$$Y = c'X + bM + e_3 \tag{15-4}$$

其中公式（15-2）的系数 c 为吸烟暴露对 TG 结局的总效应；公式（15-3）的系数 a 为吸烟暴露对中介变量 BMI 的效应；公式（15-4）的系数 b 是在控制了吸烟暴露的影响之后，BMI 对 TG 的效应。系数 c' 是在控制了 BMI 的影响之后，吸烟对 TG 的直接效应；e 是回归残差。对于简化的中介模型，中介效应即为间接效应，等于系数乘积，它与总效应与直接效应的关系如下：

$$c = c' + a$$

系数乘积的检验（即检验 H_0：$ab=0$）是中介效应检验的核心，常用方法为 Sobel 检验和 Bootstrap 检验。Sobel 检验的检验统计量为 $z = \dfrac{\hat{a}\hat{b}}{s_{ab}}$，其标准误为 $s_{ab} = \sqrt{\hat{a}^2 s_b^2 + \hat{b}^2 s_a^2}$。其限制是要求系数乘积满足正态分布，但现实中常常无法满足正态性条件。而 Bootstrap 方法相较之于 Sobel 检验有更高的区间精确度与检验效能。

1.2 SAS 主要程序及说明

程序	说明

`proc import datafile='d:\demo_data.csv' dbms=csv`
 `out= demo_data replace;`
`getnames=yes;`
`run;`
	读取 csv 数据

`proc calis data=demo_data toteff;`
`fitindex on(only) = [chisq df probchi bentlernnfi cfi`
 `rmsea rmsea_ll rmsea_ul probclfit srmsr caic sbc];`
`path`
 `BMI_r<--- Smoke = a,`
 `TG_r <--- Smoke BMI_r = c1 b;`
 `pathdiagram notitle fitindex=[chisq df probchi`
 `cfi rmsea srmsr caic sbc];`
`run;`
	调用 calis 过程步，toteff 选项选择是否输出模型内任意两个变量间直接效应和间接效应的参数估计结果
	fitindex 选项选择输出拟合优度指标（其他选项解释内容见后）
	使用 path 建模语言对图形模型进行直观编程
	<---语法确定关联的方向，=后为每条路径系数赋值（程序默认输出标准化估计与原始估计，标准化系数便于比较不同量纲变量的系数；默认是对系数进行均值为 0、方差为 1 的标准化处理）
	pathdiagram 选项选择输出带有路径系数的因果图，并选择输出拟合指标

1.3 主要分析结果与解释

Initial Estimation Methods	①
1. Observed Moments of Variables	
2. McDonald Method	
3. Two-Stage Least Squares	

Fit Summary						②
Absolute Index	Chi-Square			0.0000		
	Chi-Square DF			0		
	Pr > Chi-Square			—		
	Standardized RMR (SRMR)			0.0000		
Parsimony Index	RMSEA Estimate			—		
	Probability of Close Fit			—		
	Bozdogan CAIC			58.1971		
	Schwarz Bayesian Criterion			52.1971		
Incremental Index	Bentler Comparative Fit Index			1.0000		
	Bentler-Bonett Non-normed Index			—		

Standardized Results for PATH List							③
Path			Parameter	Estimate	SE	t Value	$Pr > \|t\|$
BMI_r	<===	Smoke	a	−0.0619	0.0283	−2.1865	0.0288
TG_r	<===	Smoke	c1	0.1076	0.0267	4.0340	<.0001
TG_r	<===	BMI_r	b	0.3343	0.0122	27.4890	<.0001

Squared Multiple Correlations				④
Variable	Error Variance	Total Variance	R-Square	
BMI_r	0.9992	1.0000	0.0008	
TG_r	0.8867	1.0000	0.1133	

Stability Coefficient of Reciprocal Causation = 0　　　　　⑤
Stability Coefficient < 1
Total and Indirect Effects Converge

Total Effects			⑥
Effect / Std Error / t Value / P Value			
	BMI_r	Smoke	
BMI_r	0	−0.0619	
		0.0283	
		−2.1865	
		0.0288	
TG_r	0.3343	0.0869	
	0.0122	0.0283	
	27.4890	3.0718	
	<.0001	0.0021	

Direct Effects			⑦
Effect / Std Error / t Value / P Value			
	BMI_r	Smoke	
BMI_r	0	−0.0619	
		0.0283	
		−2.1865	
		0.0288	
TG_r	0.3343	0.1076	
	0.0122	0.0267	
	27.4890	4.0340	
	<.0001	<.0001	

Indirect Effects			⑧
Effect / Std Error / t Value / P Value			
	BMI_r	Smoke	
BMI_r	0	0	
TG_r	0	−0.0207	
		0.0095	
		−2.1796	
		0.0293	

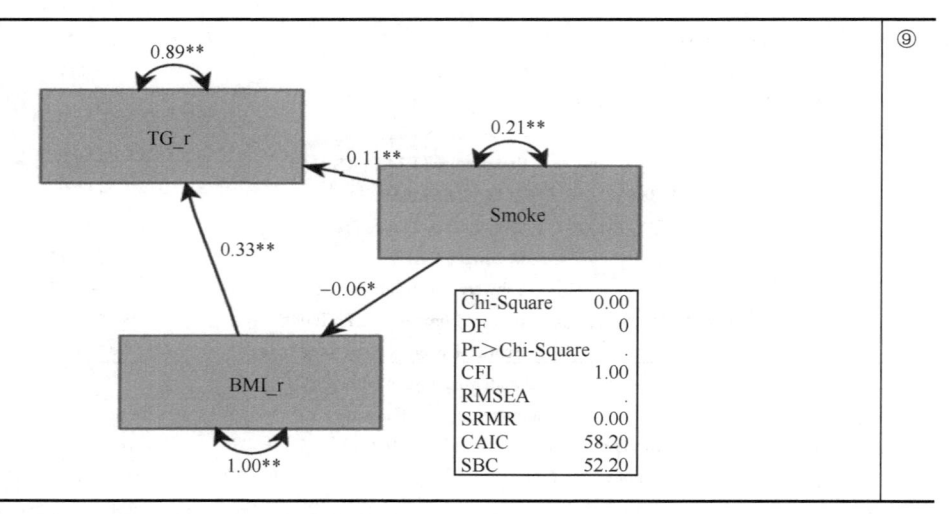

```
        0.89**
      ┌─────────┐
      │  TG_r   │       0.21**
      └─────────┘    ┌─────────┐
         ↑   0.11**  │  Smoke  │
         │           └─────────┘
       0.33**  -0.06*
         │       ↓
      ┌─────────┐       Chi-Square      0.00
      │  BMI_r  │       DF                 0
      └─────────┘       Pr>Chi-Square      .
        1.00**          CFI             1.00
                        RMSEA              .
                        SRMR            0.00
                        CAIC           58.20
                        SBC            52.20
```
⑨

输出结果说明如下。

①模型的默认初始值：使用的是数据中的所有完整观测，缺失值会默认删除。协方差结构分析使用 McDonald 方法进行，默认模型为两阶段最小二乘法。通过初始估计，PROC CALIS 将对参数估计进行迭代，以获得估计准则定义的最优解。

②关于模型拟合的基本信息：如 CAIC 等。CFI 趋近于 1，SRMR 趋近于 0，显示模型拟合良好。

③通径系数的点估计、标准差与 P 值等：在本例中，吸烟会导致 BMI 降低 0.062 个标准差，并使 TG 升高 0.11 个标准差。而 BMI 降低一个单位会降低 TG 的 0.33 个标准差，以上系数估计都具有统计学意义。可见，吸烟对 TG 的中介效应约为-0.021（即：-0.0619×0.3343=-0.0207）且有统计学意义（参见⑧；P=0.0293）。

④中介与结局模型中误差协方差与总协方差以及多变量 R^2。对于模型中的每个内生变量，其对应的多元相关平方计算公式为：

$$1-\frac{error\ variance}{total\ variance}$$

在回归分析中，这代表因变量被预测因子解释方差的百分比。有时结果中会出现 R^2 为负的情况，但并不一定代表模型有误或模型预测能力弱。

⑤稳定系数：将总效应划分为直接效应和间接效应取决于总效应收敛的条件。这种情况可以使用一种稳定系数来评估，并且可能在包含互为因果或循环路径的模型中存在问题。因此，在我们分析模型中的总效应和间接效应之前，应该检查这个度量，稳定性系数必须小于 1。模型中稳定系数小于 1，显示图模型稳定性良好。

⑥任意两个变量间的总效应/标准误/t 统计量大小/P 值。

⑦任意两个变量间的直接效应/标准误/t 统计量大小/P 值。

⑧任意两个变量间的间接效应/标准误/t 统计量大小/P 值。

由⑥、⑦、⑧三部分结果可知，吸烟通过影响 BMI，进而影响 TG 的中介效应为-0.0207（P=0.029），吸烟影响 TG 的直接效应为 0.1076（P<0.0001），吸烟影响 TG 的总效应为中介效应加上直接效应，等于 0.0869（P=0.0021）。因此，我们认为 BMI 确实介导了吸烟与 TG 的关系，且中介效应与直接效应方向相反，中介比例约为 $\frac{-0.02}{0.087}\approx -23\%$。

⑨展示了模型的示意图，包含通径系数与拟合指标。上标*表示该条通径系数的 P 值小于 0.05，上标**表示 P 值<0.0001。右下框为拟合指标。其中，Chi-Square 是一个绝对指数，用于比较理论模型与无约束的完整模型对样本大小的敏感性，要求 P>0.05；SRMR（standardized root mean square residual）为标准化均方根残差，要求 SRMR<0.08，越小越好；RMSEA（root mean square error of approximation）为渐进均方根误差，RMSEA<0.05 表示拟合良好，RMSEA>0.1 表示拟合欠佳；PROBCLFIT（probability of close fit）为紧密拟合概率，要求>0.05；CAIC（Bozdogan criterion AIC）和 SBC（Schwarz Bayesian criterion）是基于似然概率的指标，对大样本和参数个数附加惩罚项，拟合要求越小越好；CFI（Bentler comparative fit index）和 NNFI（Bentler-Bonett non-normed index）是方差解释量，类似于 R^2，推荐小样本数据使用，要求大于 0.90。

1.4 其他常用选项的说明

其他常用选项	说明
method= ml/gls/uls/wls/fiml	估计方法选择 默认方法为 ml，基于最大似然方法 fiml 基于信息最大似然，并允许数据中有缺失值，其他方法则会删掉含有缺失值的观测 gls 方法使用广义最小二乘进行参数估计，默认使用逆样本协方差或相关矩阵作为权值矩阵 wls 即加权最小二乘 uls 为无加权最小二乘参数估计

其他常用选项	说明
mod	在 proc 步后添加，要求修改索引，使用拉格朗日乘数（lm）和 Wald 统计量来指导模型修改
gconv	指定相对梯度的终止条件。如果需要非常精确的参数估计时，使用 gconv 选项
group	进行指定变量的亚组分析，并输出多组结果。完整语法：group 1 < / group options > ; subsidiary group specification statements

（二）因果中介分析

假设每个单独个体对于暴露的每个水平（treatment/control）都存在一个潜在的结果值。尽管观察到个体在每个治疗水平下的潜在结果是不可能的，但可以使用模型对潜在结果进行建模，因果效应也被定义为两个反事实潜在结果之间的差异。接下来介绍反事实的定义，假设暴露 X 为二分类变量（$X=1$ 或 $X=0$），当 $X=x$ 时，每个个体 i 的反事实中介变量与反事实结局为 $Y_i(X=x)$ 和 $M_i(X=x)$。$Y_i(X=x, M=m)$ 代表个体 i 在 $X=x$ 和 $M=m$ 时的反事实结局。

图 15-2 中四个识别性假设分别为：①暴露-结局间不存在未知混杂；②暴露-中介间不存在未知混杂；③中介-结局间不存在未知混杂；④中介-结局关系中不存在由暴露导致的混杂。最后根据关注的科学问题的不同，可以将因果效应区分为四类，具体如下：

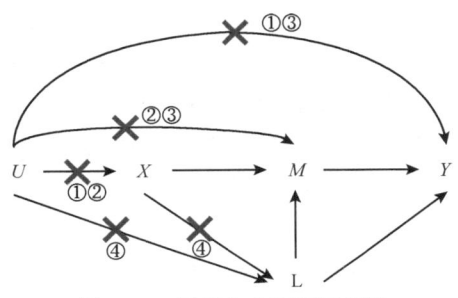

图 15-2　因果中介识别性假设

（1）自然直接效应（natural direct effect，NDE）。自然直接效应是当干预将中介值设为 $M_i=M_i(0)$ 时，受试者的 NDE 被定义为两个处理水平的反事实结果之间的差异；

$$NDE = E[Y_i(1, M_i(0)) - Y_i(0, M_i(0))]$$

（2）自然间接效应（natural indirect effect，NIE）。自然间接效应是当每个个体的暴露变量被固定在固定值时（例如，$X=1$），在 M_1 和 M_0 两个中介水平上的反事实结果之间的差异；

$$NIE = E[Y_i(1, M_i(1)) - Y_i(1, M_i(0))]$$

（3）控制直接效应（controlled direct effect，CDE）。被控制的直接效应是当所有个体的中介变量被固定在预定值 m 时，X 对 Y 的效应；

$$CDE = E[Y_i(1, m) - Y_i(0, m)]$$

（4）总效应（total effect，TE）。总效应是 X 对 Y 的影响，等于 NDE + NIE。

$$TE = E[Y_i(1, M_i(1)) - Y_i(0, M_i(0))]$$

检查 TG 分布，对 TG 进行 log 转换，再对 TG 与 BMI 进行标准化（mean = 0，sd = 1）处理，得到 TG_scale 与 BMI_scale。在本书实例中，吸烟为二分类变量，对应暴露组和非暴露组。在潜在结果框架之下，自然中介效应被定义为假设在吸烟组或非吸烟组中，同时观测到吸烟与不吸烟两种暴露，其可能的 BMI 差异导致潜在 TG 差异，这种效应是基于人群的。通常使用广义线性模型对潜在中介与潜在结局进行建模，得到因果效应系数。

用 c 表示一组已知混杂，其反事实中介的建模结果如下：

$$E[Y | x, m, c] = \theta_0 + \theta_1 x + \theta_2 m + \theta_3' c \qquad (15\text{-}5)$$

$$E[M | x, c] = \beta_0 + \beta_1 x + \beta_2' c \qquad (15\text{-}6)$$

其中 θ_0 与 β_0 为结局/中介模型中介的截距。反事实框架下中介与结局观测到的暴露水平并不总是相同的，因此指定结局模型中的暴露水平为 x，中介模型中的暴露水平为 x^*，得到反事实结局模型如下：

$$E[Y | x, m, c] = \theta_0 + \theta_1 x + \theta_2 (\beta_0 + \beta_1 x^* + \beta_2' c) + \theta_3' c \qquad (15\text{-}7)$$

参考因果效应分类，指定不同的效应解释情形，根据反事实结局差值可以估计出不同的因果效应指标。

1.1 SAS 主要程序及说明

程序	说明

`proc import datafile='d:\ demo_data.csv'`
`dbms=csv OUT= demo_data replace;`
`out=work.import;`
`getnames=yes;`
`run;`
	读取 csv 数据

`proc causalmed data= demo_data /* decomp =`
`  i */;`
`/* class Smoke;*/`
`model TG_scale=Smoke BMI_scale;`
`mediator BMI_scale=Smoke;`
`covar Age Drink Education Sex Region;`
`RUN;`
	proc causalmed 调用过程步，decomp 选项选择 i 部分解，可选择 2/3/4
	class 定义变量类型为分类变量；如果定义结局为二分类变量，结果默认输出以 OR 或 ERR 为指标的效应估计
	model 指定结局为 TG，暴露为 Smoke，中介变量为 BMI
	如果暴露和中介存在交互，在过程步后添加 decomp 选项，并在结局模型中指定其交互项，eg: Smoke
		BMI
		covar 指定校正的混杂变量，默认其混淆了中介-暴露-结局间的关系

1.2 主要分析结果与解释

Summary of Effects							①
	Estimate	SE	95% CI		Z	Pr >|Z|	
Total Effect	0.1359	0.0351	0.0672	0.2047	3.88	0.0001	
Control Direct Effect （CDE）	0.1684	0.0331	0.1036	0.2332	5.09	<.0001	
Natural Direct Effect （NDE）	0.1684	0.0331	0.1036	0.2332	5.09	<.0001	
Natural Indirect Effect （NIE）	−0.0324	0.0118	−0.0556	−0.0093	−2.74	0.0061	
Percentage Mediated%	−23.8657	12.2192	−47.8149	0.0835	−1.95	0.0508	

输出结果说明如下。

①传统两部分解法：将总效应 TE 分解为自然直接效应和自然间接效应。吸烟会导致 TG 升高 0.1359（0.0672，0.2047）个标准差，其统计学意义显著（$P<0.05$）。

假定人群中所有人的 BMI 水平都一直处于未吸烟时的正常水平且不受到吸烟的影响，所有人从不吸烟转变到吸烟时，甘油三酯（TG）水平的变化量即为控制直接效应。中介为连续变量的情况下，中介变量水平默认被控制在对照组的均值，因此控制直接效应与自然直接效应相等。

假定人群中所有人 BMI 的分布都与观测的未吸烟组中的 BMI 分布完全相同，当所有人都经历不吸烟到吸烟的转变后，自然直接效应为甘油三酯水平的变化量，即增加了 0.1684（0.1036，0.2332）个标准差，这部分效应与 BMI 的变化无关。

假设人群中所有人都吸烟，但我们能够同时观测到他们不吸烟时与吸烟时的 BMI 分布。由于 BMI 水平差异，TG 降低了 0.0324（−0.0556，−0.0093）个标准差，这部分效应也被称为自然间接效应。

中介百分比的计算为：中介效应与直接效应方向相反，此时应解释为遮掩效应，且中介效应占总效应的百分比为−23.8657%。

1.3 其他常用选项的说明

其他常用选项	说明
`model outcome=exposure	mediator` 或 `model outcome=exposure mediator exposure*mediator`	在结局模型中将暴露与中介效应的交互项纳入分析
decomp	生成关于总效应多种分解方式的结果，包括两部、三部和四部分解。存在暴露-中介交互的情况下，可以采用四部分解方法进行效应分解
casecontrol	用于病例-对照研究
nloptions	特定模型拟合的非线性优化方式

第七节 结构方程模型

结构方程模型（structural equation model，SEM）是一种多元统计分析方法，用于探索检验观测变量与潜在变量之间关系的假设，可以分析处理医学研究中分析指标不可直接测量的情况，如：健康素养、职业使命感、社会价值等。SEM 作为多元统计分析一般框架，涉及因子分析、路径分析、潜变量增长曲线模型等多种分析技术，广泛应用于社会、心理、医学等领域的潜变量关联分析。目前，医学研究中多个指标关联分析通过引入潜变量描述，分析结构方程模型的软件种类丰富，如 SAS、AMOS、Mplus、LISREL 等。常用的 SAS 过程步为 CALIS 和 TCALIS，本节采用 SAS 中的 CALIS 过程步介绍 SEM 的建模分析。

1.1 研究实例

例 15-9 研究者欲研究新媒体背景下大学生接受新媒体健康信息与健康素养、健康生活方式之间的关系，采用问卷调查了 1043 名学生的 11 个观测指标：基本知识与理念评分（KAA）、健康生活方式与行为评分（BAL）、基本技能评分（HRS）、认知度（REC）、信任度（CON）、利用度（AVA）、锻炼行为得分（EB）、生活行为得分（RB）、饮食行为得分（NB）、健康危险行为得分（HRB）、健康责任行为得分（HR）。这 11 个指标均是连续型计量变量，是观测变量，同时隐含了 3 个潜在变量：健康素养（f1）、健康生活方式（f2）、新媒体信息（f3），详见表 15-9、图 15-3。

表 15-9 大学生健康素养调查情况

编号	KAA	BAL	HRS	REC	CON	AVA	EB	RB	NB	HRB	HR
1	22	12	14	13	19	29	23	18	13	18	29
2	21	12	11	16	22	28	21	17	13	13	30
3	26	17	16	14	24	34	22	16	15	17	26
4	21	10	9	13	19	24	25	17	17	17	26
5	22	16	11	15	24	35	20	16	15	16	26
6	16	16	12	12	20	23	18	16	11	20	22
⋮	⋮	⋮	⋮	⋮	⋮	⋮	⋮	⋮	⋮	⋮	⋮
18	22	17	13	16	24	39	19	18	15	13	22
⋮	⋮	⋮	⋮	⋮	⋮	⋮	⋮	⋮	⋮	⋮	⋮

注：数据来源（新媒体背景下大学生健康素养与生活方式相关性研究，陆军军医大学军事预防医学系军队健康教育教研室）

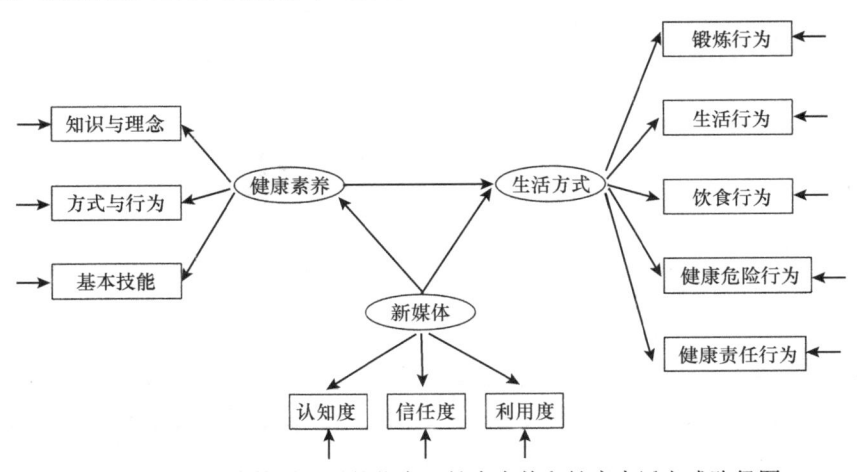

图 15-3 大学生接受新媒体信息、健康素养和健康生活方式路径图

1.2 SAS 主要程序及说明

程序	说明
| ```
data ch15_9(type=corr);
_type_='corr';
input _name_ $ KAA BAL HRS REC CON AVA EB RB NB HRB HR;
if _n_ = 1 then _type_='std';
else _type_='corr';
datalines;
std 5.737 4.058 3.700 3.844 3.838 7.403 3.865 3.199 2.553 2.707 3.704
KAA 1.000 ..........
BAL 0.769 1.000 .........
HRS 0.759 0.710 1.000 ........
REC 0.110 0.122 0.123 1.000 .......
CON 0.116 0.121 0.123 0.726 1.000 ......
AVA 0.020 0.051 0.030 0.683 0.751 1.000 .....
EB 0.314 0.251 0.246 0.288 0.285 0.249 1.000 ....
RB 0.128 0.085 0.120 0.278 0.271 0.266 0.468 1.000 ...
NB 0.120 0.117 0.116 0.247 0.237 0.264 0.400 0.454 1.000 ..
HRB 0.090 0.083 0.143 -0.108 -0.128 -0.193 -0.008 -0.006 -0.015 1.000 .
HR 0.291 0.227 0.260 0.341 0.334 0.312 0.486 0.529 0.448 -0.112 1.000
;
run;
``` | 建立数据集 ch15_9<br>_type_='corr' 定义数据结构为相关矩阵 |
| ```
proc calis nobs=1043 res;
lineqs
HRS=f1+e1,
BAL=a2 f1+e2,
KAA=a3 f1+e3,
EB=f2+e4,
RB=a5 f2+e5,
NB=a6 f2+e6,
HRB=a7 f2+e7,
HR=a8 f2+e8,
AVA=f3+e9,
CON=a10 f3+e10,
REC=a11 f3+e11,
f1=b2 f3+d1,
f2=b1 f1+b3 f3+d2,
f3= d3;
std e1-e11 d1-d3 ;
title 'sem';
pathdiagram diagram= unstandard useerr;
run;
``` | 调用过程步 proc calis 进行结构方程模型；nobs=1043 指数据样本量；res 指系统输出拟合残差<br>lineqs 指定模型的线性方程式，潜变量第一个条目因子载荷限定为 1<br>pathdiagram 绘制 sem 路径图，可以设置初始、未标准化、标准化路径图 |

1.3 主要分析结果与解释

	Fit Summary		①
Modeling Info	Number of Observations	1043	
	Number of Variables	11	
	Number of Moments	66	
	Number of Parameters	25	
	Number of Active Constraints	0	
	Baseline Model Function Value	4.9980	
	Baseline Model Chi-Square	5207.9492	
	Baseline Model Chi-Square DF	55	
	Pr > Baseline Model Chi-Square	<.0001	
Absolute Index	Fit Function	0.1906	
	Chi-Square	198.5668	
	Chi-Square DF	41	
	Pr > Chi-Square	<.0001	
	Z-Test of Wilson & Hilferty	9.4717	
	Hoelter Critical N	299	
	Root Mean Square Residual (RMR)	0.8948	
	Standardized RMR (SRMR)	0.0525	
	Goodness of Fit Index (GFI)	0.9666	
Parsimony Index	Adjusted GFI (AGFI)	0.9463	
	Parsimonious GFI	0.7206	
	RMSEA Estimate	0.0607	
	RMSEA Lower 90% Confidence Limit	0.0524	
	RMSEA Upper 90% Confidence Limit	0.0693	
	Probability of Close Fit	0.0175	
	ECVI Estimate	0.2391	
	ECVI Lower 90% Confidence Limit	0.2004	
	ECVI Upper 90% Confidence Limit	0.2852	
	Akaike Information Criterion	248.5668	
	Bozdogan CAIC	397.3132	
	Schwarz Bayesian Criterion	372.3132	
	McDonald Centrality	0.9272	
Incremental Index	Bentler Comparative Fit Index	0.9694	
	Bentler-Bonett NFI	0.9619	
	Bentler-Bonett Non-normed Index	0.9590	
	Bollen Normed Index Rho1	0.9489	
	Bollen Non-normed Index Delta2	0.9695	
	James et al. Parsimonious NFI	0.7170	

Raw Residual Matrix ②

	KAA	BAL	HRS	REC	CON	AVA	EB	RB	NB	HRB	HR
KAA	0.0000	−0.0012	−0.0373	0.4110	0.3634	−3.1454	2.4566	−1.5160	−0.9331	1.7316	1.2607
BAL	−0.0012	0.0000	0.0485	0.5790	0.4449	−1.0931	0.9757	−1.4365	−0.5561	1.1311	0.1769
HRS	−0.0373	0.0485	0.0000	0.5552	0.4482	−1.5460	0.8472	−0.8705	−0.4991	1.6302	0.6453
REC	0.4110	0.5790	0.5552	0.0000	−0.0101	−0.1136	0.3372	0.0375	0.0702	−0.8318	0.5488
CON	0.3634	0.4449	0.4482	−0.0101	0.0000	0.0819	−0.0580	−0.3489	−0.2370	−1.0123	0.0658
AVA	−3.1454	−1.0931	−1.5460	−0.1136	0.0819	0.0000	−0.6904	−0.4041	0.3229	−3.2887	0.0170
EB	2.4566	0.9757	0.8472	0.3372	−0.0580	−0.6904	0.0000	0.0886	−0.0197	0.4084	−0.2998
RB	−1.5160	−1.4365	−0.8705	0.0375	−0.3489	−0.4041	0.0886	0.0000	0.3054	0.3702	0.0429
NB	−0.9331	−0.5561	−0.4991	0.0702	−0.2370	0.3229	−0.0197	0.3054	0.0000	0.1902	−0.0973
HRB	1.7316	1.1311	1.6302	−0.8318	−1.0123	−3.2887	0.4084	0.3702	0.1902	0.0000	−0.5853
HR	1.2607	0.1769	0.64534	0.5488	0.0658	0.0170	−0.2998	0.0429	−0.0973	−0.5853	0.0000

Effects in Linear Equations ③

Variable	Predictor	Parameter	Estimate	Standard Error	t Value	Pr > |t|
HRS	f1		1.0000			
BAL	f1	a2	1.108	.0343	32.2932	<.0001
KAA	f1	a3	1.6872	0.0491	34.3582	<.0001
EB	f2		1.0000			
RB	f2	a5	0.8578	0.0486	17.6589	<.0001
NB	f2	a6	0.5972	0.0375	15.9252	<.0001
HRB	f2	a7	−0.0741	0.0364	−2.0370	0.0417
HR	f2	a8	1.0926	0.0587	18.6315	<.0001
AVA	f3		1.0000			
CON	f3	a10	0.5484	0.0168	32.6188	<.0001
REC	f3	a11	0.5044	0.0167	30.2438	<.0001
f1	f3	b2	0.0611	0.0171	3.5697	0.0004
f2	1	b1	0.2327	0.0290	8.0420	<.0001
f2	f3	b3	0.1874	0.0157	11.9170	<.0001

Estimates for Variances of Exogenous Variables ④

Variable Type	Variable	Parameter	Estimate	Std Error	T Value	P
Error	e1	_Parm01	4.1187	0.2490	16.5379	<.0001
	e2	_Parm02	4.7018	0. 947	15.9566	<.0001
	e3	_Parm03	5.6679	0.5446	10.4070	<.0001
	e4	_Parm04	8.2957	0.4573	18.1395	<.0001
	e5	_Parm05	5.3461	0.306	7.4467	<.0001
	e6	_Parm06	4.1491	0.2125	19.5236	<.0001
	e7	_Parm07	7.2914	0.3198	22.7973	<.0001
	e8	_Parm08	5.7905	0.3914	14.7961	<.0001
	e9	_Parm09	16.0436	1.0430	15.3828	<.0001
	e10	_Parm10	3.0736	0.2657	11.5688	<.0001
	e11	_Parm11	4.9160	0.2924	1 .8141	<.0001
Disturbance	d1	_Parm12	9.4267	0.5892	15.9985	<.0001
	d2	_Parm13	4.5566	0.4415	10.3197	<.0001
	d3	_Parm14	38. 608	2.4217	16.0057	<.0001

⑤

Squared Multiple Correlations

Variable	Error Variance	Total Variance	R-Square
HRS	4.1187	13.690	.6991
BAL	4.7018	16.4674	0.7145
KAA	5.6679	32.9132	0.8278
EB	8.2957	14.9382	0.4447
RB	5.3461	10.2336	0.4776
NB	4.1491	6.178	0.3634
HRB	7.2914	7.3279	0.0050
HR	5.7905	13.7196	0.5779
AVA	16.0436	54.8044	0.7073
CON	3.0736	14.7302	0.7913
REC	4.9160	14.7763	0.6673

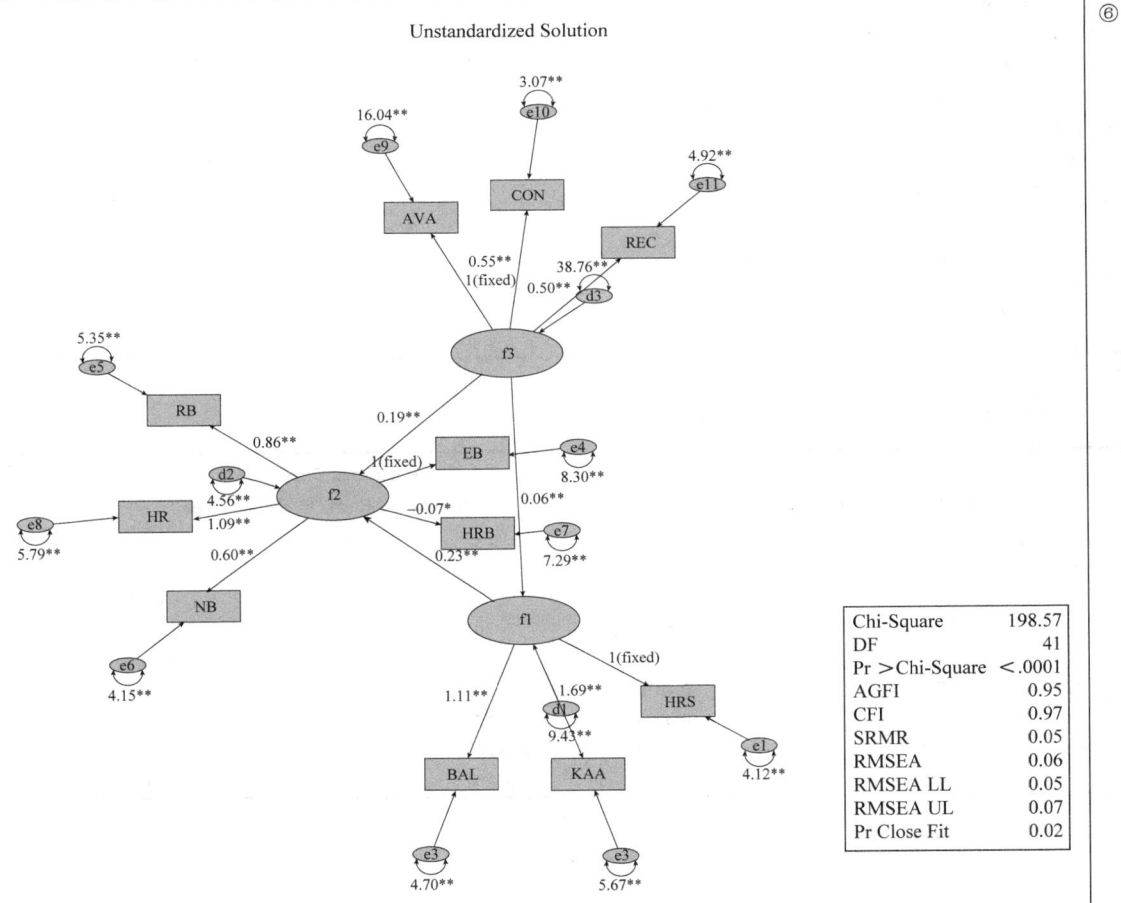

⑥

Unstandardized Solution

Chi-Square	198.57
DF	41
Pr >Chi-Square	<.0001
AGFI	0.95
CFI	0.97
SRMR	0.05
RMSEA	0.06
RMSEA LL	0.05
RMSEA UL	0.07
Pr Close Fit	0.02

输出结果说明如下。

①模型拟合效果评价指标：分别给出了模型基本信息、绝对适配度指数、简约适配度指数、增值适配度指数，其中拟合优度指数（GFI）、调整拟合指数（AGFI）、比较拟合指数（CFI）、规范拟合指数（NFI）等指标均大于0.95、近似误差均方根（RMSEA）小于0.8，表示模型拟合良好。

②残差矩阵：由选项res输出，残差越小表示拟合效果越好。

③非标准化结构方程模型的方程：包括因子载荷估计值、标准误、t 值、P 值。结果表明各个指标的因子载荷系数均有统计学意义（$P<0.05$），标准化因子载荷大小可以反映各个指标对潜在变量的贡献大小。

④模型方差估计值、标准误、t 值、P 值：P 值均小于0.001，说明均有统计学意义。

⑤决定系数：反映了各个指标对潜在变量的贡献程度大小，如基本知识与理念（KAA）对健康素养的贡献在三个指标中最大，为82.78%。

⑥非标准化结构方程模型路径图。

1.4 其他选项说明

程序	说明

proc calis nobs=1043 res toteff;
lineqs
HRS=f1+e1,
BAL=a2 f1+e2,
KAA=a3 f1+e3,
EB=f2+e4,
RB=a5 f2+e5,
NB=a6 f2+e6,
HRB=a7 f2+e7,
HR=a8 f2+e8,
AVA=f3+e9,
CON=a10 f3+e10,
REC=a11 f3+e11,
f1=b2 f3+d1,
f2=b1 f1+b3 f3+d2,
f3= d3;
std e1-e11 d1-d3 ;
title 'sem';
pathdiagram diagram=standard useerr;
run;
	输出潜变量间的直接效应、间接效应、总效应
	
	diagram 绘图：initial，standard，useerr 显示误差

上述程序运行结果如下：

	Total Effects			Standardized Direct Effects			
	Effect / Std Error / t Value / p Value			Effect / Std Error / t Value / p Value			
	f1	f2	f3	f1	f2	f3	
f1	0	0	0.1229 0.0340 3.6147 0.0003	0	0	0.1229 0.0340 3.6147 0.0003	①
f2	0.2793 0.0318 8.7889 <.0001	0	0.4870 0.0299 16.2842 <.0001	0.2793 0.0318 8.7889 <.0001	0	0.4527 0.0300 15.0881 <.0001	

输出结果说明如下。

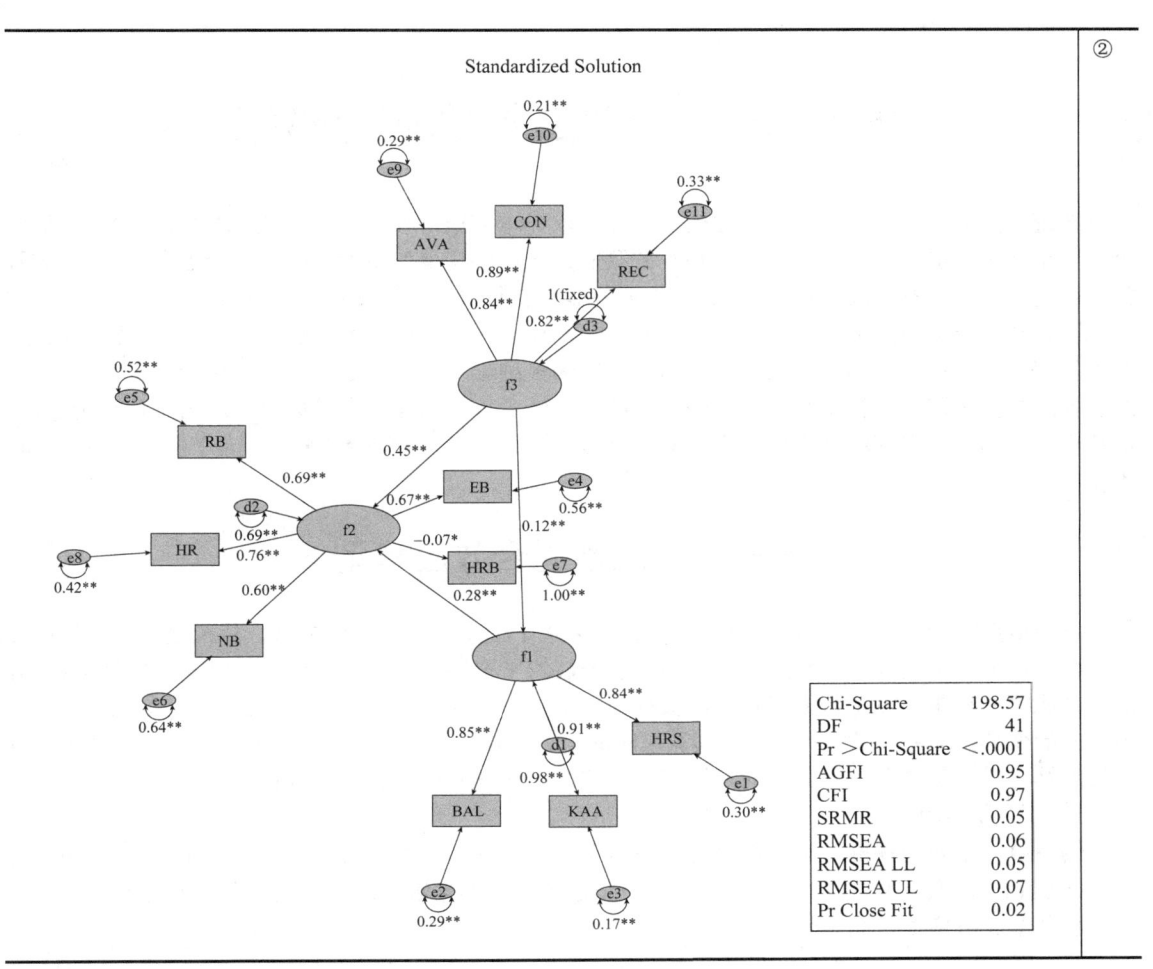

①标准系数估计值的总效应、直接效应。新媒体信息→健康素养的总效应为 0.1229，直接效应为 0.1229。新媒体信息→健康生活方式的总效应为 0.4870，直接效应为 0.4527，间接效应为 0.0343。

②标准化结构方程路径图：标准载荷因子可以反映各个指标对潜变量的影响大小，绝对值越大，影响越大。近似误差均方根 RMSEA=0.06＜0.08，标准化拟合残差 SRMR=0.05＜0.08；比较适配指数 CFI=0.970，调整后适配指数 AGFI=0.950，均大于 0.90，表示适配效果良好。

（伍亚舟　侯瑞丽　吴　聘　张　涛）

第十六章 非独立数据统计模型

传统经典的线性模型或广义线性模型往往要求样本数据是独立的。但在医学研究中经常会遇到个体与个体间或测量值与测量值之间相互关联而导致反应变量值不独立或不完全独立的情况,这种数据称为非独立数据(dependent data)。常见的非独立数据有重复测量设计资料、纵向数据、多中心试验资料、分层抽样调查资料等。对于非独立数据,若采用传统经典的方法来分析,将不能充分考虑反应变量值在个体间的相关性和数据中存在的多种误差来源,导致模型参数估计不可靠,不能准确地解释实际问题,甚至得出错误的分析结论。针对特定的非独立数据有不同的统计分析方法,本章重点介绍医学研究中常用的适用于非独立数据的统计模型:混合效应模型、广义估计方程与轨迹模型。

第一节 线性混合效应模型

混合效应模型(mixed effects models)或称多水平模型、随机系数模型、随机效应模型,在非独立数据的分析上发挥着越来越大的作用。它能够将来自不同水平上的变异同时纳入模型。例如:混合效应模型在重复测量数据或是纵向数据中,将个体与测量时间分别当作2个水平,既考虑了个体之间的变异,也考虑了个体内(不同测量时间点)变异。本节介绍适用于反应变量为服从正态分布的连续定量变量的非独立数据的线性混合效应模型(linear mixed effects models)。

1.1 研究实例

例16-1 某妇幼保健医生追踪随访了同一年出生的140名婴儿,记录了出生身长、性别(gender)(1为男性,2为女性),并于出生后定期随访,记录了儿童的年龄(age),测量了儿童的身高(height),试分析儿童3岁内的身高增长变化特点。

表16-1 儿童3岁内的身高监测数据

编号	性别	身高(cm)	年龄(月)
1	1	48	0
1	1	59	1
1	1	66	3
1	1	73	6
1	1	76	8
1	1	80	12
1	1	86	18
1	1	91	24
1	1	94	30
1	1	97	36
2	1	49	0
2	1	57	1
⋮	⋮	⋮	⋮

身高为服从正态分布的定量变量,分析其随年龄的变化特点,可采用线性回归模型。线性回归模型的一般形式如下:$y = X\beta + \varepsilon$,y 表示观测数据的向量,X 是已知自变量矩阵,β 是自变量对应

的固定效应未知参数向量，ε 是未知的随机误差向量，假定其服从均值为 0，方差为 σ^2 的正态分布。对于例 16-1，建立年龄对身高的线性回归模型是否能准确分析儿童身高随年龄的变化特点呢？在该案例中，对每个儿童的身高进行了多次测量，形成了重复测量（repeated measures）数据，每个研究对象多次测量值之间往往具有很强的相关性。传统的线性回归模型忽略了同一个体不同时点测量值的相关性，也忽略了不同个体之间的差异，而线性混合效应模型可以充分考虑上述变异。

例 16-1 中，第 i 个个体在第 j 时点的测量值用 y_{ij} 表示，$y_{ij}=\beta_{0i}+\beta_{1i}t_{ij}+\varepsilon_{ij}$ 即第 i 个个体测量值与时间 t 的回归模型，每个个体都能拟合这样的一条回归直线，但不同个体的截距 β_{0i}、斜率 β_{1i} 彼此可能存在差异。在一般线性回归模型的基础上，线性混合效应模型考虑了个体的截距和斜率的变异，即随机效应。

$$y_{ij}=\gamma_{00}+u_{0i}+(\gamma_{01}+u_{1i})t_{ij}+\varepsilon_{ij}=\gamma_{00}+\gamma_{01}t_{ij}+(u_{0i}+u_{1i}t_{ij}+\varepsilon_{ij}) \qquad (16-1)$$

在公式 16-1 中，γ_{00}，γ_{10} 分别表示所有个体截距的总体平均水平和斜率的总体平均水平，反映总体的平均变化趋势，而 u_{0i}，u_{1i} 分别表示个体的截距和斜率的变异，通常用其方差描述。其中 $\gamma_{00}+\gamma_{01}t_{ij}$ 是模型的固定效应部分，$u_{0i}+u_{1i}t_{ij}+\varepsilon_{ij}$ 是模型的随机效应部分，该模型被称为多水平线性模型、随机系数模型或线性混合效应模型。实际上，也可能要引入影响截距 β_{0i} 或斜率 β_{1i} 的其他协变量，就构成了更复杂的全模型。

1.2 SAS 主要程序及说明

程序	说明

`proc import datafile='d:\ch16-1.xlsx' dbms=xlsx`
  `out=ch16_1 replace;`
`getnames=yes;`
`run;`
	读取 XLSX 数据

`proc mixed data= ch16_1`
  `method= MIVQUE0 covtest;`
  `class id gender;`
  `model height = gender age gender* age / s;`
  `random intercept age/type=un`
  `subject=id g;`
`run;`
	调用过程步 proc mixed
	method 指定参数估计方法，method=MIVQUE0 使用最小方差二次无偏估计法来估计协方差参数，默认为 reml，covtest 选项要求对所有协方差参数进行渐近检验
	model 列出因变量 height，等号后列出固定效应对应的自变量 gender、age 和二者的交互作用项 gender*age，s 选项指定显示固定效应解向量
	random 指定随机效应项，intercept age 表示考虑截距的随机系数和 age 对应的斜率的随机系数，type 指定协方差矩阵结构，un 为非结构化协方差矩阵，默认为 vc，即方差成分结构
	subject 指定混合模型中彼此完全独立的对象，g 选项指定估计随机系数的协方差 G 矩阵

1.3 主要分析结果与解释

Model Information		
Data Set	WORK.CH16_1	①
Dependent Variable	height	
Covariance Structure	Unstructured	
Subject Effect	id	
Estimation Method	MIVQUE0	
Residual Variance Method	Profile	
Fixed Effects SE Method	Model-Based	
Degrees of Freedom Method	Containment	

Covariance Parameter Estimates						②
Cov Parm	Subject	Estimate	Standard Error	Z Value	Pr Z	
UN（1,1）	id	2.7580	0.1044	26.42	<.0001	
UN（2,1）	id	0.2297	0.0087	26.42	<.0001	
UN（2,2）	id	6.3311	0.2396	26.42	<.0001	
Residual		27.0046	1.0221	26.42	<.0001	

Fit Statistics		③
−2 Log Likelihood	9334.8	
AIC （Smaller is Better）	9342.8	
AICC （Smaller is Better）	9342.9	
BIC （Smaller is Better）	9354.6	

Null Model Likelihood Ratio Test			④
DF	Chi-Square	Pr > ChiSq	
3	0.00	1.0000	

Solution for Fixed Effects						⑤
Effect	Gender	Estimate	Standard Error	DF	t Value	Pr > |t|
Intercept		58.0064	0.3422	138	169.51	<.0001
gender	1	1.2827	0.5101	1120	2.51	0.0121
gender	2	0	.	.	.	.
age		1.1717	0.2872	138	4.08	<.0001
age*gender	1	−0.0080	0.04281	1120	−0.02	0.9851
age*gender	2	0	.	.	.	.

Type 3 Tests of Fixed Effects					⑥
Effect	Num DF	Den DF	F Value	Pr > F	
gender	1	1120	6.32	0.0121	
age	1	138	29.76	<.0001	
age*gender	1	1120	0.00	0.9851	

输出结果说明如下。

①模型基本信息：因变量为 height，协方差结构为非结构化（unstructured）模型中彼此完全独立的对象是"id"，即定义随机效应存在于个体间，参数估计方法为最大似然估计法。

②随机系数的协方差参数估计：按顺序列出了估计协方差参数。第一行 UN（1,1）为截距的方差，第三行 UN（2,2）为斜率的方差，第二行 UN（2,1）为斜率和截距之间的协方差，第四行为模型的残差，最后一列为各随机效应的检验。本例中截距和斜率的随机效应有统计学意义，两者之间的关联也有统计学意义。

③模型拟合的基本信息：包括 AIC 和 BIC 等。

④似然比检验：与空模型相比较，表明该模型有统计学意义，采用非结构化协方差矩阵优于普通最小二乘空模型的对角矩阵。

⑤固定效应参数的解：截距估计值为 58.0064，即女孩出生时的平均身高（height）为 58.0064cm，而男孩出生时的平均身高要比女孩高为 1.2827cm，性别（gender）对应的回归系数检验 P=0.0121，即男孩与女孩出生身高差别有统计学意义。年龄（age）对应的回归系数检验 P<0.0001，可见，女孩身高每月平均增长 1.1717 cm，年龄和性别的交互作用项 age*gender 对应的回归系数检验无统计学意义，结果表明男孩与女孩身高随年龄变化的斜率差异无统计学意义，男孩身高增长速度与女孩相近。

⑥固定效应的类型 3 检验：显示了所有固定效应的类型 3 检验的结果。

1.4 其他常用选项的说明

其他常用选项	说明
method=	reml|ml|mivque0，指定协方差参数的估计方法 reml 限制最大似然估计，它是默认方法 ml 最大似然估计 mivque0 最小方差二次无偏估计

续表

其他常用选项	说明
cl	要求计算协方差参数估计的置信区间数目，默认的置信度为 $1-\alpha=0.95$，可以通过 alpha= 选项来改变
type=	covariance-structure，在 random 下，指定 G 的协方差结构，一般常使用 vc 或 un。方差成分 vc 是默认的结构，它为每个随机效应建模不同的方差分量。非结构化 un 对于相关随机系数模型很有用，即指定了一个随机的截距-斜率的模型

第二节 广义线性混合效应模型

当因变量为非独立的二分类或多分类离散型变量时，可在广义线性模型基础上，纳入随机效应，采用广义线性混合效应模型分析。

1.1 研究实例

例 16-2 在眼科的一项临床试验研究中，将 220 例患者随机分到新药组与对照组，并且左右眼同时用一种药物治疗，治疗一个疗程后，按临床统一的诊断标准判定治疗效果，部分数据见表 16-2，drug=1 代表新药，drug=2 代表对照药；eyes=1 代表左眼，eyes=2 代表右眼；y=1 代表有效，y=0 代表无效。研究者拟探讨新药与对照药、左右眼的疗效是否有差别。

表 16-2　220 例患者的治疗结果数据

id	drug	eyes	y
1	1	1	1
1	1	2	1
2	1	1	1
2	1	2	1
⋮	⋮	⋮	⋮
111	2	1	1
111	2	2	1
⋮	⋮	⋮	⋮

例 16-2 中，结局变量为有效、无效的二分类数据。影响此类变量的因素分析可采用广义线性模型，如 Logistic 回归模型等。但要注意的是，本例中同一受试对象的左右眼是两个观测值，并且相互不独立。而受试对象的本身特征（例如：年龄、遗传因素等）不同，即数据来自不同的受试对象（群体、层次或水平），数据常存在个体内（群体内、层次内或水平内）存在相似性或聚集性，而个体间（群体间、层次间或水平间）也存在变异性，可见这类数据的随机误差分布于不同层次，故应采用广义线性混合模型或非线性混合模型分析此类数据。

例 16-2 中，每个受试对象的左右眼测量值形成了水平 1 单位（j 表示测量值序号），而每个受试对象就形成了水平 2 单位（i 表示研究对象序号）。此时应用混合效应的 Logistic 回归模型只需要把第一节中的线性混合效应模型中的结局变量换成 $\text{logit}(P_{ij}) = \ln\left(\dfrac{P_{ij}}{1-P_{ij}}\right)$，模型其他部分不变。

1.2 SAS 主要程序及说明

程序	说明

```proc import datafile='d:\ch16-2.xlsx'```
 ``` dbms=xlsx out= ch16_2 replace;```
 ```getnames=yes;```
 ```run;```
	读取 XLSX 数据

程序	说明

`proc glimmix data= ch16_2 method=quad;`
`class id y drug eyes ;`
`model y(event="1")=drug eyes/solution dist=binary link=logit ddfm=bw;`
`random intercept /subject=id;`
`run;`
	调用过程步 proc glimmix
	method 给出了广义线性混合模型的估计方法，quad 指定使用自适应 Gauss-Hermite 正交逼近边际对数似然，默认的是 method=rspl
	class 指定在模型中使用的分类变量，若使用 class，必须出现在 model 语句之前
	model 列出因变量 y（event="1"）指定阳性事件为 y=1，等号后列出固定效应项 drug eyes，/solution 指定显示固定效应解向量
	dist=binary 用于指定反应变量为二项分布（binary），link=logit 用于指定广义线性混合模型的内连接函数为 logit，ddfm 用于指定计算模型产生的固定效应测试的分母自由度的方法，bw 法为如果固定效应在主体内发生变化，则将主体内自由度分配给固定效应，否则将主体间自由度分配给固定效应
	random 指定随机效应 intercept，subject 指定混合模型中彼此完全独立的对象，subject=id 指定个体之间相互独立

1.3 主要分析结果与解释

Model Information		①
Data Set	WORK.CH16_2	
Response Variable	y	
Response Distribution	Binary	
Link Function	Logit	
Variance Function	Default	
Variance Matrix Blocked By	id	
Estimation Technique	Maximum Likelihood	
Likelihood Approximation	Gauss-Hermite Quadrature	
Degrees of Freedom Method	Between-Within	

Fit Statistics		②
−2 Log Likelihood	504.72	
AIC （smaller is better）	512.72	
AICC （smaller is better）	512.81	
BIC （smaller is better）	526.29	
CAIC （smaller is better）	530.29	
HQIC （smaller is better）	518.20	

Fit Statistics for Conditional Distribution		③
−2 log L (y | r. effects)	197.48	
Pearson Chi-Square	130.13	
Pearson Chi-Square / DF	0.30	

Covariance Parameter Estimates				④
Cov Parm	Subject	Estimate	Standard Error	
Intercept	id	9.4037	2.8747	

Solutions for Fixed Effects							⑤
Effect	drug	eyes	Estimate	Standard Error	DF	t Value	Pr > |t|
Intercept			0.3696	0.4019	218	0.9196	0.3589

drug	1	1.2469	0.5539	218	2.2511	0.0254	⑤
drug	2	0	.	.	.	.	
eyes	1	0.3082	0.2990	219	1.0308	0.3038	
eyes	2	0	.	.	.	.	
Type III Tests of Fixed Effects							⑥
Effect	Num DF		Den DF		F Value	Pr > F	
drug	1		218		5.0676	0.0254	
eyes	1		219		1.0625	0.3038	

输出结果说明如下。

①模型的基本信息：因变量为 y，该分布是个体（id）随机效应条件下的二项分布，边际方差矩阵是块对角线矩阵，来自同一个体（id）的观测结果形成块边际方差矩阵是块对角线的，来自同一个体的观测结果形成块。广义线性混合模型的估计方法是 quad，指定使用自适应 Gauss-Hermite 正交逼近边际对数似然。

②模型拟合统计量：最终模型的负两倍残差对数似然函数值为 504.72，还给出 AIC、BIC 等。

③条件分布的拟合统计量：广义卡方统计量与其自由度之比 0.30，这是对数据边际分布中残差变异性的度量，越小模型拟合效果越好。

④协方差参数估计：显示所有协方差参数的估计和渐近估计标准误差，本例中指定了个体间截距的随机效应，因此这里显示了在 Logit 尺度上估计的随机个体截距的方差为 9.4037，但这里不提供随机效应的检验，可通过方差估计值与标准误比值计算 z 值，近似检验随机效应有无统计学意义。

⑤固定效应的解：不同药物间疗效有差别（$P=0.0254$），且新药与对照药有效率的 $OR=e^{1.2469}=3.48$，而两只眼睛间的疗效无差别（$P>0.05$）。

⑥固定效应的类型 3 检验结果。

1.4 其他常用选项的说明

其他常用选项	说明
method=	rspl|mspl|rmpl|mmpl|laplace|quad，指定了广义线性混合模型的估计方法。默认方法=rspl，为协方差参数的估计方法。缩写"pl"表明该方法是一种伪似然技术
dist= link=	指定反应变量的概率分布。如果指定 dist=option，但没有指定自定义的连接函数，SAS 将指定默认的连接函数。如果没有指定分布，则 glimmix 过程对于连续反应变量默认为正态分布，对于分类或字符变量默认为多项分布，除非在 model 语句中使用了 events/trial 语法。如果选择 events/trial 语法，则 glimmix 过程默认为二项分布。常用的设定如下：①二分类 Logistic 回归 dist=binary link=logit；②多分类 Logistic 回归 dist=multinomial|multi|link=cumulative logit；③Poisson 回归 dist=poisson|poi|p link=log

例 16-3 拟研究一种名为普罗加比（progabide）的抗癫痫药物与安慰剂相比是否能降低癫痫发作率。研究者将 59 例癫痫患者随机分为两组，一组为试验组，有 31 例患者，接受普罗加比治疗，另一组为安慰剂组，有 28 例患者。试验开始前，记录受试者的年龄、8 周内癫痫发作次数作为基线数据，服药后每 2 周对患者进行评估，记录癫痫发作次数，共持续 8 周时间。试比较试验组与安慰剂组的癫痫发作率有无差别。部分数据见表 16-3，treatment=1 表示试验组，treatment=0 表示安慰剂组；period=0 表示基线，period=1，2，3，4 分别表示 4 个观测期；seizure 表示癫痫发作次数；age 表示受试者基线年龄。

表 16-3 原始数据展示

subject	treatment1	treatment	age	seizure	period
1	placebo	0	31	11	0
1	placebo	0	31	5	1
1	placebo	0	31	3	2
1	placebo	0	31	3	3
1	placebo	0	31	3	4
⋮	⋮	⋮	⋮	⋮	⋮

subject	treatment1	treatment	age	seizure	period
29	Progabide	1	18	76	0
29	Progabide	1	18	11	1
29	Progabide	1	18	14	2
29	Progabide	1	18	9	3
29	Progabide	1	18	8	4
⋮	⋮	⋮	⋮	⋮	⋮

本例中癫痫发作的次数就是所谓的计数数据，Poisson 分布作为计数数据的模型已有很长的历史。但要注意的是，同例 16-1、例 16-2 一样，例 16-3 中同一受试对象产生了多个观测值，同一受试对象的测量值相互不独立，可以通过引入反映个体间变异性的随机效应来处理这种情况，可通过 glimmix 过程，指定 Poisson 分布、Log 连接函数来实现广义 Poisson 回归混合模型。

例 16-3 的 SAS 主要程序及说明：

程序	说明

`proc import datafile='d:\ch16-3.xlsx' dbms=xlsx`
  `out= ch16_3 replace;`
`getnames=yes;`
`run;`
	读取 XLSX 数据

`data ch16_3_1 ;`
`set ch16_3;`
`if period=0 then logt=log(4);else logt=log(1);`
`run;`
	根据 period 大小定义观察周期的长度，生成变量 logt，本例以 2 周为单位，在下面模型中 logt 被设置为偏倚量（offset）

`proc glimmix data= ch16_3_1`
`method=quad (qpoints=7) ;`
`class subject period/ref=first ;`
`model seizure= age treatment period/ d=poi`
  `link=log offset=logt s cl;`
`random intercept / subject= subject ;`
`run;`
	调用过程步 proc glimmix，method 给出了广义线性混合模型的估计方法，quad 指定使用自适应 Gauss-Hermite 正交逼近边际对数似然，Poisson 回归一般选此方法
	class 指定要在模型中使用的分类变量，ref 定义分类变量的参考类别，first 以第一类为参照
	model 列出因变量 seizure，age treatment period 三个变量是固定效应项，d=poi 用于指定反应变量为泊松分布，link=log 用于指定广义线性混合模型的内连接函数为 log，offset=logt 设置偏移量，s 指定显示固定效应解向量，cl 指定显示参数的置信区间
	random 指定随机效应 intercept，subject 指定混合模型中彼此完全独立的对象，subject=subject 指定个体之间相互独立

例 16-3 的主要分析结果与解释如下。

Model Information	
Data Set	WORK.CH16_3_1
Response Variable	seizure
Response Distribution	Poisson
Link Function	Log
Variance Function	Default
Offset Variable	logt
Variance Matrix Blocked By	subject
Estimation Technique	Maximum Likelihood
Likelihood Approximation	Gauss-Hermite Quadrature

①

	Fit Statistics		②
	−2 Log Likelihood	2012.46	
	AIC （smaller is better）	2028.46	
	AICC （smaller is better）	2028.96	
	BIC （smaller is better）	2045.08	
	CAIC （smaller is better）	2053.08	
	HQIC （smaller is better）	2034.95	

	Fit Statistics		③
	−2 log L（seizure_rate | r. effects）	1758.54	
	Pearson Chi-Square	649.26	
	Pearson Chi-Square / DF	2.20	

Covariance Parameter Estimates				④
Cov Parm	Subject	Estimate	Standard Error	
Intercept	subject	0.5999	0.1153	

Solutions for Fixed Effects									⑤
Effect	period	Estimate	Standard Error	DF	t Value	Pr > |t|	Alpha	Lower	Upper
Intercept		2.2015	0.5041	56	4.3672	<.0001	0.05	1.1916	3.2114
age		−0.0154	0.0166	232	−0.9301	0.3533	0.05	−0.0481	0.0173
treatment		−0.0973	0.2076	232	−0.4687	0.6397	0.05	−0.5064	0.3118
period	1	0.1368	0.0494	232	2.77	0.0060	0.05	0.0395	0.2340
period	2	0.0682	0.0507	232	1.34	0.1800	0.05	−0.0317	0.1681
period	3	0.0783	0.0505	232	1.55	0.1225	0.05	−0.0212	0.1778
period	4	−0.0662	0.0535	232	−1.24	0.2172	0.05	−0.1716	0.0392
period	0	0	.	.	.	.	.	.	.

Type III Tests of Fixed Effects					⑥
Effect	Num DF	Den DF	F Value	Pr > F	
age	1	232	0.86	0.3533	
treatment	1	232	0.22	0.6397	
period	4	232	3.39	0.0102	

输出结果说明如下：

①模型的基本信息：因变量为 seizure，该分布是个体（id）随机效应条件下的 Poisson 分布，边际方差矩阵是块对角线矩阵，来自同一个体（id）的观测结果形成块边际方差矩阵是块对角线的，来自同一个体的观测结果形成块。估计方法是默认的 QUAD。

②模型为拟合统计量：最终模型的负两倍残差对数似然函数值为 2012.46。

③条件分布的拟合统计量：广义卡方统计量与其自由度之比为 2.20，这是对数据边际分布中残差变异性的度量，越小模型拟合效果越好。

④协方差参数估计：显示所有协方差参数的估计和渐近估计标准误差，本例中指定了个体间截距的随机效应，个体截距的方差为 0.5999，但这里不提供随机效应的检验，可通过方差估计值与标准误比值计算 z 值，近似检验随机效应有无统计学意义。

⑤固定效应的解：treatment 的检验 P=0.6397，试验组和安慰剂组癫痫发生率无差别，一个个体在第一个观测期（period=1）与基线期的癫痫发作率之比估计为 $e^{0.1368}=1.15$，而其他观测期与基线期的癫痫发作率无差别（$P>0.05$）。

⑥固定效应的类型 3 检验。

第三节 广义估计方程

广义估计方程（generalized estimating equations，GEE）是由 Liang 和 Zeger 在广义线性模型基础上发展起来，该方法适用于非独立数据（重复测量数据、相关数据等）的分析。对同一观察对象进行重复观测获得的数据结果之间是不独立的，具有特定的相关性结构层次。各观测数据可视为水平 1，观察对象为水平 2。此外，对同一观察对象只进行一次观测，但观测了多个部位，这样获得的数据也是不独立的。若将这些特征的数据按照独立数据进行处理，则会低估标准误，导致统计结论假阳性概率增加。此外，广义估计方程还特别适用于非均衡数据的分析，即每个观察对象的重复观测的次数可以不同，因此在有缺失的重复测量设计中应用也很广泛。非独立数据可以为正态分布的资料，也可以是二项分布、泊松分布、负二项分布等。本章将介绍 SAS 程序 PROC GEE 过程步在非独立分类资料中的应用。

1.1 研究实例

例 16-4 为探讨冠心病患者在冠脉搭桥术后使用阿司匹林是否有降低患者血管再堵塞风险的效果。现将 40 名接受冠脉搭桥术的患者随机分为两组，实验组患者使用阿司匹林，对照组患者使用安慰剂。手术后一年通过冠脉造影对不同冠状动脉的堵塞情况进行观察，结果见表 16-4（限于篇幅，此处只显示了 3 位患者情况，记录患者编号（ID）、冠脉编号（vascellum）、再次堵塞状况（outcome）、干预方法（method）、性别（sex）），试分析阿司匹林预防冠脉血管术后再次堵塞的作用。

表 16-4　40 名冠脉搭桥术的患者术后血管堵塞情况

患者编号	冠脉编号	再次堵塞状况	干预方法	性别
1	1	1	0	1
1	2	0	0	1
1	3	1	0	1
2	1	1	0	1
2	2	0	0	1
2	3	1	0	1
3	1	0	0	1
3	2	1	0	1
3	3	1	0	1
⋮	⋮	⋮	⋮	⋮

赋值说明：再次堵塞（0=未堵塞；1=堵塞）；干预方法（0=安慰剂，1=阿司匹林）；性别 （0=女，1=男）。

结局指标为血管再次堵塞情况，属于计数资料类型中的二分类变量，每位患者有不止一条的冠状动脉搭桥，同一患者的多条冠脉在术后是否堵塞高度相关，因此采用 PROC GEE 过程步对多个相关分类数据进行广义估计方程分析。

1.2 SAS 主要程序及说明

程序	说明

`proc import datafile='d:\ch16-4.xlsx' dbms=xlsx`
`  out=ch_16_4 replace;`
`getnames=yes;`
`run;`
	读取 XLSX 数据

`proc gee data=ch_16_4 descending;`
`class ID method sex outcome vascellum;`
`model outcome=method sex/dist=bin link=logit;`
`repeated subject=ID/type=exch covb corrw;`
`run;`
	调用过程步 proc gee
	class 选项定义 ID method sex outcome vascellum 为分类变量
	model 语句中指定 outcome 为反应变量，指定 sex 为协变量，dist（distribution）选项指定重复观测数据的类型为 bin（binary 表示二项分布）；link 选项指定连接函数 logit
	repeated 语句设定重复测量数据的相关结构：subject=lD；type 选项设定相关矩阵类型为 exch，即等相关（exchangeable），并且设置输出作业相关矩阵（corrw）和参数估计的协方差矩阵（covb）两部分的结果

1.3 主要分析结果与解释

Model Information		①
Data Set	WORK.ch_16_4	
Distribution	Binomial	
Link Function	Logit	
Dependent Variable	outcome	
Number of Observations Read	120	
Number of Observations Used	120	
Number of Events	65	
Number of Trials	120	

Class Level Information		
Class	Levels	Values
ID	40	1 2 3 4 5 6 7 8 9 10 11 12 13 14 15 16 17 18 19 20 21 22 23 24 25 26 27 28 29 30 31 32 33 34 35 36 37 38 39 40
method	2	0 1
sex	2	0 1
outcome	2	1 0
vascellum	3	1 2 3

Response Profile			②
Ordered Value	outcome	Total Frequency	
1	1	65	
2	0	55	

PROC GEE is modeling the probability that outcome='1'.

Parameter Information			
Parameter	Effect	method	sex
Prm1	Intercept		
Prm2	method	0	
Prm3	method	1	
Prm4	sex		0
Prm5	sex		1

GEE Model Information		③
Correlation Structure	Exchangeable	
Subject Effect	ID (40 levels)	
Number of Clusters	40	
Correlation Matrix Dimension	3	
Maximum Cluster Size	3	
Minimum Cluster Size	3	

Covariance Matrix (Model-Based)			④
	Prm1	Prm2	Prm4
Prm1	0.09292	−0.06181	−0.06578
Prm2	−0.06181	0.12294	0.007822
Prm4	−0.06578	0.007822	0.12254

Covariance Matrix （Empirical）				④
	Prm1	Prm2	Prm4	
Prm1	0.08894	−0.07675	−0.04705	
Prm2	−0.07675	0.12103	0.007327	
Prm4	−0.04705	0.007327	0.12364	
Working Correlation Matrix				
	Obs 1	Obs 2	Obs 3	
Obs 1	1.0000	−0.0927	−0.0927	
Obs 2	−0.0927	1.0000	−0.0927	
Obs 3	−0.0927	−0.0927	1.0000	

Exchangeable Working Correlation		⑤
Correlation	−0.0927	
GEE Fit Criteria		
QIC	157.7298	
QICu	158.8226	

Parameter Estimates for Response Model with Empirical Standard Error

Parameter		Estimate	Standard Error	95% Confidence Limits		Z	Pr > |Z|
Intercept		−0.3486	0.2982	−0.9332	0.2359	−1.17	0.2424
method	0	1.3036	0.3479	0.6218	1.9855	3.75	0.0002
method	1	0.0000	0.0000	0.0000	0.0000	.	.
sex	0	−0.2333	0.3516	−0.9225	0.4558	−0.66	0.5070
sex	1	0.0000	0.000	0.0000	0.0000		

输出结果说明如下。

①数据集基本信息：包括数据集名称、模型中设置的反应变量名称以及分布、模型连接函数形式等。

②反应变量分类的频数分布情况以及各个参数的解释：共输出 5 个参数，包含一个截距项系数、4 个哑变量等。

③构建模型的作业相关矩阵的类型：本例设置为等相关，数据集中的相关结构信息，本例相关矩阵的维度为 3。

④基于模型和基于经验似然估计得到的协方差矩阵以及通过计算各个观测的反应变量的相关程度得到的作业相关系数矩阵：从矩阵中发现任意两次反应变量的观测的相关系数为−0.0927，可确定预先假定的作业相关矩阵类型正确，为等相关。

⑤广义估计方程的拟合效果（QIC）：QIC 主要供不同的拟合方法进行比较时参考，QIC 值越小，拟合效果越好。统计参数的点估计（Estimate）、标准误（Standard Error）、95%置信区间（95% Confidence Limits）、Z 值以及 P 值。结果显示治疗方法对术后冠脉血管再次堵塞具有统计学意义（$P=0.002$），OR=$e^{1.3036}$=3.68253，提示术后不采用阿司匹林治疗是血管再次堵塞的危险因素。不治疗发生再次堵塞的风险是采用阿司匹林治疗的 3.68253 倍。不同性别对搭桥术后血管再次堵塞无影响。

1.4　其他常用选项的说明

其他常用选项	说明
dist= link=	指定反应变量的概率分布。如果指定 dist=option，但没有指定自定义的连接函数，SAS 将指定默认的连接函数。如果没有指定分布，则 GEE 过程对于连续反应变量默认为正态分布。常用的设定如下：①二分类 Logistic 回归 dist=binomial|bin|b　link=logit；②线性回归 dist=identity link=identity；③Poisson 回归 dist=poisson|poi|p link=log
type=	指定工作相关矩阵，如果不指定，默认的工作相关矩阵为 independent（CORR=IND）
namelin	确定反应变量名称的长度
order	对选定变量进行排序
plots	控制对 ODS GRAPHICS 生成的图形的绘图

第四节 轨迹分析

轨迹分析（trajectory analysis）用于描述某一事物的发展水平随时间的连续变化过程，并依据个体不同的发展规律实现人群聚类的纵向数据分析方法。目前，轨迹分析已广泛应用于心理学、医学等领域，建立轨迹分析模型有助于理解不同类型疾病的病因及发展过程。在临床研究中，轨迹聚类分析可以用于描述不同个体疾病或症状发展及对于治疗反应的异质性，提供一种新的方式帮助临床研究人员识别具有典型和非典型发展过程的个体与群体，辅助临床对个体进行评估并指导临床干预。

轨迹分析方法主要包括线性混合效应模型（linear mixed effects model，LMM）、群组化轨迹模型（group-based trajectory model，GBTM）、潜在类别混合模型（latent class mixed model，LCMM）等。其中，GBTM 是一种最为常用的轨迹分析方法，该模型假设在人群中存在着有限个不同的轨迹发展模式，可以识别某一事件随时间变化具有相似发展趋势的轨迹亚组，从而实现人群聚类。属于同一轨迹发展模式的个体间具有相同或相似的纵向变化规律，不同轨迹模式的变化规律可以通过不同的多项式函数进行描述和刻画。但该模型无法事前确定理想的人群聚类数目，需要根据某种规则评价不同人群聚类数目模型的优劣，最终确定最佳的聚类数目。GBTM 在建模过程中能够计算出个体属于不同轨迹模式的后验概率，通过将其分配至后验概率最大的轨迹亚组实现个体分组。

本节将结合 GBTM 原理及 SAS 软件使用，通过 2 个实例详细展示 GBTM 的实际应用，实例选择的模型均为反应变量服从混合正态分布的连续变量的单变量删失正态分布模型（CNORM）。第一个实例基于蒙特利尔纵向研究数据，主要介绍 GBTM 拟合的主要步骤、各步骤程序参数设置及其含义以及 SAS 软件各部分输出结果的含义；第二个实例基于中国健康与营养调查（CHNS）数据，通过 GBTM 建立身体质量指数（BMI）轨迹，并探讨 BMI 轨迹与新发高血压的关联。

1.1 研究实例

例 16-5 此实例是来自蒙特利尔纵向研究的 138 名受试者数据，蒙特利尔纵向研究是一项针对儿童因早期行为问题而增加后期反社会行为风险的干预措施的研究。教师在学生 6 岁和 10～15 岁的每年对学生的反社会行为进行评估，通过量表以 0～10 分的反社会行为评分进行量化评估。

适用于 GBTM 的数据格式为宽数据格式，即数据表中的每一行代表一个研究对象，每一列代表某一变量的某一次测量，同一变量的多次重复测量在表格中处于不同的列。

表 16-5 中，ID 表示每个个体的编号，T1～T7 表示反社会行为评分不同时间点，O1～O7 表示对应 T1～T7 时间点的反社会行为评分（数值越大，表明反社会行为越明显），SCOLMER 和 SCOLPER 表示衡量母亲、父亲教育水平的指标（数值越大，表明父亲或母亲的教育水平越高）。

表 16-5　138 名受试者的反社会行为评分数据

ID	O1	O2	O3	O4	O5	O6	O7	T1	T2	T3	T4	T5	T6	T7	SM	SE
1	2	0	1	0	0	0	0	−0.6	−0.2	−0.1	0	0.1	0.2	0.3	10	15
2	2	1	2	0	5	1	0	−0.6	−0.2	−0.1	0	0.1	0.2	0.3	9	6
3	4	2	0	0	0	0	1	−0.6	−0.2	−0.1	0	0.1	0.2	0.3	14	12
4	4	0	1	0	.	.	0	−0.6	−0.2	−0.1	0	0.1	0.2	0.3	12	13
5	5	9	3	4	4	3	3	−0.6	−0.2	−0.1	0	0.1	0.2	0.3	9	9
6	8	10	2	0	1	2	2	−0.6	−0.2	−0.1	0	0.1	0.2	0.3	7	16
7	1	2	0	0	0	0	0	−0.6	−0.2	−0.1	0	0.1	0.2	0.3	12	7
8	1	0	0	1	0	0	0	−0.6	−0.2	−0.1	0	0.1	0.2	0.3	16	20
9	3	1	0	0	0	0	0	−0.6	−0.2	−0.1	0	0.1	0.2	0.3	9	20
10	4	2	2	3	.	0	6	−0.6	−0.2	−0.1	0	0.1	0.2	0.3	9	12
11	4	2	0	0	.	1	0	−0.6	−0.2	−0.1	0	0.1	0.2	0.3	7	7
12	5	7	10	4	4	6	2	−0.6	−0.2	−0.1	0	0.1	0.2	0.3	11	12
⋮	⋮	⋮	⋮	⋮	⋮	⋮	⋮	⋮	⋮	⋮	⋮	⋮	⋮	⋮	⋮	⋮

SM：SCOLMER；SE：SCOLPER。

定义 $Y_i = \{y_{i1}, y_{i2}, y_{i3}, \cdots, y_{iT}\}$ 为个体 i 在 T 个时间点的纵向观测数据，GBTM 假设总研究人群中存在有 G 个未知的轨迹亚组，第 g 个轨迹亚组表示为 I_g，以 θ_g 表示模型参数 $\theta = (\pi, \theta_1, \theta_2, \cdots, \theta_G)$ 中不同轨迹亚组模型的参数，以 π_g 表示各聚类比例，以 $f(Y_i|\theta)$ 表示 Y_i 的似然函数，以 $P(Y_i|i \in I_g, \theta)$ 表示 Y_i 分配到第 g 个轨迹亚组的概率，则

$$f(Y_i|\theta) = \sum_{g=1}^{G} \pi_g f(Y_i|\theta_g) \tag{16-2}$$

$$P(Y_i|i \in I_g, \theta) = \frac{\pi_g f(Y_i|\theta_g)}{\sum_{g'=1}^{G} \pi_{g'} f(Y_i|\theta_{g'})} \tag{16-3}$$

本示例中反社会行为评分为连续变量，分析其随时间的变化特点，可采用截尾正态分布模型，其函数形式如下：

$$y_{it}^{*g} = \beta_0^g + \beta_1^g x_{it} + \beta_2^g x_{it}^2 + \beta_3^g x_{it}^3 + \varepsilon_{it} \tag{16-4}$$

其中，y_{it}^{*g} 是反社会行为评分的期望测量值，β_0^g，β_1^g，β_2^g，β_3^g 是指定的第 g 组轨迹的截距和斜率的系数，ε_{it} 服从均数为 0、标准差为 σ 的正态分布。

一般以 π_g 表示总体中随机抽取某一个体属于第 g 个轨迹组的概率，也称为聚类比例，可以直接进行估计，但实际过程中往往不进行直接估计，反而将其以 Logit 多项式进行定义：

$$\pi_g = \frac{e^{\eta_g}}{\sum_{g'=1}^{G} e^{\eta_{g'}}} \tag{16-5}$$

通过以 Logit 多项式的方式定义 π_g 可以探讨基线协变量 x 对聚类比例 π_g 的影响，对于个体 i 的一组协变量向量 x_i，聚类比例表示为 $\pi_g(x_i)$，定义为：

$$\pi_g(x_i) = \frac{e^{\eta_g x_i}}{\sum_{g'=1}^{G} e^{\eta_{g'} x_i}} \tag{16-6}$$

其中，参数系数 η_g 反映了基线协变量 x_i 对于 π_g 的影响，将与描述轨迹的参数 β 同时进行估计。

下面的程序将展示如何在数据中拟合 GBTM，并研究基线协变量与轨迹分组的关联。

1.2 SAS 主要程序及说明

程序	说明

`proc import datafile='d:\ch16-5.xlsx'`
`dbms=xlsx out=ch16_5 replace;`
`getnames=yes;`
`run;`
	读取 XLSX 数据

`proc traj data=ch16_5`
`out=of`
`outplot=op`
`outstat=os`
`outset=oe;`
	调用过程步 proc traj，out 输出包含每个个体轨迹分组概率及最终轨迹亚组划分的数据集，outplot 输出包含各时间点各轨迹亚组均值、估计值以及 95%置信区间的数据集，用于后续绘制轨迹图，outstat 输出包含每个轨迹亚组各次项参数以及各轨迹亚组所占百分比的数据集，outest 输出包含对数似然函数值、贝叶斯信息准则（BIC）等参数的数据集

`id id;`	id 指定模型中彼此完全独立对象的唯一标识变量

`indep T1-T7;`
`var O1-O7;`
`model cnorm;`
`min 0;`
`max 10;`
	indep 指定模型的解释变量，即不同测量时间（如年龄）；var 指定模型的反应变量，即对应不同时间点测量得到的值；model 指定反应变量的分布，包括 cnorm、zip 以及 logit，本例数据为连续变量，使用 cnorm 模型，各参数含义见上文；min/max 指定反应变量的最小值和最大值（只适用于 model=cnorm）

`ngroups 1;`
`order 1;`
`run;`
	ngroups 指定拟合的轨迹数；order 指定每一轨迹亚组的多项式（0 表示截距项，1 表示一次项，2 表示二次项，3 表示三次项）

续表

程序	说明

`proc traj data=ch16_5 out=of`
`outplot=op outstat=os outset=oe;`
`id id;indep T1-T7;var O1-O7;`
`model cnorm;min 0;max 10;ngroups 1;`
`order 2;`
`run;`
	gbtm 拟合过程需遵循由低组数向高组数、由低阶次向高阶次的顺序逐一进行拟合；因此，左侧程序的差异是 ngroups 和 order 的设置
	
	当高阶不显著时则继续进行拟合低阶项，直到模型符合所有轨迹亚组最高阶次参数均显著，各轨迹亚组人数≥5%，各轨迹亚组平均后验概率≥0.70，BIC 绝对值最小为止

`proc traj data=ch16_5 out=of`
`outplot=op outstat=os outset=oe;`
`id id;indep T1-T7;var O1-O7;`
`model cnorm;min 0;max 10;ngroups 1;`
`order 3;`
`run;`
	需要注意，若相邻模型 BIC 接近，需要以*2ΔBIC 为评价标准选择模型，此时所得模型即为最优模型。本例中通过逐步拟合模型并比较，得到最优模型为"1 阶-1 阶-截距"

`proc traj data=ch16_5 out=of`
`outplot=op outstat=os outset=oe;`
`id id;indep T1-T7;var O1-O7;`
`model cnorm;min 0;max 10;ngroups 1;`
`order 1 1;`
`run;`
	*如果把组数较少或曲线阶次较低的模型定义为简单模型，则组数较多或曲线阶次较高的模型为复杂模型。简单模型与复杂模型的优劣以贝叶斯因子对数值（记作 2ΔBIC）为评价标准，其计算公式为 2ΔBIC=2（BIC 复杂模型−BIC 简单模型），若 2ΔBIC＞10，则选择复杂模型，否则选择简单模型

`proc traj data=ch16_5 out=of`
`outplot=op outstat=os outset=oe;`
`id id;indep T1-T7;var O1-O7;`
`model cnorm;min 0;max 10;ngroups 1;`
`order 1 1 1;`
`run;`	

`proc traj data=ch16_5 out=of`
`outplot=op outstat=os outset=oe;`
`id id;`
`indep T1-T7;var O1-O7;`
`model cnorm;min 0;max 10;ngroups 3;`
`order 1 1 0;`
`start`
`-2.329417 -3.727203`
`0.827197 -1.871977`
`4.020957 /* -0.805565 */`
`2.697918`
`24.380491 54.784409 20.835100;`
`run;`
	start 指定模型参数起始值

`proc traj data=ch16_5 out=of`
`outplot=op outstat=os outset=oe;`
`id id;`
`indep T1-T7;var O1-O7;`
`model cnorm;min 0;max 10;ngroups 3;`
`order 1 1 0;`
`risk scolmer scolper;`
`start`
`-2.329417 -3.727203`
`0.827197 -1.871977`
`4.020957 /* -0.805565 */`
`2.697918`
`0.809622 0 0 -0.157144 0 0;`
`run;`
	risk 指定可能影响轨迹聚类比例的基线协变量。在本例中 scolmer 和 scolper 作为指定的基线协变量纳入模型

程序	说明
`%trajplot(op,os,'Opposition vs. Scaled Age','Cnorm Model', 'Opposition', 'Scaled Age')`	%trajplot（outplot，outstat，'主标题'，'副标题'，'纵坐标标题'，'横坐标标题'），该语句用于绘制轨迹图

1.3 主要分析结果与解释

① Maximum Likelihood Estimates
Model：Censored Normal （CNORM）

Group	Parameter	Estimate	Standard Error	T for H0：Parameter=0	Prob > |T|
1	Intercept	−2.3294	0.4492	−5.186	<0.001
	Linear	−3.7272	1.0311	−3.615	<0.001
2	Intercept	0.8272	0.2665	3.103	0.002
	Linear	−1.8720	0.5447	−3.437	<0.001
3	Intercept	4.0210	0.3211	12.521	<0.001
	Linear	−0.8056	0.8578	−0.939	0.348
	Sigma	2.6979	0.0934	28.897	<0.001
Group membership					
1	(%)	24.3805	5.6336	4.328	<0.001
2	(%)	54.7844	6.1215	8.950	<0.001
3	(%)	20.8351	5.1493	4.046	<0.001

BIC=−1635.65 （N=901） BIC=−1627.21 （N=138） AIC=−1614.04 ll=−1605.04

② Parameter estimates for adding risk factors

| −2.3294 | −3.7272 | 0.8272 | −1.872 | 4.021 | −0.8056 |
| 2.6979 | 0.8096 | −0.1571 | 0 | 0 | 0 |

Parameter estimates

| −2.3294 | −3.7272 | 0.8272 | −1.872 | 4.021 | −0.8056 |
| 2.6979 | 24.3805 | 54.7844 | 20.8351 | 0 | 0 |

③ Maximum Likelihood Estimates
Model：Censored Normal （CNORM）

Group	Parameter	Estimate	Standard Error	T for H0：Parameter=0	Prob > |T|
1	Intercept	−2.3111	0.4500	−5.136	<0.001
	Linear	−3.6876	1.0245	−3.599	<0.001
2	Intercept	0.8640	0.2688	3.214	0.003
	Linear	−1.9574	0.5319	−3.680	<0.001
3	Intercept	4.1142	0.3230	12.737	<0.001
	Sigma	2.7016	0.0933	28.946	<0.001
Group membership					
1	(%)	24.7205	5.6681	4.361	<0.001
2	(%)	55.2434	6.1104	9.041	<0.001
3	(%)	20.0361	5.1557	3.886	<0.001

BIC=−1632.67 （N=901） BIC=−1625.17 （N=138） AIC=−1613.46 ll=−1605.46

续表

id	O1	...	O7	T1	...	T7	GRP1PRB	GRP2PRB	GRP3PRB	GROUP
1	2	...	0	−0.6	...	0.3	0.878833	0.121165	0.000002	1
2	2	...	0	−0.6	...	0.3	0.006766	0.98868	0.004555	2
3	4	...	1	−0.6	...	0.3	0.301887	0.698013	0.000099	2
4	4	...	0	−0.6	...	0.3	0.488871	0.510543	0.000585	2
5	5	...	3	−0.6	...	0.3	0	0.012283	0.987717	3
6	8	...	2	−0.6	...	0.3	0.000003	0.341657	0.65834	3
7	1	...	0	−0.6	...	0.3	0.881909	0.118089	0.000002	1
8	1	...	0	−0.6	...	0.3	0.906718	0.093281	0.000001	1
9	3	...	0	−0.6	...	0.3	0.859686	0.140311	0.000003	1
10	4	...	6	−0.6	...	0.3	0	0.064999	0.935001	3
11	4	...	0	−0.6	...	0.3	0.13073	0.868089	0.001181	2
12	5	...	2	−0.6	...	0.3	0	0.00039	0.99961	3
⋮	⋮	⋮	⋮	⋮	⋮	⋮	⋮	⋮	⋮	⋮

Opposition vs. Scaled Age
Cnorm Model

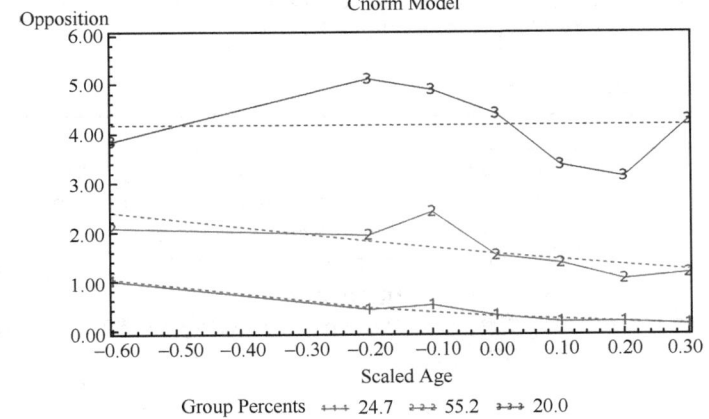

Group Percents 24.7 55.2 20.0

Maximum Likelihood Estimates

Model: Censored Normal (CNORM)

Group	Parameter	Estimate	Standard Error	T for H0: Parameter=0	Prob > |T|
1	Intercept	−2.3111	0.4500	−5.136	<0.001
	Linear	−3.6876	1.0245	−3.599	<0.001
2	Intercept	0.8640	0.2688	3.214	0.003
	Linear	−1.9574	0.5319	−3.680	<0.001
3	Intercept	4.1142	0.3230	12.737	<0.001
	Sigma	2.7016	0.0933	28.946	<0.001
Group membership					
1	Baseline	(0.0000)			
2	Constant	3.6219	1.2683	2.856	0.004
	SCOLMER02	−0.0581	0.1087	−0.535	0.593
	SCOLPER02	−0.1988	0.0988	−2.012	0.044
3	Constant	3.8993	1.4142	2.757	0.005

续表

SCOLMER03	−0.1695	0.1301	−1.303	0.192	⑥
SCOLPER03	−0.2245	0.1153	−1.947	0.051	
	BIC=−1639.70 （N=901）	BIC=−1628.44 （N=138）	AIC=−1610.87 ll=−1598.87		

输出结果说明如下。

①模型参数估计结果及模型拟合的基本信息：包括各轨迹亚组参数、模型BIC、各轨迹亚组人数所占比例等。在本例中，由于第3轨迹组1次项的 P 值等于0.348，大于0.05，故需将第3轨迹组的最高次项降为截距项后再拟合新模型，并重复以上步骤直到各组各阶参数 P 值均显著为止。

②模型参数估计结果：由于后续降次模型需要设定起始值，该结果可直接复制，以便读者用于最优模型的估计中。表格中第一部分用于危险因素模型，第二部分用于一般模型。在本例中，首先使用第二部分参数设定起始值，拟合一般轨迹模型；然后，使用第一部分参数设定起始值，并在 risk 选项中纳入需要估计的危险因素，拟合危险因素模型。

③逐步拟合并比较得到的"1阶-1阶-截距"最优模型参数：可见各轨迹亚组的最高次项 P 值均小于0.05，人数均大于5%，平均后验概率≥0.70（见④，需读者自行计算），2ΔBIC=3.53<10（与复杂模型，即"1阶-2阶-截距"相比，因篇幅所限未给出复杂模型的参数，读者可自行尝试拟合）。

④out 输出的结果：显示了每一个体分配到各轨迹亚组的后验概率，以及每一个体根据各轨迹亚组后验概率的分组结果。各轨迹亚组的平均后验概率程序不会自动输出，需要读者根据各轨迹亚组个体的后验概率进行计算。

⑤以最优模型参数绘制的轨迹图：其中实线为各时间点计算所得的均值连线，虚线为模型在各时间点估计的预测值的连线，最下方展示了各轨迹亚组人数的比例。

⑥基线协变量（SCOLMER 和 SCOLPER）与轨迹分组的关联结果：SCOLMER02、SCOLPER02、SCOLMER03 和 SCOLPER03 分别代表母亲受教育程度和父亲受教育程度与轨迹分组的关联结果。SCOLPER02 对应的参数为−0.1988，其检验 P 值为0.044，小于0.05，可见，父亲受教育程度较高的个体出现第2轨迹组变化模式的概率更低。

1.4 其他常用选项的说明

其他常用选项	说明
tcov	指定模型拟合过程中需要校正的时依协变量，需要与不同时间点的反应变量相对应
model2	PROC TRAJ 过程步可扩展为多变量的 multi-GBTM。如读者需要拟合 multi-GBTM，则应在
model3	单变量 GBTM 参数末尾依次添加数字，如左侧所示
var2	例如，multi-GBTM 纳入的第二个变量为二分类变量，则需添加 MODEL2=logit，其余参数
var3	以此类推，即可扩展为 multi-GBTM
indep2	需要注意，拟合 multi-GBTM 时需要将 NGROUPS 参数更改为 MULTGROUPS，其余拟合
indep3	策略与 GBTM 一致
order2	
order3	
multgroups	
……	

例 16-6 此实例来自中国健康与营养调查（CHNS）1501名受试者的纵向数据。本实例提取了其中 BMI 纵向随访测量与新发高血压结局数据，受试者在20～60岁进行了不少于3次 BMI 的测量，并在最后一次随访时记录了受试者新发高血压的情况。本例拟研究 BMI 轨迹与新发高血压之间的关联。

表 16-6 1501 名受试者的 BMI 与新发高血压部分原始数据

ID	age20	…	age40	age41	…	BMI20	…	BMI40	…	BMI60	HBP
1	.	…	.	.	…	.	…	.	…	.	1
2	.	…	.	.	…	.	…	.	…	.	0
3	.	…	.	.	…	.	…	.	…	.	0
4	.	…	40	.	…	.	…	22.3	…	.	1
5	.	…	40	.	…	.	…	20.3	…	.	1
6	.	…	.	.	…	.	…	.	…	.	1
7	.	…	.	41	…	.	…	.	…	.	0
8	.	…	.	41	…	.	…	.	…	.	0

续表

ID	age20	...	age40	age41	...	BMI20	...	BMI40	...	BMI60	HBP
9	.	...	40	.	...	.	...	23.2	...	.	0
10	.	...	.	41	...	.	...	.	...	.	0
11	.	...	.	.	...	.	...	.	...	.	0
12	.	...	.	.	...	.	...	.	...	.	0
⋮	⋮	⋮	⋮	⋮	⋮	⋮	⋮	⋮	⋮	⋮	⋮

表 16-6 中，ID 表示每个个体的编号，age20～age60 表示 BMI 测量的不同年龄，BMI20～BMI60 表示对应 age20～age60 年龄点的 BMI，HBP 表示个体新发高血压结局（0 为正常血压，1 为新发高血压）。本实例数据格式与实例 1 数据相同，为宽数据格式，但本实例数据明显具有稀疏性的特点。下面的程序将展示如何在本数据中拟合 GBTM，并以新发高血压结局作为反应变量、BMI 轨迹亚组作为解释变量进行 Logistic 回归分析。

例 16-6 的 SAS 主要程序及说明：

程序	说明
```proc import datafile='d:\ch16-6.xlsx' dbms=xlsx out=ch16_6 replace; getnames=yes; run;```	读取 XLSX 数据
```proc traj data= ch16_6 out=of outplot=op outstat=os outset=oe; id id;indep age20-age60;var BMI20-BMI60; model cnorm;min 0;max 40;ngroups 4; order 1 1 2 2; start 17.694839 0.062916 /* -0.000468 */ 17.471722 0.123399 /* -0.000537 */ 14.521796 0.330863 -0.002342 16.596352 0.390586 -0.003031 1.533660 18.093826 41.810304 30.381945 9.713926; run;```	GBTM 拟合策略及参数含义在上个实例中已详细讲解，此处不再赘述 该实例数据经过逐步拟合模型并比较，最终得到最优模型为"1 阶-1 阶-2 阶-2 阶"
```/*①*/ data ch16_6_hbp; set ch16_6; keep id HBP; run; /*②*/ proc sort data=ch16_6_hbp; by id; run; /*③*/ data of_group; set of; keep id group; run; /*④*/ proc sort```	各过程涉及参数含义见第四章及第十三章 ①-②从原始数据集中提取了每一个个体 ID，以及新发高血压结局，并对 ID 进行了排序 ③-④从 of 数据集中提取了每一个个体 ID 及 BMI 轨迹亚组划分情况，并对 ID 进行了排序 ⑤将新发高血压结局及 BMI 轨迹亚组划分情况根据个体 ID 合并 ⑥以新发高血压结局作为反应变量，BMI 轨迹亚组作为解释变量，将第 1 轨迹组作为对照，拟合 Logistic 回归模型

程序	说明
| ```
data=of_group;
by id;
run;
/*⑤*/
data data_logi;
merge ch16_6_hbp of_group;
by id;
run;
/*⑥*/
proc logistic
data=data_logi descending;
class group(ref='1');
model hbp=group/cl rl;
run;
``` | |

例 16-6 的主要分析结果与解释：

		Maximum Likelihood Estimates				①
		Model: Censored Normal （CNORM）				
Group	Parameter	Estimate	Standard Error	T for H0: Parameter=0	Prob > |T|	
1	Intercept	18.5082	0.2365	78.270	<0.001	
	Linear	0.023	0.0056	4.136	<0.001	
2	Intercept	18.3842	0.1547	118.841	<0.001	
	Linear	0.078	0.0039	20.259	<0.001	
3	Intercept	14.4843	0.6561	22.078	<0.001	
	Linear	0.3318	0.0326	10.186	<0.001	
	Quadratic	−0.0024	0.0004	−6.069	<0.001	
4	Intercept	16.5941	1.094	15.168	<0.001	
	Linear	0.3902	0.0558	6.996	<0.001	
	Quadratic	−0.003	0.0007	−4.364	<0.001	
	Sigma	1.5338	0.0115	133.408	<0.001	
Group membership						
1	(%)	18.0146	1.5913	11.321	<0.001	
2	(%)	41.736	1.5579	26.791	<0.001	
3	(%)	30.498	1.5175	20.097	<0.001	
4	(%)	9.7514	0.8648	11.276	<0.001	

BIC=−19209.81 （N=9483） BIC=−19196.91 （N=1501） AIC=−19159.71
ll=−19145.71
```

BMI Trajectory Cnorm Model BMI, kg/m² vs Age, year (20.00–60.00) Group Percents: 18.0, 41.7, 30.5, 9.8	②

ID	HBP	Group	
1	0	2	③
2	0	1	
3	0	2	
4	0	3	
5	1	2	
6	0	4	
7	0	2	
8	0	2	
9	0	3	
10	0	2	
11	1	3	
⋮	⋮	⋮	

Odds Ratio Estimates and Wald Confidence Intervals					
Effect	Unit	Estimate	95% Confidence	Limits	④
GROUP 2 vs 1	1.0000	1.472	1.020	2.124	
GROUP 3 vs 1	1.0000	1.773	1.214	2.588	
GROUP 4 vs 1	1.0000	3.017	1.906	4.775	

输出结果说明如下。

①逐步拟合并比较得到的"1阶-1阶-2阶-2阶"最优模型参数：可见各轨迹亚组的最高次项 P 值均小于 0.05，人数均大于 5%，平均后验概率≥0.70（需读者自行计算），2ΔBIC=42>10（与简单模型，即"1阶-1阶-1阶-1阶"相比，因篇幅所限未给出简单模型的参数，读者可自行尝试拟合）。

②最优模型参数绘制的轨迹图：其中实线为各时间点计算所得的均值连线，虚线为模型在各时间点估计的预测值的连线，最下方展示了各轨迹亚组人数的比例。轨迹图可直观展示不同轨迹亚组的变化模式，例如第一组为低稳定组（18%），表现为 BMI 在 20~60 岁生命历程保持在 19 kg/m² 左右；2~4 组为上升组，表现为不同的上升斜率。需注意的是，20~23 岁年龄段的样本量相对较小，使得轨迹组在 20 岁初始部分的拟合效果欠佳，特别是 4 组。然而，GBTM 的轨迹图主要是从 20~60 岁的生命历程上看整体的 BMI 动态变化模式，部分年龄段的拟合不足对整体的轨迹亚组影响不大。

③新发高血压结局及 BMI 轨迹亚组划分情况根据个体 ID 合并后的数据集，即 data_logi 数据集。

④以 BMI 轨迹分组和新发高血压结局拟合 Logistic 回归模型得到的比值比（OR）及其 95%置信区间（95%CI）：以第 1 轨迹组为对照组，第 2 轨迹组、第 3 轨迹组和第 4 轨迹组的 OR（95% Confidence Limits）分别为 1.472（1.020，2.124）、1.773（1.214，2.588）和 3.017（1.906，4.775）。可见，第 2 轨迹组、第 3 轨迹组和第 4 轨迹组个体发生新发高血压的风险逐渐增加，分别为第 1 轨迹组的 1.472、1.773 和 3.017 倍。需要注意，本实例只进行了 BMI 轨迹分组和新发高血压结局之间的单因素 Logistic 回归分析。在实际分析中，需要校正其他混杂因素，除此之外，还可以考虑校正轨迹模型基线时的反应变量，即本例中个体基线时的 BMI 水平，以重点关注 BMI 动态变化与新发高血压之间的关联。

（宋桂荣　杨　芳　张　涛）

第十七章 时间序列分析

时间序列是指对某一指标按照相等时间间隔收集，按照时间先后顺序排列而成的序列。比如：医院每日药品用量、北京市每月恶性肿瘤新发病例数、全国每年医疗机构床位数等。其数据特点具有顺序性、随机性、前后时刻（不一定相邻）的相关性、趋势性或周期性的特征。序列的变化受长期趋势、季节变动、周期波动和随机波动中一个或多个因素影响。时间序列分析的主要任务就是利用统计方法寻找其发展规律，拟合适当的数学模型，并利用模型预测序列未来趋势。

按照研究对象的多少，时间序列分为一元时间序列和多元时间序列。按照时间的连续性，分为离散型时间序列和连续型时间序列。本章内容主要研究一个指标的一元时间序列，具有一定时间间隔的离散型时间序列。另外，根据统计特性还可以分为平稳序列和非平稳序列。平稳序列的特点是时间序列的统计特性不随时间变化而变化，基于历史数据呈现的统计规律可以很好地预测未来，代表模型为自回归移动平均（auto-regressive moving average，ARMA）模型。非平稳序列的特点是时间序列统计特性随时间变化而发生变化，呈现某种特征，比如：指标随时间增加呈现上升趋势。代表模型为差分自回归移动平均（auto-regressive integrated moving average，ARIMA）模型。

本章将以 ARMA 和 ARIMA 两类模型为代表，通过 SAS 软件中的 PROC ARIMA 实现，介绍时间序列分析的相关内容，包括：时间序列数据预处理、模型选择、参数估计、模型诊断和预测等。

第一节 平稳时间序列 ARMA 模型

自回归移动平均模型是自回归（auto-regression，AR）模型和移动平均（moving average，MA）模型的组合。对于一个时间序列 $\{x_t\}_{t=1}^T$，以上三个模型可分别表示为：

（1）p 阶自回归模型 AR（p）：$x_t = \alpha_0 + \sum_{i=1}^{p} a_i x_{t-i} + \varepsilon_t$

（2）q 阶移动平均模型 MA（q）：$x_t = \sum_{i=1}^{q} \beta_i \varepsilon_{t-i}$

（3）p，q 阶自回归移动平均模型 ARMA（p，q）：$x_t = \alpha_0 + \sum_{i=1}^{p} a_i x_{t-i} + \sum_{i=0}^{q} \beta_i \varepsilon_{t-i}$

其中 β_0 通常会标准化为 1，$i = 0$ 时。

ARMA 模型的适用情况是：时间序列原始数据满足平稳性且不是白噪声数据。ARMA 模型的建模流程和判断方法如下：

（1）观察时间序列特征，包括样本自相关函数（autocorrelation function，ACF）和偏自相关函数（partial autocorrelation function，PACF）。

（2）定阶阶段：实际应用中，主要有三种方法。

①通过观察 ACF 和 PACF 特征，确定选择 ARMA（p,q）模型 p 阶和 q 阶（表 17-1）。

表 17-1 ARMA 定阶基本原则

模型	AR（p）	MA（q）	ARMA（p，q）
ACF	拖尾	q 阶截尾	q 阶拖尾
PACF	p 阶截尾	拖尾	p 阶拖尾

②可以通过软件中的选项，自动寻找 ARMA 合适的 p 阶和 q 阶。

③通过模型准则函数定阶：利用输出结果中的赤池信息准则（Akaike information criterion，AIC）和贝叶斯信息准则（Bayesian information criterion，BIC，也称 SBC）进行优化。以 AIC 和 BIC 最小者为最优。

（3）模型的参数估计，并对模型有效性和参数显著性进行检验。若未通过，则重复上一步拟合新的模型。

模型有效性：判断该模型是否充分提取信息。对拟合模型后的序列残差进行白噪声检验，若残差序列为白噪声序列，则认为是有效模型。若残差为非白噪声序列，说明残差序列中还有信息未被提取，需要重新拟合。

参数显著性：检验每一个未知参数是否显著非零。如果某个参数不显著，代表参数对应的自变量对因变量的影响不明显，可以将自变量从模型中剔除。一个好的模型应该是拟合精度和未知参数个数的最优化配置。

（4）利用拟合好的时间序列模型，对未来的数据进行预测。

1.1 研究实例

例17-1 2019年1月～2021年12月某城市环境空气质量综合指数见表17-2。对2019年1月～2021年12月的综合指数建模，并对2022年1月～5月的综合指数进行预测。

表17-2 2019年1月～2021年12月某城市环境综合指数

月份	年份		
	2019	2020	2021
1月	6.39	8.18	5.62
2月	6.13	4.54	4.76
3月	6.07	4.18	6.29
4月	4.69	5.99	4.53
5月	4.53	3.56	3.90
6月	3.58	3.94	3.18
7月	3.63	4.11	2.95
8月	2.95	3.14	3.07
9月	4.17	3.22	3.17
10月	5.15	4.97	3.79
11月	4.19	4.64	4.77
12月	5.48	4.64	3.95

1.2 SAS 主要程序及说明

程序	说明
data ch17_1;	建立数据集 ch17_1
input x @@;	input 录入空气质量指数变量 x
t=_n_;	t=_n_自动生成序号变量 t
cards;	
6.39 6.13 6.07 4.69 4.53 3.58 3.63 2.95	
4.17 5.15 4.19 5.48 8.18 4.54 4.18 5.99	
3.56 3.94 4.11 3.14 3.22 4.97 4.64 4.64	
5.62 4.76 6.29 4.53 3.90 3.18 2.95 3.07	
3.17 3.79 4.77 3.95	
;	

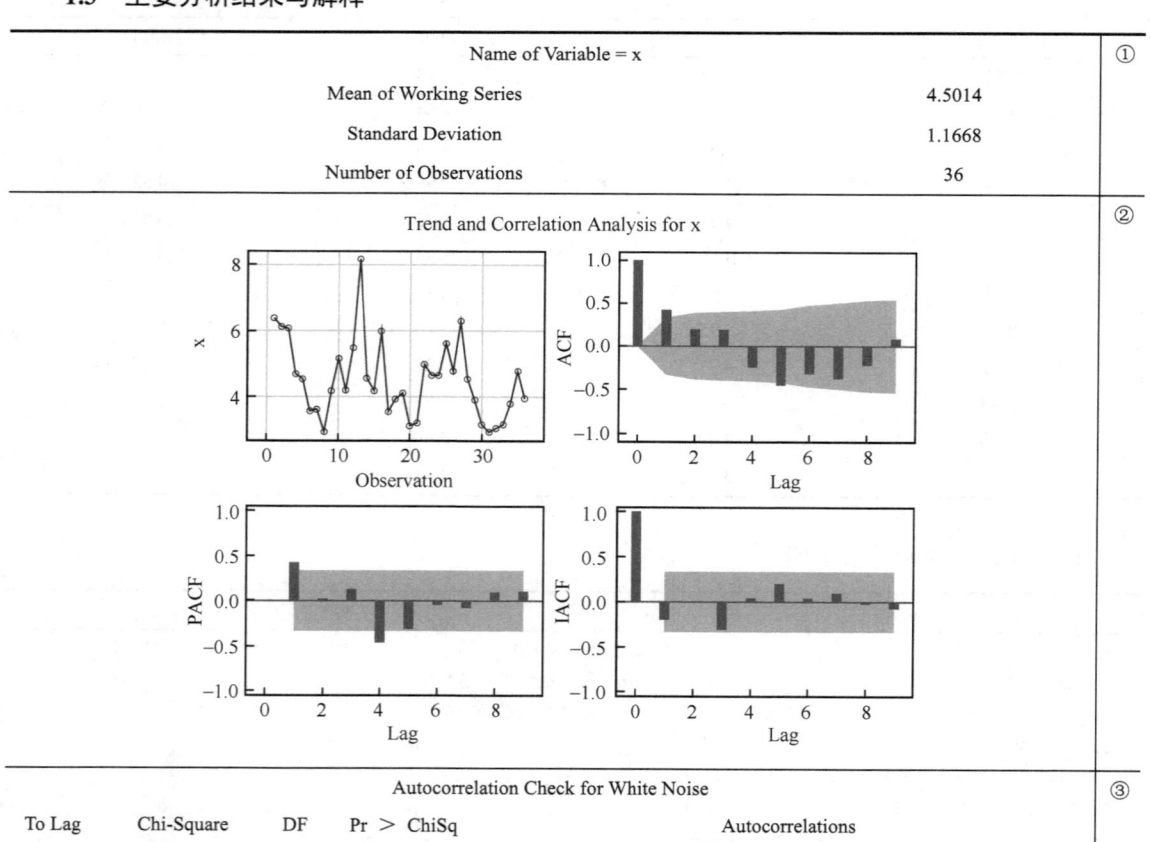

程序	说明
| ```
proc arima data=ch17_1;
identify var=x
minic p=(0:5) q=(0:5);
estimate p=(1,4);
forecast lead=5 id=t out=results;
run;
``` | 调用过程步 proc arima 对 ch17_1 进行时间序列分析<br>identify 语句对变量 x 进行平稳性的判定和纯随机性检验；minic 选项搭配 p 和 q 选项可以自动寻找 ARMA 模型中合适的 p 阶和 q 阶，给出为 BIC 最小值的 p 和 q 组合；estimate 语句对定阶的模型进行参数估计，在 p 和 q 定阶之后分别输入阶数，得到模型的参数估计值；forecast 语句对模型进行预测，lead 选项指定预测某几个时间点的数据，指定时间 t 作为 ID 变量，输出到 results 数据集 |
| ```
proc gplot data=results;
plot   x*t=1    forecast*t=2    l95*t=3
  u95*t=3/overlay;
symbol1 c=blue i=none v=star;
symbol2 c=red  i=join v=none;
symbol3 c=green i=join v=none;
run;
``` | 调用过程步 proc gplot 对预测的数据和真实观测值绘图；plot 语句绘制原始数据、预测值和上下 95%置信区间，指定分别输出图 1、2、3，overlay 选项指定这几条线放在一个图形中<br>symbol 语句确定图中符号意义，c=颜色，蓝色星形表示原始数据；红色线段代表预测模型；绿色代表预测模型的 95%置信区间 |

1.3 主要分析结果与解释

Name of Variable = x ①

Mean of Working Series	4.5014
Standard Deviation	1.1668
Number of Observations	36

Trend and Correlation Analysis for x ②

Autocorrelation Check for White Noise ③

To Lag	Chi-Square	DF	Pr > ChiSq	Autocorrelations					
6	26.59	6	0.0002	0.423	0.198	0.195	−0.246	−0.455	−0.322

Minimum Information Criterion ④

Lags	MA 0	MA 1	MA 2	MA 3	MA 4	MA 5
AR 0	0.1128	0.1714	0.2536	0.0985	0.1952	0.2733
AR 1	0.0410	0.0873	0.1386	0.0871	0.1208	0.1608
AR 2	0.1307	0.1673	0.2365	0.1785	0.2115	0.2530
AR 3	0.1131	0.1771	0.2758	0.2713	0.3098	0.3507
AR 4	−0.0981	−0.1897	−0.1008	−0.0242	0.0598	0.0603
AR 5	−0.1575	−0.1308	−0.0961	−0.0064	0.0882	0.0951

Minimum Table Value: BIC (4, 1) = −0.18974

Conditional Least Squares Estimation ⑤

Parameter	Estimate	Standard Error	t Value	Approx Pr > |t|	Lag
MU	4.5509	0.1343	33.8806	<.0001	0
MA1, 1	0.5606	0.2784	2.0140	0.0531	1
AR1, 1	0.8550	0.2381	3.5912	0.0012	1
AR1, 2	−0.1982	0.2246	−0.8824	0.3846	2
AR1, 3	0.3556	0.2151	1.6535	0.1086	3
AR1, 4	−0.5849	0.1636	−3.5750	0.0012	4

Conditional Least Squares Estimation ⑥

Parameter	Estimate	Standard Error	t Value	Approx Pr > |t|	Lag
MU	4.5474	0.1279	35.5697	<.0001	0
MA1, 1	0.6233	0.2296	2.7151	0.0106	1
AR1, 1	0.8658	0.1358	6.3771	<.0001	1
AR1, 2	−0.3976	0.0972	−4.0917	0.0003	4

Correlations of Parameter Estimates

Parameter	MU	MA1, 1	AR1, 1	AR1, 2
MU	1.000	0.280	0.281	−0.108
MA1, 1	0.280	1.000	0.757	−0.022
AR1, 1	0.281	0.757	1.000	−0.131
AR1, 2	−0.108	−0.022	−0.131	1.000

Conditional Least Squares Estimation ⑦

Parameter	Estimate	Standard Error	t Value	Approx Pr > |t|	Lag
MU	4.5178	0.2030	22.26	<.0001	0
AR1, 1	0.4906	0.1496	3.28	0.0025	1
AR1, 2	−0.3531	0.1534	−2.30	0.0278	4

Autocorrelation Check of Residuals ⑧

To Lag	Chi-Square	DF	Pr > ChiSq	Autocorrelations					
6	6.94	4	0.1390	−0.139	−0.109	0.266	0.066	−0.231	0.073
12	10.21	10	0.4219	−0.090	−0.139	0.063	0.049	0.098	0.138
18	12.60	16	0.7014	−0.019	0.078	0.126	−0.065	−0.067	−0.067
24	19.41	22	0.6197	−0.087	−0.130	−0.038	0.121	−0.160	0.067

Model for variable x ⑨

Estimated Mean　　4.517799

Autoregressive Factors

Factor 1: 1 − 0.49056 B**(1) + 0.35313 B**(4)

	Forecasts for variable x				⑩
Obs	Forecast	Std Error	95% Confidence Limits		
2022.1	4.7152	1.0239	2.7083	6.7221	
2022.2	4.8717	1.1405	2.6363	7.1070	
2022.3	4.6023	1.1668	2.3154	6.8893	
2022.4	4.7598	1.1731	2.4606	7.0590	
2022.5	4.5668	1.2114	2.1925	6.9411	

⑪ [预测图]

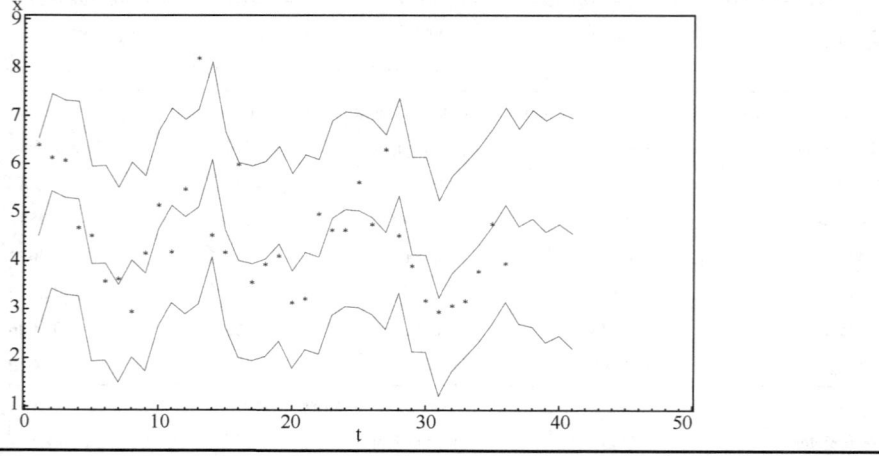

输出结果说明如下：

① 基本统计量描述：待分析变量 x、时间序列的均值、标准差和观测个数。

② 平稳性检验：样本自相关函数（ACF）图、偏自相关函数（PACF）图和逆自相关函数（IACF）图。原始数据时序图可知，该时间序列无明显趋势和季节性周期。ACF 图的横坐标代表延迟期数，直条形图的长度表示自相关系数的大小。图中的阴影区域代表自相关系数 2 倍标准差的部分。若自相关系数落在 2 倍标准差范围之外，可认为该自相关系数显著非零；反之，若自相关系数落在 2 倍标准差范围之内，可认为该自相关系数很小，近似为零。本例中，ACF 衰减向零的速度比较快，判定该序列是平稳序列。

③ 白噪声检验：输出结果显示在延迟 6 阶的 LB 统计量的 P 值为 0.0002，可以断定该序列属于非白噪声序列。综合以上信息，可以认定该序列为平稳非白噪声序列，可以拟合 ARMA 模型。

④ 模型定阶：观察 ACF 和 PACF 可知，PACF 在 4 阶后拖尾，即滞后期为 4 之后 PACF 几乎为 0，可以认为 p 阶取值 4。ACF 在 5 阶后拖尾，即滞后期为 5 之后自相关系数大小几乎为 0，可以认为 q 阶取值 5。同时，结合 SAS 提供的自动定阶的选项，可知 $p=4$，$q=1$ 的 ARMA 模型 BIC 值最小（BIC=−0.18974）。

⑤ 参数估计：$p=4$，$q=1$ 的 ARMA 输出结果显示，在模型中有三个参数的 t 统计量 P 值大于 0.05，其他两个参数和截距项的 t 统计量 P 值小于 0.05，有统计学意义。残差白噪声检验显示延迟 6、12、18、24 阶的 LB 检验统计量的 P 值均大于 0.05（结果未展示），判断该模型的有用信息已提取完全。

⑥ 模型优化：将上述模型中无统计学意义的参数去掉，重新拟合模型，设置 Estimate $p=(1, 4)$，$q=1$。模型结果显示所有参数估计全部通过检验。需注意的是，参数估计的相关性结果显示 MA（1）和 AR（1）的相关性较高，为 0.757。因此，需要将模型进行简化，考虑去掉 MA（1）或 AR（1）中的一个，即 $q=1$ 或 $p=1$。

⑦ 模型比较：比较 $p=(1, 4)$ 和 $p=1$，$q=1$ 两种设定拟合的模型，最终保留 $p=(1, 4)$ 的 ARMA 模型。

⑧ 残差白噪声检验：结果显示，序列信息已经被全部提取。

⑨ 模型表达式：可写成 $X_t = 4.517799 + 0.49056 X_{t-1} - 0.35313 X_{t-4} + \varepsilon_t$。

⑩ 预测：对未来 5 个月的该城市空气质量指数的预测结果。

⑪ 预测图：原始数据大部分都在预测区域内，日期越近的数据离预报曲线越近。

1.4 其他常用选项的说明

平稳时间序列 PROC ARMA 模型 estimate 命令下其他的常用选项如下：

其他常用选项	说明
method= CLS | ML | ULS	CLS：条件最小二乘估计（默认） ML：最大似然估计 ULS：最小二乘估计
NOINT	指定模型不输出截距（常数项）

对于例 17-1 可以采用不同的估计方法进行分析，具体程序如下：

程序	说明

``
proc arima data=ch17_1;
identify var=x stationarity=(adf=5);
estimate p=(1,4) method=ml;
run;
``
	使用极大似然法

``
proc arima data=ch17_1;
identify var=x;
estimate p=(1,4) method=uls;
run;
``
	使用非条件最小二乘法

上述程序运行结果如下：

Maximum Likelihood Estimation ①

Parameter	Estimate	Standard Error	t Value	Approx Pr > |t|	Lag
MU	4.4871	0.1952	22.9934	<.0001	0
AR1, 1	0.5052	0.1450	3.4849	0.0005	1
AR1, 2	−0.3701	0.1398	−2.6479	0.0081	4

Autocorrelation Check of Residuals

To Lag	Chi-Square	DF	Pr > ChiSq	Autocorrelations					
6	8.38	4	0.0788	−0.170	−0.131	0.297	0.067	−0.228	0.095
12	11.37	10	0.3297	−0.079	−0.145	0.092	0.047	0.075	0.120
18	13.34	16	0.6477	−0.009	0.076	0.107	−0.067	−0.073	−0.049
24	20.06	22	0.5795	−0.076	−0.128	−0.044	0.133	−0.158	0.051

Unconditional Least Squares Estimation ②

Parameter	Estimate	Standard Error	t Value	Approx Pr > |t|	Lag
MU	4.4820	0.1909	23.4795	<.0001	0
AR1, 1	0.5417	0.1459	3.7126	0.0008	1
AR1, 2	−0.4431	0.1363	−3.2519	0.0026	4

Autocorrelation Check of Residuals

To Lag	Chi-Square	DF	Pr > ChiSq	Autocorrelations					
6	9.02	4	0.0607	−0.205	−0.154	0.285	0.114	−0.208	0.113
12	11.20	10	0.3421	−0.044	−0.141	0.086	0.051	0.057	0.087
18	12.79	16	0.6883	−0.014	0.064	0.102	−0.061	−0.068	−0.026
24	20.27	22	0.5661	−0.067	−0.123	−0.042	0.141	−0.184	0.040

输出结果说明：

①极大似然参数估计结果和残差检验。
②非条件最小二乘法估计结果和残差检验。

第二节 非季节性 ARIMA 模型

ARMA 模型主要针对平稳时间序列，可以基于历史数据呈现的统计规律很好地预测未来，对不平稳的时间序列的情况（如：呈现某种趋势），用一个模型反映序列的过去和未来很困难。因此，针对非平稳序列的分析思路是将其转化为平稳或近似平稳序列，并对转化后的平稳序列建模，例如：

差分自回归移动平均（ARIMA）模型。

对于一个时间序列 $\{x_t\}_{t=1}^{T}$，ARIMA（p，d，q）模型可以表示为：

$$(1-B)^d x_t = \frac{\left(1-\sum_{i=1}^{q}\beta_i B^i\right)}{\left(1-\sum_{i=1}^{p}\alpha_i B^i\right)}\varepsilon_t$$

其中，B 为延迟算子，延迟算子使用 d 阶差分可表示为 $\nabla^d x_t = (1-B)^d x_t$，$d$ 是大于等于 0 的整数。当 $d=0$ 时，ARIMA（p，d，q）实际上就是 ARIMA（p，q）模型。差分运算的实质是使用自回归的方式提取确定性信息，以 1 阶差分为例，表示为 $X_t = \nabla X_t + X_{t-1}$。常用的差分方法有：$n$ 阶差分（1阶、2 阶差分）、季节差分（对固定周期的序列进行步长为周期长度的差分运算，提取周期信息）和对数变换与差分运算的结合（若序列含有指数趋势，则先将指数趋势转化为线性，然后再进行差分）。

1.1 研究实例

例 17-2 1978～2014 年某国运动员获世界冠军人数如表 17-3 所示，建模并进行预测。

表 17-3　1978～2014 年某国运动员获世界冠军人数

年份	人数	年份	人数	年份	人数
1978	4	1991	86	2004	175
1979	20	1992	68	2005	159
1980	3	1993	106	2006	169
1981	53	1994	86	2007	217
1982	31	1995	187	2008	151
1983	50	1996	58	2009	223
1984	46	1997	96	2010	180
1985	70	1998	89	2011	198
1986	56	1999	129	2012	140
1987	72	2000	109	2013	164
1988	59	2001	138	2014	206
1989	83	2002	123		
1990	61	2003	94		

1.2 SAS 主要程序及说明

程序	说明
| ```
data ch17_2;
 input year x @@;
y=dif(x);
 cards;
1978 4 1979 20 1980 3 1981 53 1982 31
1983 50 1984 46 1985 70 1986 56 1987 72
1988 59 1989 83 1990 61 1991 86 1992 68
1993 106 1994 86 1995 187 1996 58 1997 96
1998 89 1999 129 2000 109 2001 138 2002 123
2003 94 2004 175 2005 159 2006 169 2007 217
2008 151 2009 223 2010 180 2011 198
2012 140 2013 164 2014 206
;
``` | 建立数据集 ch17_2<br>input 录入数据年份和人数变量 x<br>y=dif（x）对 x 进行一阶差分，生成新变量 y |
```

程序	说明
| ```
proc gplot data=ch17_2;
plot x*year y*year/overlay;

symbol1 c=black i=join v=star;
symbol2 c=red   i=join v=circle;
run;
proc arima data=ch17_2;
identify var=x(1);
estimate p=1 noint;
forecast lead=5 id=year out=results;
run;

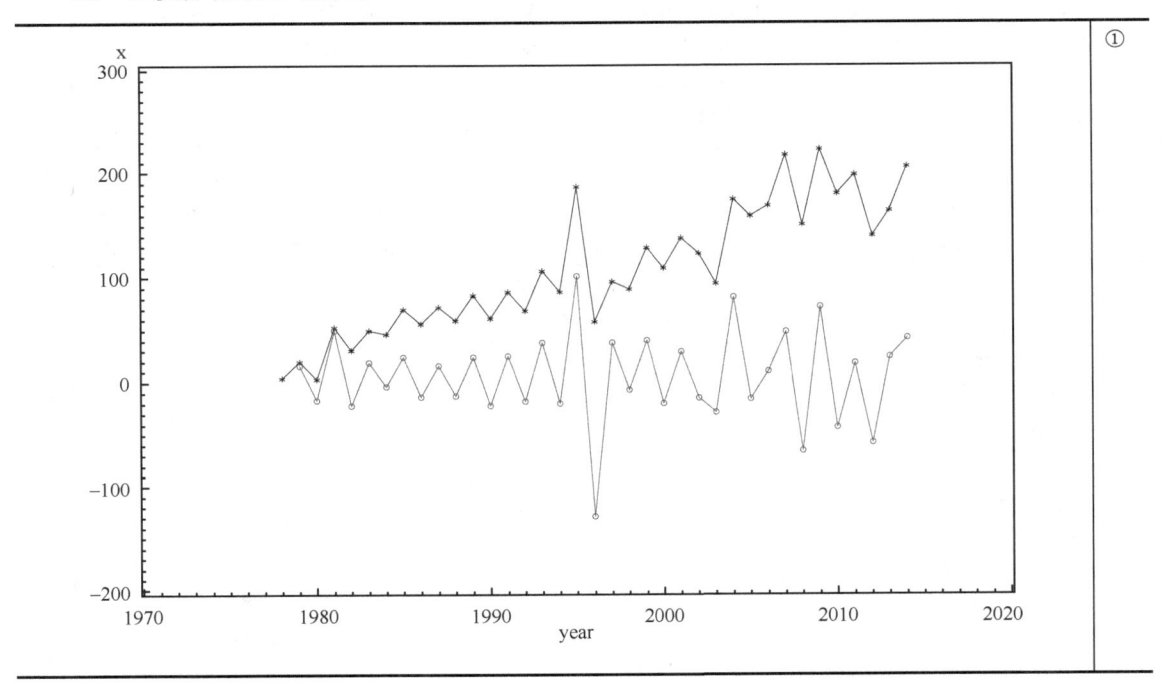

proc gplot data=results;
plot    x*year=1    forecast*year=2    l95*year=3
   u95*year=3/overlay;
symbol1 c=blue  i=none v=star;
symbol2 c=red   i=join v=none;
symbol3 c=green i=join v=none;
run;
``` | 调用过程步 proc gplot 对数据集 ch17_2 绘图；plot 语句绘制两个图：x 和 y 为纵轴，year 为横轴，原始数据和差分后数据放在同一坐标系中<br>symbol 语句指定图中符号意义，黑色线段代表原始数据；红色线段代表差分后的数据<br>调用过程步 proc arima 对数据集 ch17_2 进行时间序列分析；identify 语句对差分后的 x 的性质进行识别<br>也可以表示成差分后的新变量 y，即 var=y，模型结果一致；唯一的不同是在预测时，var=x（1）会自动输出原始数据的预测值，var=y 的情况会输出差分后的预测值<br>estimate 语句对已经定阶的模型进行参数估计<br>lead 选项指定时间，本例对未来 5 年的结果进行预测<br>调用过程步 proc gplot 对预测数据和真实观测绘图；绘制原始数据、预测值和 95%置信区间，overlay 指定这几条线放在一个图形中<br>蓝色星形表示原始数据；红色线段代表预测模型；绿色代表预测模型的 95%置信区间 |

1.3 主要分析结果与解释

①
```

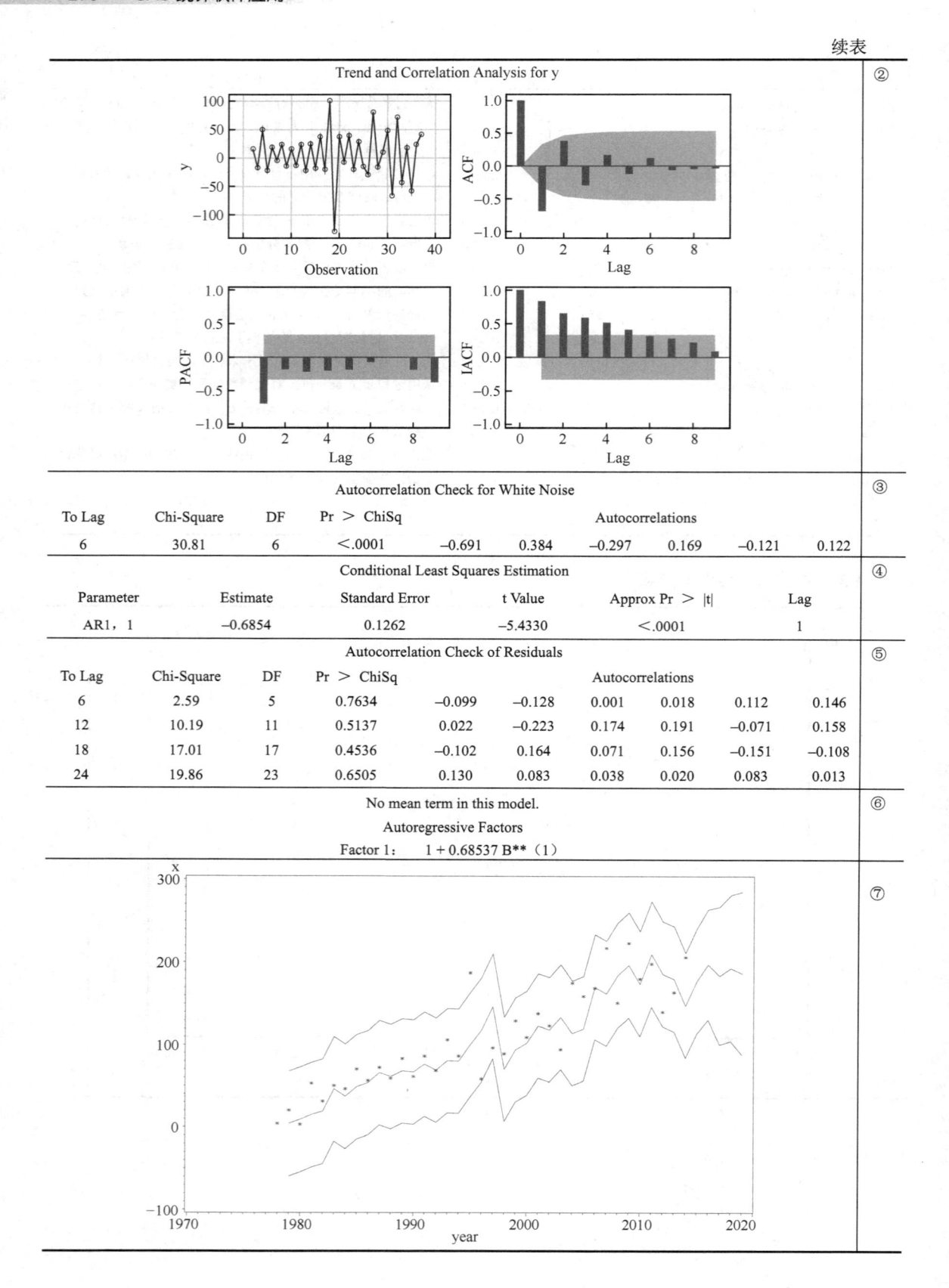

续表

② Trend and Correlation Analysis for y

③
Autocorrelation Check for White Noise

To Lag	Chi-Square	DF	Pr > ChiSq	Autocorrelations					
6	30.81	6	<.0001	−0.691	0.384	−0.297	0.169	−0.121	0.122

④
Conditional Least Squares Estimation

Parameter	Estimate	Standard Error	t Value	Approx Pr > |t|	Lag
AR1, 1	−0.6854	0.1262	−5.4330	<.0001	1

⑤
Autocorrelation Check of Residuals

To Lag	Chi-Square	DF	Pr > ChiSq	Autocorrelations					
6	2.59	5	0.7634	−0.099	−0.128	0.001	0.018	0.112	0.146
12	10.19	11	0.5137	0.022	−0.223	0.174	0.191	−0.071	0.158
18	17.01	17	0.4536	−0.102	0.164	0.071	0.156	−0.151	−0.108
24	19.86	23	0.6505	0.130	0.083	0.038	0.020	0.083	0.013

⑥
No mean term in this model.

Autoregressive Factors

Factor 1: 1 + 0.68537 B**（1）

⑦

输出结果说明如下。

①原始数据和1阶差分之后的序列图：原始序列图显示，该序列有显著的线性上升趋势，是非平稳时间序列。采用1阶差分消除趋势的影响，差分后的时序图显示基本平稳。

②判断差分后时间序列的平稳性：ACF图显示在1期延迟之后迅速归0，有短期相关性，可以认为1阶差分后序列平稳。

③1阶差分序列白噪声检验：结果表明，该序列为非白噪声平稳时间序列。

④模型定阶：由PACF图可知，在延迟1阶和9阶处PACF超出2倍标准差范围，呈现拖尾。ACF图显示，在延迟1阶超出2倍标准差范围，其他自相关系数均在2倍标准差范围内，呈现截尾。利用自动筛选p和q的结果显示$p=1$，$q=1$是最优模型。结果显示MA（1）和截距项无意义，移出模型。剩下AR（1）在模型中，具有统计学意义。

⑤对优化后的模型残差进行白噪声序列的检验，显示残差为白噪声，提示模型信息提取充分，说明ARIMA（1，1，0）拟合较好。

⑥最终的模型表达式为$\nabla X_t = -0.68537 \nabla X_{t-1} + \varepsilon_t$，因$\nabla X_t = X_t - X_{t-1}$，展开得$X_t = 0.31463 X_{t-1} + 0.68537 X_{t-2} + \varepsilon_t$。

⑦未来5个时间点的冠军人数的预测图。

1.4 其他常用选项的说明

ARIMA模型中常用选项如下：

其他常用选项	说明
data 步：	
dif（dif（x））	对x做2阶差分
difk（x）	对x做K步差分
difk（dif（x））	对x做1阶k步差分
identify 命令：	对x做2阶差分：$(X_t - X_{t-1}) - (X_{t-1} - X_{t-2})$
var=x（1，1）	
var=x（2）	对x做2步差分：$X_t - X_{t-2}$

值得注意的是，多次差分运算可以充分提取序列中的非平稳确定性信息，而过度差分会造成有用信息的浪费。在实际应用中，常用的判断是否过度差分有两种方法。

①观察残差的ACF图，如果显示在延迟1阶时自相关系数为0或很小，则该序列不需要更高的差分阶数。如果延迟1阶的自相关系数为–0.5或更小，则序列可能存在过度差分的现象。

②过度差分后的残差方差会变大。

将上述实例在1阶差分的基础上再次差分，根据上述两种方法查看是否存在过度差分的情况。

程序	说明

``data ch17_2;
 input year x @@;
y1=dif(x);
y2=dif(dif(x));
cards;
1978 4 1979 20 1980 3 1981 53 1982 31
1983 50 1984 46 1985 70 1986 56 1987 72
1988 59 1989 83 1990 61 1991 86 1992 68
1993 106 1994 86 1995 187 1996 58 1997 96
1998 89 1999 129 2000 109 2001 138 2002 123
2003 94 2004 175 2005 159 2006 169 2007 217
2008 151 2009 223 2010 180 2011 198 2012 140
2013 164 2014 206
;
proc arima data=ch17_2;
identify var=y1;
estimate p=1 noint;
forecast lead=5 id=year out=results;```
	指定1阶差分；
	造成过差分的情况——2阶差分

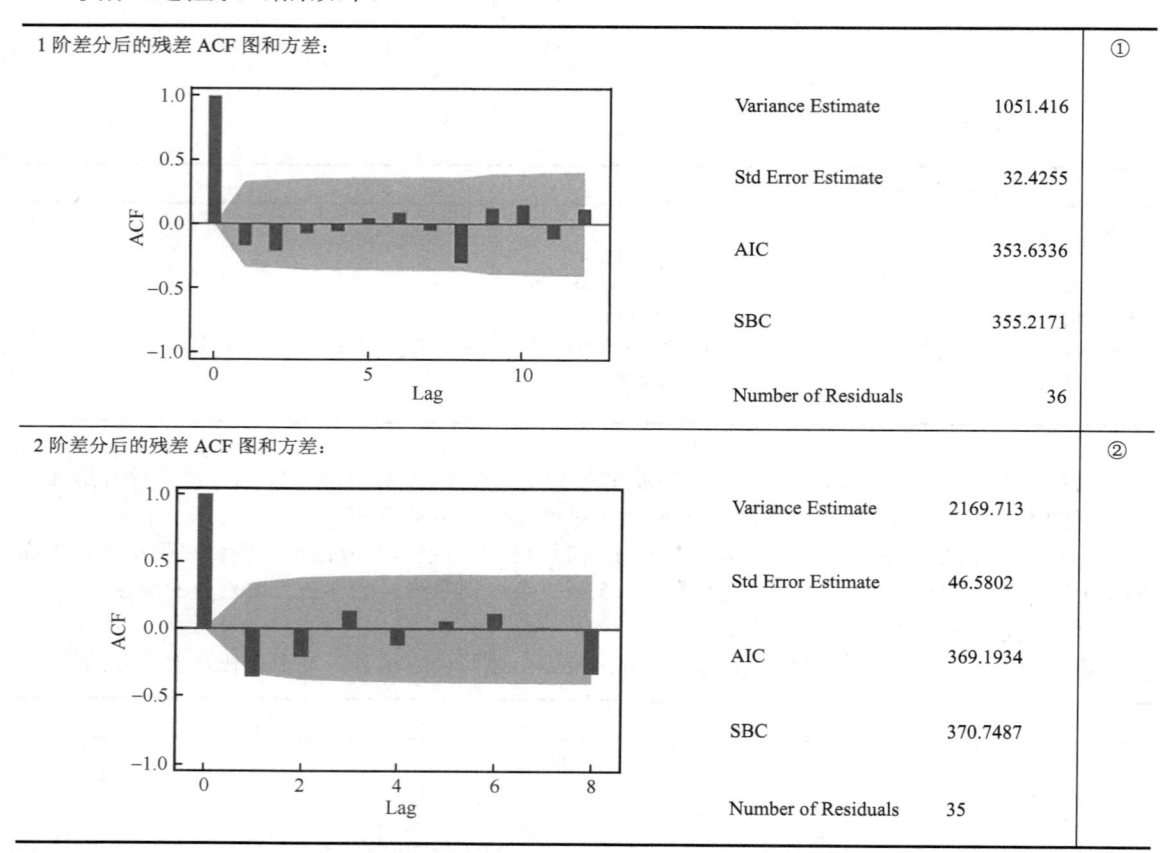

程序	说明
| ```
run;
proc arima data=ch17_2;
    identify var=y2;
    estimate p=1 noint;
    forecast lead=5 id=year out=results;
run;
``` | 续表 |

执行上述程序，结果如下：

1 阶差分后的残差 ACF 图和方差： Variance Estimate　　　1051.416 Std Error Estimate　　　32.4255 AIC　　　　　　　　　353.6336 SBC　　　　　　　　　355.2171 Number of Residuals　　36	①
2 阶差分后的残差 ACF 图和方差： Variance Estimate　　　2169.713 Std Error Estimate　　　46.5802 AIC　　　　　　　　　369.1934 SBC　　　　　　　　　370.7487 Number of Residuals　　35	②

从图①和图②可以看出，2 阶差分后的残差自相关明显增加且超出 2 倍标准差的范围，与−0.5 更加接近。而且模型拟合后的残差方差变大，提示 1 阶差分已经可以充分提取该时间序列中的确定性信息，无须进行 2 阶差分。

第三节　季节性 ARIMA 模型

如果差分后的平稳时间序列具有时间周期性的趋势，则该类 ARIMA 模型称为季节 ARIMA 模型，也称为季节性差分自回归移动平均（seasonal auto-regressive integrated moving average，SARIMA）模型。拟合该类模型的基本思路是：时间序列受三个因素影响：长期趋势效应、季节效应、随机波动。使用差分等方法消除趋势效应，之后提取季节效应，剩下随机波动。根据季节效应的提取方法，季节性 ARIMA 模型可以分为 ARIMA 加法季节模型和 ARIMA 乘积季节模型。
```

ARIMA 加法季节模型：序列中的季节效应和长期趋势及随机效应之间是加法关系，即时间序列图随时间推移等宽推进。本质上就是通过季节差分（k 步差分）和趋势差分（d 阶差分）将序列转化为平稳序列后再拟合模型。

SARIMA 表示方法：　　　　　ARIMA $(p, d, q) \times (P, D, Q)_k$

p, d, q 代表非季节部分，后面的 P, D, Q 代表季节部分。k 为周期步长，比如：4 个月、12 个月的周期。ARIMA 加法季节模型中的 P 和 Q 为 0，表示为 ARIMA $(p, d, q) \times (0, D, 0)_k$。模型结构表示为：

$$\nabla_k^D \nabla^d x_t = \nabla_k^D (1-B)^d x_t = \frac{\left(1-\sum_{i=1}^q \beta_i B^i\right)}{\left(1-\sum_{i=1}^p \alpha_i B^i\right)} \varepsilon_t$$

B 为延迟算子，延迟算子使用 k 步差分可表示为 $\nabla_k x_t = (1-B^k) x_t$。

ε_t 为白噪声序列，且 $E(\varepsilon_t) = 0$，$\text{Var}(\varepsilon_t) = \sigma_\varepsilon^2$。

ARIMA 乘法季节模型：序列中的季节效应和长期趋势及随机效应之间是乘法关系，即时间序列图显示的季节变动与长期趋势大致成正比，时间序列大致呈现喇叭状或放射状。乘法模型中的 P 和 Q 不全为 0。模型结构表示为：

$$\nabla_k^D \nabla^d x_t = \nabla_k^D (1-B)^d x_t = \frac{\left(1-\sum_{i=1}^q \beta_i B^i\right)}{\left(1-\sum_{i=1}^p \alpha_i B^i\right)} \times \frac{\left(1-\sum_{i=1}^Q \theta_i B^{Di}\right)}{\left(1-\sum_{i=1}^P \varphi_i B^{Di}\right)} \varepsilon_t$$

1.1 研究实例

例 17-3 某医院 2005 年 1 月～2014 年 12 月门诊量的时间序列，如表 17-4 所示。

表 17-4 某医院 2005 年 1 月～2014 年 12 月门诊量情况

2618	2287	5753	5166	5888	6508	7710	8426	4266	5877	4301	5126
4078	3780	7563	6730	6549	8261	9061	9286	5711	6550	5995	5827
5142	4456	8367	7045	8057	9019	10438	10870	6705	8239	7006	7148
6291	5345	8783	7908	9220	10209	11174	11407	7718	8679	8097	7822
7237	6644	10218	9520	10179	11136	12615	11997	8315	9794	8189	8730
7581	7091	10965	9844	10254	11764	12557	12829	9092	10795	9701	10384
8443	7944	11589	9533	11076	12395	14106	13901	10518	11143	10717	11113
10023	9184	12031	11289	11537	12508	12663	13288	8735	9942	8321	8602
10542	10454	14460	12963	13584	14897	15919	16370	12747	13736	12668	12884
12070	11343	15585	13457	14951	16369	17308	17740	13242	14842	13929	12454

1.2 SAS 主要程序及说明

程序	说明
```data ch17_3; input x @@; t=_n_; y=dif12(dif(x)); cards; 2618 2287 5753 5166 5888 6508 7710 8426 4266 5877 4301 5126 4078 3780 7563 6730 6549 8261 9061 9286```	建立数据集 ch17_3 y=dif12（dif（x））对原始变量 x 进行 1 阶差分，再进行 12 步差分，生成新的变量 y；该步骤的目的是消除趋势和季节性波动

续表

程序	说明

5711 6550 5995 5827 5142 4456 8367 7045 8057 9019
10438 10870 6705 8239 7006 7148 6291 5345 8783
7908 9220 10209 11174 11407 7718 8679 8097 7822
7237 6644 10218 9520 10179 11136 12615 11997 8315
9794 8189 8730 7581 7091 10965 9844 10254 11764
12557 12829 9092 10795 9701 10384 8443 7944 11589
9533 11076 12395 14106 13901 10518 11143 10717
11113 10023 9184 12031 11289 11537 12508 12663
13288 8735 9942 8321 8602 10542 10454 14460 12963
13584 14897 15919 16370 12747 13736 12668 12884
12070 11343 15585 13457 14951 16369 17308 17740
13242 14842 13929 14254
;
`proc gplot data= ch17_3;`
`plot x*t y*t/overlay;`
`symbol1 c=black i=join v=star;`
`symbol2 c=red i=join v=dot;`
`run;`
	调用过程步 proc gplot 对数据集 ch17_3 绘图，原始数据和差分后数据放在同一坐标系，观察差分后是否消除趋势和周期性

`proc arima data=ch17_3;`
`identify var=x(1,12) stationarity=(adf);`
`estimate p=(1) q=(1) (12) noint;`
`run;`
	对差分后的时序图进行平稳性和白噪声检验；以 ARIMA $(p,1,q) \times (P,1,Q)S$ 为例，estimate 命令的常见格式为 estimate $p=(p)(PS)$ $q=(q)(QS)$
	本例先拟合 1 阶 12 步差分的 ARIMA 加法模型：ARIMA$(1,1,12) \times (0,1,0)_{12}$，estimate 命令写成左边的形式

`proc arima data=ch17_3;`
`identify var=x(1,12);`
`estimate p=(1) q=(12) noint;`
`run;`
	尝试拟合乘法模型 1
	非季节效应部分：ARMA(1,1)
	季节效应部分：ARMA$(0,1)_{12}$

1.3 主要分析结果与解释

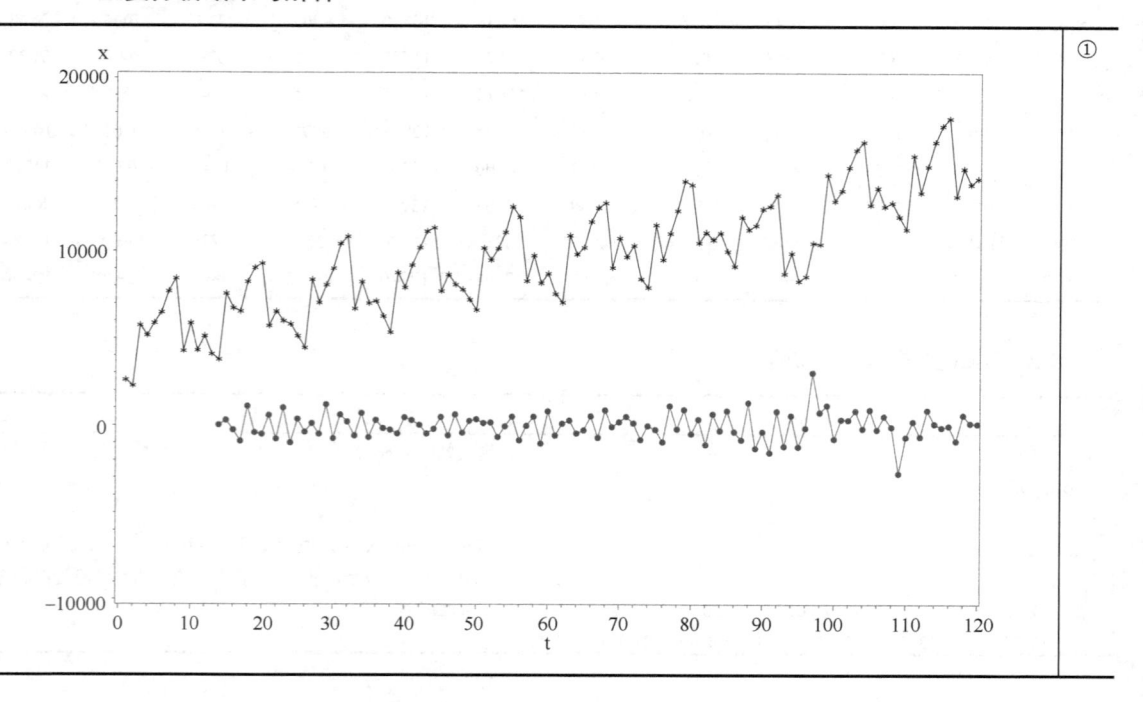

①

续表

②

Autocorrelation Check for White Noise

To Lag	Chi-Square	DF	Pr > ChiSq	Autocorrelations					
6	16.42	6	0.0117	−0.305	0.189	−0.084	−0.087	0.060	−0.035
12	63.17	12	<.0001	−0.095	−0.024	0.154	−0.286	0.213	−0.473
18	66.59	18	<.0001	0.151	−0.025	−0.021	0.031	0.040	0.029
24	71.87	24	<.0001	0.054	0.111	−0.094	0.093	−0.069	−0.038

Augmented Dickey-Fuller Unit Root Tests

Type	Lags	Rho	Pr < Rho	Tau	Pr < Tau	F	Pr > F
Zero Mean	0	−138.321	0.0001	−14.04	<.0001		
	1	−110.699	0.0001	−7.37	<.0001		
	2	−109.465	0.0001	−5.88	<.0001		
Single Mean	0	−138.321	0.0001	−13.97	<.0001	97.60	0.0010
	1	−110.708	0.0001	−7.34	<.0001	26.92	0.0010
	2	−109.493	0.0001	−5.86	<.0001	17.14	0.0010
Trend	0	−138.356	0.0001	−13.91	<.0001	96.75	0.0010
	1	−110.864	0.0001	−7.31	<.0001	26.72	0.0010
	2	−109.658	0.0001	−5.83	<.0001	17.02	0.0010

③

Trend and Correlation Analysis for x(1 12)

④

Autocorrelation Check of Residuals

To Lag	AR (1, 10)		MA (1, 10)		AR (1, 12)	
	χ^2 值	P 值	χ^2 值	P 值	χ^2 值	P 值
6	4.15	0.3863	8.97	0.0618	5.43	0.2463
12	33.47	0.0002	33.25	0.0002	21.57	0.0174

Conditional Least Squares Estimation						⑤
Parameter	Estimate	Standard Error	t Value	Approx Pr > |t|	Lag	
MA1, 1	−0.1939	0.2851	−0.6801	0.4979	1	
MA2, 1	0.8113	0.0705	11.5009	<.0001	12	
AR1, 1	−0.4997	0.2516	−1.9862	0.0497	1	
Conditional Least Squares Estimation						⑥
Parameter	Estimate	Standard Error	t Value	Approx Pr > |t|	Lag	
MA1, 1	0.8138	0.0698	11.6617	<.0001	12	
AR1, 1	−0.3276	0.0923	−3.5506	0.0006	1	

Autocorrelation Check of Residuals										⑦
To Lag	Chi-Square	DF	Pr > ChiSq	Autocorrelations						
6	2.67	4	0.6145	0.019	0.034	−0.107	−0.080	0.025	−0.061	
12	9.87	10	0.4523	−0.104	0.014	−0.002	−0.209	−0.040	−0.062	
18	14.13	16	0.5889	−0.024	0.090	−0.087	0.087	0.087	0.047	
24	19.15	22	0.6359	0.084	0.101	−0.064	−0.001	−0.085	−0.0	

Residual Normality Diagnostics for x(1 12)   ⑧

（图：Distribution of Residuals 直方图与 QQ-Plot）

No mean term in this model ⑨
Autoregressive Factors
Factor 1:　　1 + 0.32758 B**（1）

Moving Average Factors
Factor 1:　　1 − 0.81375 B**（12）

输出结果说明如下。

①原始数据和 1 阶 12 步差分后的时间序列对比：时间序列图显示该序列既有长期递增趋势，又含有以年为周期的季节效应。对序列进行 1 阶差分消除趋势，再进行 12 步差分消除季节效应的影响。差分之后显示序列平稳。

②白噪声检验结果和 ADF 检验：结果显示，差分后的序列为平稳非白噪声序列，可以拟合模型。

③分后的 ACF 和 PACF 图：从短期相关性角度，在延迟 12 阶以内，ACF 和 PACF 图在 1 阶和 10 阶处均超出 2 倍标准差范围，显示拖尾性质，提示差分后的序列具有短期相关性。可以基于对该序列的认识，先拟合 ARIMA 加法季节模型，即 ARIMA $(p, 1, q) \times (0, 1, 0)_{12}$，确定合适的 p 和 q 值。

④模型比较：尝试拟合几种 ARIMA 加法季节模型的结果，均不理想，残差未通过白噪声检验。提示季节加法模型并不适合，尝试使用季节乘法模型拟合该时间序列。

若拟合乘法季节模型 ARIMA $(p, 1, q) \times (P, 1, Q)_{12}$，还需要额外考虑季节效应部分的 P 和 Q 值。需要重新观察图③中的 ACF 和 PACF 图。从季节相关性角度，在 12 阶和 24 阶等以周期长度为 12 的 ACF 和 PACF 图中发现，ACF 在延迟 12 阶 ACF

显著，而 24 阶的 ACF 在 2 倍标准差范围内，提示 ACF 的截尾性。PACF 显示在延迟 12 阶和 24 阶都显著不为零。因此，认为该序列的季节特征是 ACF 截尾，PACF 拖尾，即季节效应部分的 $P=0$，$Q=1$。待拟合的乘法季节模型的表达式为 ARIMA$(1,1,1) \times (0,1,1)_{12}$。

⑤ARIMA 乘法季节模型拟合：模型结果显示，并非所有参数都有统计学意义。需要对模型进行简化，去掉无统计学意义的参数。

⑥重新拟合后的模型：可得到 ARIMA$(1,1,0) \times (0,1,1)_{12}$。

⑦残差自相关：结果显示，该残差为白噪声序列。

⑧残差正态性检验和 QQ 图：结果显示，残差基本符合正态性假设。

⑨模型表达式可写成：

$$\nabla \nabla_{12} x_t = \frac{1-0.81375B^{12}}{1+0.32758B}\varepsilon_t, \quad \text{Var}(\varepsilon_t) = 299609$$

（罗　潇）

第十八章 样本量估算

样本量（sample size）是指在抽样研究中，每个样本所包含的研究观察单位数。它是研究设计阶段需要重点考虑的问题之一。如果样本量过小可能会导致推断总体的精度差及检验效能低；如果样本量过大，则可能会造成资源的浪费，同时增加实际工作的难度。样本量估计的目的是在一定的检验水准和检验效能的前提下，确定最少的观察单位数。

样本量估计的前提条件：

（1）假设检验的 I 类错误概率 α 或区间估计中的可信度 $1-\alpha$：α 越小，所需的样本量越大；对于相同的 α，双侧检验比单侧检验所需的样本量更大。

（2）假设检验的 II 类错误概率 β 或检验效能 $1-\beta$：II 类错误的概率 β 越小或检验效能 $1-\beta$ 越大，所需样本量越大。一般要求检验效能至少为 80%。

（3）观察指标的总体标准差 σ 或总体率 π：样本量估计还需要知道一些总体信息。均数比较需了解个体变异大小，即总体标准差 σ；率的比较需了解总体率 π 的大小。这些参数通常未知，通常以相应的样本标准差（s）和率（p）作为其估计值，可以通过预调查、查阅文献或历史经验来估计获得。

（4）容许误差或差值 δ，即欲比较或估计的总体参数与样本统计量之间或总体参数之间相差所容许的限度。例如两个均数的假设检验须知 $\delta=\mu_1-\mu_2$，两个率的假设检验须知 $\delta=\pi_1-\pi_2$。容许误差 δ 越小，所需的样本量越大。

样本量估计常用的方法有查表法、经验法和计算法。查表法由于样本量的范围受到表的限制，因此并不常用。计算法是指使用样本量计算公式来进行相关估计。目前，常利用专门的软件，如 PASS 等对所需的样本量进行估计。样本量的估计需要结合研究目的、数据类型、处理组数、比较的参数等进行有效估计。下面介绍实验研究和调查研究中常用的样本量估计方法。

第一节 两总体比较时样本量的估计

一、样本均数与已知总体均数的比较

样本均数与已知总体均数比较所需样本量可用公式（18-1）计算：

$$n = \left[\frac{(z_{\alpha/2} + z_\beta)\sigma}{\delta}\right]^2 \quad (18\text{-}1)$$

上式中，n 为所需样本例数；总体标准差 σ 常用样本标准差 s 代替；δ 为容许误差；$z_{\alpha/2}$ 为标准正态分布的双侧界值，单侧检验时可改为 z_α，不论双侧还是单侧检验，z_β 只取单侧临界值。

例 18-1 为了进一步验证某种升白细胞药物的治疗效果，前期通过小规模预试验得出治疗前后白细胞差值的标准差为 $1.35 \times 10^3/mm^3$。如果设定白细胞计数平均上升 $1 \times 10^3/mm^3$ 为有效界值，则需要多少患者参加试验？

例 18-1 SAS 主要程序及说明：

程序	说明

```data ch18_1;```
```alpha=0.05;```
```beta=0.10;```
```std=1.35;```
```delta=1;```
	建立数据集；
	alpha=设定 α=0.05，beta=设定 β=0.10，std=1.35 设定样本标准差 s，delta=1 设定容许误差 δ 值

续表

程序	说明

`n=ceil(((probit(alpha)+probit(beta))*std/delta)**2);`
`proc print;`
`run;`
	将上述各值代入计算公式，probit（alpha）计算 α=0.05 时界值，probit（beta）计算 beta=0.10 时界值，计算后的结果向上取整，得到样本量 n

根据上述程序输出结果，需要 16 人参加试验。注意：样本均数与已知总体均数比较的样本量估计也适用于配对设计样本均数比较的检验，将已知总体均数设置为 0，配对总体之差为样本均数，按照上式进行计算。

二、两样本均数的比较

两样本均数比较所需样本量可用公式（18-2）计算：

$$n = \left[\frac{(z_{\alpha/2} + z_\beta)s}{\delta}\right]^2 (Q_1^{-1} + Q_2^{-1}) \tag{18-2}$$

上式中，$z_{\alpha/2}$ 和 z_β 的含义同公式（18-1）；s 为两总体标准差 σ 的估计值（一般假设两标准差相等）；δ 为两总体均数的差值；Q_1 和 Q_2 为样本比例，$N=n_1+n_2$，$Q_1=n_1/N$，$Q_2=n_2/N$，因此 $n_1=Q_1 N$，$n_2=Q_2 N$，$Q_1+Q_2=1$。若 $n_1=n_2$，则 $Q_1=Q_2=0.5$。

当 n_1 和 n_2 相等时有下列公式：

$$n_1 = n_2 = 2\left[\frac{(z_{\alpha/2} + z_\beta)s}{\delta}\right]^2 \tag{18-3}$$

例 18-2 研究欲比较甲、乙两种药物对粒细胞减少症的治疗效果。据以往经验，甲药物可以提升粒细胞数的平均值为 1×10^9/L，乙药物可以提升粒细胞数的平均值为 2×10^9/L。若 $\sigma=1.6\times 10^9$/L，取单侧 α=0.05，检验效能为 80%，若服用甲药物的患者人数占总人数的 60%，则每组各需要多少病例？若两组例数相等，则每组需要多少病例？

例 18-2 SAS 主要程序及说明：

程序	说明

`data ch18_2;`
`alpha=0.05;beta=0.20;s=1.6; delta=1;`
`Q1=0.6;`
`Q2=0.4;`
	建立数据集
	设定 α 值、β 值、两总体标准差 σ 的估计值 s、δ 值；Q_1=0.6 为服用甲药物患者占总患者数的 60%，Q_2=1-0.6=0.4

`n=ceil(((probit(alpha)+probit(beta))*s/delta)**2*(1/Q1+1/Q2));`
`n1=ceil(Q1*n);`
`n2=n-n1;`
`proc print;`
`run;`
	根据计算公式，probit（alpha）计算 α=0.05 时界值，probit（beta）计算 beta=0.20 时界值，计算后的结果向上取整，得到样本量 n，根据样本量比例得到两组样本量 n_1，n_2

`data ch18_2n;`
`set ch18_2;`
`n=2*ceil(((probit(alpha)+probit(beta))*s/delta)**2);`
`n1=n;`
`n2=n;`
`proc print;`
`run;`
	建立新数据集；set 设定来源于数据集 ch18_2 若两组样本量相等，将上述各值代入计算公式（18-3），得到两组样本量 n_1，n_2

根据上述程序输出结果，当服用甲药物患者占总患者数的 60% 时，总样本量为 66 例，服用甲药物患者样本量 40 例，服用乙药物患者样本量 26 例。若两组样本量相等，即 $n_1=n_2$，甲药物和乙药物组均需要病例 32 例。

三、样本率与已知总体率的比较

样本率与已知总体率比较的样本量可用公式（18-4）计算：

$$n=\left(\frac{z_\alpha\sqrt{\pi_0(1-\pi_0)}+z_\beta\sqrt{\pi_1(1-\pi_1)}}{\delta}\right)^2 \quad (18\text{-}4)$$

上式中，z_α 和 z_β 的含义同前；$\delta=\pi_1-\pi_0$，其中 π_0 为已知的总体率，π_1 为预期实验结果的总体率。此公式也适用于大样本研究。

例 18-3 已知使用标准治疗的有效率约为 85%，现有疗法预计有效率为 94%，则欲比较现有疗法是否优于标准治疗，则设定 $\alpha=0.05$（单侧），$\beta=0.1$，则至少需要多少名患者？

例 18-3 SAS 主要程序及说明：

程序	说明

```data ch18_3;```
```alpha=0.05;```
```beta=0.10;```
```delta=0.09;```
```pi0=0.85;```
```pi1=0.94;```
	建立数据集
	设定 α 值、β 值、δ 值、总体率 π_0、预期实验结果的总体率 π_1

```n=ceil(((probit(alpha)*sqrt(pi0*(1-pi0))+probit(beta)*sqrt(pi1*(1-pi1)))/delta)**2);```
```proc print;```
```run;```
	将上述各值代入计算公式（18-4），probit（alpha）计算 $\alpha=0.05$ 时界值，probit（beta）计算 beta=0.10 时界值，计算后的结果向上取整，得到样本量 n

根据上述程序输出结果，至少需要 99 名患者。

四、两样本率的比较

两样本率比较的样本量用公式（18-5）或（18-6）计算。

（1）两样本量相等时，用下列公式计算：

$$n_1=n_2=\left(\frac{z_\alpha\sqrt{2\bar{p}(1-\bar{p})}+z_\beta\sqrt{p_1(1-p_1)+p_2(1-p_2)}}{p_1-p_2}\right)^2 \quad (18\text{-}5)$$

（2）两样本量不相等时，用下列公式计算：

$$n=\left(\frac{z_\alpha\sqrt{\bar{p}(1-\bar{p})(Q_1^{-1}+Q_2^{-1})}+z_\beta\sqrt{p_1(1-p_1)Q_1^{-1}+p_2(1-p_2)Q_2^{-1}}}{p_1-p_2}\right)^2 \quad (18\text{-}6)$$

上式中，n_1、n_2 分别为两样本量，一般取二者相等；p_1、p_2 分别为两总体率的估计值；$\bar{p}$ 为两样本的合并率，$\bar{p}=(p_1+p_2)/2$，Q_1 和 Q_2 为样本比例，其他符号的意义同前。

例 18-4 拟观察两种药物的降糖效果。前期研究表明甲乙药有效率分别为 75% 和 90%，假设 $\alpha=0.05$，$\beta=0.10$，若甲药组占 40%，乙药组占 60%，则两组各需多少病例？若两组样本量相同，则需要多少病例？

例 18-4 SAS 实现程序及说明：

程序	说明
| ```
data ch18_4;
 alpha=0.05;beta=0.10;p1=0.75;p2=0.90;
 pmean=(p1+p2)/2;
 q1=0.4;q2=0.6;
 n=ceil(((probit(alpha/2)*sqrt(pmean*(1-pmean)*(1/q1
    +1/q2))+probit(beta)*sqrt(p1*(1-p1)*(1/q1)+p2*(1-
    p2)*(1/q2)))/(p1-p2))**2);
 n1=q1*n;
 n2=q2*n;
 proc print;
 run;
 data ch18_4n;
 set ch18_4;
 n=ceil(((probit(alpha/2)*sqrt(2*pmean*(1-pmean))+pr
    obit(beta)*sqrt(p1*(1-p1)+p2*(1-p2)))/(p1-p2))**2
    );
 n1=n; n2=n;
 proc print;
 run;
``` | 建立数据集<br>设定 $\alpha$ 值、$\beta$ 值、$p_1$ 值、$p_2$ 值、$\bar{p}$ 计算公式、$Q_1$ 值、$Q_2$ 值<br><br>根据计算公式，probit（alpha/2）计算 $\alpha=0.05$ 时双侧临界值，probit（beta）计算 beta=0.10 时单侧临界值，计算后的结果向上取整，得到样本量 $n$，根据样本量比例得到两组样本量 $n_1$，$n_2$<br><br><br><br>建立新数据集；set 设定来源于 ch18_4<br>若两组样本量相等，将上述各值代入计算公式（18-5），得到两组样本量 $n_1$，$n_2$ |

根据上述程序输出结果，甲药组样本量占样本总量 n 的 40%时，总样本量为 285 例，其中甲药物样本量 114 例，乙药物样本量 171 例。若两组样本量相等，即 $n_1=n_2$，甲药物和乙药物组均需要病例 133 例。

五、配对设计两样本率的比较

配对设计两样本率比较的样本量可用公式（18-7）计算：

$$n = \left[\frac{z_{\alpha/2}\sqrt{2\bar{p}}+z_\beta\sqrt{\dfrac{2(p_1-p)(p_2-p)}{\bar{p}}}}{p_1-p_2} \right]^2 \qquad (18-7)$$

上式中，$z_{\alpha/2}$ 和 z_β 的含义同前；p_1 和 p_2 为两总体阳性率的估计值；p 为两处理结果一致的总体阳性率；$\bar{p}=(p_1+p_2-2p)/2$。

例 18-5 研究拟比较两种培养基的培养效果。前期研究表明甲培养基的阳性率为 91%，乙培养基的阳性率为 75%，两种培养基均为阳性的比例为 72%。至少需要多少份咽喉涂抹标本做试验？

例 18-5 SAS 主要程序及说明：

程序	说明
| ```
Data ch18_5;
 alpha=0.05; beta=0.10;
 p1=0.91; p2=0.75; p=0.72;
 pmean=(p1+p2-2*p)/2;
 n=ceil(((probit(alpha/2)*sqrt(2*pmean)+probit(beta)
   *sqrt(2*(p1-p)*(p2-p)/pmean))/(p1-p2))**2);
 proc print;
 run;
``` | 建立数据集<br>设定 $\alpha$ 值、$\beta$ 值、$p_1$ 值、$p_2$ 值、$p$ 值，pmean=计算 $\bar{p}$ 值<br><br>将上述各值代入计算公式（18-7），向上取整，得到样本量 $n$ |

根据上述程序输出结果，至少需要 70 份咽喉涂抹标本做试验。

六、两独立样本等级资料比较

对于两组等级变量的比较，常用的非参数检验方法是 Mann-Whitney U 检验。由于这种检验不依赖于数据的正态分布假设，所以对于这种类型的检验，没有一个简单的、直接的公式可以用来估计样本量。可以调用 SAS 中的 PROC POWER 过程步完成。

例 18-6 假设一项临床试验旨在比较治疗脑卒中的两种方案 A 和 B 的患者预后神经功能恢复状况的效果，该试验采用平衡设计、随机分组、双盲的方法，主要结局指标是接受治疗后的第四周患者神经功能恢复状况，使用改良 RANKIN 量表进行评估，见表 18-1。请估计至少需要多少患者参加试验。

表 18-1 改良 RANKIN 量表

患者状况	评分标准
完全无症状	0
尽管有症状，但无明显功能障碍，能完成所有日常工作和生活	1
轻度残疾，不能完成病前所有活动，但不需帮助就能照料自己的日常事务	2
中度残疾，需部分帮助，但能独立行走	3
中重度残疾，不能独立行走，日常生活需别人帮助	4
重度残疾，卧床，二便失禁，日常生活完全依赖他人	5

试验计划使用单侧 Wilcoxon-Mann-Whitney 检验，$\alpha=0.05$，$\beta=0.2$，依据预试验或已有文献报道及临床经验，可以推测各结局评分的概率分布（表 18-2），该指标是进行样本量估计的必需条件。

表 18-2 假设各预后评分的概率分布

治疗方案	预后评分					
	0	1	2	3	4	5
A	0.15	0.31	0.37	0.12	0.03	0.02
B	0.09	0.23	0.35	0.18	0.08	0.07

例 18-6 SAS 主要程序及说明：

程序	说明

``proc power;
  twosamplewilcoxon
    vardist("Trt-A") = ordinal((0 1 2 3 4 5) :(.15 .31 .37 .12 .03 .02))
    vardist("Trt-B") = ordinal((0 1 2 3 4 5) :(.09 .23 .35 .18 .08 .07))
    variables = "Trt-A"
	"Trt-B"
	    sides = u
	    power = 0.8
	    alpha = 0.05
	    ntotal = . ;
	run;```
		调用过程步 proc power；调用 twosamplewilcoxon 语句进行 Mann-Whitney 检验的样本量估计，vardist（"Trt-A"）=定义变量的概率分布；variables =指定进行比较的变量，sides=u 设定进行单侧检验，且备择假设为第二种治疗方案的预后更差（预后评分更高），power=设定检验功效，alpha=设定显著性水平，ntotal=为所需的总样本量

根据上述程序输出结果，估计的总样本量为 158。按照试验的平衡设计，两组各需 79 名受试者。

第二节 多个总体比较时样本量的估计

一、多个样本均数的比较

多个样本均数比较所需样本量可以采用公式（18-8）进行计算：

$$n = \frac{\Psi^2 \left(\dfrac{\sum_{i=1}^{k} s_i^2}{k} \right)}{\dfrac{\sum_{i=1}^{k} (\bar{x}_i - \bar{x})^2}{(k-1)}} \tag{18-8}$$

上式中，k 为组数；$\bar{x}_i$ 为各组的均数，$\bar{x} = \dfrac{\sum \bar{x}_i}{k}$；$s_i$ 为各组的标准差；Ψ 值根据 α，β，ν_1，ν_2 查表得到。计算时先用自由度 $\nu_1 = k-1$，设定 $\nu_2 = \infty$，查找 Ψ 值代入公式中求 $n_{(1)}$，再用 $\nu_1 = k-1$，$\nu_2 = k(n_{(1)}-1)$，查找 Ψ 值代入公式中求 $n_{(2)}$，这样循环往复，直至前后两次求得的结果趋于稳定，即为所求样本量。若为随机区组设计，则第二次 $\nu_2 = (k-1)(n_{(1)}-1)$，且公式中的 $\dfrac{\sum_{i=1}^{k} s_i^2}{k}$ 用误差均方代替。考虑到公式计算过程中需要反复查找 Ψ 值，在实际应用中不方便，推荐调用 SAS 中的 PROC POWER 过程步完成。

例 18-7 研究拟评价三种药物治疗效果。经小规模预试验获得各方案治疗后血红蛋白水平（g/L）平均提高分别为 18.5，13.2 和 10.4，标准差分别为 11.8，13.4 和 9.3。若设 $\alpha = 0.05$（双侧），$\beta = 0.20$，假设每组样本量相等，则每组需要多少例患者？

设定 $\alpha = 0.05$（双侧），$\beta = 0.20$，估计三组的合并标准差为合并方差的平方根，约等于 11.62。合并标准差代表在 H_0 成立下的总体变异度，也可以依据已有文献或实际经验设定。

例 18-7 SAS 主要程序及说明：

程序	说明
proc power; onewayanova test=overall groupmeans=18.5|13.2|10.4 stddev=11.62 power=0.8 ntotal=.; run;	调用过程步 proc power；调用 onewayanova 语句进行单因素方差分析的样本量估计；test=overall 设定三组间总体比较，而不是两两比较；groupmeans=设定三组均数，stddev=设定合并标准差，power=设定检验功效，ntotal=为所需的总样本量

根据上述程序输出结果，估计的总样本量为 120。按照试验的平衡设计，每组各需 40 名受试者。

二、多个样本率的比较

多个样本率比较的样本量可用公式（18-9）计算：

$$n = \frac{\lambda}{2 \left(\sin^{-1} \sqrt{p_{\max}} - \sin^{-1} \sqrt{p_{\min}} \right)^2} \tag{18-9}$$

上式中，n 为每组所需样本量；$p_{\max}$，$p_{\min}$ 分别为最大样本率与最小样本率；λ 依据 α，β 和自由度 $k-1$ 确定，查 λ 界值表得到，k 为组数。

例 18-8 欲研究三种方法治疗某种疾病的有效率，通过初步试验得甲法有效率为 40%，乙法为 58%，丙法为 65%。设 $\alpha=0.05$，$\beta=0.10$，各组需要观察多少病例？

例 18-8 SAS 主要程序及说明：

程序	说明
| ```
data ch18_8;
  alpha=0.05;beta=0.10;
  p1=0.40;p2=0.58;p3=0.65;
  p_max=max(p1,p2,p3);
  p_min=min(p1,p2,p3);
  lambda=12.65;
  n=ceil(lambda/(2*(arsin(sqrt(p_max))-
    arsin(sqrt(p_min)))**2));
proc print;
run;
``` | 建立数据集<br>设定 $\alpha$ 值、$\beta$ 值、$p_1$ 值、$p_2$ 值、$p_3$ 值；p_max=max（p1，p2，p3）确定最大样本率 $p_{max}$；p_min=min（p1，p2，p3）确定最小样本率 $p_{min}$；lambda=12.65 设定 $\lambda$ 值<br>将上述各值代入计算公式（18-9），向上取整得到各组样本量 n |

根据上述程序输出结果，各组需观察病例 99 例。

第三节　基于多重线性回归的样本量估计

多重线性回归是研究一个连续型反应变量和多个解释变量间线性关系的统计学分析方法。一般情况下，关注于某个或某几个解释变量对反应变量是否有作用及作用的大小，而其他变量多数作为协变量进行校正。因此，在以多重线性回归分析作为主要分析方法进行样本率估计时，我们往往关注的是解释变量数目以及它们与反应变量间的作用关系，以此作为估计样本量依据。多重线性回归的样本量估计可以调用 PROC POWER 过程步中 MULTREG 语句完成。

例 18-9 欲进行一项研究来评估体重与年龄、性别、饮食、运动、基线体重的关系，共 5 个自变量。其中研究感兴趣的影响因素是饮食和运动；年龄、性别和基线体重是需要考虑的混杂因素。基于前期研究基础，设定纳入所有自变量全模型的 $R^2=0.28$，当排除两个感兴趣的自变量后将导致 R^2 变小 0.10。设定 $\alpha=0.05$，$\beta=0.10$，试估计该项研究至少需要纳入多少名受试者？

例 18-9 SAS 实现程序及说明：

程序	说明
| ```
proc power;
  multreg
  model = random
  nfullpredictors = 5
  ntestpredictors = 2
  rsquarefull = 0.28
  rsquarediff = 0.1
  ntotal = .
  alpha = .05
  power = 0.9;
run;
``` | 调用过程步 proc power；调用 multreg 语句进行多重线性回归样本量估计；model = random 设定自变量是随机变量且服从多元正态分布，若 model = fixed，则指自变量是受实验控制的，根据实验设计可预期的变量；nfullpredictors=设定全模型自变量个数，ntestpredictors=设定感兴趣自变量个数，rsquarefull=设定全模型的 $R^2$ 值，rsquarediff=设定剔除感兴趣变量后的模型 $R^2$ 变化值，alpha=设定检验水准，power=设定检验功效，ntotal=输出所需总样本量 |

根据上述程序输出结果，该项研究至少需要纳入 101 名受试者。同样的研究条件，如果自变量是受实验控制的，根据实验设计可预期的变量，那么按照固定效应 model = fixed 设定，则至少需要纳入 95 名受试者。由此可见，在进行样本率估计时，不同研究需求和条件，需要的样本量略有差异。

第四节 基于 Logistic 回归的样本量估计

Logistic 回归是研究二分类或多分类反应变量与某些影响因素之间关系的一种多重回归分析方法，多用于分析疾病的发生与各危险因素之间的定量关系。基于 Logistic 回归的样本量估计相对比较复杂，可采用的计算方法和形式比较多。通常需要考虑到事件的概率、预期效应大小（如比值比）、标准的统计参数（检验效能和显著性水平）等。下面介绍单变量的二分类 Logistic 回归分析时样本量估计公式：

$$N = \frac{\left(z_{1-\alpha/2}\sqrt{\frac{\overline{p}(1-\overline{p})}{R}} + z_{1-\beta}\sqrt{p_0(1-p_0) + \frac{p_1(1-p_1)(1-R)}{R}}\right)^2}{(p_0-p_1)^2(1-R)} \quad (18-10)$$

其中，$z_{1-\alpha/2}$ 和 $z_{1-\beta}$ 的含义同公式（18-1），假设自变量 X 服从二项分布，p_0 是自变量 $X=0$ 时的事件发生率，p_1 是自变量 $X=1$ 时的事件发生率，R 是样本中 $X=1$ 的比例，$\overline{p}=(1-R)p_0+Rp_1$。

针对多元 Logistic 回归分析的样本量估计，Hsieh 于 1998 年提出可以在单变量二分类 Logistic 回归样本量估计的基础上进行估计，并给出公式：

$$N_m = \frac{N}{1-\rho^2} \quad (18-11)$$

其中，N 为基于公式（18-10）估计的单变量 Logistic 回归的样本量，ρ 为感兴趣的自变量 X 与纳入的所有协变量的多重相关系数，该值一般通过前期工作或已有文献获得，N_m 为多元 Logistic 回归的样本量的近似估计。

例 18-10 欲想评估某种不良习惯（X）对疾病发生的影响，计划在某社区进行该项研究。通过前期工作及文献查阅发现，有不良习惯（X）的人群中疾病发生率约为 32%（$p_1=0.32$），无不良习惯（X）的人群中疾病发生率约为 15%（$p_0=0.15$），该社区人群中吸烟人数占比约为 30%，设定检验效能为 0.8，检验水准为 0.05，试估计该项研究至少需要多少人？若该研究还需要考虑校正其他自变量影响，则需要多少受试对象？假设不良习惯（X）与其他自变量相关性设定为 0.1（$\rho=0.1$）。

例 18-10 SAS 主要程序及说明：

程序	说明

`data ch18_10;`
　`p0=0.15; p1=0.32; R=0.3;`
　`pmean=(1-R)*p0+R*p1;`
　`alpha=0.05;`
　`beta=0.20;`
	建立数据集
	设定 p_0 值、p_1 值、R 值、$\overline{p}$ 计算公式、α 值、β 值

`　n=ceil((probit(alpha/2)*sqrt(pmean*(1-pmean)/R)+ probit(beta)*sqrt`
`(p0*(1-p0)+(p1*(1-p1)*(1-R))/R))**2/((1-R)*((p0-p1)**2)));`
`proc print;`
　`run;`
	将上述各值代入计算公式，向上取整得到样本量 n

`data ch18_10n;`
　`set ch18_10;`
　`rm=0.1;`
	建立新数据集 ch18_10n；set 设定来源于 ch18_10；rm=0.1 设定 X 与其他自变量相关性

`　Nm=ceil(n/(1-rm**2));`
　`proc print;`
　`run;`
	将上述各值代入计算公式（18-11），得校正后样本量 N_m

根据上述程序输出结果，如果只探讨不良习惯对疾病发生影响时，该项研究至少需要纳入 219 名受试者。同样的研究条件，如果考虑校正其他自变量影响，则至少需要纳入 222 名受试者。

（侯　艳）

第十九章 随机抽样与随机分组

绝大多数生物医学研究是抽样研究,因而研究有效性的前提是如何纳入代表性样本或如何构建可比性好的组别。在研究设计和实施阶段的随机抽样或随机分组是避免选择偏倚的最有效措施。本章通过研究实例概要介绍随机抽样及随机分组的原理、方法及 SAS 实现过程,并把倾向评分方法作为所谓的事后随机化进行简要介绍。

第一节 随 机 抽 样

随机抽样(random sampling)是指总体中每个个体都有相应机会被抽取进入研究样本,通常依照机会均等原则进行"等概率"抽样。常用随机抽样方法包括:单纯随机抽样、系统抽样、分层抽样和整群抽样等。

SAS 中的 SURVEYSELECT 过程可以实现常用的各种等概率抽样。本节将依次介绍各种随机抽样方法的原理、应用场景及其 SAS 实现。

一、单纯随机抽样

单纯随机抽样(simple random sampling,SRS)是指总体中每个个体被抽中的概率相等的一种抽样方式。

1.1 研究实例

例 19-1 采用单纯随机抽样方法从某医院病案系统的前 100 条数据中随机抽取 10 条数据。

1.2 SAS 主要程序及说明

程序	说明

`DATA Ch19_1;`
`  input no department $ sex $ @@;`
`datalines;`
`  1 血管外科 男   2 手足外科 男`
`  3 中医科   男   4 心内科   男`
`  ......`
`  99 妇科   女   100 妇科   女`
`;`
`run;`
	建立数据集"ch19_1"
	input 录入数据编号"no"、科室"department"和性别"sex",将从这 100 条数据中随机抽取 10 条数据

`proc surveyselect data=ch19_1 out=result method=SRS n=10 seed=12345;`
`run;`
`proc print data=result;`
`run;`
	调用过程步 surveyselect 进行随机抽样,data 输入数据集名称,out 设定抽样结果输出的数据集名称,method 表示所选择的抽样方法,SRS 表示单纯随机抽样,n=10 表示抽取的样本含量,seed 设定随机数种子,以保证在下次执行程序时得到的结果一致,该值为≤$2^{31}-1$ 的正整数即可,最后调用 print 过程将结果输出到输出窗口

1.3 主要分析结果与解释

Obs	no	department	sex	
1	27	心内科	男	①
2	38	产科	女	

				①
3	45	心内科	女	
4	54	心外科	男	
5	55	心内科	男	
6	63	泌尿外科	女	
7	79	肝胆外科	男	
8	81	妇科	女	
9	88	耳鼻喉科	女	
10	92	泌尿外科	男	

输出结果说明：
①采用单纯随机抽样抽取的 10 例样本信息。

二、系 统 抽 样

系统抽样（systematic sampling）是按照某种顺序给总体中的个体编号，然后随机地抽取一个号码作为第一个调查个体，其他的调查个体则按照某种确定的规则"系统"地抽取，又称为机械抽样、等距抽样。

2.1 研究实例
例 19-2　采用系统抽样方法在 100 条病例中随机抽取 10 条数据。

2.2 SAS 程序语句及说明

程序	说明

`data ch19_2;`
`set ch19_1;`
`proc surveyselect data=ch19_2 out=result`
`method=SYS rate=0.1 seed=12345;`
`run;`
`proc print data=result;`
`run;`
	调用过程步 surveyselect 进行系统抽样；method=SYS 设定系统抽样，rate=0.1 表示抽样比例；调用 print 过程将结果输出到输出窗口

2.3 主要分析结果与解释

Obs	no	department	sex	
1	6	眼科	女	①
2	16	运动医学	男	
3	26	呼吸科	男	
4	36	心内科	男	
5	46	消化内科	女	
6	56	耳鼻喉科	男	
7	66	耳鼻喉科	男	
8	76	妇科	女	
9	86	产科	女	
10	96	产科	女	

输出结果说明：
①采用系统抽样抽取的 10 例样本信息。

三、分层抽样

分层抽样（stratified sampling）也叫类型抽样，先将总体中的全部个体按某种特征分成若干"层"，再从每一层内随机抽取一定数量的个体组成样本。

3.1 研究实例

例 19-3 在 100 条病例中按性别分层进行随机抽样，每层抽样比例为 10%。

3.2 SAS 程序语句及说明

程序	说明

`data ch19_3;`
`set ch19_1;`
`proc freq;`
`table sex;run;`
`proc sort data=ch19_3;`
`by sex;`
`run;`
`proc surveyselect data=ch19_3 out=result`
`method=SRS rate=0.1 seed=12345;`
`strata sex;`
`run;`
`proc print data=result;`
`run;`
	过程步 proc freq 计数不同性别样本量
	
	调用过程步 proc sort 进行排序，data 表示输入数据集名称；by 语句表示按性别 sex 进行排序
	method=SRS 设定层内简单随机抽样
	strata 语句用于定义分层变量，本例为性别，按性别 sex 分层进行随机抽样
	其他说明同例 19_2

3.3 主要分析结果与解释

FREQ 过程					
sex	frequency	percent	Cumulative Frequency	Cumulative Percent	①
男	53	53.00	53	53.00	
女	47	47.00	100	100.00	
Obs	sex	no	department	Selection Prob	Sampling Weight	②
1	男	22	血管外科	0.1132	8.8333	
2	男	47	耳鼻喉科	0.1132	8.8333	
3	男	50	胃肠外科	0.1132	8.8333	
4	男	71	心内科	0.1132	8.8333	
5	男	73	脊柱外科	0.1132	8.8333	
6	男	85	耳鼻喉科	0.1132	8.8333	
7	女	29	产科	0.1064	9.4000	
8	女	30	运动医学	0.1064	9.4000	
9	女	31	妇科	0.1064	9.4000	
10	女	68	心内科	0.1064	9.4000	
11	女	90	心外科	0.1064	9.4000	

输出结果说明如下。

①频数输出结果：数据库中 100 例样本，其中男性 53 例、女性 47 例。

②采用分层抽样抽取样本：按照 10%比例，递进原则，抽取 6 名男性和 5 名女性组成新样本，Selection Prob 即抽取概率，为实际抽取结果，即 6/53，Sampling Weight 即抽样权重，为抽取概率的倒数。

四、整群抽样

整群抽样（cluster sampling）是以"群"为基本单位的抽样方法。先将总体分成若干个群，从中随机抽取一些群,被抽中群内的全部个体组成调查的样本。

4.1 研究实例

例19-4 将100条病例按科室可以分成不同的"群"组,随机抽取5个"群",对抽中的"群"内所有观察单位即科室内所有病例进行调查研究。

4.2 SAS程序语句及说明

程序	说明

``data ch19_4;
input no department $ @@;
datalines;
1   产科
2   创伤骨科
3   耳鼻喉科
…
23   整形外科
24   中医科
25   肿瘤科
;
run;
proc surveyselect data=ch19_4 out=result
method=SRS n=5 seed=12345;
run;
proc print data=result;
run;```
	程序说明参照例19-1

4.3 主要分析结果与解释

Obs	no	department	
1	13	乳腺科	①
2	14	神经内科	
3	21	眼科	
4	22	运动医学	
5	25	肿瘤科	

输出结果说明:

①采用单纯随机抽样抽取的5个"群"的样本信息。

第二节 随 机 分 组

为了避免试验人员或受试对象主观倾向对组别分配的影响,临床试验往往采用随机分组,即采用公认方法尽可能生成不可预测的分配顺序,依次将受试者分配到不同组别。当组间分配比例相等时,确保每一个受试者均有同等机会被分配到相应组别,一些已知或未知的混杂因素在组间均衡可比,减少试验入组阶段分配过程中的偏倚。

SAS中的PLAN过程可用于生成各种随机化分组方案。本节将依次介绍目前常用的各种随机化方法及其SAS实现。

一、完全随机化

完全随机化(complete randomization)或者称为简单随机化(simple randomization),是根据干预组别数和分配比例将受试对象按照一定机会(当分配比例相等时即为同等机会)分配到不同组别的随机分配过程。理想的完全随机化应当是非限制性随机化,每次分配与之前的分配结果完全无关,因而是不可预测的。

1.1 研究实例

例 19-5 将来自某科室 12 个病例随机等分入 A、B 两组。

1.2 SAS 程序语句及说明

程序	说明
| ```
proc plan seed=12345;
factors no=12;
output out=ch19_5;
run;
data ch19_5;
set ch19_5;
number=_n_;
if no<=6 then group=1;
else group=2;
proc print data=ch19_5;
var number no group;
run;
``` | 调用过程步 plan 进行随机化分组,seed=设定随机数种子,具体意义同例 19-1;factors 语句定义 no=随机数,共 12 名病例,这里没有指定水平数的产生方法,所以 factors 语句将执行默认方法,即随机产生 12 个随机数;output 设定 out=输出的数据集名称;if-else 语句,表示根据产生随机数的大小将相应病例均匀分到 A、B 两组;最后调用 print 过程将结果输出到输出窗口 |

1.3 主要分析结果与解释

Obs	number	no	group	
1	1	5	1	①
2	2	10	2	
3	3	11	2	
4	4	6	1	
5	5	4	1	
6	6	3	1	
7	7	7	2	
8	8	1	1	
9	9	8	2	
10	10	12	2	
11	11	9	2	
12	12	2	1	

输出结果说明如下。

①随机化分组结果:number 为入组受试对象编号 1~12,no 为随机产生的随机数字,按照 no 进行分组,即受试对象编号为 1、4~6、8、12 的个体为 A 组(或 B 组),其他受试对象为 B 组(或 A 组)。

补充说明:临床试验开始前往往确定了样本大小,因而例 19-5 的 SAS 编程实际是考虑了在给定样本量情况下,随机分配最后达到组间样本数相等的限制性条件,可以说是一定限制条件下的完全随机化。

二、区组随机化

区组随机化(block randomization)是目前最常用的一种限制性随机化过程,为了确保整个试验期间进入各组的受试者数量基本相等,通常按入组先后顺序进行分段(即区组),在每一区组内进行随机分配,确保各处理组样本数量符合试验方案中各组比例要求。例如,方案设计各组等比例分配
```

时,则每一区组内各组受试者数量相等,从而避免完全随机化可能产生的各组受试对象数量不均衡。

2.1 研究实例

例 19-6 为了研究某种疼痛药物的疗效,将来自 3 个科室,每个科室 4 位患者,共 12 位患者随机等分成两组。

2.2 SAS 主要程序语句及说明

程序	说明
| ```
proc plan seed=12345;
factors block=3 length=4;
output out=ch19_6;
run;
proc sort data=ch19_6;
by block;
run;
data ch19_6;
set ch19_6;
number=_n_;
if length<=2 then group=1;
else group=2;
run;
proc print data=ch19_6;
var block number length group;
run;
``` | 程序说明参照例 19-5<br>factors 语句定义 block=区组数,length=区组长度,即每个区组中个体数<br>调用过程步 sort 按照 block 进行排序,此过程仅仅为了方便应用,block 是按照 1~3 顺序输出的 |

2.3 主要分析结果与解释

Obs	block	number	length	group	
1	1	1	1	1	①
2	1	2	2	1	
3	1	3	3	2	
4	1	4	4	2	
5	2	5	3	2	
6	2	6	4	2	
7	2	7	1	1	
8	2	8	2	1	
9	3	9	1	1	
10	3	10	4	2	
11	3	11	2	1	
12	3	12	3	2	

输出结果说明如下。

①区组随机化分组的结果:block 为随机产生区组数,number 为入组受试对象编号 1~12,其中 1~4 为第一区组,5~8 为第二区组,9~12 为第三区组,length 为在每个区组内产生的随机数字,以此为依据进行分组,group 为最终分组结果。

补充说明:相比完全随机化,区组随机化因其组间样本数量均衡性会提升些许统计效能,避免或减少了分配过程中可能存在的不同入组时间对研究结果的影响,尤其是入组时间较长的大规模临床试验可能存在的时间趋势偏倚。但是,每个区组样本数量均衡即这种周期性强制样本数量相等,会相应降低随机分组过程中的不可预测性要求而带来选择偏倚。这一问题在开放性临床试验中尤为突出。例如本次例 19-6 随机分配方案显示:基于区组中前期分配结果,第一和第二个区组后两个
```

分配是可预知的，第三个区组最后一个分配是可预知的。如何平衡好分配过程中样本数量均衡性要求与不可预测性要求，值得进一步探讨。近些年得到越来越多应用的区组大小可变的变化区组随机化可以减少这种可预知的确定性分配。但是，区组随机化本身的特性决定了除各区组中第一个受试者接受的是完全随机分配，区组中后续分配概率肯定会高于相应的完全随机分配概率，因而整体上仍然无法显著降低可预测性。一些统计学家和方法学家提出了基于最大容许不平衡（maximum tolerated imbalance，MTI）和混合随机化等新颖方法，王炳顺团队提出的三明治混合随机化（sandwich mixed randomization，SMR）或许是非常有应用前景的区组随机化替代方法。

三、分层随机化

分层随机化（stratified randomization）按研究对象特征，将可能产生混杂作用的某些因素（如年龄、性别等）先进行分层，然后在每层随机分配研究对象至不同处理组，分层后的随机化分组过程既可采用完全随机化分组，也可采用区组随机化分组。

如果采用完全随机化分组，从程序角度看，分层随机化分组与区组随机化分组思路基本一致，区组随机化分组是先分成区组再进行简单随机化分组，分层随机化分组是先分成层再进行简单随机化分组，这里的"组"和"层"均为进行简单随机的"最小单位"，两者 SAS 实现程序基本一样。

3.1 研究实例

例 19-7 取同科室男、女各 6 个病例按照性别分层后随机等分成 2 组。

3.2 SAS 程序语句及说明

先分层再完全随机化分组。

程序	说明
| ```
proc plan seed=12345;
factors block=2 length=6;
output out=ch19_7;
run;
proc sort data=ch19_7;
by block;
run;
data ch19_7;
set ch19_7;
number=_n_;
if length<=3 then group=1;
else group=2;
run;
proc print data=ch19_7;
var block number length group;
run;
``` | 程序说明参照例 19-6 |

3.3 主要分析结果与解释

Obs	block	number	length	group	①
1	1	1	5	2	
2	1	2	6	2	
3	1	3	4	2	
4	1	4	3	1	
5	1	5	2	1	
6	1	6	1	1	
```

7	2	7	5	2	①
8	2	8	1	1	
9	2	9	4	2	
10	2	10	3	1	
11	2	11	2	1	
12	2	12	6	2	

输出结果说明如下。

①分层随机化分组的结果：采用先分层再完全随机化分组的方法，block 为按研究对象特征分层产生的区组数，number 为入组受试对象编号 1～12，其中 1～6 为第一区组，7～12 为第二区组，length 为在每个区组内产生的随机数字，以此为依据进行分组，group 为最终分组结果。

四、分层区组随机化

多中心临床试验中，普遍采用的方法是以中心分层，然后在各中心内进行区组随机化，即称为分层区组随机化（stratified block randomization）。当然，分层因素也可以是其他因素，或者存在多个分层因素（通常不超过 3 个）。

4.1 研究实例

例 19-8 将来自 2 个中心，每个中心 3 个科室，每个科室 4 位患者，共 24 位患者随机等分成 A、B 两组。

4.2 SAS 程序语句及说明

先分层再区组随机化分组。

程序	说明
``proc plan seed=12345;
factors center=2 block=3 length=4;
output out=ch19_8;
run;
proc sort data=ch19_8;
by center block;
run;
data ch19_8;
set ch19_8;
number=_n_;
if length<=2 then group=1;
else group=2;
run;
proc print data=ch19_8 ;
var center block number length group;
run;```	程序说明参照例 19-6 不同之处，在区组随机化的 SAS 程序基础上，添加一个分层因素（即中心 "center=2"），以实现分层区组随机化

4.3 主要分析结果与解释

Obs	center	block	number	length	group	
1	1	1	1	1	1	①
2	1	1	2	3	2	
3	1	1	3	2	1	
4	1	1	4	4	2	
5	1	2	5	3	2	
6	1	2	6	4	2	

number	center	block	number	length	group	
7	1	2	7	2	1	①
8	1	2	8	1	1	
9	1	3	9	4	2	
10	1	3	10	2	1	
11	1	3	11	3	2	
12	1	3	12	1	1	
13	2	1	13	1	1	
14	2	1	14	2	1	
15	2	1	15	3	2	
16	2	1	16	4	2	
17	2	2	17	4	2	
18	2	2	18	3	2	
19	2	2	19	2	1	
20	2	2	20	1	1	
21	2	3	21	4	2	
22	2	3	22	2	1	
23	2	3	23	1	1	
24	2	3	24	3	2	

输出结果说明如下。

①分层区组随机化分组的结果：采用先分层再区组随机化分组的方法，center 为随机产生中心数，block 为随机产生区组数，number 为入组受试对象编号 1～24，其中 1～4 为第一中心第一区组，5～8 为第一中心第二区组，9～12 为第一中心第三区组，13～16 为第二中心第一区组，17～20 为第二中心第二区组，21～24 为第二中心第三区组，length 为在每个区组内产生的随机数字，以此为依据进行分组，group 为最终分组结果。

五、动态随机化

动态随机化（dynamic randomization）与传统随机化方法的不同之处在于，动态随机化分组在分配过程中，每一个受试人员进入某一组的概率不会一直保持固定，而是按照前面已入组个体的情况不断地进行变更，从而达到维持所有试验组之间非研究因素达到平衡的目的。最小化法（minimization）是其中较为常见的一种，最小化法自提出以来就备受关注，其最大优点是均衡能力强，尤其在小样本及有多个重要预后因素的临床试验中优势突出，但其也有致命缺点，该方法在分组过程中限制了较多的影响因素，每个研究对象分入各组的概率也不相等，严格来讲有违随机化原理。

目前，国内外文献大都报道有关动态随机化分组的原理与方法。相对其他随机化分组方法，动态随机化分组方法的 SAS 实施过程较为复杂，也没有相对固定的动态随机化的专用语句和程序。赵丽君、李宏田等于 2018 年在《中国生育健康杂志》公开发表《最小化随机分组方法介绍及其 SAS 实现》一文，详细介绍了最小化随机分组方法的基本原理及运算过程并结合模拟实例，编制了专用的动态随机分析的 SAS 宏程序，并给出了模拟实例的分组结果，有兴趣的读者可详细阅读该文献。

六、处理次序随机化

上述随机化方法针对的是常见的平行组设计临床试验。另一种传统的试验设计类型是交叉试验设计，适合于能够暂时缓解的、稳定的慢性疾病的短期效果评估，也常常应用于生物等效性研究。交叉试验是按事先设计好的处理次序，在试验对象上按各个时期依次实施各项处理，以比较这些处理的作用。当交叉试验可使用的时期数与处理数相同时，常可用拉丁方设计的交叉试验。其中Williams 设计采用了广义拉丁方的交叉设计，可以用来减少或消除时期和顺序因素对效果评估的混杂影响。一般情况下当处理数目为偶数时，只需一个合适的拉丁方，否则需要 2 个拉丁方。

需要注意的是，作为一种自身比较的方法，交叉试验设计强调的是处理次序随机化。SAS 中的 PLAN 过程不仅可以随机构建 Williams 设计，还可以将不同处理次序的序列随机分配给受试者，从而可以便利整合这两个步骤。一个构建 Williams 设计以及处理次序随机化的通用 SAS 宏程序可以公开获取，请参考《统计软件杂志》发表的文章，链接为 https://doi.org/10.18637/jss.v029.c01。

第三节　倾向评分匹配法

倾向评分方法是一种用于控制观察性研究中混杂效应的方法。倾向评分（propensity score，PS）是根据观察到的基线特征，计算所得个体暴露于某种处理（或被分配到干预组）的概率。倾向评分方法通过调整倾向评分在处理组和对照组间的平衡，提高多个基线特征在组间的可比性，因此也被称为事后随机化。倾向评分法包括四种主要方法，倾向评分匹配（propensity score matching，PSM）法、倾向性评分逆概率加权（inverse probability weighting，IPW）法、倾向性评分分层法，以及使用倾向评分的协变量调整法。其中倾向评分匹配法是最早提出和最广泛应用的方法，也是本节介绍的主要内容。PROC PSMATCH 是专用于倾向评分法的过程步，可以实现 PS 值估算、比较组匹配、匹配前后基线特征变量组间均衡性检验等操作。以下为倾向评分匹配法的具体实现步骤和对应结果。

1.1　研究实例

例 19-9　使用回顾性队列研究的健康筛查计划数据，探讨肥胖（BMI≥28.0）与 2 型糖尿病之间的关系。受试者为分布于 32 个地区，大于 20 岁没有糖尿病的成年人，共计 21 万，平均中位随访时间为 3.1 年。在观察对象每次就诊时，研究人员将测量其空腹血糖水平，并收集有关糖尿病的病史信息。研究结束时糖尿病患者约占 2%，取数据中年龄、性别、吸烟、饮酒和家族糖尿病史 5 个混杂因素进行 PSM 示例分析。

结局变量：糖尿病 censor_of_diabetes_at_followup_1（0=否，1=是）；

分组变量：肥胖 group（0=BMI<28，1= BMI≥28）；

基线特征变量：

年龄 age__y_（连续型变量，单位岁）；

性别 Gender_1__male__2__female_（1=男，2=女）；

吸烟 smoking_status_1_current_smoker_（0=无，1=有）；

饮酒 drinking_status_1_current_drinke（0=无，1=有）；

家族糖尿病史 family_histroy_of_diabetes_1_Yes（0=无，1=有）。

1.2　SAS 主要程序及说明

程序	说明
`filename xlsxfile "d:\ch19_9.xlsx";`	定义数据文件的物理路径

`proc import out= work.ch19_9`
`            datafile= xlsxfile`
`            dbms=excel replace;`
`run;`
	导入 xlsx 数据为 SAS 数据集 ch19_9

`data ch19_9_1;`
`set ch19_9;`
`rename Gender_1__male__2__female_=gender`
`age__y_=age`
`smoking_status_1_current_smoker_=smoking`
`drinking_status_1_current_drinke=drinking`
	rename 语句重命名变量

续表

程序	说明

`family_histroy_of_diabetes_1_Yes=h_diabetes;`
`data ch19_9_1;`
`    set ch19_9_1;`
`    group= (BMI_kg_m2_ >=28);`
`    smk=(smoking>2);`
`    dnk=(drinking>2);`
`run;`
	group=生成二分类变量 group，下同

`proc psmatch data = ch19_9_1 region = cs;` `    class group gender smk dnk h_diabetes;`	调用过程步 proc psmatch，匹配子集为共同支持域 class 指定 5 个基线特征分类变量
`    psmodel group(treated="1")= gender smk dnk` `      h_diabetes age;`	psmodel 指定估算 PS 的模型；(treated="1")表示给定 gender、smk、dnk、h_diabetes 和 age 5 个变量时，估算个体暴露于 group（BMI≥28 肥胖者）的概率
`    match method=greedy(k=1) caliper=0.2;`	match 语句定义匹配方法，method=greedy（k=1）表示 1∶1 比例的贪婪匹配法，caliper=0.2 表示卡钳值为 0.2；若需要进行有放回匹配，此处可设置为 method=replace（k=1）
`    assess lps var=(gender smk dnk h_diabetes age) /` `      plots=(boxplot barchart) weight=none;`	assess 指定匹配后的均衡性检验参数，默认情况下为 lps，即 PS 的 Logit 变换值；var= 指明需要检验的变量；plots=all 表示输出匹配前后变量分布图（该语句会根据变量类型自动输出相应图形，数值型变量输出箱式图，分类变量输出百分比分布柱状图），weight=none 表示不加权
`    output out(obs=match)=set_match matchid=MatchID;` `run;`	output 输出匹配后子集，out（obs=match）指明匹配后新生成的子集名称为 set_match，仅包含匹配成功的个体，matchid 指示新建变量 MatchID 为匹配时的 ID 号

1.3 主要分析结果与解释

第一部分：匹配前后两组 PS 分布与匹配基本信息。

Treated Group 1 All Obs （Treated） 5509 All Obs （Control） 54721 Support Region Extended Common Support Lower PS Support 0.030303 Upper PS Support 0.261804 Support Region Obs （Treated） 5509 Support Region Obs （Control） 54721	①
Matching Information Distance Metric Logit of Propensity Score Method Greedy Matching Control/Treated Ratio 1 Order Descending Caliper （Logit PS） 0.095321 Matched Sets 5509 Matched Obs （Treated） 5509 Matched Obs （Control） 5509 Total Absolute Difference 0.048479	②

输出结果说明：

①匹配前后各组 PS 分布、匹配基本信息；

②1∶1 贪婪法匹配，成功匹配 5509 对，Caliper （Logit PS）=0.095321，因设定卡尺，即对子间最大容忍的 LPS 差异为 0.2。

第二部分：匹配前后的基线特征比较组间均衡性检验及图示化。

Variable	Observations	Standardized Mean Differences (Treated - Control)			Percent Reduction	Variance Ratio
		Mean Difference	Standard Deviation	Standardized Difference		
Logit Prop Score	All	0.24652	0.47592	0.51799		0.5899
	Region	0.24652		0.51799	0.00	0.5899
	Matched	0.00003		0.00006	99.99	1.0003
smk	All	−0.11798	0.45048	−0.26189		1.2766
	Region	−0.11798		−0.26189	0.00	1.2766
	Matched	0.00036		0.00081	99.69	0.9995
dnk	All	−0.06399	0.39667	−0.16131		1.2810
	Region	−0.06399		−0.16131	0.00	1.2810
	Matched	−0.00036		−0.00092	99.43	1.0011
age	All	2.74500	12.75406	0.21523		1.0930
	Region	2.74500		0.21523	0.00	1.0930
	Matched	0.03630		0.00285	98.68	1.0068
gender	All	0.19149	0.43419	0.44104		0.6229
	Region	0.19149		0.44104	0.00	0.6229
	Matched	−0.00109		−0.00251	99.43	1.0049
h_diabetes	All	−0.00793	0.22515	−0.03521		1.1501
	Region	−0.00793		−0.03521	0.00	1.1501
	Matched	−0.00145		−0.00645	81.68	1.0243

Standard deviation of All observations used to compute standardized differences

标准化均差（standardized mean difference，SMD），通常采用 0.1 为判断阈值，小于 0.1 表示混杂因素在组间的分布均衡性好，可以认为研究组之间的差异很小；匹配前后 PS 以及 5 个基线特征变量的标准化均差：在匹配前，除家族糖尿病史 h_diabetes 外，其余变量 SMD 绝对值均大于 0.1，匹配后所有变量的 SMD 均远小于 0.1，表示匹配后变量的联合分布在组间均衡性好，如图 19-1，图 19-2，图 19-3 所示。

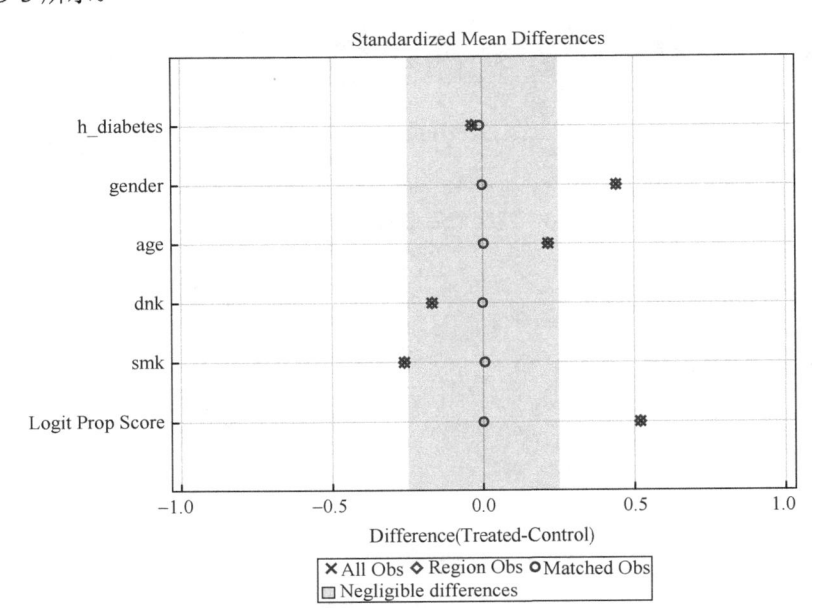

图 19-1 标准化均差匹配前后组间的均衡性

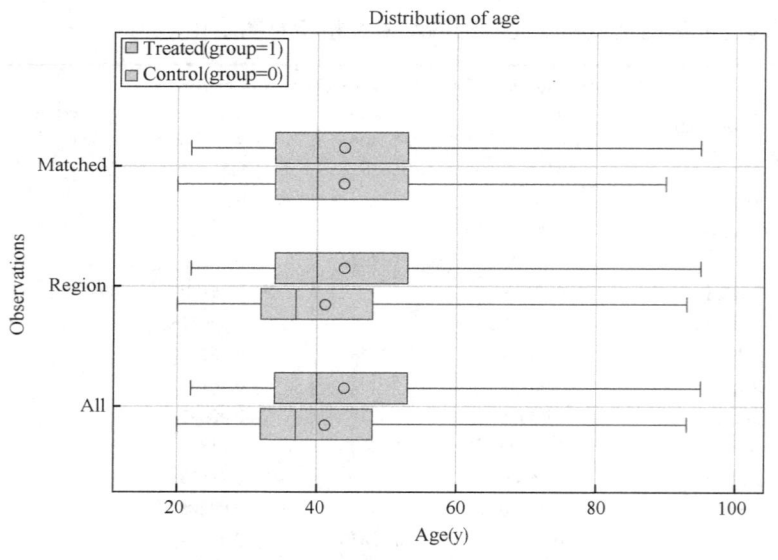

图 19-2　匹配前后 age 变量的箱式图

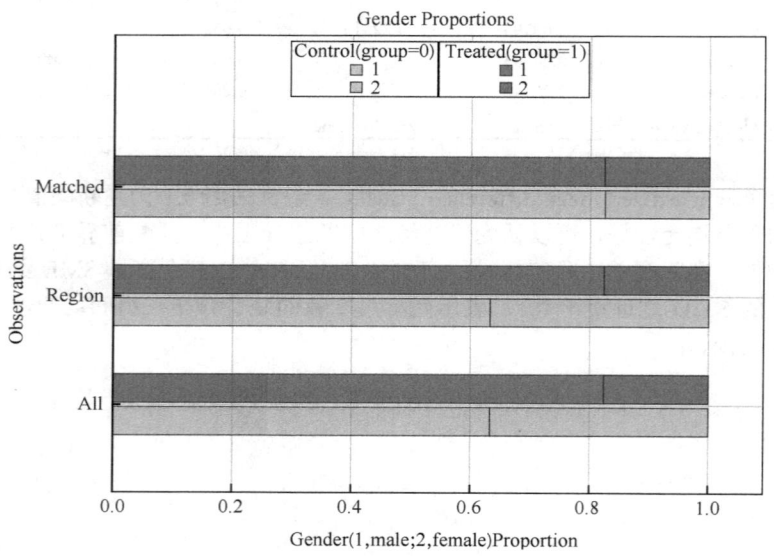

图 19-3　匹配前后 gender 变量的条形图

（周立业　王筱金　王炳顺）

第二十章 SAS 统计图表制作

医学科研数据经过整理和计算各种必要的统计指标后,所得的结果除了用适当文字说明以外,另外一项重要的内容就是通过统计图表,更加完美地呈现出数据信息,更好地揭示数据的变化规律及分布特征,统计图表作为描述性统计的一部分必不可少。简洁明了、清晰易懂的统计表格,配合直观形象、一目了然的统计图,代替冗长而繁琐的大量文字,能够使读者对研究结果的认识更加深入,提高研究结果以及科研论文的质量与美观。

第一节 SAS 制表

统计表(statistical table)是将研究指标的取值以规范表格的形式列出,以简洁清晰、层次清楚的方式表达数据,便于阅读和比较。统计表格共包括五个部分,分别是标题、标目、线条、数字以及备注。根据其分组的不同层次,可分为简单表和复合表。如果仅有一个层次,即为简单表;有两个或者两个以上的层次,即为复合表。

一、TABULATE 过程步

TABULATE 过程步是 SAS 软件中制表的常用过程步,可以通过表格的形式展示诸多统计量,个性化地制作各种表格,类似于 PROC MEANS、PROC UNIVARIATE 等过程步,但 PROC TABULATE 过程步更为简单,制表功能更为强大。

例 20-1 为了解来院就诊的人群中糖尿病患者情况,某研究人员调查了患者的性别、家族史及空腹血糖情况,结果如表 20-1 所示。请根据调查数据制作不同性别和家族史组合的空腹血糖情况的复合表。

表 20-1 患者基本信息

性别	家族史	空腹血糖(mmol/L)
1	0	5.26
0	0	7.5
⋮	⋮	⋮
0	0	7.63
1	1	9.9

例 20-1 的 SAS 主要程序说明:

程序	说明
data ch20_1; input gender history fbg ; cards; 1　0　5.26 0　0　7.5 …　…　… …　…　… 1　0　8.91 0　0　7.63 1　1　9.9 ; run;	建立数据集 ch20_1 input 录入数据,gender 为性别,history 为家族史,fbg 为空腹血糖

续表

程序	说明

`proc format ;`
`  value gender 1= "男性" 0= "女性";`
`  value history 1= "有" 0= "无";`
`run;`
`proc tabulate data=ch20_1;`
`  title "不同患者空腹血糖情况";`
`  format gender gender. history history.;`
`  label gender= "性别" history= "家族史" fbg= "空腹血糖";`
`  keylabel n= "人数" sum= "总和" mean= "均数" std= "标准差";`
`  class gender history;`
`  var fbg;`
`  table gender * history ,fbg*(n sum mean std);`
`  table gender ,history* fbg*(n sum mean std);`
`run;`
`proc tabulate data=ch20_1;`
`  title '不同性别患者家族史情况';`
`  format gender gender. history history.;`
`  label gender="性别" history="家族史" ;`
`  keylabel n="频数" rowpctn="行百分比" ;`
`  class gender history;`
`  table gender,history*(n rowpctn );`
`run;`
	调用过程步 proc format
	value 语句设定 gender 和 history 中 1 和 0 的输出格式
	
	调用过程步 proc tabulate
	title 语句定义标题
	format 定义 gender 和 history 的输出格式
	label 定义 gender、history、fbg 的变量标签
	
	keylabel 定义输出统计量的变量标签
	
	class 定义分类的变量，共有 2 个
	var 定义分析变量 fbg
	table 语句进行制表，gender * history 为分组变量，fbg 为分析变量，输出频数、总和、均数、标准差；第二个 table 设定 gender 为分组变量，history 为纵向变量
	
	table 设定 gender 为分组变量，history 为分析变量，输出频数和行百分比

依据上述程序输出图 20-1、图 20-2 和图 20-3。

不同患者空腹血糖情况

性别	家族史	空腹血糖			
		人数	总和	均数	标准差
女性	无	212	1719.03	8.11	2.08
	有	77	659.21	8.56	2.07
男性	无	312	2562.46	8.21	1.94
	有	106	875.67	8.26	2.04

图 20-1　Tabulate 语句输出结果

不同患者空腹血糖情况

性别	家族史							
	无				有			
	空腹血糖				空腹血糖			
	人数	总和	均数	标准差	人数	总和	均数	标准差
女性	212	1719.03	8.11	2.08	77	659.21	8.56	2.07
男性	312	2562.46	8.21	1.94	106	875.67	8.26	2.04

图 20-2　Tabulate 语句输出家族史位于列的结果

不同性别患者家族史情况

性别	家族史			
	无		有	
	频数	行百分比	频数	行百分比
女性	212	73.36	77	26.64
男性	312	74.64	106	25.36

图 20-3 Tabulate 语句输出家族史的频数和行百分比结果

二、REPORT 过程步

REPORT 过程步是制作报表的工具，其可将 PROCP RINT、PROC MEANS 和 PROC TABULATE 过程的特点与 DATA 步报告写法的特点结合起来，组合成一个强大的生成报表的工具。

例 20-2 为了解某医院神经内科就诊患者中体内胰岛素情况，研究者调查了患者的部分信息，部分结果如表 20-2 所示。请根据如下信息，绘制相应的统计表格。

表 20-2 患者胰岛素情况

性别	吸烟	饮酒	胰岛素
1	0	1	294.52
0	0	1	367.88
⋮	⋮	⋮	⋮
0	0	0	411.44
1	0	0	263.11
1	0	1	433.71

例 20-2 的 SAS 主要程序说明：

程序	说明
`data ch20_2;`	建立数据集 ch20_2
`input gender smoke drink y;`	input 录入数据，gender 为性别，smoke 为吸烟情况，drink 为饮酒情况，y 为胰岛素
`cards;`	
`1   0   1   294.52`	
`0   0   1   367.88`	
`…   …   …   …`	
`…   …   …   …`	
`1   0   1   433.71`	
`;`	
`run;`	
`proc format;`	调用过程步 proc format
`  value gender 1="男性" 0="女性";`	value 语句赋予 gender、smoke 和 drink 中 1 和 0 的输出格式
`  value smoke 1="有" 0="无";`	
`  value drink 1="有" 0="无";`	
`run;`	
`proc report data=ch20_2 headline headskip;`	调用过程步 proc report，headline 指在标题和表格之间添加分割线，headskip 指在标题和表格之间加一行空格
`  title "不同组别患者胰岛素情况";`	
`  format gender gender. smoke smoke. drink drink.;`	format 定义 gender、smoke 和 drink 的输出格式
`  column gender smoke drink,(y,n y,mean y, std);`	column 定义输出分组，括号内指要求输出胰岛素的频数、均数和标准差

续表

程序	说明

`define gender/group "性别";`
`define smoke/group "吸烟";`
`define drink/across "饮酒";`
`define n/"人数";`
`define mean/"均数";`
`define std/"标准差";`
	gender 后面选项 group，表示 gender 作为行；smoke 后面选项 group，表示 smoke 作为行；drink 后面选项 across，表示 drink 作为列
	""中的文字定义 gender、smoke、drink、n、mean、std 的变量标签

`define y/analysis    "胰岛素";`	analysis 语句指明分析的指标
`break after gender/ol    summarize suppress skip;`	break 语句在性别之后，表示对指标进行汇总，ol 表示汇总上方加一条线，summarize 表示汇总，skip 表示加入空行，suppress 表示汇总行不显示组名
`rbreak after/summarize skip;`	rbreak 语句表示进行总的汇总
`footnote "制表人:王玉鹏";` `run;`	footnote 定义脚注

依据上述程序输出图 20-4。

不同组别患者胰岛素情况

性别	吸烟	饮酒					
		无			有		
		胰岛素人数	胰岛素均数	胰岛素标准差	胰岛素人数	胰岛素均数	胰岛素标准差
男性	无	23	343.39422	54.429267	11	379.55525	46.908697
	有	14	345.0304	57.172056	30	334.43117	45.614712
		37	344.01332	54.694013	41	346.53763	49.682342
女性	无	45	355.99477	57.132344	2	379.16244	15.960052
	有	3	419.9155	33.598519	1	295.46194	.
		48	359.98981	57.864444	3	351.26227	49.62479
		85	353.03534	56.736092	44	346.85977	49.113311

图 20-4 Report 语句输出结果

第二节 SAS 绘图

统计图（statistical chart）是将数据信息与结果以图的形式呈现，使其能够具象化，帮助阅读者更加生动、形象地理解数据的核心结果，易于理解和比较。但是由于图中并没有具体的数据信息，因此往往和统计表格配合使用效果更佳。统计图有 5 个部分，分别是标题、标目、图域、图例、刻度。统计图有多种，例如直条形图、线图、箱式图、散点图等，具体选用何种统计图取决于具体的分析目的。

一、直条形图

直条形图常用于描述定性资料，又称为条形图。用等宽直条的长度来表示相互独立的定性统计指标数值大小，直条与直条之间存在空隙。

例 20-3 某研究人员调查了 2007 年、2008 年、2009 三年中，不同性别患者对于某病的治疗结果，具体见表 20-3。请根据如下信息，按照年份和性别绘制有效率的复式直条形图。

表 20-3　不同年份与性别患者疗效

年份	性别	总人数	无效	有效	有效率（%）
2007 年	男性	274	39	235	85.77
	女性	188	20	168	89.36
2008 年	男性	294	42	252	85.71
	女性	205	25	180	87.80
2009 年	男性	404	30	374	92.57
	女性	318	28	290	91.19

例 20-3 的 SAS 主要程序说明：

程序	说明
| ```
data ch20_3;
input year $ gender $ p;
label gender="性别";
cards;
2007年    男性    85.77
2007年    女性    89.36
2008年    男性    85.71
2008年    女性    87.80
2009年    男性    92.57
2009年    女性    91.19
;
run;
``` | 建立数据集 ch20_3；<br>input 录入数据，输入年份和性别两个分组变量，p 为有效率；<br>label 定义 gender 的标签为"性别" |
| ```
proc sgplot data=ch20_3;
vbar year/group=gender response=p groupdisplay=
   cluster clusterwidth=0.5;
Yaxis label= "有效率(%)" max=100 min=0 labelattrs=
   (size=15) valueattrs=(size=13);

Xaxis label= "年份" labelattrs=(size=15)
valueattrs=(size=13);
run;
``` | 调用过程步 proc sgplot 绘图；vbar 指定图的类型及横轴变量，group 指定分组变量，response 指定纵轴变量，groupdisplay 指定如何显示分组条形，cluster 表明是簇拥型，clusterwidth 指定簇拥型直条形图的宽度设置；Yaxis label 指定纵坐标轴标签，max 和 min 指定取值的范围，labelattrs 设定坐标变量特征，size 为大小，valueattrs 设定坐标刻度特征<br>Xaxis label 指定横坐标轴标签，解释同上 |

依据上述程序输出图 20-5。

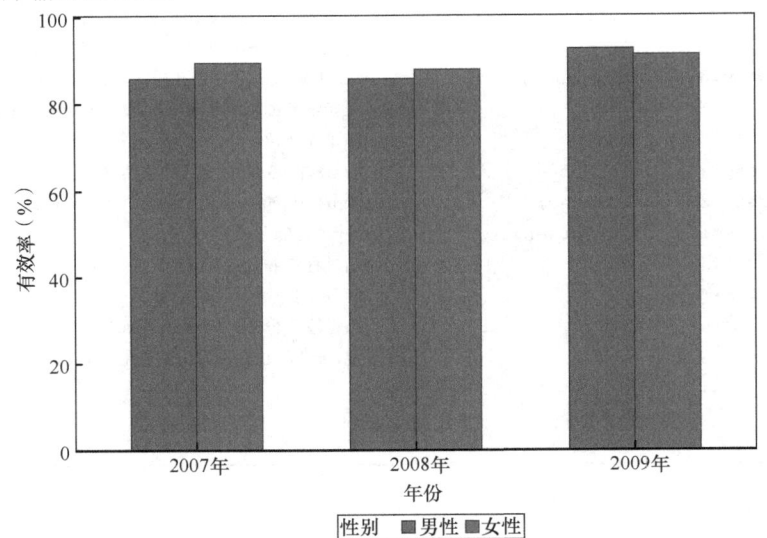

图 20-5　男性与女性在不同年份时疗效情况

二、饼 图

饼图属于构成比图，用于描述某指标内部不同组成部分的构成比。以圆的整体面积 360° 为 100%，通过内部扇形面积的大小代表各个组成部分所占的比重，构成比总和加起来必然是 100%。

例 20-4 临床研究中采用某新型疗法治疗老年性支气管炎，研究人员共收集了 435 名患者，其疗效可以分为治愈、显效、有效、无效四种，结果如表 20-4 所示。请根据如下信息绘制饼图。

表 20-4 某医院治疗老年性支气管炎临床效果

治疗效果	例数	构成比（%）
治愈	121	27.82
显效	198	45.52
有效	91	20.92
无效	25	5.75
合计	435	100.00

注：因四舍五入导致构成比合计约为 100%。

例 20-4 的 SAS 主要程序的说明

程序	说明
`data ch20_4;`	建立数据集 ch20_4
`input level $ f;`	input 录入数据，level 为治疗效果即分组变量，f 为频数
`cards;`	
`治愈　　121`	
`显效　　198`	
`有效　　 91`	
`无效　　 25`	
`;`	
`run;`	
`goptions hsize=5 vsize=15 ftext="宋体";`	调用 goptions 语句对图形进行设置，hsize 指定宽度，vsize 指定高度，ftext 指定图形内中文字体为宋体
`  pattern1 value=p1n0 color=orange;`	pattern1 定义图形内填充模式，value=p1n0 中的 p 是饼图 pie，1 是指线条的粗细程度，n 表示平行线，0 是线的角度，color= 指填充颜色
`  pattern2 value=p3x45 color=blue;`	pattern2 中 p3x45，粗细程度为 3，x 表示交叉线，角度为 45 度
`  pattern3 value=p5n90 color=red;`	pattern3 中 p5n90，粗细程度为 5，角度为 90 度
`  pattern4 value=solid color=green;`	pattern4 为绿色填充
`proc gchart data=ch20_4;`	调用过程步 proc gchart
`  pie level/sumvar=f`	pie 表示制作饼图，以 level 为分组变量，percent=arrow 定义用箭头标注百分比，coutline=black 定义扇形边界轮廓的颜色为黑色，noheading 不输出默认的图表题
`  percent=arrow`	
`  coutline=black`	
`  noheading ;`	
`run;`	
`quit;`	

依据上述程序输出图 20-6。

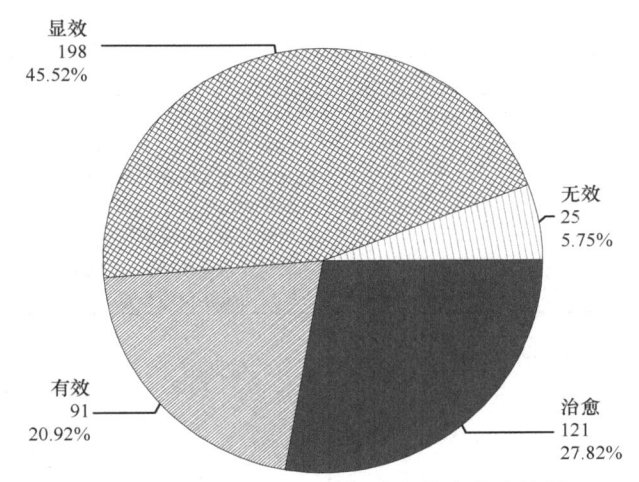

图 20-6　某医院治疗老年性支气管炎临床效果

三、直 方 图

直方图是用矩形面积表示连续型变量的频数分布的统计图形,与直条形图不同,直方图各矩形之间完全相邻无空隙。横轴表示各个组段,纵轴表示频数或者频率,因此纵轴必须从 0 开始。

例 20-5　某研究人员从医院随机抽取了 138 名正常成年女子的红细胞数（×10^{12}/L）。为观察数据的分布状态,请根据如下信息绘制直方图。

3.96	4.23	4.42	3.59	5.12	4.02	4.32	3.72	4.76	4.16	4.61	4.26
3.77	4.20	4.36	3.07	4.89	3.97	4.28	3.64	4.66	4.04	4.55	4.25
4.63	3.91	4.41	3.52	5.03	4.01	4.30	4.19	4.75	4.14	4.57	4.26
4.56	3.79	3.89	4.21	4.95	3.98	4.29	3.67	4.69	4.12	4.56	4.26
4.66	4.28	3.83	4.20	5.24	4.02	4.33	3.76	4.81	4.17	3.96	3.27
4.61	4.26	3.96	4.23	3.76	4.01	4.29	3.67	3.39	4.12	4.27	3.61
4.98	4.24	3.83	4.20	3.71	4.03	4.34	4.69	3.62	4.18	4.26	4.36
5.28	4.21	4.42	4.36	3.66	4.02	4.31	4.83	3.59	3.97	3.96	4.49
5.11	4.20	4.36	4.54	3.72	3.97	4.28	4.76	3.21	4.04	4.56	4.25
4.92	4.23	4.47	3.60	5.23	4.02	4.32	4.68	4.76	3.69	4.61	4.26
3.89	4.21	4.36	3.42	5.01	4.01	4.29	3.68	4.71	4.13	4.57	4.26
4.03	5.46	4.16	3.64	4.16	3.76						

例 20-5 的 SAS 主要程序说明:

程序	说明
| ```
data ch20_5;
input x @@;
label x="红细胞数";
cards;
3.96  4.23  4.42  3.59  5.12  4.02
4.32  3.72  4.76  4.16  4.61  4.26
 …    …    …    …    …    …
4.03  5.46  4.16  3.64  4.16  3.76
;
run;
``` | 建立数据集 ch20_5<br>input 录入数据, x 为红细胞数 |
```

程序	说明

`goptions hsize=13 vsize=10 ftext="宋体";`
`  pattern value=x1 color=green;`
`  proc gchart data=ch20_5;`
`vbar x/midpoints=2.8 to 5.6 by 0.2 space=0 ;`
`run;`
`quit;`
	调用 goptions 语句对图形长宽比例进行设置，hsize 指定宽度，vsize 指定高度，ftext 指定图形内中文字体为宋体；
	pattern 语句定义图形内填充模式，粗细程度为 1 的交叉线填充，颜色为绿色；
	调用过程步 proc gchart；
	vbar 制作垂直条形图，设置组中值由 2.8 至 5.6，by 表示增量为 0.2，space=空隙设置为 0

依据上述程序输出图 20-7。

四、线　　图

线图是用线段的升降来表示指标的连续变化情况，适用于描述一个变量随另一个变量变化的趋势。通常纵坐标是统计指标，横坐标是时间变量，即某一指标随着时间的变化趋势。根据其纵轴尺度可以分为普通线图和半对数线图：普通线图的坐标是按算术尺度标记刻度，目的是观察其绝对变化量；如果目的为观察其相对变化速度，则应当将纵坐标按对数尺度变换，横坐标依然采用算术尺度，制作的线图为半对数线图。

绘制线图时应注意：横轴和纵轴的刻度都可以不从 0 开始，用短线依次将相邻各点连接即得线图，不应将折线描成光滑曲线。线图中若只有一条折线，称为单式线图；若有两条及以上的线条，称为复式线图。

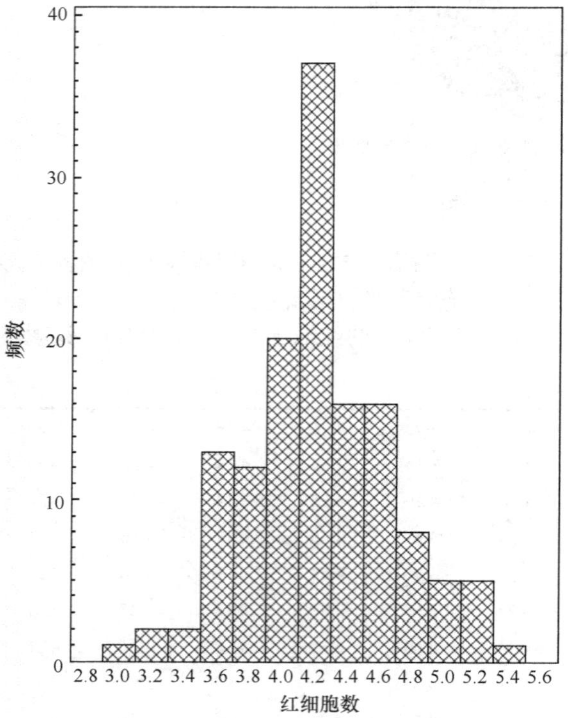

图 20-7　正常成年女子的红细胞数分布

例 20-6　某研究人员调查了当地自 1968 年至 1974 年不同性别人群患结核病后的死亡率，其具体结果如下。请根据表 20-5 中的信息绘制复式线图，以描述死亡率随着时间的变化趋势。

表 20-5　某地 1968～1974 年男女结核病死亡率（1/10 万）

年份	男	女	年份	男	女
1968	50.19	37.54	1972	35.59	24.08
1969	42.97	25.00	1973	38.31	24.10
1970	45.37	27.88	1974	25.29	16.00
1971	44.42	25.10			

例 20-6 的 SAS 主要程序说明：

程序	说明

`data ch20_6;`
`input year p gender @@;`
`label gender="性别";`
`cards;`
	建立数据集 ch20_6
	输入年份，死亡率以及分组变量性别，给 gender 赋予标签 "性别"

续表

程序	说明
<pre>1968 50.19 1 1968   37.54 2
1969 42.97 1 1969   25.00 2
1970 45.37 1 1970   27.88 2
1971 44.42 1 1971   25.10 2
1972 35.59 1 1972   24.08 2
1973 38.31 1 1973   24.10 2
1974 25.29 1 1974   16.00 2
;
run;
goptions hsize=10 vsize=6.5 ftext="宋体";
symbol1 ci=green line=1 color=pink value=
squarefilled interpol=join pointlabel;
symbol2 ci=red   line=20 color=blue value=
diamondfilled interpol=join pointlabel;
axis1 label=(height=2 "年份") value=(height=
1.5);
axis2 label=(angle=90 height=2 "死亡率") value=
(height=1.5);
legend cborder=black
value=("男" "女") position=(top right inside)
mode=protect;
proc gplot data=ch20_6;
plot p*year=gender /haxis=axis1 vaxis=axis2
legend=legend;
run;
quit;</pre>	调用 goptions 语句对图形进行设置，hsize 指定宽度，vsize 指定高度，ftext 指定图形内中文字体为宋体 symbol1 定义线条及标点的样式，ci=green 指定线条颜色为绿色，line=1 指定线条为实线，color=pink 指定标点为粉色，value=squarefilled 指定标点为实心方块形，interpol=join 指定两点之间直线相连，pointlabel 给出标点的具体数值 symbol2 中，线条是一种虚线（共有 46 种线条可选），颜色为红色，标点为实心菱形，颜色为蓝色，两点间直线相连并给出标点的具体数值 axis1 和 axis2 定义横纵坐标轴格式，label 指定横纵轴标签，value=（height=1.5）指定刻度大小，angle 指定标签旋转角度 legend 定义图例格式，cborder=black 指定边框颜色为黑色，value=（"男" "女"）指定两条线分别为男、女，position=（top right inside）指定图例位置为右上角，mode=protect 指定图例区域不会显示其他图形元素 调用过程步 proc gplot plot 指定 year 为横轴变量，死亡率 p 为纵轴变量，=gender 指定复式线图的分组变量，haxis 指定横坐标轴格式，vaxis 指定纵坐标轴格式，legend 指定图例格式

依据上述程序输出图 20-8。

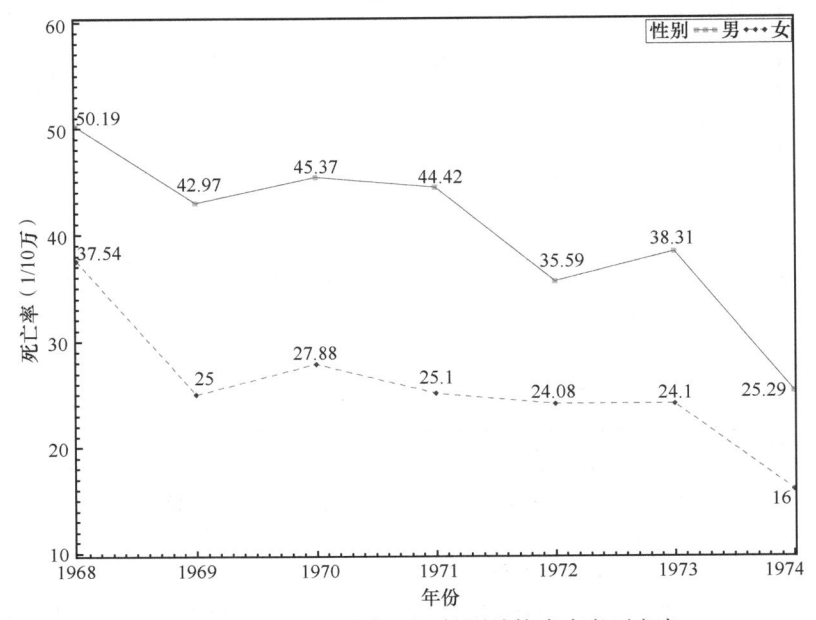

图 20-8　1968～1974 年不同性别结核病患者死亡率

如果想探讨死亡率随时间变化的速度如何，这时需要绘制半对数线图，SAS 主要程序说明如下：

程序	说明
| ```
goptions hsize=10 vsize=6.5 ftext="宋体";
symbol1 ci=green  line=1  color=pink  value=squarefilled
  interpol=join pointlabel;
symbol2 ci=red  line=20 color=blue  value=diamondfilled
  interpol=join pointlabel;

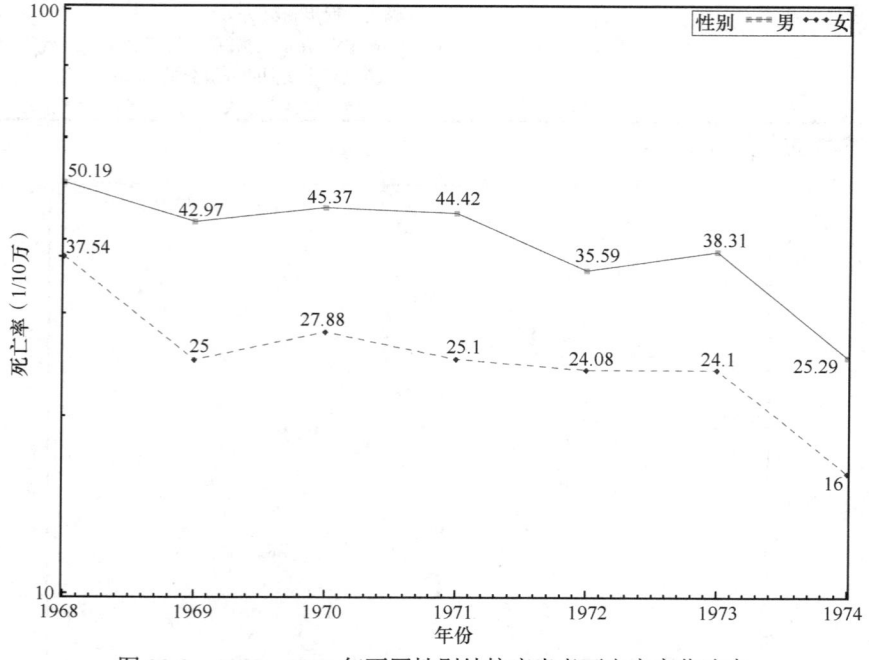

axis1 label=(height=2 "年份") value=(height=1.5);
axis2 label=(angle=90 height=2 "死亡率") value=(height=1.5)
logbase=10 logstyle=expand;
legend cborder=black
value=("男" "女")
position=(top right inside)
mode=protect;
proc gplot data=ch20_6;
plot     p*year=gender   /haxis=axis1    vaxis=axis2
  legend=legend;
run;
quit;
``` | 与上述程序一致，仅需要在设置纵坐标轴时增加设置尺度语句，即 logbase=10 指定对数纵坐标的底数为 10，logstyle=expand 指定更改纵坐标轴为扩大后的真实尺度 |

依据上述程序输出图 20-9。

图 20-9 1968～1974 年不同性别结核病患者死亡率变化速度

五、箱 式 图

箱式图用于比较两组或多组资料的集中趋势和离散趋势，常用于描述非正态分布的定量资料。
```

箱体中间为中位数 P_{50}，箱体顶端为上四分位数 P_{75}，底端为下四分位数 P_{25}，因此箱体长度即为四分位数间距，箱体越长表示数据离散程度越大。两端连接线有两种表示方法，一是直接认定为最大值和最小值，二是判定异常值后再表示最大值和最小值。

例 20-7 某研究人员欲研究餐后一段时间内血糖目标范围内的时间比例（time in range，TIR）与 b-cell 功能指数的关系，首先根据餐后 TIR 值采用四分位数法进行分组，共分为四个组，其具体结果见表 20-6。请根据数据绘制箱式图。

表 20-6　TIR 值四分位数分组与 b-cell 功能指数关系

P_0-P_{25}	功能指数	P_{25}-P_{50}	功能指数	P_{50}-P_{75}	功能指数	P_{75}-P_{100}	功能指数
1	12.32	2	6.84	3	21.29	4	10.30
1	10.71	2	6.96	3	13.26	4	20.74
1	5.46	2	9.51	3	3.04	4	7.96
1	0.73	2	13.15	3	10.95	4	4.78
1	20.03	2	22.09	3	11.02	4	27.60
1	10.32	2	14.55	3	8.92	4	22.82
1	8.68	2	14.85	3	3.96	4	42.89
1	8.06	2	20.54	3	7.84	4	33.58
1	31.59	2	10.77	3	20.63	4	39.43
1	3.76	2	16.97	3	8.59	4	29.82

例 20-7 的 SAS 主要程序说明：

程序	说明
```data ch20_7; input group $ y @@; label group="分组"; cards; 1 12.32 2 6.84 3 21.29 4 10.30 … … … … 1 3.76 2 16.97 3 8.59 4 29.82 ; run;```	建立数据集 ch20_7 input 录入数据，输入分组因素，即餐后 TIR 的四个区间和 y，给 group 赋予标签"分组"
```data ch20_7n; set ch20_7; if group=1 then group_label="Q1"; else if group=2 then group_label="Q2"; else if group=3 then group_label="Q3"; else group_label="Q4"; run;```	建立数据集 ch20_7n，依据 group 的值创建字符型变量 group_label，值 "1，2，3，4" 分别对应 "Q1，Q2，Q3，Q4"

``proc sgplot data=ch20_7n;
vbox Y/ category=group_label;
Yaxis label="b-cell 功能指数";
Xaxis label="分组" ;
run;```
	调用过程步 proc sgplot 绘图，vbox 指定图类型为箱式图，category 指定分类依据的变量，即横轴变量，Yaxis label 和 Xaxis label 分别指定纵轴和横轴的标签

依据上述程序输出图 20-10。

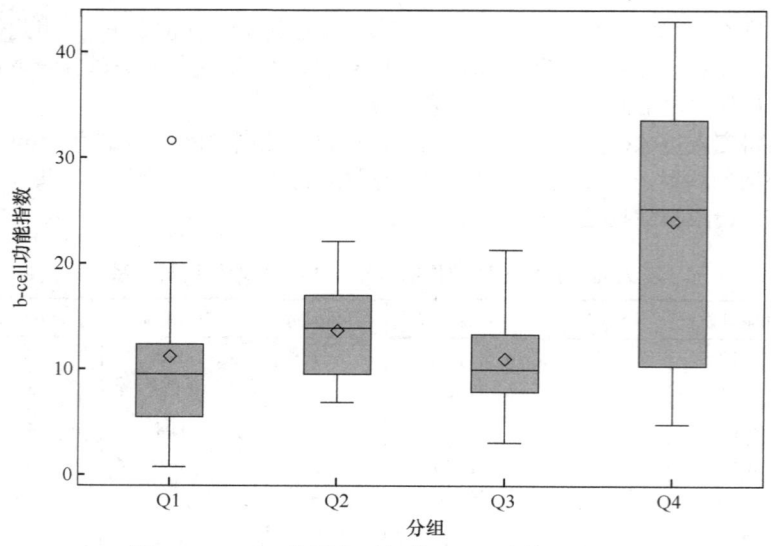

图 20-10　TIR 值四个区间的 b-cell 功能指数情况

六、散 点 图

散点图是以一个变量为横坐标，另一个变量为纵坐标，利用散点的分布形态反映变量统计关系的一种图形，通过观察数据点的分布发现聚集趋势或离散值，直观地描述两个变量之间的关系，包括相关关系、回归关系等。

例 20-8　某研究人员为研究糖尿病患者的载脂蛋白 B 与低密度脂蛋白的相关性，收集了部分糖尿病患者数据，具体结果如表 20-7 所示。为描述两个指标之间的关系，请根据如下信息绘制散点图。

表 20-7　16 名糖尿病患者载脂蛋白 B 与低密度脂蛋白测量值

载脂蛋白 B（g/L）	低密度脂蛋白（mol/L）	载脂蛋白 B（g/L）	低密度脂蛋白（mol/L）
0.79	2.97	0.85	3.11
0.62	2.79	1.24	5.34
0.91	3.24	0.67	2.29
0.82	3.84	0.69	2.35
0.93	3.11	1.17	4.85
0.91	4.17	0.94	3.84
0.71	2.13	0.8	2.12
0.74	2.92	1.09	4.65

例 20-8 的 SAS 主要程序说明：

程序	说明
| ```
data ch20_8;
input x y @@;
cards;
0.79    2.97    0.85    3.11
0.62    2.79    1.24    5.34
...     ...     ...     ...
0.74    2.92    1.09    4.65
;
run;
``` | 建立数据集 ch20_8<br>输入两个定量变量 x, y |
```

续表

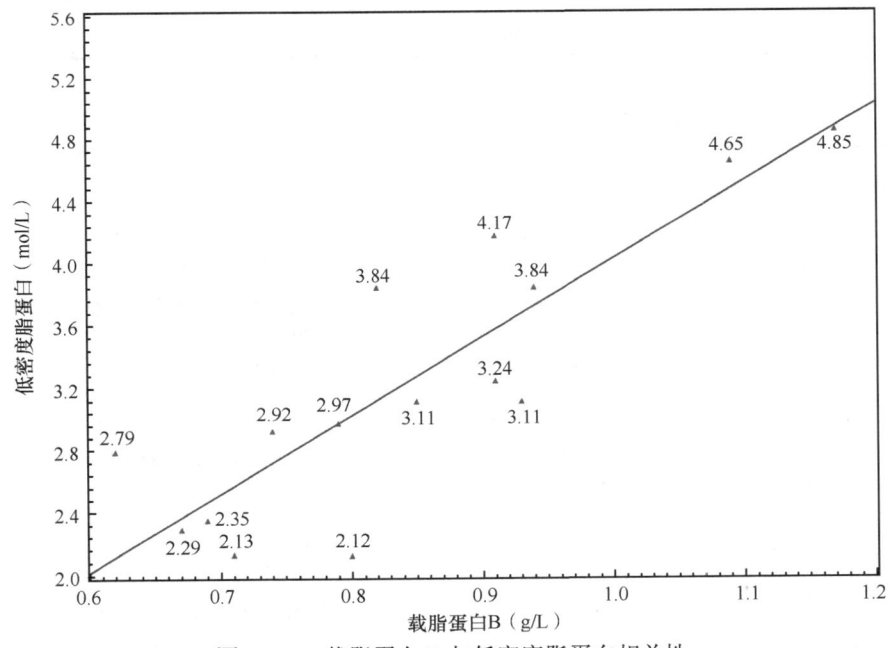

程序	说明
| ```
goptions hsize=10 vsize=6.5 ftext="宋体";
symbol interpol=rl value=trianglefilled
    color=red ci=green width=3 mode=include;
axis1 label=(height=2 "载脂蛋白 B") value=
    (height=1.5) order=(0.6 to 1.2 by 0.1) ;
axis2 label=(angle=90 height=2 "低密度脂
    蛋白") value=(height=1.5) order=(2.0 to
    5.6 by 0.4);
proc gplot data=ch20_8;
    plot y * x /
    haxis=axis1 vaxis=axis2 ;
run;
quit;
``` | 调用 goptions 语句对图形进行设置，hsize 指定宽度，vsize 指定高度，ftext 指定图形内中文字体为宋体<br>symbol 定义散点及线条格式，interpol=rl 中 r 指进行回归分析，l 指进行线性回归分析，value=trianglefilled 指定散点采用有填充的三角形，color 指定散点颜色为红色，ci 指定直线颜色为绿色，width 指定线条的粗细程度，mode=include 指定位于轴范围之外的值将包含在计算中，但不包括在绘图中<br>axis1 和 axis2 定义横纵坐标轴格式，label 指定横纵轴标签，angle 指定标签旋转角度，order 指定坐标轴取值范围<br>调用过程步 proc gpolt 绘图，haxis 指定横坐标轴格式，vaxis 指定纵坐标轴格式 |

依据上述程序输出图 20-11。

图 20-11 载脂蛋白 B 与低密度脂蛋白相关性

七、森 林 图

森林图是以统计指标和统计分析方法为基础，用数值的运算结果绘制出的图形。能够全面地展示每个被纳入研究的指标或效应量的具体情况，其结果一目了然，十分形象。在平面直角坐标系中，该图形以一条垂直的无效线（横坐标刻度往往为 1 或 0）为中心，用平行于横轴的多条线段描述了每个被纳入研究的效应量和置信区间（confidence interval，CI），用一个方形（或其他图形）描述了多个效应量及置信区间。其常用于描述荟萃（meta）分析的分析结果，以及 Logistic 回归和 Cox 回归分析中自变量结果的展示。

例 20-9 研究人员为研究 A 因素（二分类）与糖尿病的关系，进行了单因素 Logistic 回归分析后，又进行了分层分析，即在各个层进行亚组分析，具体结果如表 20-8 所示。请选择合适的统
```

计图进行描述。

表 20-8　分层单因素 Logistic 回归分析结果

Id	组名称	频数	百分比	OR 值	95%CI 下限	95%CI 上限	P
1	Overall	2166	100	1.3	0.9	1.5	.
2	Age	.	.	.	.	.	0.05
3	<=65 Yr	1534	71	1.5	1.05	1.82	.
4	>65 Yr	632	29	1.7	1.3	2.2	.
5	Sex	.	.	.	.	.	0.13
6	Male	1690	78	1.2	1.05	1.35	.
7	Female	476	22	1.3	0.9	1.7	.
8	Race or ethnic group	.	.	.	.	.	0.52
9	Nonwhite	428	20	1.05	0.6	1.8	.
10	White	1738	80	1.2	0.85	1.6	.
11	Diabetes	.	.	.	.	.	0.41
12	Yes	446	21	1.4	0.9	2.0	.
13	No	720	79	1.1	0.8	1.5	.

例 20-9 的 SAS 主要程序说明：

程序	说明

`data ch20_9;`
`  input Id Subgroup $3-27 Count Percent Mean  Low  High  PValue;`
`  label countpct='No. (%) of Patients';`
`  if count ne . then countpct=cat(Count," (",Percent,")");`
`  datalines;`
`1   Overall      2166   100  1.3  0.9   1.5   .`
`2   Age.         .      .    .    .     0.05`
`3   <=65 Yr      1534   71   1.5  1.05  1.82  .`
`4   >65 Yr       632    29   1.7  1.3   2.2   .`
`…   …            …`
`;`
`run;`
	建立数据集 ch20_9
	分别输入变量，Id 为序号，Subgroup 为亚组分析的组名称，$3-27 为输入的文本位置，Count 为频数，Percent 为百分比，Mean 为 OR 值的具体数值，Low 与 High 分别为 95%置信区间的下限与上限，PValue 为具体的 P 值，给 countpct 变量赋予标签"No.（%）of Patients"
	if 语句是指如果 count 变量非缺失的话，那么建立一个新变量 CountPct，即频数与百分比合在一起的变量

`proc sgplot data= ch20_9` ` noborder noautolegend;`	调用过程步 proc sgplot 绘图，noborder 选项指定去除图形本身的边界线，noautolegend 选项指定数据集去除自动的图例
`refline id/ lineattrs=(thickness=10 color=cxf0f0f7);`	refline 定义线条格式，以 id 为条件定义横向的线条，lineattrs 指定添加线条的样式，thickness 指定线条的粗细程度，color 指定线条颜色
`highlow y=id low=low high=high;`	highlow 语句是添加 High-Low 图形，该语句构造一条漂浮线，y 指定根据 id 添加横线，low 和 high 指定线条的上下限，即 95%置信区间的上下限
`scatter y=id x=mean /markerattrs=(symbol=squarefilled);`	scatter 语句是添加点，指明 y 指定纵轴变量，x 指定横轴变量，markerattrs 指定点的格式，symbol=squarefilled 指定点的形状为正方形填充
`scatter y=id x=mean / markerattrs=(size=0)  x2axis;` `x2axis label='Odds Ratio' display=(noline noticks novalues) labelattrs=(size=8);`	x2axis 是设置顶上的 x2 轴，定义其字体大小为 0，为下一语句做准备

续表

程序	说明
`refline 1 / axis=x;`	定义 x2 轴，即图形顶上的轴，label=是定义轴的标签，display=是设置显示方式，此处设置不显示 x 轴的线条以及数值等，labelattrs 是设置标签的样式，此处设置其字体大小为 8 添加参考线，以 1 为参考线，axis=x 是指添加垂直的线，即中间 OR=1 的线
`yaxistable subgroup / location=inside position=left labelattrs=(size=8);`	yaxistable 语句是沿着轴创建输入数据的图，并且将数据值放置在轴内或轴外的特定位置，此处共建立 3 个纵轴 首先建立 subgroup 即各个亚组的名称，location=inside 是指其位置位于图形内，position 是指其位置位于区间的左侧，labelattrs 指定现有标签的颜色和字体属性，定义 size=8 指定字体的大小
`yaxistable countpct / location=inside position=left labelattrs=(size=8) valueattrs=(size=8);`	其次建立 countpct 的纵轴，同样位于内侧的左端，设置字体为 8，valueattrs 指定设定数字的颜色和字体属性，设置字体为 8
`yaxistable pvalue / location=inside position=right labelattrs=(size=8) valueattrs=(size=8);`	最后设置 pvalue 的纵轴，其位置位于内侧的右边，标签的字体大小为 8，数值的字体大小为 8
`yaxis reverse display=none colorbands=odd colorbandsattrs=(transparency=1) offsetmin=0.05;`	yaxis 定义最左侧 y 轴，reverse 指定方向为反向，id 自上而下进行呈现，display=none 为不显示该 y 轴，colorbands 指定条带的间隔方式，colorbandsattrs 指定色带的填充样式，transparency 指定色带的透明度，为 1 表示完全透明，offsetmin 指定偏离最小数值的距离
`xaxis display=(nolabel) values=(0.0 0.5 1.0 1.5 2.0 2.5); run;`	xaxis 定义设置 x 轴，不显示其标签，values 指定 x 轴上的数值

依据上述程序输出图 20-12。

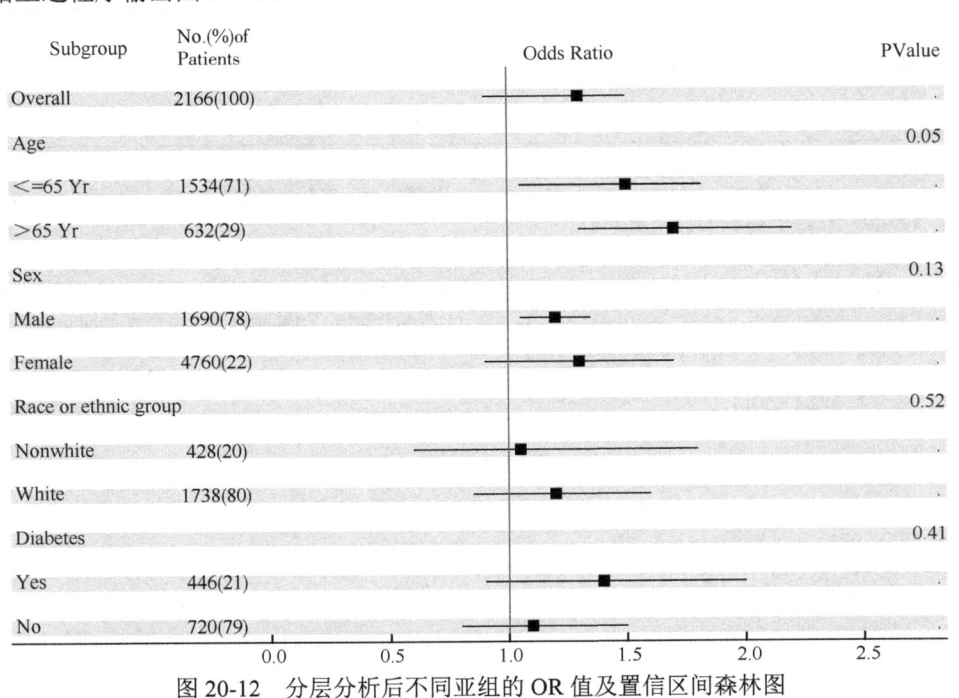

图 20-12 分层分析后不同亚组的 OR 值及置信区间森林图

八、泳道图

泳道图，顾名思义其类似于泳池中的各个泳道，是根据个体（或其他因素）而划分出的各个条带。常用于展示肿瘤研究中的评估结果，同时泳道图还能用来展示观察周期、事件发生、事件持续时间或受试者状态。其横轴表示研究的时间，刻度单位可以为月（months）或者周（weeks），纵轴为分组的指标，例如个体或者肿瘤分期等。

例 20-10 研究人员为研究不同肿瘤分期的患者在整个研究过程中各种状态以及持续时间，收集了患者编号（item）、肿瘤分期（stage）、患者开始治疗（low）、患者接受治疗最长时间（high，月）、反应类型（status，Complete response 完全反应，Partial response 部分反应），以及患者是否持续反应（highcap，FilledArrow 代表持续反应），反应开始时间（start）和结束时间（end），持久响应者（durable）表示反应时间达到 183 天（6 个月）的患者，研究中以月（months）为时间单位见表 20-9。

表 20-9 各个分期患者的生存情况

item	stage	low	high	highcap	status	start	end	durable
1	Stage 1	0	18.5	FilledArrow	Complete response	6.5	13.5	−0.25
2	Stage 2	0	17		Complete response	10.5	17	−0.25
3	Stage 3	0	14	FilledArrow	Partial response	2.5	3.5	−0.25
3		0	14	FilledArrow	Partial response	6		
4	Stage 4	0	13.5	FilledArrow	Partial response	7	11	
4		0	13.5	FilledArrow	Partial response	11.5		
5	Stage 1	0	12.5	FilledArrow	Complete response	3.5	4.5	−0.25
5		0	12.5	FilledArrow	Complete response	6.5	8.5	
5		0	12.5	FilledArrow	Partial response	10.5		
6	Stage 2	0	12.6	FilledArrow	Partial response	2.5	7	
6		0	12.6	FilledArrow	Partial response	9.5		
7	Stage 3	0	11.5		Complete response	4.5	11.5	−0.25
8	Stage 1	0	9.5		Complete response	1	9.5	−0.25
9	Stage 4	0	8.3		Partial response	6		
10	Stage 2	0	4.2	FilledArrow	Complete response	1.2		

例 20-10 的 SAS 主要程序说明：

程序	说明

```data ch20_10;```
``` input item stage $4-12 low high highcap $25-40```
``` status $40-60 start end durable;```
``` startline=start;endline=end;```
``` if status ne ' ' then do;```
```   if end eq . then endline=high-0.3;```
```   if start eq . then startline=low+0.3;```
``` end;```
``` if stage eq ' ' then durable=.;```
``` ymin=-1;```
``` datalines;```
```1 Stage 1 0 18.5   FilledArrow```
```Complete response   6.5 13.5 -0.25```
```2 Stage 2 0 17.0```
```Complete response   10.5 17.0 -0.25```
```… … … …```
```;```
```run;```
	建立数据集 ch20_10
	分别输入各个变量的变量名，创建 startline 和 endline 两个变量
	
	if 语句定义如果 status 不为空，则对 endline 和 startline 进行条件赋值操作，如果 stage 为空，则将 durable 设置为空值

续表

程序	说明
| ```
proc sgplot data= ch20_10 nocycleattrs;
highlow y=item low=low high=high / highcap
  highcap type=bar group=stage fill nooutline
  lineattrs=(color=black)         name='stage'
  barwidth=1 nomissinggroup transparency=0.3;
``` | 调用过程步 proc sgplot 绘图，nocycleattrs 指定禁用属性循环；highlow 语句绘制高低柱图，y 指定 y 轴为 item，low 和 high 指定柱的取值范围，highcap 指定柱顶符号，type 指定表示数据的形式，bar 使用用填充和大纲视图表示，group 指定按 stage 分组，fill 指定为填充柱状图，nooutline 指定无轮廓线，lineattrs 指定线条属性，name 指定名称设置为"stage"，barwidth 指定柱宽为 1，nomissinggroup 指定不显示缺失组，transparency 指定透明度为 0.3 |
| ```
highlow y=item low=startline high=endline /
  group=status
  lineattrs=(thickness=2    pattern=solid)
  name='status'
  nomissinggroup
  attrid=status;
``` | highlow 语句绘制高低柱图，y 指定 y 轴为 item，low 和 high 指定柱的取值范围，group 指定按 status 分组，lineattrs 指定线条属性，thickness 指定线条粗细为 2，pattern 指定线条样式为实线，name 指定名称为"status"，nomissinggroup 指定不显示缺失组，attrid 指定属性 ID 为 status，用于属性映射 |
| ```
scatter y=item x=start / markerattrs=(symbol=
  trianglefilled    size=8    color=darkgray)
  name='s' legendlabel='Response start';
scatter y=item x=end / markerattrs=(symbol=
  circlefilled size=8 color=darkgray) name='e'
  legendlabel='Response end';
scatter y=item x=durable / markerattrs=(symbol=
  squarefilled size=6 color=black) name='d'
  legendlabel='Durable responder';
``` | 三个 scatter 语句绘制散点图，y 指定 y 轴为 item，x 指定 x 轴分别为 start、end、durable，markerattrs 指定标记的属性，symbol 指定散点形状，trianglefille 是三角形填充，circlefilled 是圆形填充，squarefilled 是正方形填充，color 指定散点颜色，name 指定名称为 s、e、d，legendlabel 指定图例标签 |
| ```
scatter y=item x=start / markerattrs=(symbol=
  trianglefilled size=8) group=status attrid=
  status;
scatter y=item x=end / markerattrs=(symbol=
  circlefilled size=8) group=status attrid=
  status;
``` | 两个 scatter 语句绘制散点图，y 指定 y 轴为 item，x 指定 x 轴分别为 start 和 end，markerattrs 指定标记的属性，group 指定按 status 分组，attrid 指定属性 ID 为 status，用于属性映射 |
| ```
xaxis label='Months' values=(0 to 20 by 1)
  valueshint;
``` | xaxis 定义 x 轴格式，label 指定 x 轴标签为'Months'，values 指定刻度值为 0 到 20，步长为 1，valueshint 指定显示刻度提示 |
| ```
yaxis reverse display=(noticks novalues noline)
  label='Subjects Received Study Drug';
``` | yaxis 定义 y 轴，reverse 为反向显示，noticks 指定不显示刻度线，novalues 指定不显示刻度值，noline 指定不显示轴线，label 指定标签 |
| ```
keylegend 'stage' / title='Disease Stage';
keylegend 'status' 's' 'e' 'd' / noborder
  location=inside      position=bottomright
  across=1;
run;
``` | keylegend 定义图例，指定 stage 为图例项，title 指定标题 keylegend 定义图例，指定 status 为图例项，设置标记为 s、e、d，noborder 指定不显示边框，location 指定位置为内部，position 指定位置在底部右侧，across 指定在一行内显示 |

依据上述程序输出图 20-13。
```

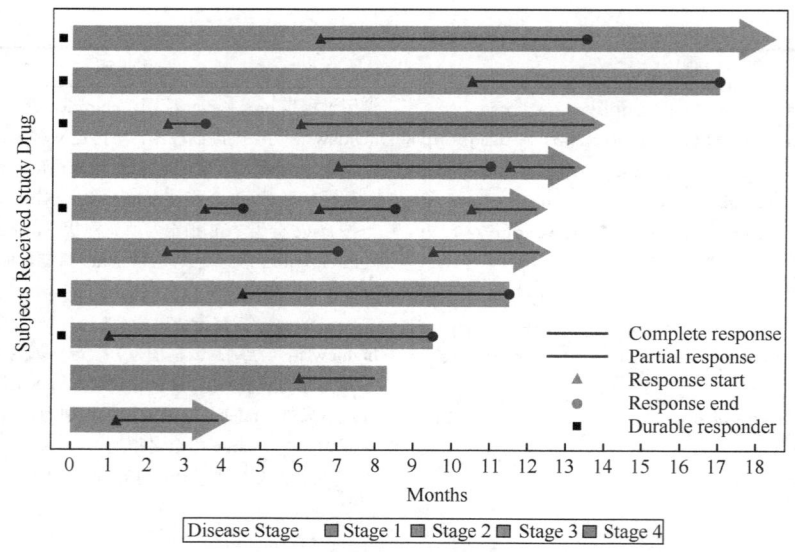

图 20-13　不同肿瘤分期患者的泳道图

第三节　ODS 输出

SAS 软件中的 ODS（output delivery system），即输出传输系统，其本质是控制语句，并不会影响软件中的任何编辑数据库和统计分析过程。大部分的 ODS 语句都是存在于 DATA 步和 PROC 步之外的。通过 ODS 可以改变软件输出结果的外在形式，例如以报表的形式呈现，以及以网页、Word、Excel、PDF 或者是数据集的形式输出。其使用的方式类似于 DO 语句，通常是以一个起始语句和一个闭合语句配合使用，共同组成一个完整的 ODS 语句。

一、控制输出的 ODS 语句

（一）listing 和 results

当使用 SAS 中的 DATA 步建立或编辑数据集，以及 PROC 步分析数据集时，其本质是对数据集进行修改和结果输出，那么此时一定会生成结果窗口的树状目录（左侧）和输出窗口的具体结果（右侧），而这两个部分正是由 ODS 产生的结果。在常规情况下它是正常开放的，当进行某几个或者某十几个 DATA 步和 PROC 步时，我们是希望看到结果窗口的树状目录和输出窗口的具体结果的，这也正是我们所需要的，但是在宏代码中则不尽然。在某些复杂的宏代码中，往往有上百个甚至更多的 DATA 步和 PROC 步，或者运行成批量的宏代码时，如果每一步都产生大量的中间结果，将会出现满屏幕的树状目录和输出窗口的具体结果，这样会大量消耗系统的资源、降低运行速度并带来诸多不便。因此我们更希望"干净"、"简洁"的屏幕，只输出"想看到的"，对于"不想看到"的大量的中间部分，可以选择禁止其输出，即关闭 ODS 输出系统中的部分功能。

例 20-11　本节例题均选用第九章第三节的例题例 9-3 的数据。

例 20-11　SAS 的主要程序及说明：

程序	说明
```data ch20_11; input group day @ @; datalines;```	建立数据集 ch20_11

续表

程序	说明

`1 15 1 6 1 30 1 31 1 36 1 78 1 33 1 22 1 29 1 24`
`2 12 2 25 2 16 2 20 2 12 2 19 2 22 2 21 2 21 2 20`
`;`
`proc npar1way data=ch20_11 wilcoxon ;`
`  class group;`
`  var day;`
`run;`
	调用过程步 proc npar1way，调用 wilcoxon 进行秩和检验；class 指定分组变量；var 指定检验变量

`ods listing close;`	关闭输出窗口
`  ods results =off;`	关闭结果窗口的树状目录

`proc npar1way data= ch20_11 wilcoxon ;`
`  class group;`
`  var day;`
`run;`
	调用过程步 proc npar1way，同上

`ods results;`	打开结果窗口的树状目录
`ods listing;`	打开输出窗口生成报表

其中 ods listing close 和 ods listing 是一套组合，控制输出窗口，ods results =off 和 ods result 是一套组合，控制结果窗口的树状目录。由于其在常规状态下是正常开启的，输出结果如图 20-14，因此不同于其他 ODS，此时应该首先对其进行关闭，输出结果如图 20-15。

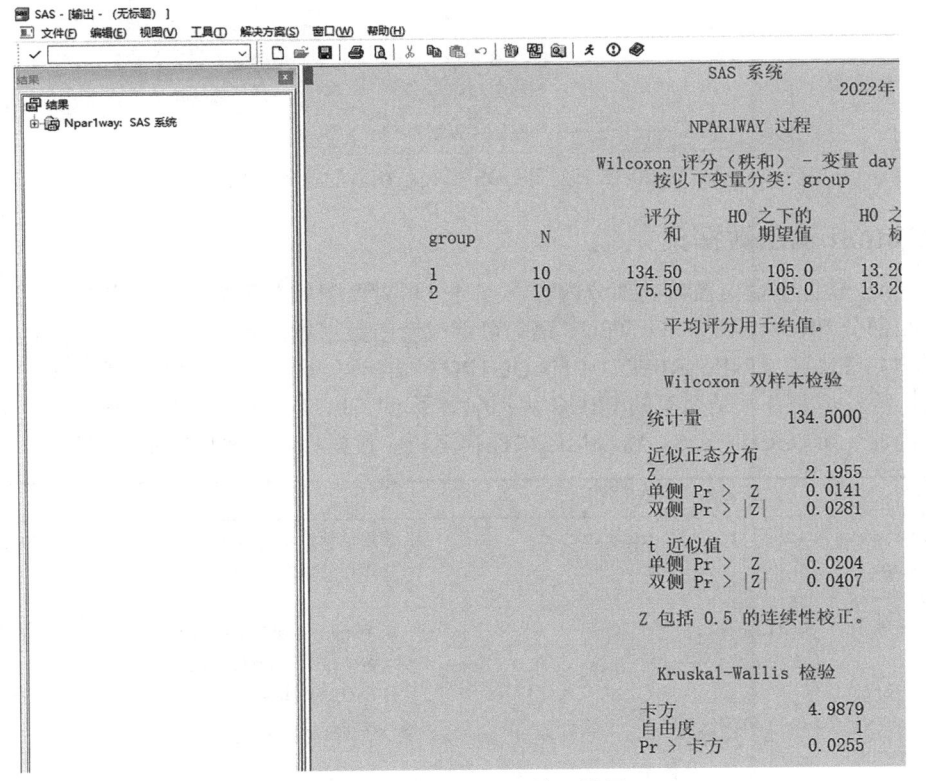

图 20-14　正常状态下输出结果

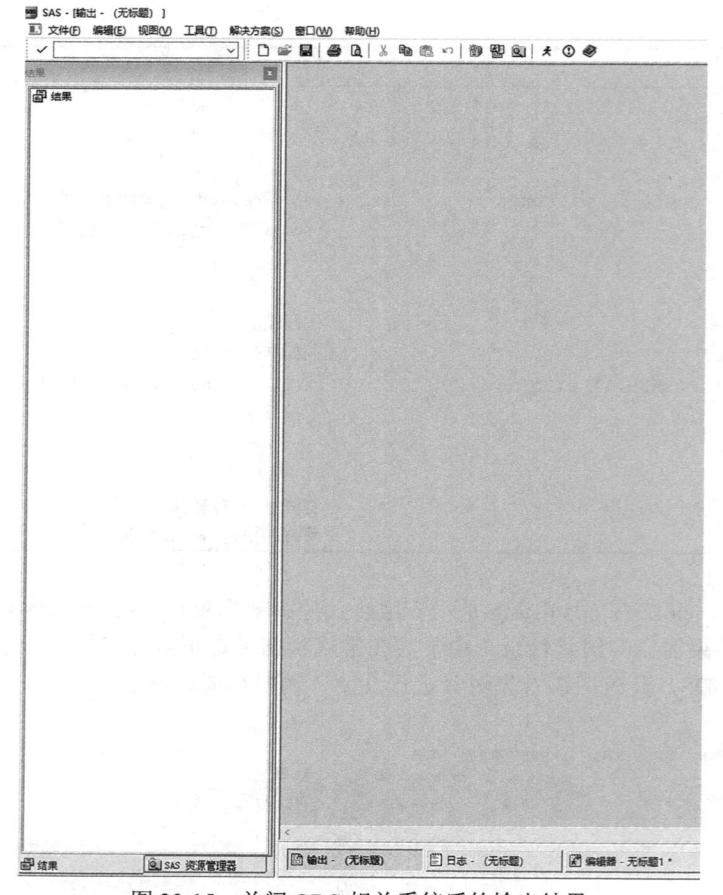

图 20-15 关闭 ODS 相关系统后的输出结果

（二）Output 输出数据集

对于 SAS 软件中输出窗口的部分内容，有时分析者希望保存至某一数据集中以备进一步地分析运算。在部分 PROC 步中的 OUTPUT 语句可形成新的数据集，完成该目的，但必须指定要保留的指标。例如 PROC UNIVARIATE 中的 OUTPUT 语句可以保存最小值代码为"min"、中位数"median"等。但是并不是所有的 PROC 步都配备了 OUTPUT 语句，同时，分析人员未必记住相应代码。因此，可以采用 ODS，将目标结果保存至相应数据集。主要程序及说明如下：

程序	说明
proc univariate data= ch20_11 noprint ; class group; var day;	调用过程步 proc univariate，noprint 指定不输出结果，class 指定分组变量，var 指定检验变量
output out=out1 median=m ; run;	用 output 语句输出形成新的数据集 out1，在数据集中保留中位数，变量名为 m

ods trace on;
  proc npar1way data= ch20_11
wilcoxon ;
  class group;
  var day;
  run;
	打开 ODS，并且追踪接下来 proc 步中输出结果的名称以及路径

ods trace off;	关闭 ODS

程序	说明
| ```
Output Added:
-------------
名称:    WilcoxonScores
标签:    评分
模板:    Stat.Npar1way.ClassScores
路径:    Npar1way.day.Wilcoxon.WilcoxonScores
-------------
``` | 该部分内容即为 ods trace on 追踪到的名称以及路径，在日志中呈现 |
| ```
Output Added:
-------------
名称:    WilcoxonTest
标签:    双样本检验
模板:    Stat.Npar1way.StatFactoid
路径:    Npar1way.day.Wilcoxon.WilcoxonTest
-------------
``` | |
| ```
Output Added:
-------------
名称:    KruskalWallisTest
标签:    Kruskal-Wallis 检验
模板:    Stat.Npar1way.StatFactoid
路径:    Npar1way.day.Wilcoxon.KruskalWallisTest
-------------
``` | 例如想要将"Kruskal-Wallis 检验"的内容输出到某个数据集中，即可在下一步调用 ods output |
| ```
Output Added:
-------------
名称:    WilcoxonBoxPlot
标签:    箱线图
模板:    Stat.NPAR1WAY.Graphics.BoxPlot
路径:    Npar1way.day.Wilcoxon.WilcoxonBoxPlot
``` | |
| ```
ods output KruskalWallisTest=A;
  proc npar1way data= ch20_11 wilcoxon ;
  class group;
  var day;
run;
``` | 打开 ODS，利用目标部分的名称输出新数据集 A（名称可以任意取） |
| `ods output close;` | 关闭 ODS |

不同于 listing 和 results，output 在软件中默认是关闭的，因此首先应该开启 output，最后再对其进行关闭。ods output XXX=x 与 ods output close 配合使用，其中"XXX"是通过 trace 语句寻找出的目标部分的名称，"x"是分析人员自定义的数据集名称。使用 output 的优势在于可以保存任何 proc 步的任何一部分输出结果与数据集，并且无须记忆类似于"median"等变量名称。对于保存"x"数据集中的变量，可以进一步采用 data 步或者 proc sql 对其进行编辑分析。并且在一个 ods output 语句中可以保存多个输出结果部分，无须重复写多个 ods output 语句。

二、输出第三方语句

SAS 输出窗口的结果属于文本格式，如果对其直接进行拷贝至第三方软件，极易出现错行、乱码等现象。因此当分析人员需要将输出结果"维持原样"地输出至其他软件，如网页、Word、Excel、PDF、PPT 等，不能将其复制，而是应当采用 ODS，将 SAS 输出窗口的报表转换成其他格
```

式，主要程序及说明如下：

程序	说明

`ods html file="D:\Statistics\1.htm";`
`  proc npar1way data=ch20_11 wilcoxon ;`
`  class group;`
`  var day;`
`  run;`
	开启 ODS 输出网页格式

`ods html close;`	关闭 ODS 输出

`ods excel file="D:\Statistics\1.xlsx";`
`  proc means; run;`
`ods excel close;`
	ODS 输出 Excel 格式

`ods rtf file="D:\Statistics\1.rtf";`
`  proc means; run ;`
`ods rtf close;`
	ODS 输出 Word 格式

`ods pdf file="D:\Statistics\1.pdf";`
`proc means; run ;`
`ods pdf close;`
	ODS 输出 PDF 格式

`ods powerpoint file="D:\Statistics\1.ppt";`
`proc means; run ;`
`ods powerpoint close;`
	ODS 输出 PPT 格式

与 ods output 类似，ods 输出至第三方软件的功能也是默认关闭的，使用时需要首先将其开启，最后将其关闭，语句依然是成对出现，联合使用的。篇幅原因，以上共介绍了五种输出格式，但是无论哪种格式，必然有 file=" "，这是要求文件输出的计算机路径，其必须真实存在，否则无法输出。

（王玉鹏）

参 考 文 献

安妮特 J. 杜布森，艾德里安 G. 巴奈特. 2015. 广义线性模型导论[M].北京：机械工业出版社.
陈炳为. 2023. 医学统计学[M]. 4 版. 南京：东南大学出版社.
冯国双. 2016. 小白学 SAS[M]. 北京：电子工业出版社.
谷鸿秋. 2017. SAS 编程演义[M]. 北京：清华大学出版社.
贺佳.2014. SAS 统计软件应用[M]. 3 版. 北京：人民卫生出版社.
胡良平. 2010. SAS 实验设计与统计分析[M]. 北京：人民卫生出版社.
李晓松. 2017. 卫生统计学[M]. 8 版. 北京：人民卫生出版社.
陆守曾，陈峰. 2022. 医学统计学[M]. 4 版. 北京：中国统计出版社.
罗纳德·科迪，杰弗里·史密斯. 2011. SAS® 应用统计分析[M]. 5 版. 辛涛译. 北京：人民邮电出版社.
沈其君. 2005.SAS 与统计分析[M]. 北京：高等教育出版社.
王炳顺. 2007. 医学统计学及 SAS 应用[M]. 上海：上海交通大学出版社.
王培刚. 2020. 多元统计分析与 SAS 实现[M]. 武汉：武汉大学出版社.
巫银良. 2018. SAS 技术内幕：从程序员到数据科学家[M]. 北京：清华大学出版社.
薛富波，张文彤，田晓燕. 2004.SAS 8.2 统计应用教程[M]. 北京：兵器工业出版社；北京希望电子出版社.
颜艳，王彤. 2020. 医学统计学[M]. 5 版. 北京：人民卫生出版社.
朱世武. 2007. SAS 编程技术教程[M]. 北京：清华大学出版社.
Burlew M M. 2006. SAS Macro Programming Made Easy[M]. 2nd ed. Cary，NC：SAS Institute Inc.
Carpenter A. 2016. Carpenter's Complete Guide to the SAS Macro Language[M]. 3rd ed. Cary，NC：SAS Institute Inc.
Cody R. 2017. Cody's Data Cleaning Techniques Using SAS®[M]. 3rd ed. Cary，NC：SAS Institute Inc.
Delwiche L D，Slaughter S J. 2018. The Little SAS Book[M]. 5 版. 小小 SAS 翻译组译. 北京：清华大学出版社.
Fan B，Yang Y，Dayimu A，et al. 2019. Body mass index trajectories during young adulthood and incident hypertension：A longitudinal cohort in Chinese population[J]. J.Am.Heart Assoc.，8（8）：e011937.
Hosmer D，Lemeshow S. 1999. Applied Survival Analysis：Regression Modeling of Time to Event Data[M]. New York：Wiley.
Jones B L，Nagin D S. 2007. Advances in group-based trajectory modeling and an SAS procedure for estimating them[J]. Sociol. Method. Res.，35（4）：542-571.
Liang K，Zeger S L. 1986. Longitudinal data analysis using generalized linear models[J]. Biometrika，73：13-22.
Lin Z，Zhao D，Lin J，et al. 2022. Statistical methods of indirect comparison with real-world data for survival endpoint under non-proportional hazards[J]. Journal of Biopharmaceutical Statistics，32（4）：582-599.
Lv J，Fan B，Wei M，et al. 2020. Trajectories of early to mid-life adulthood BMI and incident diabetes：The China Health and Nutrition Survey[J]. BMJ Open Diabetes Res. Care.，8（1）：e000972.
Nagin D S，Jones B L，Passos V L，et al.2018. Group-based multi-trajectory modeling[J]. Stat. Methods Med. Res.，27（7）：2015-2023.
Nagin D S，Odgers C L. 2010. Group-based trajectory modeling in clinical research[J]. Annu. Rev. Clin. Psychol.，6：109-138.
Nylund K L，Asparouhov T，Muthén B O. 2007. Deciding on the number of classes in latent class analysis and growth mixture modeling：A Monte Carlo simulation study[J]. Struct. Equ. Modeling，14（4）：535-569.
Pepe M S，Fleming T R. 1989.Weighted Kaplan-Meier statistics：A class of distance tests for censored survival data[J].

Biometrics, 45 (2): 497-507.

Royston P, Parmar M K B. 2013. Restricted mean survival time: An alternative to the hazard ratio for the design and analysis of randomized trials with a time-to-event outcome[J]. BMC Medical Research Methodology, 13: 152-166.

SAS Institute Inc. 2016. SAS 9.4 Macro Language: Reference[M]. 5th ed. Cary, NC: SAS Institute Inc.

SAS® Help Center. Base SAS 9.4 Procedures Guide.7th ed. [EB/OL].[2023-11-12]. https://documentation.sas.com/api/collections/pgmsascdc/9.4_3.5/docsets/proc/content/proc.pdf.

Tremblay R E, Vitaro F, Nagin D, et al. 2003.The Montreal longitudinal and experimental study[J]. Taking Stock of Delinquency, 205-254.

van de Schoot R, Sijbrandij M, Winter S D, et al. 2017. The GRoLTS-checklist: Guidelines for reporting on latent trajectory studies[J]. Structural Equation Modeling, 24 (3): 451-467.